1. Wählen Sie einen Club im Guide for Free Golf aus. Die Reihenfolge der Clubs wurde nach ihrer geografischen Lage innerhalb der teilnehmenden Länder vorgenommen. Einen schnellen Überblick verschaffen Ihnen die Übersichtskarten der jeweiligen Länder.

2. Um in den Genuss eines kostenfreien Green Fees „2for1" oder „4for2" zu kommen, müssen Sie im Regelfall mindestens zu zweit spielen. Das heißt: Zwei Personen können für ein, vier Personen für zwei Green Fees spielen. Oder ein Einzelspieler mit 30% Nachlass, wenn das Logo 30/1 im Eintrag vorhanden ist. Pro Voucher können immer zwei Personen oder ggf. ein Einzelspieler spielen. Die Voucher sind nur für 18 Loch-Runden gültig.

3. Beachten Sie die angegebenen Teilnahmebedingungen des jeweiligen Clubs (Spielzeiten werktags, an Sonn- und Feiertagen, Handicap-Vorgabe etc.)

4. Nehmen Sie Kontakt mit dem Club auf und weisen Sie bei Ihrer Anmeldung darauf hin, dass Sie mit dem „Guide for Free Golf" von LeisureBREAKS spielen möchten. **Bitte beachten Sie, dass Sie in jedem Fall vorab Ihre Startzeit buchen müssen.**

5. Bringen Sie den LeisureBREAKS Guide for Free Golf zu Ihrem Besuch am Golfplatz mit. Nur dann kann Ihnen das jeweils kostenfreie Green Fee oder der 30% Nachlass für Einzelspieler gewährt werden.

6. Erst beim Bezahlen Ihres Green Fees trennen Sie den Voucher im Anhang des Guides heraus, tragen Ihre persönlichen Angaben sorgfältig ein und geben ihn unterschrieben an der Rezeption ab.
Tipp: Tragen Sie Ihre Daten doch schon vorab ein, das spart Zeit.

7. Bereits herausgetrennte bzw. lose Voucher sind nicht veräußerbar bzw. übertragbar; sie berechtigen insbesondere nicht zum Erlass des zweiten Green Fees. Zuwiderhandlungen werden zivilrechtlich verfolgt.

8. Bitte beachten Sie die LeisureBREAKS Teilnahmebedingungen auf den Rückseiten der Free-Golf-Voucher.

9. Es gelten jeweils die vor Ort ausliegenden aktuellen Green Fee-Preise. Die Green Fee-Preise gelten für Spieler mit der Ausweiskennzeichnung R. Abweichende Green Fees sind bei den Golfclubs zu erfragen.

Sven Strüver

Guide-Line

Impressum

Eine Produktion der LeisureBREAKS GmbH
www.leisurebreaks.org

Redaktion, Satz und Layout:
K2 Werbeagentur GmbH, Frankfurt

Alle Angaben dieses Werkes wurden sorgfältig recherchiert. Für die Richtigkeit der Angaben kann jedoch keine Haftung übernommen werden. Für Hinweise und Anregungen sind wir jederzeit dankbar. Bitte richten Sie diese an
LeisureBREAKS GmbH, Redaktion, Postfach 1208,
84043 Mainburg.

LeisureBREAKS GmbH (Hrsg.)
Guide for Free Golf, LeisureBREAKS 2019

ISBN 978-3-9816058-6-0

Gesamtherstellung:
K2 Werbeagentur GmbH, Frankfurt

Druck:
Printmedien Niedermayer, Au/Hallertau
Printed in Germany

Vorwort

Peter Rudolph

Liebe Kunden,
diese 17. Ausgabe haben wir farblich dem tschechischen Nachbarland gewidmet, da wir im Grenzgebiet bereits seit vielen Jahren gefragte Partneranlagen haben. Damit sind wir schon beim Thema Reisen generell.

„Flugscham", diesem neuen Wort sollte sich auch der interessierte Golfer stellen, da der Golfspieler per se zur reisefreudigen Bevölkerung zählt. Dahinter verbirgt sich der Gedanke, dass man sich für das „viele" Fliegen schämen soll. Und ehrlich, manchmal muss man sich schon hinterfragen, ob man in der kalten Jahreszeit tatsächlich in die letzte Ecke der Welt fliegen muss, um seinem Hobby frönen zu können. Für die Umwelt ist es sicher sinnvoller, wenn Sie zu zweit oder mit mehreren Personen quasi vor der Haustür Ihren Golfurlaub verbringen. Mit unserem Guide bieten wir Ihnen vielfältige Möglichkeiten, Golfurlaub zu machen und zudem haben Sie ja den Vorteil, zu zweit für nur ein Green Fee spielen zu können.

Also, was hält Sie davon ab, Golf zu spielen und gleichzeitig die Umwelt zu schonen? Unsere Beschreibungen im Guide sind Ihnen sicherlich eine gute Hilfe, um Ihre individuelle Reise zu planen.

In diesem Sinne wünsche ich viele schöne Runden.

Ihr Peter Rudolph

Mein Registrierungscode:

☐ ☐ ☐ ☐ ☐ ☐

oder ◯ Registrierung bereits erfolgt

Mit diesem Code und Ihrer fünfstelligen Seriennummer auf der Titelseite können Sie Ihren Guide unter www.leisurebreaks.org selbst registrieren.

Hamburg / Schleswig-Holstein

1 Golf Club Hof Berg

2 Golf-Club Kitzeberg

3 Golfanlage Hohwacht

4 Golfclub Büsum Dithmarschen

5 Golfclub am Donner Kleve

6 Golfplatz Gut Bissenmoor

7 Gut Waldhof

8 Golf Gut Glinde

9 Golf & Country Club Brunstorf

Niedersachsen / Bremen

10 Golf & Country Club Am Hockenberg

11 Castanea Resort Adendorf

12 Golfclub Bad Bevensen

13 Golfpark Soltau

14 Golf Club Tietlingen

15 Golfclub Gut Hainmühlen

16 Golfclub Worpswede

17 Golfclub Wilhelmshaven-Friesland

18 Golf Club Bremer Schweiz

19 Bremer Golfclub Lesmona

20 Golf-Club Oberneuland

21 Golf Club Verden

22 Achimer Golfclub

23 Golfclub Syke

24 Golf in Hude

25 Golfclub Oldenburger Land

26 Golfclub Thülsfelder Talsperre

27 Golfclub Vechta-Welpe

28 Golfclub Varus

29 Golfclub Rehburg-Loccum

30 Golf Park am Deister

31 Golf-Club Harz

32 Golfclub Rittergut Rothenberger Haus

Mecklenburg-Vorpommern

33 Golfanlage Warnemünde

34 Golfclub Schloss Teschow

35 Golfpark Strelasund

36 Golf Fleesensee

Berlin / Brandenburg

37 Golf in Wall

38 GolfResort Semlin am See

39 Golfpark Berlin Prenden

40 Potsdamer Golf-Club

41 Golfpark Schloss Wilkendorf

Sachsen-Anhalt

42 Golfclub Schloß Meisdorf

43 Golfclub Halle

Sachsen

44 Golf & Country Club Leipzig

Thüringen

45 Golfclub Gera

46 Thüringer Golfclub "Drei Gleichen" Mühlberg

47 Golfclub Eisenach im Wartburgkreis

Nordrhein-Westfalen

48 Golfclub Borghees

49 Golf International Moyland

50 Mühlenhof Golf & Country Club

51 Golfclub am Kloster Kamp

52 Golfclub Schloss Haag

53 Golfanlage Haus Bey

54 Golfanlage Duvenhof

55 Golfclub Op de Niep

56 Europäischer Golfclub Elmpter Wald

57 Golf- und Landclub Schmitzhof

58 Golf Club Elfrather Mühle

59 Golfclub Mülheim a. d. Ruhr Raffelberg

60 Golf Club Grevenmühle

61 Kosaido International Golf Club Düsseldorf

62 Golfclub Velbert-Gut Kuhlendahl

63 Golfclub Gut Berge

64 Golfanlage Wasserschloss Westerwinkel

65 Golfclub Schloss Vornholz

66 Golfclub Schultenhof Peckeloh

67 Golfclub Osnabrück Dütetal

68 Golfclub Lippstadt

69 Golf Club Paderborner Land

70 British Army Golfclub Sennelager

71 Universitäts-Golfclub Paderborn im Haxterpark

72 Golfclub Repetal-Südsauerland

73 Golfclub Siegerland

74 Golfclub Wildenrath

75 Golfclub Am Alten Fliess

76 Golf Club Dreibäumen

- 77 Golf-Club Varmert
- 78 Golf Club Oberberg
- 79 Golfclub Siegen-Olpe
- 80 Golfanlage Römerhof
- 81 Golfclub Burg Overbach
- 82 Golfanlage Haus Kambach
- 83 Golfclub Schloss Auel
- 84 Golfclub DER LÜDERICH
- 85 Golfanlage Clostermanns Hof
- 86 Golf BurgKonradsheim
- 87 Golfclub Bad Münstereifel
- 88 Golf-Club Schloss Miel

Hessen

- 89 Golf-Park Winnerod
- 90 Golf-Club Schloss Braunfels
- 91 Golfclub Taunus Weilrod
- 92 Attighof Golf- und Country Club
- 93 Golf-Club Spessart
- 94 Golf-Club Eschenrod
- 95 Golf-Club Bad Orb Jossgrund
- 96 Golf-Club Darmstadt Traisa
- 97 Zimmerner Golfclub
- 98 Golfclub Odenwald
- 99 Golf-Club Bensheim

Rheinland-Pfalz

- 100 Golf Course Siebengebirge
- 101 Golf-Club Eifel
- 102 Jakobsberg Hotel- & Golfresort
- 103 Mittelrheinischer Golfclub Bad Ems
- 104 Golfclub Nahetal
- 105 Golfclub Rheinhessen
- 106 Golfclub am Donnersberg
- 107 Golfclub Barbarossa
- 108 Golfplatz Pfälzerwald
- 109 Erster Golfclub Westpfalz Schwarzbachtal

Baden-Württemberg

- 110 Golfclub Mudau
- 111 Golfclub Bad Rappenau
- 112 Golf-Club Heilbronn-Hohenlohe
- 113 Golfclub Schwäbisch Hall
- 114 Golfanlage Sinsheim Buchenauerhof
- 115 Golfclub Johannesthal

116 Golfclub Pforzheim Karlshäuser Hof

117 Golf- & Landclub Schloss Liebenstein

118 Golf Club Hetzenhof

119 Golf-Club Hochstatt Härtsfeld-Ries

120 Golf-Club Hohenstaufen

121 Golfclub Schloss Weitenburg

122 Golf-Club Freudenstadt

123 Golf International Soufflenheim Baden-Baden

124 Baden Hills Golf und Curling Club

125 Golfclub Urloffen

126 Golfclub Ortenau

127 Golfclub Gröbernhof

128 Golfanlage Schopfheim

129 Golf-Club Sigmaringen Zollern-Alb

130 Green-Golf Bad Saulgau

Bayern

131 Golf & Country Club Erftal

132 Aschaffenburger Golfclub

133 Golfclub Main-Spessart

134 Golfclub Kitzingen

135 Golfclub Steigerwald in Geiselwind

136 Golfclub Reichsstadt Bad Windsheim

137 Golf-Club Herzogenaurach

138 Golfclub Schloss Reichmannsdorf

139 Golf Club Erlangen

140 Golfclub Lichtenau-Weickershof

141 Golfpark Rothenburg-Schönbronn

142 Golfclub Ansbach

143 Golfclub Abenberg

144 Golfanlage Zollmühle

145 Golfclub Bad Kissingen

146 Golf-Club Maria Bildhausen

147 Golfclub Coburg Schloss Tambach

148 Golfclub Hof

149 Golfanlage Gut Leimershof

150 Golfclub Oberfranken

151 Golf-Club Bayreuth

152 Golfclub Stiftland

153 Jura Golf Park – Hilzhofen

154 Jura Golf Park – Am Habsberg

155 Golf-Club Herrnhof

156 Golf- und Landclub Schmidmühlen

157 Golf- und Landclub Oberpfälzer Wald

158 Golf-Club Furth im Wald

159 Golf und Yachtclub Gut Minoritenhof – Regensburg

160 Golf-Club Straubing

161 Golfclub Gäuboden

162 Golf-Club Ingolstadt

163 Wittelsbacher Golfclub

164 Golfpark Gerolsbach

165 Golfclub Schloss Reichertshausen

166 Golfanlage Holledau

167 Golfclub am Nationalpark Bayerischer Wald

168 Donau Golf Club Passau-Raßbach

169 Panorama Golf Passau

170 ThermenGolfClub Bad Füssing-Kirchham

171 Bella Vista Golfpark

172 Golfclub Schloßberg

173 Golfanlage Rottbach

174 Golfclub München-West Odelzhausen

175 Golfplatz Thailing

176 Golf Club Ebersberg

177 Golfclub Mangfalltal

178 Golfclub München Valley

179 Golfplatz Tutzing

180 Golfclub Altötting-Burghausen

181 Golfanlage Berchtesgadener Land

182 Golfclub Reit im Winkl-Kössen

183 Der Margarethenhof Golf & Hotel am Tegernsee

184 Golfclub Schloss Klingenburg

185 Golfclub Memmingen Gut Westerhart

186 Golfclub zu Gut Ludwigsberg

187 Allgäuer Golf- und Landclub

188 Golfclub Bad Wörishofen

189 Auf der Gsteig

190 Golfclub Garmisch-Partenkirchen

191 Golfclub Oberstaufen-Steibis

Hamburg, Schleswig-Holstein, Bremen, Niedersachsen

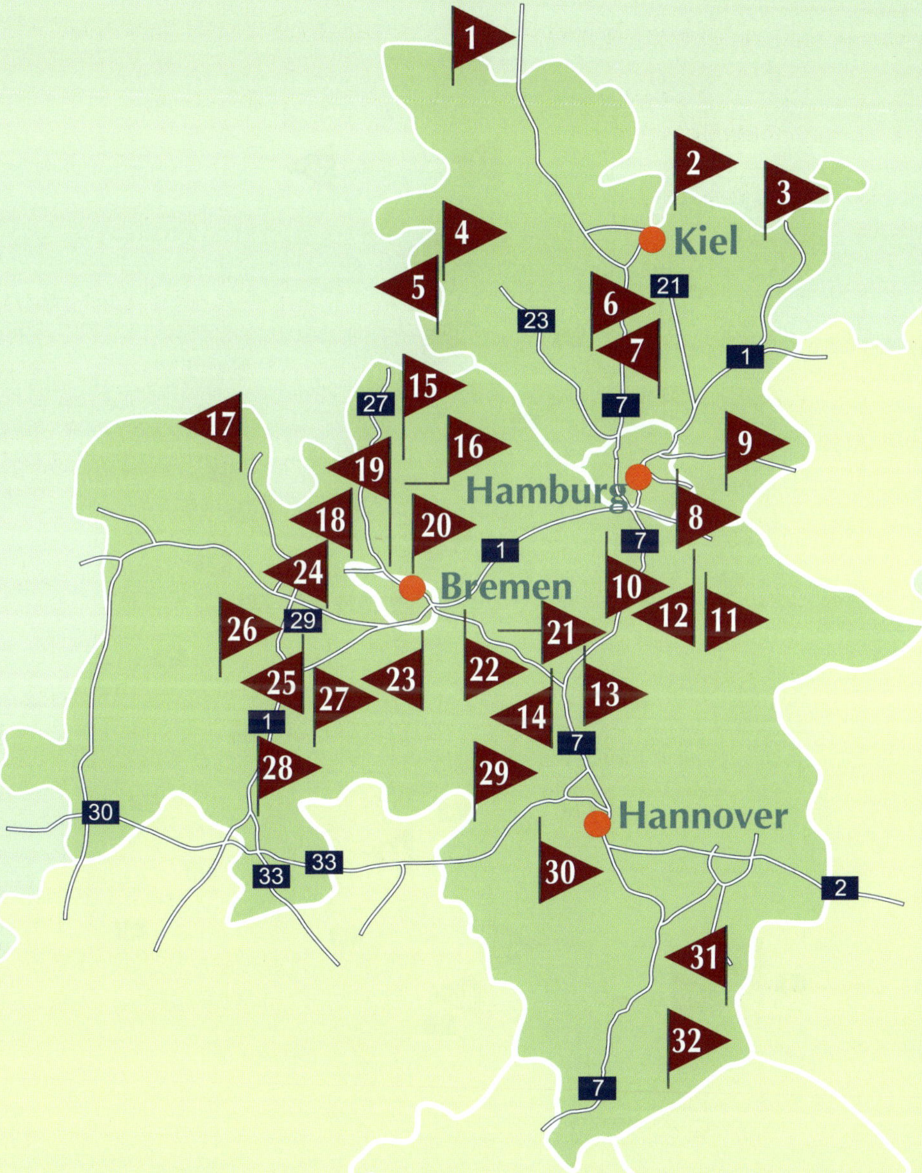

Mecklenburg-Vorpommern, Berlin-Brandenburg, Sachsen, Sachsen-Anhalt, Thüringen

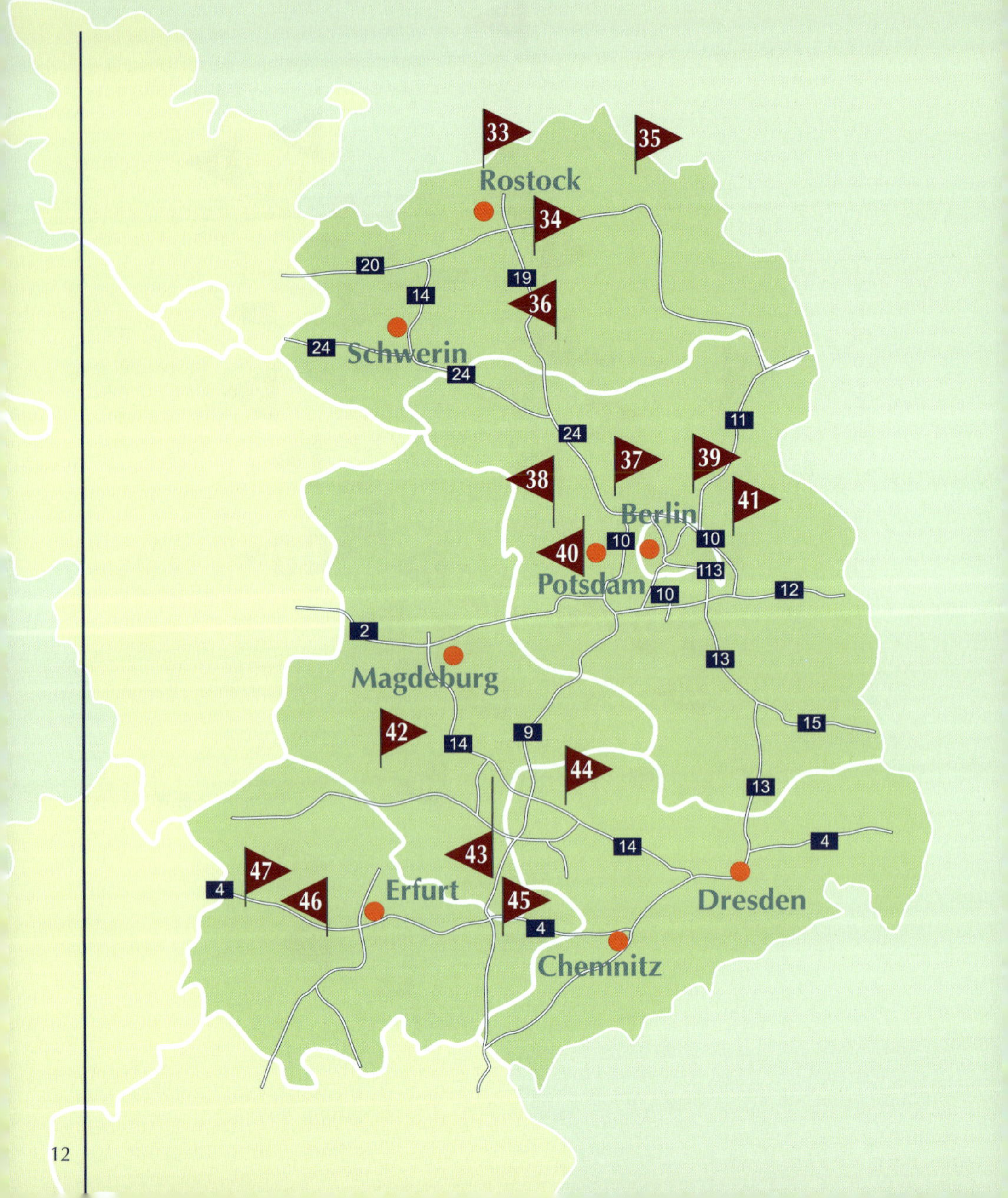

Nordrhein-Westfalen

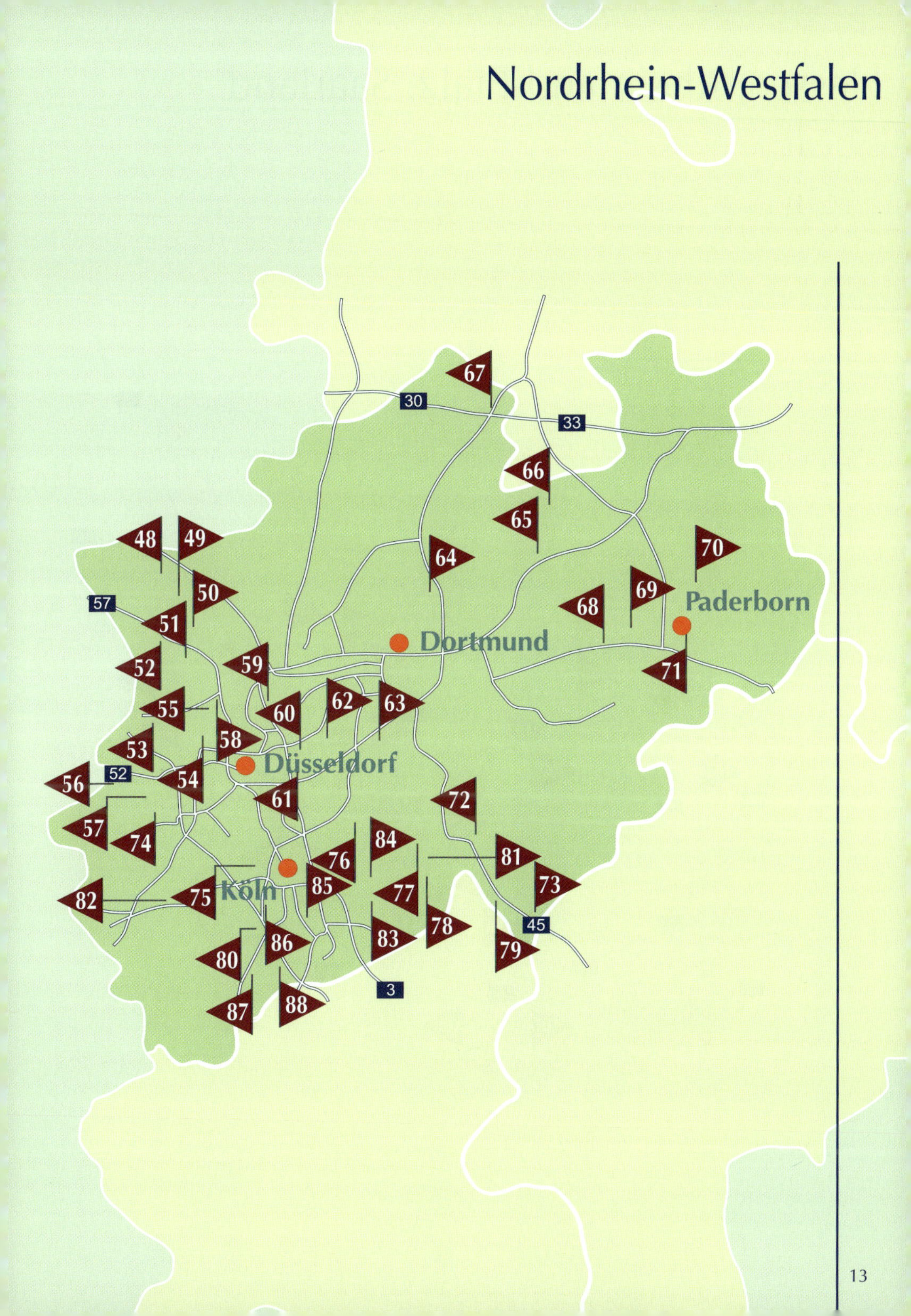

Hessen, Rheinland-Pfalz, Saarland

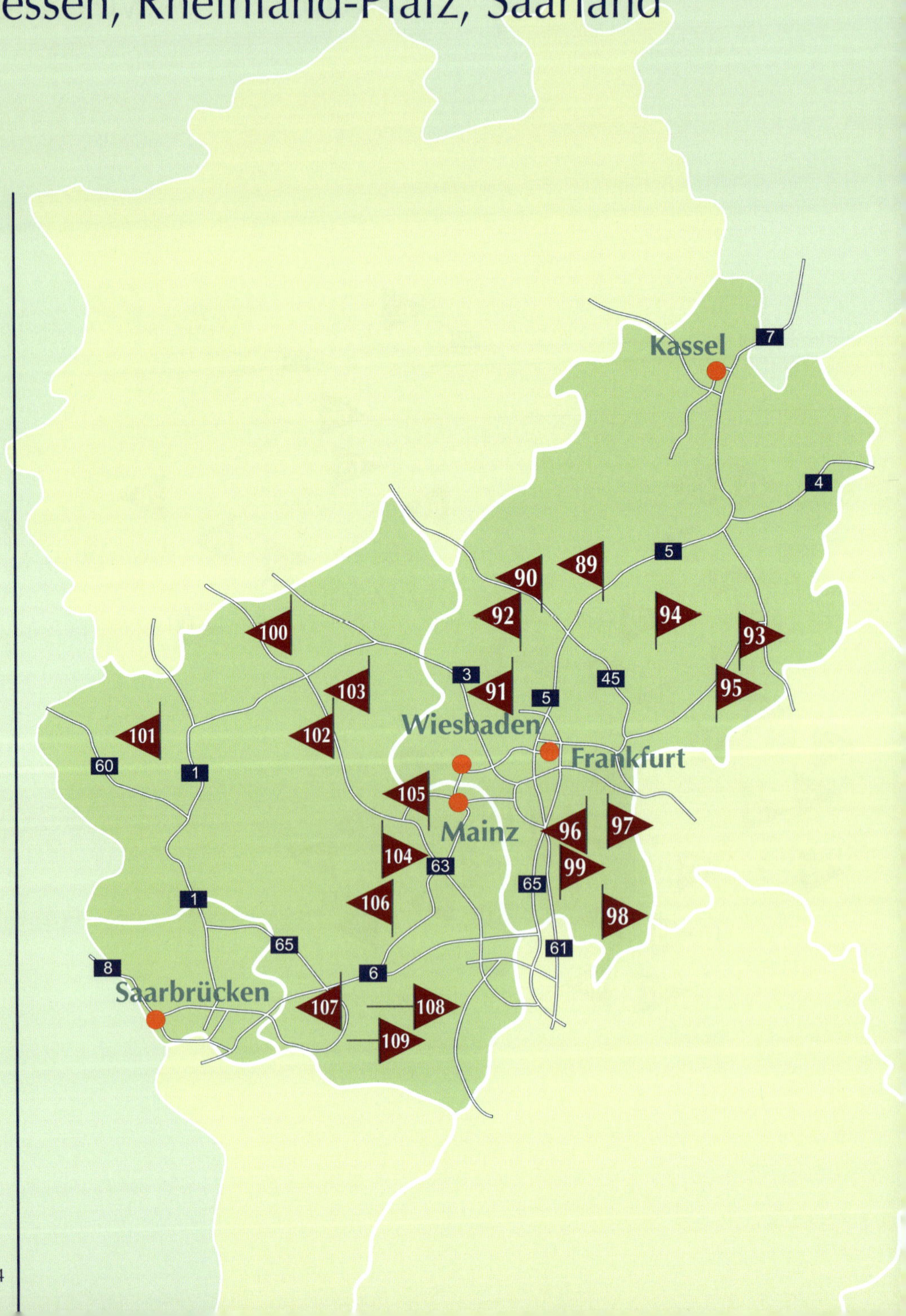

Baden-Württemberg

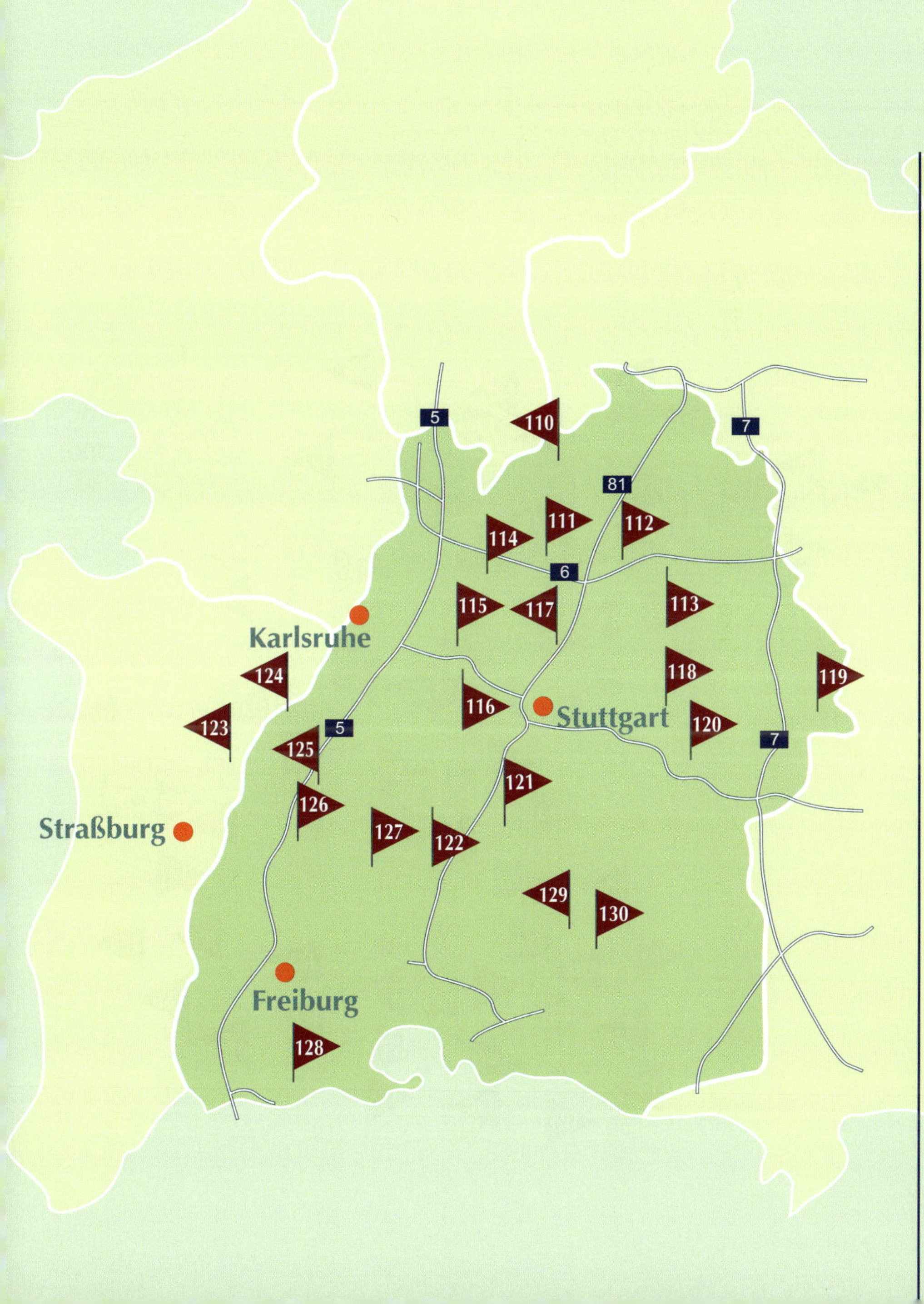

Bayern

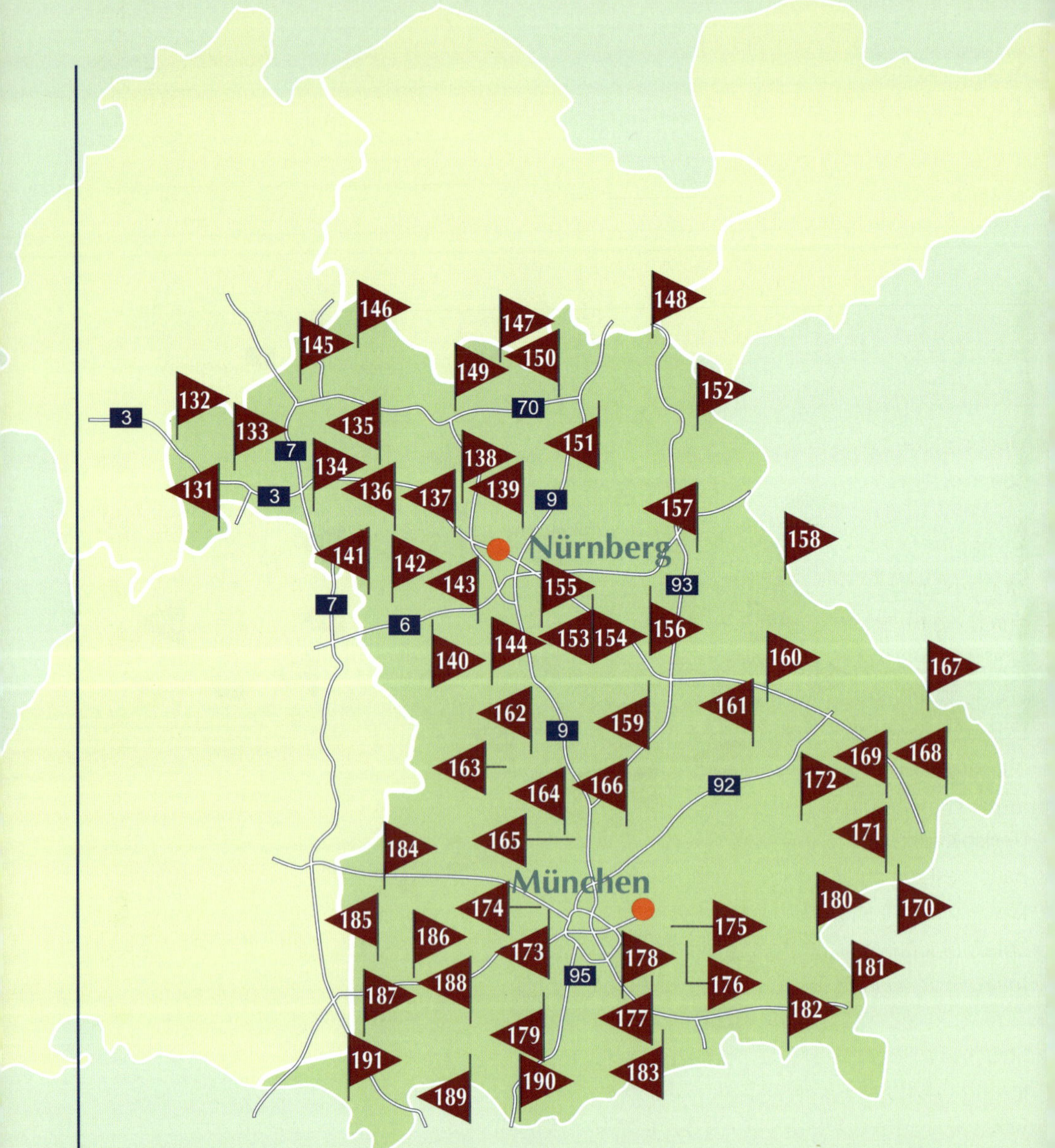
Nürnberg
München
3
7
70
9
6
93
92
95
131
132
133
134
135
136
137
138
139
140
141
142
143
144
145
146
147
148
149
150
151
152
153
154
155
156
157
158
159
160
161
162
163
164
165
166
167
168
169
170
171
172
173
174
175
176
177
178
179
180
181
182
183
184
185
186
187
188
189
190
191

Name: Golf Club Hof Berg e. V.
Adresse: Hof Berg 3
25917 Stadum
Telefon, Fax: +49-(0)4662-70577, +49-(0)4662-70578
E-Mail: info@gc-hofberg.de
Internet: www.gc-hofberg.de
Ansprechpartner: May-Britt Kiel
Öffnungszeiten: ganzjährig
Spielbahnen: 18
Green Fee: 55,00 € (werktags)
60,00 € (Wochenende und Feiertage)
Handicap: -54
Teilnahmebed.: Voucher gelten täglich, außer bei Wettspielen

Golf Club Hof Berg

Die herrliche Anlage des Golf Club Hof Berg befindet sich zwischen Nord- und Ostsee, direkt an der dänischen Grenze.

Der gepflegte 18 Loch-Platz ist gekennzeichnet durch die für Schleswig-Holstein typische Knicklandschaft. Das Gelände ist eben, durchzogen von Wassergräben und fordert Golfer aller Spielstärken. Der Golfspieler muss sich zwischen defensiver oder offensiver Spielweise entscheiden. Mut wird oft belohnt. Fernab vom Straßenlärm, erkunden Sie beim Golfspiel die unendliche Weite Nordfrieslands. Der Baumbestand mit alten stattlichen Bäumen sowie kleine waldartige Baumgruppen flankieren die Spielbahnen. Mit einer Anzahl kleiner Teiche erlebt man die für diese Gegend typische Vegetation.

Strüver-Fazit: Dieser PAR 73 Meisterschaftsplatz fordert Golfer aller Spielstärken. Das sattgrüne Fairway erlaubt einen sauberen Schlag zur Fahne. Nun ist der Golfer auf stark ondulierten Grüns gefordert.

1

30
1

Anfahrt: Der Golfplatz ist über die B199 auf dem Weg zu den Inseln und Halligen zwischen Flensburg und Leck bequem zu erreichen.

Name: Golf-Club Kitzeberg e. V.
Adresse: Wildgarten 1
24226 Heikendorf
Telefon, Fax: +49-(0)431-232324, +49-(0)431-6910929
E-Mail: info@golf-kiel.de
Internet: www.golf-kiel.de
Ansprechpartner: Simone Spindler, Sandra Müller, Laura Wilhelmy
Öffnungszeiten: Saison (15.03.–31.10.)
Mo–Fr 9.00–18.00 Uhr
Sa/So 9.00–16.00 Uhr
Spielbahnen: 18
Green Fee: 60,00 € (werktags)
70,00 € (Wochenende und Feiertage)
Handicap: -54
Teilnahmebed.: Voucher gelten jederzeit, auch für 9 Loch

Golf-Club Kitzeberg

2

Anfahrt: Am Ostufer der Kieler Förde auf der B502 (Ostring) Richtung Laboe. Hinter der Schwentinebrücke geradeaus nach Mönkeberg (K51). Der Golf-Club liegt am Ortsausgang Mönkeberg rechts.

Nahe der Kieler Förde befindet sich der 1902 gegründete Golf-Club Kitzeberg.

Es erwartet Sie eine abwechslungsreiche 18-Loch Anlage, die in den unterschiedlichen Platzhälften Tradition und Moderne verbindet. Die Bahnen 1 bis 9 sind geprägt durch eine Knicklandschaft mit zahlreichen Obstbäumen und von Bunkern bewachten Grüns. Die Bahnen 10 bis 18 liegen in einer reizvollen Endmoränen-Landschaft mit uraltem Baumbestand.
Die Driving Range bietet großzügige Übungsflächen und überdachte Abschläge. Im Shop finden Sie alle Kleinigkeiten, die Sie rund um den Golfsport benötigen. So zum Beispiel Clubkleidung, Bälle, Handschuhe, Tees, Spikes, Regenaccessoires und vieles mehr. Lassen Sie sich im Restaurant „Wildgarten" auf der einladenden Sonnenterrasse auf hohem kulinarischem Niveau verwöhnen.

Strüver-Fazit: Gründungsmitglied im Deutschen Golfverband. Die alten 9 Loch sind sehr idyllisch im Wald gelegen und daher etwas hügelig.

Name: Golfanlage Hohwacht GmbH & Co. KG
Adresse: Eichenallee 1
24321 Hohwacht
Telefon, Fax: +49-(0) 4381-9690, +49-(0) 4381-6098
E-Mail: info@golfclub-hohwacht.de
Internet: www.golfclub-hohwacht.de
Ansprechpartner: Ann-Susann Schultz
Öffnungszeiten: 9.00–18.00 Uhr
Spielbahnen: 27
Green Fee: 29,00 € – 55,00 € (Mo–Fr)
35,00 € – 69,00 € (Wochenende und Feiertage)
Handicap: –
Teilnahmebed.: Voucher gelten täglich

Golfanlage Hohwacht

GOLFANLAGE HOHWACHT

Die Golfanlage Hohwacht erstreckt sich über insgesamt 120 Hektar und besticht durch ihre Lage am großen Binnensee und die Nähe zur Hohwachter Bucht (Ostsee).

Die Anlage verfügt über einen 18 Loch- und 9 Loch-Platz sowie umfangreiche Übungseinrichtungen im „Golfodrom". Neben einem malerischen Blick über die anliegenden Rapsfelder bietet der Hohwachter Platz mit seinen 18 Löchern gleichermaßen golferische Herausforderung und Spielspaß. Auf über 6.000 Metern Länge erwarten Sie über 40 Bunker, knifflige Wasserhindernisse und als Signature Hole ein Inselgrün. Der Neudorfer Platz (9 Loch) kann mit seinen Par 32 vorgabenwirksam im Turnier gespielt werden und steht auch für Golfspieler ohne Mitgliedschaft im Deutschen Golf Verband zur Verfügung.

Strüver-Fazit: Ganz nah an der Ostsee gelegen, garantiert dieser Platz eine abwechslungsreiche Golfrunde und verbindet ganz praktisch Golf- und Badefreuden.

3

Anfahrt: Von Kiel in Richtung Oldenburg, kurz nach Lütjenburg links ab. Von A1 Abfahrt Oldenburg in Richtung Kiel, kurz vor Lütjenburg rechts Richtung Hohwacht.

Schleswig-Holstein

Name:	Golfclub Büsum Dithmarschen e. V.
Adresse:	Zwischen den Deichen, 25761 Warwerort (ins Navigationsgerät bitte Dorfstr. 11 eingeben)
Telefon, Fax:	+49-(0)4834-960460, +49-(0)4834-960463
E-Mail:	info@gc-buesum.de
Internet:	www.gc-buesum.de
Ansprechpartner:	Simone Nicosia Bock
Öffnungszeiten:	In der Saison: Mo–Fr 9.00–17.00 Uhr, Sa, So und Feiertage 9.00–15.00 Uhr
Spielbahnen:	18
Green Fee:	65,00 € (werktags) 75,00 € (Wochenende und Feiertage)
Handicap:	Platzreife
Teilnahmebed.:	Voucher gelten von Mo–So nach vorheriger Anmeldung
Sonstiges:	Vollwertige Stellplätze für Wohnmobile vorhande[n] Hunde erlaubt (bitte informieren Sie sich auf unse[rer] Homepage)

Golfclub Büsum Dithmarschen

30
1

4

In der ehemaligen, dem Meer abgerungenen, Wattenmeerlandschaft liegt der Platz teilweise unter dem Meeresspiegel.

Dort, wo noch 1978 die Nordsee tobte, charakterisieren Priele und andere natürliche Wasserhindernisse diesen Golfplatz, der zwar eben, aber in seiner Art nicht leicht bespielbar ist. Küstengräser und die häufig wehende Nordseebrise sind markante Merkmale des „Links Courses“. Die nach dem Clubslogan „zwischen den Deichen“ liegenden Spielbahnen sind sowohl für Freizeit- als auch für Turniergolfer eine faire Herausforderung. An den Abschlägen aufgestellte Strandkörbe schaffen eine besondere Atmosphäre und bieten Schutz vor Sonne und Wind. Nach der Runde können Sie sich auf der Sonnenterrasse erholen und mit diversen Spezialitäten aus der Region verwöhnen lassen.

Strüver-Fazit: Durch den herrschenden Nordwestwind und die vielen natürlichen Wasserhindernisse eine sportliche Aufgabe.

Anfahrt: Von Süden kommend über die A23 bis Ausfahrt Heide-West/Büsum. Von Norden kommend über die B5 Ausfahrt Heide-West/Büsum. Über die B203 Richtung Büsum. Nach ca. 15 km links Richtung Warwerort, Strand und Golfplatz.

Name: Golfclub am Donner Kleve
Adresse: Alte Landstraße 1
25693 St. Michaelisdonn
Telefon, Fax: +49 (0) 48 53-88 09 09, +49 (0) 48 53-88 01 87
E-Mail: info@golf-am-donner-kleve.de
Internet: www.golf-am-donner-kleve.de
Ansprechpartner: E. Ringert
Öffnungszeiten: Von Sonnenaufgang bis Sonnenuntergang
Spielbahnen: 18 + 9
Green Fee: 65,00 € (werktags)
75,00 € (Wochenende und Feiertage)
Handicap: -54
Teilnahmebed.: Voucher gelten Mo–So

Golfclub am Donner Kleve

GOLF AM DONNER KLEVE

Golfen, wo Dithmarschen am schönsten ist!

Mit viel Liebe zum Detail ausgestattete Spielbahnen führen durch eine reizvolle, leicht hügelige Landschaft. Der hohe Anspruch an Pflege und Qualität macht den Golfplatz am Donner Kleve zu einem der schönsten und beliebtesten im Umkreis. Der Platz hat 18 unverwechselbare Löcher auf sandigem, von Natur aus gewelltem Dünenboden und ist ganzjährig bespielbar. Genießen Sie in der gemütlichen Gaststube oder auf der Terrasse unseres „Natternest" selbstgebackene Kuchen, kleine Speisen und Getränke zu moderaten Preisen.

Strüver-Fazit: Jede Bahn hat seinen Namen, wie z. B. Bahn 2 „Donnhenge". Hier stehen große Felsen auf der rechten Seite. Auch die Par 3-Bahnen sind sehr interessant.

5

30
1

Anfahrt: Verlassen Sie die A23 an der Anschlussstelle Schafstedt. Fahren Sie über Süderhastedt Frestedt nach St. Michaelisdonn. Dort folgen Sie bitte der Ausschilderung "Golfplatz".

Name:	Golfplatz Gut Bissenmoor GmbH
Adresse:	Golfparkallee 11 24576 Bad Bramstedt
Telefon, Fax:	+49-(0)41 92-81956-0, +49-(0)41 92-819 56-19
E-Mail:	info@golfbissenmoor.de
Internet:	www.gut-bissenmoor.de
Ansprechpartner:	Regina Borchert
Öffnungszeiten:	9.00–18.00 Uhr
Spielbahnen:	18 + 9 Loch-Kurzplatz
Green Fee:	60,00 € (werktags) 70,00 € (Wochenende und Feiertage) Änderung der Green Fee-Preise vorbehalten
Handicap:	-54
Teilnahmebed.:	–
Sonstiges:	Golf BioDynamics 3D-Analyse

Golfplatz Gut Bissenmoor

6

Abschlag im Norden.

Kurz hinter Hamburg, zwischen Bad Segeberg und Itzehoe, liegt der noch junge 18 Loch-Meisterschaftsplatz (gegründet 2000). Die Bahnen bieten mit jeweils fünf Abschlägen für Golfer aller Handicap-Klassen adäquate Schwierigkeitsgrade. Fast 3,5 ha Wasserfläche mit zahlreichen Neuanpflanzungen – 800 Bäume und 30.000 Sträucher – geben dem Platz seinen unverwechselbaren Charakter. Häufig verteidigen Bunker die Grüns und machen den Platz immer wieder aufs Neue interessant. Die Driving Range hat 120 Übungsmöglichkeiten, 20 davon überdacht, beheizt und mit Flutlicht ausgestattet.

Strüver-Fazit: Bunker und Gräben machen die Anlage immer wieder abwechslungsreich für Anfänger und Golfer mit niedrigem Handicap – erstklassige, spurtreue Grüns.

Anfahrt: A7 (Hamburg–Flensburg), Ausfahrt Kaltenkirchen, dann Richtung Lentföhrden, hier rechts nach Bad Bramstedt abbiegen. Nach ca. 10 km Kreisverkehr links Richtung Bissenmoor. Der Beschilderung folgen.

Name: Gut Waldhof Golf AG
Adresse: Am Waldhof 3
24629 Kisdorf
Telefon, Fax: +49-(0)41 94-99740, +49-(0)41 94-997425
E-Mail: info@gut-waldhof.de
Internet: www.gut-waldhof.de
Öffnungszeiten: 9.00–18.00 Uhr
Spielbahnen: 18
Green Fee: 55,00 € (werktags)
65,00 € (Wochenende und Feiertage)
Handicap: -54 (werktags), -36 (Wochenende)
Teilnahmebed.: Voucher gelten Mo–Sa (nicht an Sonn- und Feiertagen)
Bitte informieren Sie sich über die Platzbelegung per Telefon oder Internet

Gut Waldhof

7

30
1

Zehn Minuten nördlich der Stadtgrenze Hamburgs verführt Gut Waldhof mit einem atemberaubenden Golfplatz in 50-jähriger Tradition.

Gut Waldhof wurde 1969 gegründet und bietet eine 18 Loch-Golfanlage auf einem abwechslungsreichen Gelände – leicht hügelig, mit großem, altem Baumbestand, anspruchsvollen Wasserhindernissen und aufregend schönen Golfbahnen. Der Platz wurde förmlich in die Landschaft hinein komponiert und die Bahnen sind teilweise völlig von Wald umgeben. Die großen Bäume auf den Fairways verlangen von Golfern viel Taktik. Das Clubhaus, ein altes Gutshaus, wurde erst komplett renoviert. Hier können Sie auf der Sonnenterrasse in dem öffentlichen Restaurant entspannen.

Strüver-Fazit: Golfen auf diesem historischen Gelände ist etwas Besonderes und der 18 Loch-Meisterschaftsplatz gehört zu den sportlich anspruchvollsten im Norden.

Anfahrt: Hamburg-West: A7, Abfahrt Henstedt-Ulzburg/Kaltenkirchen Süd, nach Henstedt-Ulzburg, am Ortseingang links, Richtung Bad Segeberg nach Kisdorferwohld. Über Segeberger Chaussee B432, Tangstedt, Wakendorf II, rechts ca. 800 m Richtung Nahe, links nach Kisdorferwohld.

Name:	Golf Gut Glinde
Adresse:	In der Trift 4 21509 Glinde
Telefon, Fax:	+49-(0)40-7100506, +49-(0)40-71005079
E-Mail:	info@golf-gut-glinde.de
Internet:	www.golf-gut-glinde.de
Ansprechpartner:	Carolin Lessau
Öffnungszeiten:	9.00–19.00 Uhr
Spielbahnen:	18 + 9 + 6 Loch-Kurzplatz
Green Fee:	65,00 € (werktags) 75,00 € (Wochenende und Feiertage)
Handicap:	-54 (werktags); -45 (Wochenende und Feiertage)
Teilnahmebed.:	Voucher gelten Mo–Fr (nicht an Feiertagen)

GOLF GUT GLINDE

Golf Gut Glinde

8

Anfahrt: Von Hamburg und Westen: A24, Ausfahrt Reinbek/Glinde.
Von Norden: A1, Ausfahrt Barsbüttel, K80 nach Glinde. Von Süden: A1, Ausfahrt Öjendorf, Glinde.

Nur 20 Autominuten von Hamburgs Innenstadt entfernt liegt die Golfanlage Gut Glinde – so nah, dass von Bahn 2 der Hamburger Fernsehturm zu sehen ist!

Straßen- oder Fluglärm sind dennoch Fremdwörter auf der Anlage, die durch abwechslungsreiche Bahnen und hervorragenden Pflegezustand überzeugt. Perfekt in die schöne Landschaft eingebunden, glänzt der 18 Loch-Platz mit 7 großen Wasserhindernissen und 69 Bunkern. Großen Wert hat der renommierte Golfplatz-Architekt Holger Rengstorf darauf gelegt, einen für alle Spielstärken fairen Platz zu bauen: sportliche Herausforderung für den Mannschaftsspieler mit Single-Handicap ebenso wie Spaß und Erfolgserlebnis für Golfer mit höherer Vorgabe. Rezeption, Pro Shop und Restaurant der modernen Anlage sind an 7 Tagen in der Woche geöffnet.

Strüver-Fazit: Das ambitionierte Golfprojekt vor den Toren Hamburgs glänzt durch Topqualität und ein schlüssiges Konzept.

Name: Golf & Country Club Brunstorf
Adresse: Am Golfplatz 1
21524 Brunstorf
Telefon, Fax: +49-(0) 41 51-86 78 78, +49-(0) 41 51-86 78 77
E-Mail: info@golfclub-brunstorf.de
Internet: www.golfclub-brunstorf.de
Ansprechpartner: Elisabeth Meyer, Thomas Marxsen (Sekretariat)
Öffnungszeiten: Mo–So 9.00–17.00 Uhr
Spielbahnen: 18 + 9
Green Fee: 70,00 € (werktags)
80,00 € (Wochenende und Feiertage)
Handicap: -54 (werktags), -45 (Wochenende)
Teilnahmebed.: -
Sonstiges: Hunde angeleint willkommen! Kinderbetreuung
Wohnmobilstellplätze vorhanden

Golf & Country Club Brunstorf

9

30
1

Die Golfanlage Brunstorf liegt 30 Minuten östlich von Hamburg und ist umgeben von Wiesen, Feldern und den Ausläufern des 7.000 ha großen Sachsenwaldes.

Neben einem anspruchsvollen 18-Loch Championship-Course bietet die Anlage einen öffentlichen 9-Loch Golfplatz, der auch ohne DGV-Ausweis bespielbar ist. Die Driving-Range verfügt über 80 Abschlagplätze, Pitching-, Chipping-Area und zwei Putting-Greens. Abwechslungsreiche Fairways, Wasserhindernisse und geschickt platzierte Bunker sowie die ondulierten und gut verteidigten Grüns sind eine echte Herausforderung und purer Golfgenuss zugleich. 2016–2018 wurde der Platz nach einem Entwurf von David Krause umgebaut. Der Umbau steigert das Spielerlebnis und erhöht die Freude am Golfsport für unsere Gäste und Mitglieder.

Strüver-Fazit: Platz mit Meisterschaftsniveau, war Austragungsort eines Challenge Tour Turniers, sehr schönes Clubhaus.

Anfahrt: A24 (Hamburg–Berlin), Abfahrt Reinbek, Richtung Reinbek über Aumühle nach Dassendorf. In Dassendorf B207 Richtung Schwarzenbek. Oder A25 Richtung Geesthacht. Abfahrt Geesthacht, B404 nach Hohenhorn/Dassendorf, dann die B207 Richtung Schwarzenbek.

Name:	Golf & Country Club Am Hockenberg
Adresse:	Am Hockenberg 100 21218 Seevetal
Telefon, Fax:	+49-(0)4105-52245, +49-(0)4105-52080
E-Mail:	info@amhockenberg.de
Internet:	www.amhockenberg.de
Öffnungszeiten:	9.00–17.00 Uhr innerhalb der Saison
Spielbahnen:	18
Green Fee:	Mit R-Kennzeichnung: 65,00 € (werktags), 75,00 € (Wochenende und Feiertage) Ohne R-Kennzeichnung: 80,00 € (werktags), 90,00 € (Wochenende und Feiertage)
Handicap:	-54 (werktags), -36 (Wochenende und Feiertage)
Teilnahmebed.:	Voucher gelten Mo–Fr (werktags)

Golf & Country Club Am Hockenberg

Golf & Country Club Am Hockenberg

10

Anfahrt: A1 (Hamburg–Bremen), Ausfahrt Hittfeld, Richtung Jesteburg. A7 (Hamburg–Hannover), Ausfahrt Ramelsloh, Richtung Jesteburg, Straße folgen bis Harmstorf, an der T-Kreuzung rechts Richtung Hittfeld – in Helmstorf der Beschilderung folgen.

18 abwechslungsreiche Spielbahnen in einem zum Teil stark hügeligen Gelände.

Bereits der erste Abschlag lässt die naturbelassene Schönheit dieser anspruchsvollen Golfanlage erahnen. Landschaft so weit das Auge reicht. Sanfte Hügel und lange Täler, Schilf- und Seerosenteiche, alter Baumbestand und schützende Knicks begleiten das Spiel auf dem rund 6.100 m langen Course. Das Clubhaus – mit Gastronomie, ProShop und sanitären Einrichtungen – steht auf dem höchsten Punkt der Golfanlage und gibt den Blick frei auf die herrliche Landschaft des Seevetals sowie auf die am Horizont auftauchende Skyline Hamburgs.

Strüver-Fazit: Ein abwechslungsreicher und, für Norddeutschland eher unvermutet, hügeliger Platz. Präzises und strategisches Spiel sind unerlässlich für einen guten Score.

Niedersachsen

Name: Golf Resort Adendorf KG
Adresse: Moorchaussee 3
21365 Adendorf
Telefon, Fax: +49-(0)4131-22332660, +49-(0)4131-22332665
E-Mail: golf@castanea-resort.de
Internet: www.castanea-resort.de/golfanlage
Ansprechpartner: Birgit Anker
Öffnungszeiten: ganzjährig; 8.00–18.00 Uhr
Spielbahnen: 27
Green Fee: 60,00 € (werktags)
70,00 € (Wochenende und Feiertage)
Handicap: -54 (Wochenende)
Teilnahmebed.: Voucher gelten nur Mo–Do. Nicht kombinierbar mit anderen Rabattaktionen
Sonstiges: Driving Range, überdacht, mit Flutlichtanlage

Castanea Resort Adendorf

Castanea Resort
HOTEL | SPA | EVENT | GOLF

11

Mit Schwung abschlagen!

Das Golf Resort Adendorf verfügt über einen 18 Loch-Mastercourse und einen öffentlichen 9 Loch-Kurzplatz. Die Golfplätze sind ganzjährig bespielbar und zeichnen sich durch trockene Fairways, gepflegte Greens und anspruchsvolle Hindernisse aus. Außerdem finden Sie im Golf Resort: Castanea Resort Hotel (4 Sterne Superior), Castanea Spa & Wellness, Gastronomie Boulevard sowie eine Clubhaus Gastronomie. In der Golfakademie werden ganzjährig Intensivschulungen für Fortgeschrittene sowie Unterricht für Anfänger aller Altersklassen angeboten.
Weltklasse: Seit 2012 ist das Castanea Resort fester Bestandteil der internationalen Pro Golf Tour und seit 2015 offizieller Austragungsort der Pro Golf Tour Finals. Die Pro Golf Tour ist das Zugangstor für die Challenge Tour – der Einstieg in die Profiliga.

Strüver-Fazit: Junger Platz, sehr attraktiv und einer der schönsten im Hamburger Raum.

Anfahrt: A250 (Seevetal–Lüneburg), Ausfahrt Lüneburg/Adendorf, Richtung Adendorf, in Ortsmitte Richtung Sportzentrum – A7 (Hannover–Hamburg), Ausfahrt Soltau Ost, Richtung Lüneburg, der Ortsumgehung folgen, Ausfahrt Ebensberg, in Adendorf Richtung Sportzentrum.

Niedersachsen

Name:	Golfclub Bad Bevensen
Adresse:	Dorfstraße 22 29575 Altenmedingen OT Secklendorf
Telefon:	+49-(0)5821-98250
E-Mail:	info@gc-badbevensen.de
Internet:	www.gc-badbevensen.de
Ansprechpartner:	Sarah Held
Öffnungszeiten:	März–Okt: Mo–So 9.00–18.00 Uhr Nov–Febr: Mi–So 10.00–16.00 Uhr
Spielbahnen:	18
Green Fee:	60,00 € (werktags) 70,00 € (Wochenende und Feiertage)
Handicap:	-54
Teilnahmebed.:	Voucher gelten Mo–Fr nach tel. Anmeldung
Sonstiges:	Hunde an der Leine willkommen

EST. 1991 GOLFANLAGE BAD BEVENSEN

Golfclub Bad Bevensen

12

Abwechslungsreiches Spiel in faszinierender Landschaft.

Präzises Spiel erfordert dieser natürlich gestaltete Parkland Course, dessen gepflegte Fairways sich durch den Hochwald und über die hügelige Heidelandschaft ziehen. Zahlreiche Hindernisse und schmale Fairways erschweren den Weg zum Loch. Trotzdem bleibt der Platz immer fair. Die Bahnen sind meist kurz gehalten, so dass es mehr auf genaues Spiel denn auf Länge ankommt. Das gemütliche Clubhaus im Fachwerkstil bietet mit seiner Terrasse herrliche Ausblicke über die Anlage. Hier kann man nach dem Spiel bei einem Glas Wein den Sonnenuntergang genießen.

Strüver-Fazit: Schöner Platz – 9 Loch offen, 9 Loch im Wald. Gerade auf den Waldlöchern sollte man präzise spielen.

Anfahrt: Von Norden: A250 bis Lüneburg, B4 Richtung Uelzen, Abfahrt Bad Bevensen, in Bad Bevensen 2. Ampel links.
Von Süden: B4 in Richtung Lüneburg, Abfahrt Bad Bevensen.

Name: Golfpark Soltau
Adresse: Hof Loh
29614 Soltau
Telefon: +49-(0)5191-9676333
E-Mail: info@golf-soltau.de
Internet: www.golf-soltau.de
Ansprechpartner: Marta Lusawa
Öffnungszeiten: 9.00–16.00 Uhr
Spielbahnen: 27
Green Fee: 45,00 € (werktags)
55,00 € (Wochenende und Feiertage)
Handicap: -54
Teilnahmebed.: Voucher gelten Mo–So

Golfpark Soltau

Inmitten der Lüneburger Heide fügt sich der 27 Loch-Golfpark Soltau traumhaft in die Landschaft ein.

Zahlreiche Wasserhindernisse und Bachläufe sowie die vielfältige Flora und Fauna vervollständigen das Naturerlebnis.

Der Golfpark Soltau ist von den Metropolen Hamburg, Hannover und Bremen aus bequem in 30–40 Minuten zu erreichen.

Strüver-Fazit: Es erwarten Sie großzügige Fairways, teilweise umgeben von Wald und Bäumen, nachdem Sie gleich das herausfordernste Loch zum Auftakt gemeistert haben.

13

30
1

Anfahrt: A7, Ausfahrt Soltau-Süd, Richtung Soltau, nach 2 km links nach Tetendorf in die Alte Zollstraße und nach 800 m links zum Golfplatz abbiegen.

Niedersachsen

Name:	Golf Club Tietlingen e. V.
Adresse:	Tietlingen 6c 29664 Walsrode
Telefon:	+49-(0)51 62-38 89, +49-(0)51 62-75 64
E-Mail:	info@tietlingen.de
Internet:	www.tietlingen.de
Ansprechpartner:	Cornelia Behrens, Elisabeth Bloxham
Öffnungszeiten:	Mo–Sa 9.00–17.00 Uhr; So 9.00–15.00 Uhr
Spielbahnen:	18
Green Fee:	45,00 € (werktags) 55,00 € (Wochenende und Feiertage)
Handicap:	-54
Teilnahmebed.:	Voucher gelten täglich

Golf Club Tietlingen

30
1

14

Anfahrt: A7, Abf. Bad Fallingbostel, Richt. Bad Fallingbostel-Mitte, der Beschilderung „Lönsgrab", „Sanssouci" und Golfplatz folgen. A27, Abf. Walsrode Süd, Richt. Bad Fallingbostel, ca. 150m nach Honerdingen links in Richt. „Industriepark Walsrode", nach ca. 300m rechts in Tietlinger Weg abbiegen und dem landwirtschaftlichen Weg folgen. Navi: Tietlingen 6c, 29664 Walsrode

Golfspielen bis die Heide wackelt!

Inmitten wunderschöner Heidelandschaft, die sich auch zum Teil direkt an den Spielbahnen befindet, liegt der 18 Loch-Platz des Golfclubs Tietlingen. An den Tietlinger Wachholderhain, der wegen seiner traumhaften Natur zur letzten Ruhestätte Hermann Löns auserkoren wurde, schließt sich der 1979 gegründete Golfplatz an. Die Anlage ist sportlich fair, aber herausfordernd und zeichnet sich besonders durch ihre ruhige, idyllische Lage aus. Der Platz ist zum Teil leicht hügelig und mit einigen Wasserhindernissen versehen. Neben der neuen, herausragenden Gastronomie im Clubhaus nebst idyllischer Terrasse stehen für Sie natürlich Dusch- und Umkleideräumlichkeiten bereit. Wegen seiner idealen verkehrstechnischen Anbindung bietet sich dieser Platz besonders für durchreisende Green Fee-Spieler an.

Strüver-Fazit: Schön eingewachsene Heidelandschaft mit Spielbahnen, an die man sich leicht erinnern kann.

Name:	Golfclub Gut Hainmühlen e. V.
Adresse:	Am Golfplatz 1, Ringstedt 27624 Geestland
Telefon, Fax:	+49-(0)4708-920036, +49-(0)4708-920038
E-Mail:	info@golfhm.de
Internet:	www.golf-hainmuehlen.de
Ansprechpartner:	Christine Perera, Sandra Lampe
Öffnungszeiten:	ganzjährig
Spielbahnen:	18
Green Fee:	18 Loch: 50,00 € (Mo–Fr) 18 Loch: 60,00 € (Wochenende und Feiertage) 9 Loch: 30,00 € (Mo–Fr) 9 Loch: 35,00 € (Wochenende und Feiertage)
Handicap:	-54
Teilnahmebed.:	Voucher gelten Mo–So nach telefonischer Anmeldung

Niedersachsen

Golfclub Gut Hainmühlen

Der Golfplatz bildet die vielseitige Landschaft auf ca. 71 ha ab.

Eingerahmt von Naturforst liegen die ersten elf Bahnen in einem Wiesengrund, durchzogen von Wasserläufen. Wirkungsvoll platzierte Busch- und Baumgruppen bieten immer neue Perspektiven. Der zweite Spielabschnitt wird von einem Geestrücken bestimmt. Die langgezogenen Wellenberge der nahen Nordsee wurden auf Bahn 14 (Par 5) wirkungsvoll nachmodelliert. Da sind lange Drives hilfreich, aber auch Präzision ist gefragt. Z. B. auf dem Dogleg der 13, wo zu mutig angesetzte Schläge leicht im dichten Rough oder in der mit Buschwerk bewachsenen Natursandkuhle kurz vor dem Grün enden. Auch das kurze Spiel erfordert Präzision, weil die besonders schnellen Grüns häufig mit einem Gefälle oder in Stufen angelegt sind.

Strüver-Fazit: Liebhaber von Wallhecken, bunten Sträuchern, Wald und viel Wasser werden sich hier sehr wohlfühlen.

15

Anfahrt: A27 (Bremen–Cuxhaven), Ausfahrt Debstedt Richtung Bad Bederkesa. Vor Bad Bederkesa im Kreisverkehr Richtung Beverstedt. Im 3. Kreisverkehr rechts abfahren Richtung Beverstedt. Kurz hinter dem Ortsausgang Hainmühlen liegt der Golfplatz auf der rechten Seite.

Niedersachsen

Name:	Golfclub Worpswede e. V.
Adresse:	Giehlermühlen 27729 Vollersode
Telefon:	+49-(0) 47 63-73 13
E-Mail:	info@golfclub-worpswede.de
Internet:	www.golfclub-worpswede.de
Öffnungszeiten:	Mo 9.00–14.00 Uhr; Di–Fr 9.00–17.00 Uhr Sa/So 10.00–16.00 Uhr
Spielbahnen:	18
Green Fee:	9 Loch: 30,00 € (werktags) 35,00 € (Wochenende und Feiertage) 18 Loch: 50,00 € (werktags) 55,00 € (Wochenende und Feiertage)
Handicap:	-45 (werktags), -36 (Wochenende und Feiertage)
Teilnahmebed.:	–

Golfclub Worpswede

16

Anfahrt: Von Süden: Bremer Kreuz A27 in Richtung Cuxhaven, Ausfahrt Bremen-Nord auf die B74 in Richtung Stade, ca. 3 km hinter Wallhöfen km-Stein 24,9 links zum Golfplatz (beschildert). Von Hamburg: Ausfahrt Sittensen über Zeven, Richtung Gnarrenburg auf B74 Richtung Bremen. Beim km-Stein 24,8 rechts ab zum Golfplatz. Für Navigationsgeräte: Paddewischer Weg, 27729 Vollersode

Die Fairways des Golfclub Worpswede liegen sehr naturverbunden in einem Areal mit wechselnder Moor-, Heide- und Waldlandschaft.

Die Löcher 1 bis 6 ziehen sich durch direkt an die Spielbahn grenzenden Waldbestand und erfordern ein sehr präzises Spiel. Auch die restlichen Bahnen sind durch natürliche Hindernisse und Teiche schwieriger als man denkt.

Strüver-Fazit: Der Parkland Course, der auf Moor- und Sandboden gebaut wurde, fordert ein präzises Spiel.

Name: Golfclub Wilhelmshaven-Friesland e. V.
Adresse: Mennhausen 5
26419 Schortens
Telefon: +49-(0)4423-985918
E-Mail: info@golfclub-wilhelmshaven.de
Internet: www.golfclub-wilhelmshaven.de
Öffnungszeiten: 1.4.–30.9.: 9.00–18.00 Uhr
1.10.–31.10.: 9.00–17.00 Uhr
1.11.–31.3.: Mo, Mi, Fr 10.00–15.00 Uhr
Spielbahnen: 18
Green Fee: 50,00 € (werktags)
60,00 € (Wochenende und Feiertage)
Änderung der Green Fee Preise vorbehalten
Handicap: -54
Teilnahmebed.: Voucher gelten Mo–Fr (nicht an Feiertagen)

Golfclub Wilhelmshaven-Friesland

17

Der Golfclub Wilhelmshaven-Friesland präsentiert sich seit dem Jahr 2000 auf der neuen Anlage in Mennhausen.

Der am nordwestlichen Stadtrand von Wilhelmshaven gelegene Platz lädt alle Gäste zu einer Golfrunde in der friesischen Landschaft ein. Das gut zu erreichende Gelände zeichnet sich durch ebenes, von Schilfgräben und Kopfweiden durchzogenes Grünland aus. Die sportlich attraktiven, spielstrategisch anspruchsvollen und individuell gestalteten Bahnen bieten Spitzenspielern eine angemessene Herausforderung, aber auch weniger versierte Golfer werden nicht überfordert. Für Übungszwecke befinden sich unmittelbar neben dem ersten Abschlag eine großzügige Drivingrange mit teilweise überdachten Abschlagplätzen, Übungsbunker, ein Pitch- und Chipgelände sowie Puttinggreens.

Strüver-Fazit: Wasserhindernisse und Bunker gepaart mit zumeist reichlich Wind fordern Ihr golferisches Können.

Anfahrt: Oldenburg: A29, Abfahrt Wilhelmshaven-Fedderwarden. 1. Kreisel links, nach ca. 300 m links Richtung Fedderwarden, Beschilderung „Golfplatz" folgen. Von der Küste: Richtung Wilhelmshaven, auf A29 bis zum 1. Kreisel. Von dort siehe oben.

Name: Golf Club Bremer Schweiz e. V.
Adresse: Wölpscher Straße 4
28779 Bremen
Telefon, Fax: +49-(0)421-6095331, +49-(0)421-6095333
E-Mail: info@golfclub-bremerschweiz.de
Internet: www.golfclub-bremerschweiz.de
Ansprechpartner: Tanja Bullwinkel
Öffnungszeiten: 9.00–18.00 Uhr
Spielbahnen: 18
Green Fee: 50,00 € (werktags)
60,00 € (Wochenende und Feiertage)
Handicap: -54
Teilnahmebed.: Voucher gelten Mo–So

Golf Club Bremer Schweiz

18

Anfahrt: A27, Ausfahrt Schwanewede, Richtung Leuchtenburg, nach 2 km der Golfplatzbeschilderung folgen.

Hier lädt die Natur zum Golfen ein.

Mitten auf der Landesgrenze zwischen der Wesermetropole Bremen und Niedersachsen erstreckt sich unser sportlich höchst anspruchsvoller Golfplatz zwischen Marsch und Geest. Die 2003 komplettierte Golfanlage hat etwas ganz Besonderes, was man wirklich selten findet: Zwei 18. Grüns in zwei verschiedenen Bundesländern. Die Runde kann als PAR 71 in Bremen, und damit vor der Clubhausterrasse, oder als PAR 72 in Niedersachsen abgeschlossen werden. Nach der Runde folgt die Entspannung in unserer großzügigen Gastronomie mit kulinarischen Genüssen für jedermann.

Strüver-Fazit: Niveauvoller Platz mit abwechslungsreichen Fairways und unterschiedlichsten Hindernissen. Gerade die finalen Bahnen 13–18 verlangen volle Konzentration.

Bremen

Name: Bremer Golfclub Lesmona e. V.
Adresse: Lesumbroker Landstraße 70
28719 Bremen
Telefon, Fax: +49-(0)421-949340, +49-(0)421-9493490
E-Mail: info@bremer-golfclub-lesmona.de
Internet: www.bremer-golfclub-lesmona.de
Ansprechpartner: Jelka Werner
Öffnungszeiten: 9.00–18.00 Uhr
Spielbahnen: 18
Green Fee: 35,00 €
49,00 € (Ausweiskennzeichnung ohne R, außer VcG Mitglieder)
Handicap: -54
Teilnahmebed.: Voucher gelten täglich, telefonische Voranmeldung empfohlen

Bremer Golfclub Lesmona

Bremer Golfclub
LESMONA

Der Bremer Golfclub Lesmona liegt direkt an der Lesum im Bremer Norden. Der Platz erstreckt sich im Naherholungsgebiet „Werderland" sehr ruhig gelegen.

Der Platz fordert und fördert auf seinen engen, trickreich angelegten Bahnen ein genaues Spiel. Dieser Platz findet mit seinen 18 Bahnen auf nur 3.324 Metern Platz und ist somit auch für die Golfer interessant, die nicht mehr allzu lange Wege gehen wollen, dennoch auf eine 18 Loch-Anlage nicht verzichten möchten. Die Anlage verfügt über einen großzügigen Übungsbereich mit einer großen überdachten Driving Range mit Flutlicht und einem wunderschönen Clubhaus.

Strüver-Fazit: Überwiegend flaches Gelände. Großzügige Übungseinrichtungen, die auch bei schlechterem Wetter genutzt werden können.

19

30
1

Anfahrt: A27 Richt. Bremerhaven/Cuxhaven, Abf. Burg/Grambke. Bis zur Ampel folgen, scharf links bis zur nächsten großen Ampel, wieder links, nach ca. 1,8 km vor der Lesumbrücke links in die Lesumbroker Landstraße, nach 1 km befindet sich der Golfplatz auf der linken Seite.

Name:	Golf-Club Oberneuland e. V.
Adresse:	Heinrich-Baden-Weg 23 28355 Bremen
Telefon, Fax:	+49-(0)421-20529199, +49-(0)421-20529188
E-Mail:	info@gc-oberneuland.de
Internet:	www.gc-oberneuland.de
Ansprechpartner:	Birgit Heldt, Patrick Schneider
Öffnungszeiten:	ganzjährig
Spielbahnen:	18
Green Fee:	50,00 € (Mo–Fr) 60,00 € (Wochenende und Feiertage)
Handicap:	-45
Teilnahmebed.:	Voucher gelten Mo–So nach Anmeldung. Änderung der Green Fee-Preise vorbehalten

Golf-Club Oberneuland

Anfahrt: A27 (Hannover–Bremerhaven), Abfahrt Bremen-Oberneuland, Franz-Schütte-Allee bis zum Ende, an der Ampel rechts Richtung Osterholz, nach ca. 600 m rechts in den Heinrich-Baden-Weg abbiegen.

Der Golfclub Oberneuland ist eine Besonderheit unter seinesgleichen.

Er ist in der drittgrößten Grünanlage Bremens angelegt mit uralten Bäumen entlang der Fleete. Die Golfer spielen neben und unter Baumgruppen aus Amerika, aus dem Kaukasus, aus China, Japan und Korea. Der Platz ist für Anfänger und Profis gleichermaßen reizvoll und erfordert mit seinen sechs Teichen, vielen Fairwaybunkern, Eichenhainen und Sträuchern ein präzises Spiel. 18 Loch Golf-Oase mitten in Bremen. Nur 15 Minuten vom Stadtzentrum Bremen gelegen ist er wohl einzigartig in Deutschland. Selbstverständlich gibt es ein gastronomisches Angebot und Training durch zwei professionelle Trainer. Nicht nur der Platzzustand hat den Golf-Club Oberneuland inzwischen zu einem Geheimtipp für Golfer gemacht.

Strüver-Fazit: Mächtige knorrige Baumkulissen und Wasser an vielen Bahnen machen diesen Platz sehr anspruchsvoll. Überlegung und Präzision sind die geforderten Begleiter.

Niedersachsen

Name: Golf Club Verden e. V.
Adresse: Holtumer Straße 24
27283 Verden
Telefon, Fax: +49-(0)4230-1470, +49-(0)4230-1550
E-Mail: golf@gc-verden.de
Internet: www.gc-verden.de
Ansprechpartner: Katja Ingenhoven
Öffnungszeiten: Mo–Fr: 9.00–18.00 Uhr (Saison)
Sa/So: 9.00–15.00 Uhr (Saison)
Spielbahnen: 27 + 5 Kurzplatz
Green Fee: 55,00 € (Mo–Fr)
65,00 € (Wochenende und Feiertage)
Handicap: -54
Teilnahmebed.: Voucher gelten Mo–Fr (nicht an Feiertagen)

Golf Club Verden

21

30
1

Jederzeit freie Bahn auf 27 Bahnen – Keine Startzeiten – Kein Stress

Durch unsere drei verschiedenen attraktiven 9 Loch-Courses erwartet Sie bei uns ein abwechslungsreiches Spielvergnügen – sportlich fair und dennoch anspruchsvoll. Mit Ihrem Tages-Green Fee können Sie so viele Runden genießen, wie Sie möchten. Selbst während des Turnierbetriebs bleibt dabei immer genügend Raum für Ihre ganz persönliche Golfrunde. Da wir keine festen Startzeiten vergeben, können Sie bei uns Ihre persönliche Golfrunde stets frei und flexibel gestalten. Ihr Hund ist auf unserem Golfplatz herzlich willkommen.

Strüver-Fazit: Wald und Wasser finden Sie an nahezu allen Spielbahnen in überwiegend flachem Gelände.

Anfahrt: A27: Abfahrt Verden Nord nehmen und weiter auf B215 in Fahrtrichtung Rotenburg. Nach ca. 2,5 km am Ortsausgang Walle rechts abbiegen in Richtung Kirchwalsede/Holtum Geest. Nach ca. 600 m rechts auf das Golf Club Gelände abbiegen.

Niedersachsen

Name:	Achimer Golfclub
Adresse:	Roedenbeckstraße 55 28832 Achim
Telefon, Fax:	+49-(0)42 02-97 40 0, +49-(0)42 02-97 40 10
E-Mail:	info@achimergolfclub.de
Internet:	www.achimergolfclub.de
Ansprechpartner:	M. Brödys, R. Horneburg
Öffnungszeiten:	Saison: 9.00–17.00 Uhr Nebensaison: Di–So 9.00–15.00 Uhr
Spielbahnen:	18 + 9
Green Fee:	Mit R-Kennzeichnung: 50,00 € (werktags), 65,00 € (Wochenende/Feiertag Ohne R-Kennzeichnung: 65,00 € (werktags), 80,00 € (Wochenende/Feiertag
Handicap:	-54
Teilnahmebed.:	Voucher gelten von Mo–Fr (nicht an Feiertagen)
Sonstiges:	Driving Range: 4 überdachte Abschlagplätze

ACHIMER GOLFCLUB

Achimer Golfclub

22

Der Platz lässt keine Hektik aufkommen: Natur sportlich genießen!

Anfahrt: A1 (Hamburg–Bremen), Ausfahrt Posthausen, in Posthausen K6 Richtung Achim/Badenermoor – A27 (Bremen–Hannover), Ausfahrt Achim-Ost, Richtung Bassen, K23 Richtung Badenermoor/Posthausen – der Beschilderung folgen.

Zeit sollte der Golfer für eine Runde im Achimer Golfclub mitbringen. Denn die großzügig verteilten Spielbahnen ergeben zum Teil längere Wege vom Grün zum nächsten Abschlag. Doch mit diesem Image „der langen Wege“ kann der Club längst leben. Der Vorteil ist, dass sich die Golfer nicht auf den Füßen stehen und in Ruhe ihr Spiel spielen können. Querschläger auf fremde Spielbahnen sind unmöglich. Wer es ein bisschen schneller mag: Für eine kurze Golfrunde steht der 9 Loch-Platz zur Verfügung.

Strüver-Fazit: Die Anlage schmiegt sich harmonisch in die Landschaft und bietet Golf in entspannter Atmosphäre. Besonders schön: Zwischen den einzelnen Bahnen ist viel Raum, Abschläge und Greens wurden bewusst voneinander getrennt.

Name: Golfclub Syke e. V.
Adresse: Schultenweg 1
28857 Syke
Telefon, Fax: +49-(0)4242-8230, +49-(0)4242-8255
E-Mail: info@golfclub-syke.de
Internet: www.golfclub-syke.de
Ansprechpartner: Frau Korten, Frau Kunze, Frau Kieliba
Öffnungszeiten: 9.00–15.00 Uhr (27.10.2019–28.03.2020)
9.00–18.00 Uhr (29.03.2020–24.10.2020)
Spielbahnen: 27
Green Fee: 60,00 € (werktags)
70,00 € (Wochenende und Feiertage)
Handicap: PE, -36 (Wochenende und Feiertage)
Teilnahmebed.: Voucher gelten immer nach Anmeldung

Golfclub Syke

23

Kaum 20 Autominuten von Bremen und nur wenige Minuten von Syke entfernt liegt die 27 Loch-Anlage in reizvoller Geestlandschaft.

Eingebettet in die leicht hügelige Landschaft stehen großzügig angelegte Spielbahnen in wechselnden Kombinationen zur Verfügung. Die von David Krause entworfene Anlage nutzt geschickt die Geländestruktur. Der umgebende Wald greift zwar nicht direkt ins Spielgeschehen ein, jedoch sorgen die typisch norddeutschen „Knicks" sowie Roughs und zahlreiche Wasserhindernisse für ein anspruchsvolles Spiel. Geschicktes Course Management belohnt Spieler mit gutem Score. Die Lage auf dem Geestrücken und der sandige Boden erlauben auch in den Wintermonaten einen nahezu uneingeschränkten Spielbetrieb. Dies wissen Mitglieder und viele Gäste zu schätzen.

Strüver-Fazit: Ein architektonisch interessantes Clubhaus mit guter Gastronomie ist Anreiz genug, eine herausfordernde Golfrunde harmonisch ausklingen zu lassen.

Anfahrt: A1, Abfahrt Brinkum, weiter auf B6 Richtung Nienburg, in Syke-Barrien links abbiegen und der Beschilderung folgen.

Niedersachsen

Name:	Golf in Hude
Adresse:	Lehmweg 1 27798 Hude
Telefon, Fax:	+49-(0)4408-929090, +49-(0)4408-9290920
E-Mail:	info@golfinhude.de
Internet:	www.golfinhude.de
Ansprechpartner:	Oliver Bätz
Öffnungszeiten:	Saison: Mo–So 9.00–18.00 Uhr
Spielbahnen:	18 + 9
Green Fee:	Nordseeplatz Tages-Green Fee Mo-Fr: 60,00 € Sa, So und an Feiertagen: 70,00 €
Handicap:	-54
Teilnahmebed.:	Voucher gelten Mo–So. Änderungen der Green Fee-Preise vorbehalten

Golf in Hude

30
1

24

Anfahrt: A28 Richtung Oldenburg, Ausfahrt Hude, links, rechts auf B75 Richtung Oldenburg. Nach 5 km rechts Richtung Hude. Links über Lehmweg zum Golfplatz. A28 Richtung Delmenhorst, Ausfahrt Hatten, links Richtung Altmoorhausen, nach 3 km rechts auf B75 Richtung Delmenhorst, links Richtung Hude, dann wie oben.

Golf in Hude hat sich zum Ziel gesetzt, vielen Menschen den Zugang zum Golfsport zu fairen und vernünftigen Bedingungen auf einer attraktiven Anlage zu ermöglichen.

Der Platz verfügt über eine immer mit Rasenabschlägen ausgestattete Driving Range (Flutlicht) und einen Pitch- und Puttplatz. Auf dem öffentlichen 9 Loch-Platz können Sie Ihre ersten Erfahrungen sammeln. Mit einer Mitgliedschaft im Verein können Sie darüber hinaus die wunderschöne, vom bekannten Golfplatzarchitekten Christoph Städler entworfene, wellige 18 Loch-Meisterschaftsanlage mit vielen Wasserhindernissen bespielen. Der gut sortierte Golf-Shop stattet Sie mit allem aus, was zum Golfsport gehört. Für eine behagliche Atmosphäre sorgt das öffentliche Clubrestaurant, von dessen großzügiger Sonnenterrasse Sie die wasserumsäumten Schlussgrüns 9 und 18 beobachten können.

Strüver-Fazit: Von fast jedem Abschlag blickt man auf eine traumhafte Waldkulisse.

Name:	Golfclub Oldenburger Land e. V.
Adresse:	Hatter Straße 14 26209 Hatten-Dingstede
Telefon:	+49-(0)4482-8280
E-Mail:	info@gcol.de
Internet:	www.gcol.de
Ansprechpartner:	Sonja von Scharrel
Öffnungszeiten:	Mo–Fr 9.00–17.00 Uhr, Sa/So 9.00–15.00 Uhr
Spielbahnen:	18
Green Fee:	65,00 € (werktags) 75,00 € (Wochenende und Feiertage)
Handicap:	PR
Teilnahmebed.:	Voucher gelten Mo–So, Änderungen vorbehalten
Sonstiges:	Startzeiten-Reservierung an Sonn- und Feiertagen erforderlich

Golfclub Oldenburger Land

Umsäumt von Waldrändern, durchzogen von Wallhecken, Feldgehölzen und einem Bachlauf.

In der typischen Landschaft der Wildeshauser Geest befindet sich in einem idyllischen Feld- und Waldgebiet die sportlich attraktive 18 Loch-Golfanlage mit einer Größe von 70 ha. Durch die drei großen Teiche, die auch zur Bewässerung dienen, ist die Kombination aus geplanten und gewachsenen Hindernissen sehr gut gelungen.
Ein modernisiertes ehemaliges Heuerhaus ist in Abstimmung mit dem Amt für Denkmalpflege zum gemütlichen Clubhaus umgebaut worden. Dieses Clubhaus mit ausgezeichneter Gastronomie komplettiert die Anlage.

Strüver-Fazit: Das elegant und leicht geschwungene Gelände führt zu verschiedenen Standpositionen. Mehrstufengrüns erfordern präzises Putten.

25

30
1

Anfahrt: A28, Abfahrt Hatten. Durch Kirchhatten, Richtung Dingstede. Nach ca. 3,5 km liegt links der Golfplatz. A1, Ausfahrt Wildeshausen Nord, Richtung Wildeshausen, rechts über Neerstedt nach Kirchhatten. In Kirchhatten rechts Richtung Steinkimmen-Dingstede. Golfplatz nach ca. 3,5 km.

Name:	Golfclub Thülsfelder Talsperre e. V.
Adresse:	Mühlenweg 9 49696 Resthausen
Telefon, Fax:	+49-(0)4474-7995, +49-(0)4474-7997
E-Mail:	info@gc-thuelsfelde.de
Internet:	www.gc-thuelsfelde.de
Ansprechpartner:	Christoph Prüser
Öffnungszeiten:	9.00–18.00 Uhr
Spielbahnen:	27
Green Fee:	50,00 € (werktags) 60,00 € (Wochenende und Feiertage)
Handicap:	-54
Teilnahmebed.:	Voucher gelten täglich

Golfclub Thülsfelder Talsperre

30
1

26

Anfahrt: A1 (Osnabrück–Bremen), Ausfahrt Cloppenburg, B72 Richtung Cloppenburg, Ausfahrt Cloppenburg-Nord, Richtung Friesoythe, nach 6,5 km links zum Golfplatz.

Ob jung oder alt – der Golfpark Thülsfelder Talsperre hat für jeden etwas zu bieten.

Der 18 Loch-Meisterschaftsplatz mit dem 9 Loch-Öffentlichkeitsplatz erstrecken sich über eine Fläche von ca. 86 ha. Auf dieser Anlage kann das ganze Jahr hindurch Golf gespielt werden. Eine landschaftliche Besonderheit, die kein Zufall ist: Der Club liegt auf sandigem Boden. Das ist mit ein Grund, dass die Anlage auch im Winter von zahlreichen Green Fee-Spielern gerne besucht wird, wenn deren Heimatclubs aufgrund der Wetterlage ihren Platz längst gesperrt haben. Alle Bahnen sind einzigartig, keine gleicht der anderen: Hügel, Bäume und Wasser stellen Golfern eine sportliche und reizvolle Herausforderung.

Strüver-Fazit: Die neun Teiche sind nicht nur dekorativ, sondern müssen an 12 Bahnen strategisch mit ins Spiel eingebaut werden. Die Grüns sind trick- bzw. breakreich und erfordern golferische Höchstleistung.

Niedersachsen

Name: Golfclub Vechta-Welpe e. V.
Adresse: Welpe 2
49377 Vechta
Telefon, Fax: +49-(0)4441-5539, +49-(0)4441-852480
E-Mail: info@golfclub-vechta.de
Internet: www.golfclub-vechta.de
Ansprechpartner: Maria Kortenbusch
Öffnungszeiten: ganzjährig
Spielbahnen: 18
Green Fee: 60,00 € (werktags)
70,00 € (Wochenende und Feiertage)
Handicap: -54
Teilnahmebed.: Voucher gelten Mo–Fr nach Anmeldung, nicht an Feiertagen

Golfclub Vechta-Welpe

27

Eingebettet in ein 100 Hektar großes Waldgebiet und weniger als eine Autostunde von Bremen, Oldenburg und Osnabrück entfernt liegt einer der schönsten Plätze Norddeutschlands: der Golfclub Vechta-Welpe e. V.

Die 18 Bahnen fordern mit ihrem sportlich-fairen Layout ein präzises Spiel. Mit CR und Slope-Werten von 72,8/137 für Herren und 75,0/133 für Damen ist dieser Platz auch unter sportlichen Aspekten eine abwechslungsreiche Herausforderung. Die Waldränder entlang der Bahnen sowie die zwölf Teiche sind ein wahres Eldorado für Flora und Fauna. Bestes Beispiel, wie Golfsport und Natur bei uns harmonieren, sind die auf Bahn 17 beheimateten Störche. Einen unvergesslichen Tag können Sie in dem über 400 Jahre alten, denkmalgeschützten Clubhaus oder dem gemütlichen Bauerngarten ausklingen lassen.

Strüver-Fazit: Einer der anspruchvollsten Plätze Deutschlands mit ausgezeichneter 4 Sterne Bewertung für Platzausstattung, Pro Shop und Restaurant durch den Bundesverband Golfanlagen.

Anfahrt: A1, Abfahrt Vechta (Nr. 64), Richtung Vechta ca. 5 km, dort auf die Umgehungsstraße Richtung Diepholz auffahren, bis zum Ende der Autoschnellstraße, links abbiegen Richtung Vechta, nach 1,2 km rechts ab in die Dorgelohstraße (Hinweisschild Golfplatz) geradeaus weiter bis zum Clubhaus.

Niedersachsen

Name:	Golfclub Varus e. V.
Adresse:	Im Schlingerort 5 49179 Ostercappeln
Telefon, Fax:	+49-(0)54 76-200, +49-(0)54 76-91 14 00
E-Mail:	info@golfclub-varus.de
Internet:	www.golfclub-varus.de
Ansprechpartner:	Sekretariat
Öffnungszeiten:	ganzjährig
Spielbahnen:	18 + 3
Green Fee:	45,00 € (Mo–Fr) 55,00 € (Sa, So und Feiertage)
Handicap:	-54
Teilnahmebed.:	Voucher gelten nur mit ordentlicher DGV-Mitgliedschaft. Änderungen der Green Fee-Preise vorbehalten
Sonstiges:	Elektroanschluss für Wohnmobile/-wagen 5,00 €

Golfclub Varus

28

Anfahrt: A1 (Dortmund–Bremen), Ausfahrt Bramsche, auf der B218 Richtung Bad Essen. Bei km 11,3 (hinter Varus-Info-Zentrum) links. Hinter der Mittellandkanalbrücke rechts zum Parkplatz Clubhaus. Von Bad Essen B218 bei km 9 rechts. 600 m hinter der Mittellandkanalbrücke liegt links der Parkplatz.

Schönes Spiel auf historischem Boden.

Mitten im Naturpark Nördlicher Teutoburger Wald/Wiehengebirge und auf historischem Boden (Varusschlacht) liegt, nur „ein paar Golfschläge" von Osnabrück entfernt, die ganzjährig bespielbare 18 Löcher-Meisterschaftsanlage des Golfclub Varus e. V. in Ostercappeln/Venne. Eingebettet in eine sattgrüne Parklandschaft mit herrlichem Blick auf das schöne Wiehengebirge. In den zurückliegenden 20 Jahren hat sich die Anlage optimal zu einem Top Platz entwickelt. Interessante, eindrucksvolle und abwechslungsreiche Grüns (Bahn 12 als Inselgrün) verteidigt durch 57 Bunker und Wasserhindernisse machen diesen sehr seniorenfreundlichen Platz zu einem besonderen Erlebnis.

Strüver-Fazit: Breite, herausfordernde Fairways erlauben ein interessantes Spiel in allen Handicap-Klassen. Gerades Spiel wird hier zur Pflicht. Das 12. Loch als Inselgrün ist besonders reizvoll.

Niedersachsen

Name:	Golfclub Rehburg-Loccum
Adresse:	Hormannshausen 2a 31547 Rehburg-Loccum
Telefon, Fax:	+49-(0)5766-93017, +49-(0)5766-93019
E-Mail:	info@gcrl.de
Internet:	www.gcrl.de
Ansprechpartner:	Christiane Nolte
Öffnungszeiten:	Sommer: 9.00–17.00 Uhr Winter: 10.00–15.00 Uhr Montags geschlossen
Spielbahnen:	18
Green Fee:	50,00 € (werktags) 60,00 € (Wochenende und Feiertage)
Handicap:	-54
Teilnahmebed.:	Voucher gelten Mo–Fr (nicht an Feiertagen)
Sonstiges:	Softspikes erwünscht

Golfclub Rehburg-Loccum

29

Golfen vor den Toren der niedersächsischen Landeshauptstadt.

Die der Endmoränenlandschaft hervorragend angepasste Golfanlage Rehburg-Loccum liegt in den Rehburger Bergen. Westlich des Steinhuder Meeres, zwischen Rehburg und Loccum, erstreckt sich der auf insgesamt 69 ha angelegte Golfplatz. Der 18 Loch-Platz zeichnet sich durch eine hügelige Landschaft aus. Alter Baumbestand im östlichen, Gehölze im mittleren Bereich und Biotope sorgen für Abwechslung auf dieser sportlich anspruchsvollen Anlage. Der weite Ausblick in die niedersächsische Landschaft macht den Platz auch für entspannte Golfrunden zu einem Erlebnis.

Strüver-Fazit: Die Wasserhindernisse, teils seitlich abfallende Fairways und Greens verlangen von jedem Spieler Konzentration und Disziplin. Schönes Restaurant mit Sonnenterrasse!

Anfahrt: A2: Ausfahrt Wunstorf-Luthe, B441 über Wunstorf nach Loccum, an der Ampel rechts in Rehburger Str., nach ca. 2 km rechts nach Hormannshausen/Golfplatz. B6: In Husum auf L370 über Rehburg weiter nach Loccum, 600 m nach Rehburg links nach Hormannshs./Golfplatz.

Niedersachsen

Name: Golf Park am Deister
Adresse: Am Osterberg 2, 31848 Bad Münder
Telefon, Fax: +49-(0)5042-503276, +49-(0)5042-503278
E-Mail: info@gp-ad.de
Internet: www.deistergolf.de
Ansprechpartner: Kirsten Creutziger
Öffnungszeiten: 9.00–16.00 Uhr
Spielbahnen: 18
Green Fee: 50,00 € (werktags)
60,00 € (Wochenende und Feiertage)
Handicap: PR
Teilnahmebed.: Voucher gelten Mo–Fr (nicht an Feiertagen)

Golf Park am Deister

30
1

30

Anfahrt: A2, Abfahrt Lauenau, Richtung Hameln auf der B442, auf Höhe Bad Münder an der Kreuzung links Richtung Springe, nach ca. 1 km rechts in die Zielstraße abbiegen.

Willkommen im Golf Park am Deister, eine Panorama-Anlage für Herz und Seele

Am östlichen Rand des Schaumburger Landes liegt eine der schönsten Anlagen der Region. Nicht nur das Panorama über das Süntel-Tal sorgt für tolle Momente, sondern auch die absolut idyllisch angelegte Anlage. Die gut gepflegte Anlage lässt sich angenehm und trotz ihrer Lage gut zu Fuß spielen. Die breiten Fairways und gut ausgemähten Randbereiche sorgen speziell bei Golfeinsteigern für eine faire Herausforderung. Im Clubhaus – dem Waldschlösschen – erwartet Sie ein motiviertes, gut geschultes und freundliches Sekretariat, das Sie immer herzlich willkommen heißt. Die Gastronomie verzaubert alle Golfer mit vielen kleinen Köstlichkeiten. Hier kann man seine Seele baumeln lassen und somit den schönen Golftag perfekt abrunden.

Strüver-Fazit: Leicht hügelig liegt dieser ruhige und naturnahe Platz, der mit dem Waldschlösschen ein über 100 Jahre altes Clubhaus bietet.

Name: Golf-Club Harz e. V.
Adresse: Am Breitenberg 107
38667 Bad Harzburg
Telefon, Fax: +49-(0)5322-6737, +49-(0)5322-2498
E-Mail: info@golfclubharz.de
Internet: www.gcharz.de
Ansprechpartner: Astrid Rogowski (Clubsekretariat)
Öffnungszeiten: Golfshop täglich 9.00–18.00 Uhr
Spielbahnen: 18
Green Fee: 50,00 € / VCG 60,00 € (Mo–Fr)
60,00 € / VCG 70,00 € (Sa, So und Feiertage)
Handicap: -54
Teilnahmebed.: Voucher gelten Mo–So

Golf-Club Harz

1969–2019

31

Stadtnahes Golfen auf höchstem Niveau, das erwartet den Golfer auf der 18 Löcher-Anlage des Golf-Club Harz.

Die Bahnen sind harmonisch in die parkähnliche Landschaft und in die ehemaligen Gestütswiesen integriert. Die Bahnen 7, 8 und 10 queren die Galopprennbahn. Das gesamte Gelände wird geprägt durch alten Baumbestand. Knorrige Eichen säumen markant einige Spielbahnen.
Die 18 Bahnen sind sehr gelungen angelegt und werden so auch allen Spielstärken gerecht. Schräglagen gehören mit zu den Herausforderungen. Ungetrübte Ausblicke ins Harzvorland sind Balsam für die Seele. Idyllische Teiche an den Löchern 4, 6, 8 und 17 fordern die Aufmerksamkeit des Spielers und verlangen ein taktisches Spiel.

Strüver-Fazit: Der Platz liegt sozusagen als zweiter Kurpark bei Bad Harzburg. Leicht schräge Grüns und Wasserläufe gilt es zu bewältigen.

Anfahrt: Verlassen Sie die A395/B4 an den Ausfahrten mit dem Pictogramm „Golf" und folgen Sie dann der innerstädtischen Ausschilderung „Golfplatz". Nähere Beschreibung siehe Webseite. Wenn Sie ein Navigationsgerät haben, stellen Sie es bitte auf „Am Breitenberg 107, 38667 Bad Harzburg" ein.

Name:	Golfclub Rittergut Rothenberger Haus e. V.
Adresse:	Rothenberger Haus 37115 Duderstadt
Telefon, Fax:	+49-(0)5529-8992, +49-(0)5529-999707
E-Mail:	manager@gcrr.de, club@gcrr.de
Internet:	www.golf-duderstadt.de
Ansprechpartner:	Johanna Elsner v. der Malsburg, Siegfried Esseln, Eva-Maria Schulze-Niehoff (Pro-Shop)
Öffnungszeiten:	Di–So 10.00–19.00 Uhr
Spielbahnen:	18 + 4
Green Fee:	50,00 € (werktags) 60,00 € (Wochenende und Feiertage)
Handicap:	-54
Teilnahmebed.:	Voucher gelten Mo–Fr, am Wochenende und an Feiertagen

Golfclub Rittergut Rothenberger Haus

30
1

32

Anfahrt: A7 (Hannover–Göttingen), Ausfahrt Seesen, Richtung Herzberg (B243), über Pöhlde und Hilkerode nach Zwinge – A7 (Kassel–Göttingen), Ausfahrt Göttingen-Nord, Richtung Braunlage (B27) bis Gieboldehausen, Rhumspringe-Hilkerode nach Zwinge – der Beschilderung folgen. Navigationsadresse: Rothenberger Haus, 37412 Herzberg am Harz

Unweit der historischen Stadt Duderstadt und ca. 35 Autominuten von Göttingen, Bad Lauterberg und Heiligenstadt entfernt, entstand auf dem Rittergut Rothenberger Haus, eingebettet in die wunderschöne Natur des Südharzes, eine unverwechselbare Golfanlage.

Umgeben von herrlichem Wald verbindet sich hier die landschaftliche Schönheit der 18 perfekt gepflegten Bahnen mit den Vorzügen einer hochsympathischen Anlage. Für den Anfänger sowie den ambitionierten Handicap-Spieler bietet dieser 80 ha große, naturnah gestaltete Platz ein unvergleichliches Ambiente. Zum spielerischen Vergnügen tragen vor allem die landschaftlichen Reize bei: herrlicher Panoramablick zum Ohmgebirge sowie schützenswerte Biotope und Gewässer. Ein Platz zum Wohlfühlen, den Sie nach dem Spiel von der Terrasse des Clubhauses genießen können.

Strüver-Fazit: Schöner Platz, für Anfänger und ambitionierte Golfer geeignet. Besondere Herausforderung: das Loch 16.

Name: Golfanlage Warnemünde
Adresse: Am Golfplatz 1
18119 Rostock-Warnemünde
Telefon, Fax: +49-(0)381-7786830, +49-(0)381-77868318
E-Mail: info@golf-warnemuende.de
Internet: www.golf-warnemuende.de
Ansprechpartner: Robert Busche
Öffnungszeiten: 9.00–19.00 Uhr
Spielbahnen: 27 + 6
Green Fee: 18 Loch: 65,00 €
9 Loch: 35,00 €
Handicap: PE
Teilnahmebed.: –

Golfanlage Warnemünde

golf in warnemünde

Auf einer ca. 130 Hektar großen Fläche zwischen den Gemeinden Diedrichshagen und Elmenhorst wurde 2009 die Golfanlage Warnemünde mit dem „strobel Charity Cup" zugunsten der Uwe Seeler Stiftung offiziell eröffnet.

33

30
1

Die 27 Loch Anlage (3 x 9 Loch kombinierbar) und der öffentliche 6 Loch Kurzplatz wurden vom kanadischen Golfplatzarchitekten David John Krause designt und geplant. Die Anlage zeichnet sich aus durch Golf-Design im Einklang mit den vorhandenen Gegebenheiten der Natur, konsequente Rücksichtnahme auf alle ökologisch sensiblen Bereiche und klares strategisches Design. Auf der ehemals landwirtschaftlich genutzten Fläche entstand eine Vielzahl neuer Lebensräume, die zum Erhalt eines breiten Artenspektrums beitragen und für ein abwechslungsreiches und spannendes Spiel sorgen.

Anfahrt: Die Golfanlage Warnemünde liegt unweit des Warnemünder Zentrums an der Doberaner Landstraße L 12 zwischen den Gemeinden Warnemünde und Elmenhorst.

Strüver-Fazit: Zahlreiche Bunker und Wasserhindernisse kommen hier ins Spiel. Bei Wind müssen Sie strategisch spielen.

Name:	Golfclub Schloss Teschow e. V.
Adresse:	Alte Dorfstraße 13 17166 Teschow
Betreiber:	arcona Hotelbetriebs GmbH, Betriebsstätte Teschow Steinstr. 9, 18055 Rostock
Telefon:	+49-(0)3996-140-454
E-Mail:	golf@schloss-teschow.de
Internet:	www.gc-schloss-teschow.de
Ansprechpartner:	Hendrikje Pufahl
Öffnungszeiten:	Mo–Fr 9.00–17.00 Uhr Sa, So und Feiertage 9.00–17.30 Uhr
Spielbahnen:	27
Green Fee:	50,00 € (werktags) 60,00 € (Wochenende und Feiertage)
Handicap:	PR (18 Loch-Platz)
Teilnahmebed.:	Voucher gelten auf Anfrage und Verfügbarkeit

Golfclub
SCHLOSS TESCHOW

Golfclub Schloss Teschow

30
1

34

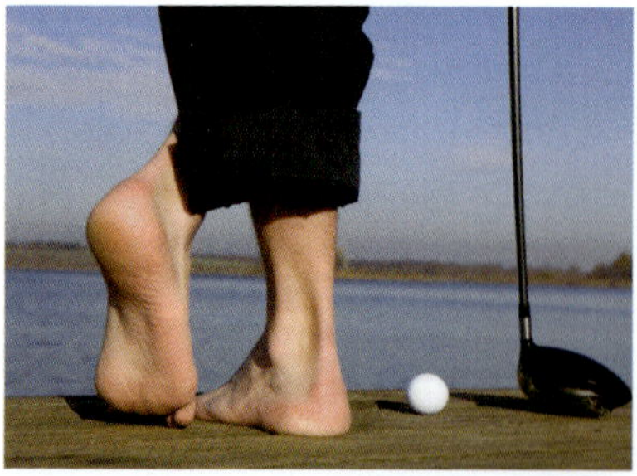

Anfahrt: A19, Abfahrt Güstrow/Teterow, weiter auf B104 bis Teterow, 6. Ampel links Richtung Demmin, nach ca. 4 km 2. Einfahrt auf der linken Seite.

Jeweils rund 200 km von den Metropolen Berlin und Hamburg sowie 60 km südlich von Rostock liegt der Golfclub Schloss Teschow. Er ist eingebettet in die sanfte Hügellandschaft des Naturparks Mecklenburgische Schweiz und Kummerower See. Der Golfpark umfasst eine Fläche von 110 Hektar und grenzt an den Teterower See.

Beide Plätze sind in top-gepflegtem Zustand, werden kontinuierlich optimiert und bieten großen Spielspaß. Während der öffentliche 9 Loch-Platz „Am Silberberg" ideal für Anfänger ist, bietet der 18 Loch-Platz „Am See" auch für erfahrene Spieler Herausforderungen: Einige Löcher warten mit Blindabschlag oder gleich drei Wasserhindernissen auf. Der Pro Shop befindet sich in einer umgebauten Scheune, die einen rustikal-gemütlichen Golfer-Kiosk beherbergt.

Strüver-Fazit: Ein erstklassiges Übungsgelände, wunderschön gelegen. Auch hervorragend geeignet für Golf im Winter.

Name: Golfpark Strelasund GmbH & Co. KG
Adresse: Zur Alten Hofstelle 1–4
18516 Süderholz / OT Kaschow
Telefon: +49-(0)3 83 26-45 830
E-Mail: info@golfpark-strelasund.de
Internet: www.golfpark-strelasund.de
Ansprechpartner: Jörg Remer
Öffnungszeiten: 8.00–18.00 Uhr
Spielbahnen: 36 A, B, C, D
Tages Green Fee: 89,00 €
Handicap: -54
Teilnahmebed.: Voucher gelten Mo–Do auf Tages-Green Fee
Sonstiges: Hunde sind an der Leine erlaubt. Wohnmobilstellplätze mit Elektroanschluss vorhanden

Golfpark Strelasund

35

Bei einer Reise nach Mecklenburg-Vorpommern führt schon seit geraumer Zeit kein Weg mehr am Golfpark Strelasund vorbei.

Verantwortlich dafür ist zum einen die fantastische Lage, direkt im Küstenvorland, in unmittelbarer Umgebung der Hansestädte Greifswald und Stralsund. Zum anderen bieten die top gepflegten 18 Loch-Golfanlagen Golfvergnügen mit höchstem sportlichem Anspruch. Darüber hinaus stehen den Gästen 47 komfortable und moderne Zimmer im Wellnesshotel zur Verfügung. Dieses verfügt über einen großzügigen SPA-Bereich mit verschiedenen Saunen, einem Schwimmbad sowie Massage- und Kosmetikanwendungen. Das Clubhaus mit angeschlossenem Landgasthof und einer Eventhalle bietet regionale Küche auf höchstem Niveau.

Strüver-Fazit: Junger, offener Platz mit ansprechenden Wasserhindernissen, so sind das 9. und 18. Loch von Wasser umgeben und gut von der Terrasse des Clubhauses einzusehen.

Anfahrt: A20, Abfahrt Grimmen Ost, Richtung Grimmen, 2. Ampel rechts Richtung Reinberg, nach 3 km rechts Richtung Neuendorf/Griebenow nach Kaschow.

Name:	Golf Fleesensee
Adresse:	Tannenweg 1 17213 Göhren-Lebbin
Telefon, Fax:	+49-(0)39932-80400, +49-(0)39932-804020
E-Mail:	info.golf@fleesensee.de
Internet:	www.fleesensee-golfclub.de
Ansprechpartner:	Stephan Vogl, Ines Gerber
Öffnungszeiten:	täglich 8.00–20.00 Uhr
Spielbahnen:	3 x 18, 2 x 9
Green Fee:	Schloss Platz 120,00 € Schloss Torgelow Course 80,00 €
Handicap:	–
Teilnahmebed.:	Voucher gelten täglich ab 13.00 Uhr

GOLF FLEESENSEE

Golf Fleesensee

36

Anfahrt: A24 (Berlin-Hamburg), Wechsel auf A19 Richtung Rostock, Ausfahrt Waren, Beschilderung Land Fleesensee/an der Einfahrt dem Schild „Golf & Country Club Fleesensee“ folgen.

Herzlich willkommen am Fleesensee, auf einer der größten Golfanlagen Europas. Ganz egal, wie Sie sich Ihren Traum-Golfurlaub oder Traum-Golftag vorstellen – bei uns wird er wahr.

Unsere abwechslungsreichen Plätze für jede Spielstärke, das großzügige Trainingsareal, unsere GolfArena, die besten Golftrainer (Sven Strüver Golfschule) und unser serviceorientiertes Golf-Team im Shop und im Office warten bereits auf Sie. Golf-Anfänger, Familien und Kinder können auf unseren beiden 9-Löcher Übungsplätzen ganz unkompliziert ausprobieren, wie sich eine echte Golfrunde anfühlt. Gemeinsam trifft man sich anschließend in unserer Genusswerkstatt oder auf der Sonnen-Terrasse: Hier wird bei dem ein oder anderen Drink über unser aller Lieblingssport – Golf – philosophiert.

Strüver-Fazit: Abwechslungsreich und für jede Spielstärke. Eine riesige Driving Range, die sehr zu empfehlen ist. Optimale Hotelinfrastruktur. Den Schloss Platz sollte man gespielt haben!

Name:	Golf in Wall
Adresse:	Am Königsgraben 1 16818 Wall
Telefon, Fax:	+49-(0)33925-71135, +49-(0)33925-90805
E-Mail:	info@golfinwall.de
Internet:	www.golfinwall.de
Ansprechpartner:	Odette Richter
Öffnungszeiten:	Mo–So 8.00–20.00 Uhr
Spielbahnen:	27
Green Fee:	39,00 € (werktags) 55,00 € (Wochenende und Feiertage)
Handicap:	-54
Teilnahmebed.:	Voucher gelten Mo–Fr

Golf in Wall

GOLF in WALL

Natur erleben – Golf genießen.

37

30
1

Unweit von Berlin, schnell über die A24 zu erreichen, befindet sich die weitläufige Golfanlage mit einem 18 Loch- und einem 9 Loch-Golfplatz. Die Golfanlage gilt nach Ansicht vieler Spieler als eine der schönsten im Umkreis von Berlin. Ruhe und Natur, gepflegte Abschläge, Fairways, große und treue Grüns erfreuen Auge und Seele. Ein großzügiges Übungsgelände mit Putting- und Pitchinggreens komplettieren Ihr Golfvergnügen. Und was gibt es Schöneres, als sich auf die Clubhausterrasse zu setzen und dem Treiben auf dem Golfplatz zuzusehen.
Dies ist ein beliebter Treffpunkt, um den einmaligen Blick auf die Golflandschaft mit einem Stück selbstgebackenem Kuchen im clubeigenen Restaurant zu genießen.

Strüver-Fazit: Wasserhindernisse, gut platzierte Roughflächen und große Grüns mit vielen unterschiedlichen Fahnenpositionen sind hier auf dem Weg zu einem guten Score zu überwinden.

Anfahrt: Von Berlin: A24 Richtung Hamburg, Abfahrt Kremmen, links Richtung Kremmen, in Kremmen den Schildern Richtung Sommerfeld folgen. An der Kreuzung in Sommerfeld links Richtung Beetz, in Beetz links Richtung Wall. Ca. 500 m nach dem Ortseingang liegt der Golfplatz rechts.

Brandenburg

Name:	GolfResort Semlin am See
Adresse:	Ferchesarer Straße 8b 14712 Semlin
Telefon, Fax:	+49-(0)3385-554474, +49-(0)3385-554400
E-Mail:	golf@golfresort-semlin.de
Internet:	www.golfresort-semlin.de
Ansprechpartner:	Jana Hering
Öffnungszeiten:	8.00–18.00 Uhr
Spielbahnen:	27 + 9 Kurzspielplatz
Green Fee:	45,00 € (werktags) 70,00 € (Wochenende und Feiertage) Hotelgäste erhalten ermäßigtes Green Fee
Handicap:	Platzreife
Teilnahmebed.:	Voucher gelten Mo–Fr (nicht an Feiertagen)
Sonstiges:	Hunde sind Mo–So an der Leine erlaubt, außer bei Turnieren

SEMLIN
Golf Resort

GolfResort Semlin am See

38

Anfahrt: B5 (Berlin–Nauen), ca. 30 km nach Nauen links B188 Richtung Rathenow. Dann der Beschilderung folgen. Semlin ist eine gute Stunde vom verträumten Potsdam, der brandenburgischen Landeshauptstadt, und der brausenden Bundeshauptstadt Berlin, in verkehrsgünstiger Lage gelegen.

Ob leidenschaftlicher Golfer oder Naturliebhaber, passionierter Wanderer, Feinschmecker oder Auszeitsuchender – hier findet jeder etwas ganz nach seinem Geschmack.

Unser Golfplatz im GolfResort Semlin besticht nicht nur durch die besondere Lage inmitten schönster Natur, in der ausschließlich Vögel und Bälle durch die Lüfte fliegen, sondern auch durch das Ambiente unserer 72 Komfortzimmer im direkt auf der Anlage gelegenen Hotel. Genießen Sie den wunderschönen Blick von unserer Sonnenterrasse auf die Löcher 18 und 27 in unserem Restaurant Otto's, das mit regionalen Wildgerichten aus der Jagd in den umliegenden Wäldern jeden hungrigen Gast auf köstliche Weise verzaubert.

Strüver-Fazit: Ausgezeichnete Lage und Platzdesign, sehr reizvoll und abwechslungsreich. Strategisches Spiel ist unverzichtbar.

Brandenburg

Name: Golfclub Berlin Prenden
Adresse: Waldweg 3
16348 Prenden
Telefon: +49-(0)33396-7790
E-Mail: info@golfplatz-prenden.de
Internet: www.golfplatz-prenden.de
Öffnungszeiten: 9.00–17.00 Uhr
Spielbahnen: 27
Green Fee: 49,00 € (werktags)
59,00 € (Wochenende und Feiertage)
Handicap: -54
Teilnahmebed.: Voucher gelten Mo–Sa (nicht an Sonn- und Feiertagen). Keine Startzeiten. Aktuelle Platzbelegung finden Sie unten auf der Startseite der Homepage.

Golfclub Berlin Prenden

Das Golferlebnis auf 27 Spielbahnen im Norden von Berlin!

In der traumhaften Landschaft des Naturparks Barnim gelegen bietet der 27 Loch Meisterschaftsplatz Golfern aller Stärken sportliche Herausforderungen und erholsame Ruhe.
Die Golfanlage wurde harmonisch in die Landschaft eingefügt. Die leicht hügeligen Fairways und die weiten, dünenartigen Bunker erinnern an einen schottischen Links-Course. Zahlreiche interessante Teiche und Seen erhöhen dabei die Spielfreude.
Der in der Region vorhandene Sandboden garantiert eine ganzjährige Bespielbarkeit. Mit mehr als 6 km Länge und einem Slope Wert von 133 wurde der 18 Loch-Platz vom Golf Journal zum fünft anspruchsvollsten Platz Deutschlands gewählt.

Strüver-Fazit: Abwechslungsreicher Golfplatz. Löcher mit Namen wie „Evergreen" oder „Fisherman's Friend" – bei letzterem ist besondere Präzision gefragt!

39

30
1

Anfahrt: Nördlicher Berliner Ring, Dreieck Schwanebeck auf die A11 Richtung Prenzlau. Abfahrt Lanke/Prenden nach Prenden, in der scharfen Linkskurve Abzweig nach rechts zum Golfplatz nehmen. Golfclub ist bei normalen Verkehrsverhältnissen in 30 Min. vom Alexanderplatz zu erreichen.

Name: Potsdamer Golf-Club e. V.
Adresse: Zachower Straße, 14669 Ketzin OT Tremmen
Telefon, Fax: +49-(0) 33233-7050, +49-(0) 33233-70519
E-Mail: clubsekretariat@potsdamer-golfclub.de
Internet: www.pgc.de
Ansprechpartner: Thomas Kolb
Öffnungszeiten: 9.00–18.00 Uhr
Spielbahnen: 18
Green Fee: 40,00 € (Montag)
50,00 € (Dienstag–Freitag)
65,00 € (Wochenende und Feiertage)
Handicap: -54
Teilnahmebed.: Voucher gelten täglich, außer bei Wettspielen

Potsdamer Golf-Club

30 / 1 40

Anfahrt: Von Berlin: B5 Richtung Nauen, Abfahrt Ketzin, durch Wernitz, Richtung Ketzin. Nach Autozentrallager „Mosolf" rechts Richtung Tremmen. Beschilderung folgen. Von Potsdam: B2 Richtung Spandau, links auf L92 Richtung A10, dann Richtung Ketzin, 1. Kreuzung Richtung Brandenburg, in Zachow Richtung Tremmen.

Der Potsdamer Golf-Club e. V. besteht seit 1990 und wurde als erster Golfclub in Brandenburg, gleich nach der Wende gegründet.

Die clubeigene 18 Loch-Anlage ist ein für alle Spielstärken anspruchsvoller Platz mit umfangreichem, altem Baumbestand, vielen kleinen Wasserläufen und einem urigen Clubhaus mit wunderschöner Terrasse zu den Bahnen 9 und 18 hin. Die Bahnen verlaufen auf einer ehemaligen Obstplantage und sind von einem kilometerlangen Kanalsystem durchzogen, welches, als Wasserhindernisse auf 13 von 18 Bahnen, allen Spielern Mut und Präzision abverlangt. Die günstige Verkehrsanbindung ermöglicht es – egal, ob aus Berlin, Potsdam oder Brandenburg kommend – die Anlage in angenehmen 35 Minuten Fahrtzeit zu erreichen. Einer abendlichen, entspannten Golfrunde steht also nichts im Wege.

Strüver-Fazit: Schöner Golfplatz mit altem Baumbestand und Wasser. Für alle Vorgabenklassen geeignet.

Name: Golfpark Schloss Wilkendorf
Adresse: Am Weiher 1
15345 Altlandsberg/Wilkendorf
Telefon, Fax: +49-(0)3341-330960, +49-(0)3341-330961
E-Mail: info@golfpark-schloss-wilkendorf.com
Internet: www.golfpark-schloss-wilkendorf.com
Ansprechpartner: Thomas Schumann
Öffnungszeiten: Saison: Mo–So, 9.00–19.00 Uhr
Spielbahnen: 36
Green Fee: Sandy Lyle Platz: 70,00 € (werktags, Hcp. 54 erforderlich); 80,00 € (Wochenende und Feiertage, Hcp. 54 erforderlich)
Westside Platz: 60,00 € (werktags, offen auch ohne Platzreife möglich); 70,00 € (Wochenende und Feiertage, Platzreife erforderlich)
Handicap: s. o.
Teilnahmebed.: Voucher gelten von Mo–So.
Voucher gelten nur für den Westside Platz.

Brandenburg

Golfpark Schloss Wilkendorf

Schloss Wilkendorf – ein Name, der für Golfen in beeindruckender Landschaft und volle sportliche Herausforderungen steht.

Die Golfanlage vor den Toren Berlins schmiegt sich auf 220 ha in die Hügel der Märkischen Schweiz und macht auf den ersten Blick klar, warum sie zu den 100 schönsten Europas gehört und zum 6. schönsten Platz Deutschlands gewählt wurde. Für diese Auszeichnungen wird dort täglich hochmotiviert gearbeitet, damit das Golfspiel hier zu einem besonderen Erlebnis wird. Reine Natur, unbeschreibliche Platzattraktivität und familiäre Atmosphäre bilden das erfolgreiche Ergebnis des boomenden Golfsports. Auf dem 18 Loch Sandy Lyle Platz oder dem 18 Loch Westside Platz fühlen sich die Gäste wohl, bei Privatrunden, Schnupperkursen sowie Turnieren genießen sie es, ein Teil der Golfanlage zu sein.

Strüver-Fazit: Zwei abwechslungsreiche Golfplätze in atemberaubender Natur. Der Sandy Lyle Platz stellt einen wahren Meisterschaftsplatz dar.

41

Anfahrt: A10 Richtung Hamburg, Ausfahrt Berlin-Hellersdorf. Weiter auf B1/5 Richtung Müncheberg nach 2,4 km vor Rüdersdorf links abbiegen. Nach 300 m im Kreisel Richtung Strausberg. Kreisel am Straussee Richtung Schild Golfplatz folgen.

Name: Golfclub Schloss Meisdorf e. V.
Adresse: Petersberger Trift 33
06463 Falkenstein/Harz
Telefon, Fax: +49-(0)34743-98450, +49-(0)34743-98499
E-Mail: info@golfclub-schloss-meisdorf.com
Internet: www.golfclub-schloss-meisdorf.com
Ansprechpartner: Gitta Hartung
Öffnungszeiten: Saison: täglich 9.00–18.00 Uhr
Ganzjährige Erreichbarkeit (24 Std.) über Centralrezeption Parkhotel Schloß Meisdorf:
Tel.: 034743-980, E-Mail: meisdorf@vandervalk.de
Spielbahnen: 18
Green Fee: 50,00 € (werktags)
60,00 € (Wochenende und Feiertage)
Handicap: -54
Teilnahmebed.: Voucher gelten täglich

Golfclub
Schloss Meisdorf e.V.

Golfclub Schloss Meisdorf

30
1

42

Anfahrt: Von Süden: Ab Schkeuditzer Kreuz: A14 Richtung Magdeburg. Abfahrt B185 Richtung Güsten/Aschersleben. Ausfahrt L75 (Hoym/Ballenstedt). Von Norden: A14 Richtung Halle, Abfahrt B185 (Güsten/Aschersleben). Ausfahrt L75 Hoym/Ballenstedt). Ab Kreisverkehr Ballenstedt der Beschilderung folgen.

Der Golfplatz Schloss Meisdorf befindet sich auf den Hügeln des östlichen Harzvorlandes, idyllisch über dem romantischen Selketal gelegen und ist eingebettet in die reizvolle Landschaft am Übergang zwischen Harz und Magdeburger Börde.

Direkt vor den Toren des Parkhotel Schloss Meisdorf gelegen, verfügt der Golfplatz über ein 70 ha großes Terrain, das den Golfern einen 6 km langen Fußmarsch, variationsreich angelegte 10.000 m² Wasserfläche mit 18 Hindernissen und verschiedensten Bunkern bietet. Die längste Bahn ist mit 523 m sehr anspruchsvoll. Der Golfplatz lässt jedes Golferherz höher schlagen und ist für Einsteiger, Fortgeschrittene und Profis einfach eine Golfanlage, die keine Wünsche offen lässt. Das Clubhaus bietet neben der Gastronomie auch Dusch- und Umkleideräume, Caddyboxen und Pro-Shop.

Strüver-Fazit: Der erste 18 Loch-Golfplatz Sachsen-Anhalts erfordert Kondition bei einem Höhenunterschied von 50 Metern.

Sachsen-Anhalt

Name: Golfclub Halle e. V.
Adresse: Krienitzweg 16
06112 Halle (Saale)
Telefon, Fax: +49-(0)0345-5806116, +49-(0)0345-5806110
E-Mail: info@golfclub-halle.de
Internet: https://halle.golf
Ansprechpartner: Stephanie Kemper
Öffnungszeiten: März–November
Spielbahnen: 18 + 6 Loch-Kurzplatz
Green Fee: 48,00 € (18 Loch, Mo–Do)
64,00 € (18 Loch, Fr–So und Feiertage)
Handicap: mind. PR + gültiger DGV-Ausweis
Teilnahmebed.: Voucher gelten Mo–So außer zu Turnieren. Nicht kombinierbar mit anderen Nachlässen / Gutscheinen. Startzeitenbuchung erforderlich.

Golfclub Halle

Die junge Par 71 Anlage malerisch gelegen am Hufeisensee in der Händelstadt Halle besticht durch ihren außergewöhnlichen Linkscharakter.

43

30
1

Spieltechnisch anspruchsvoll mit erstklassigen Grüns, ist die neue Anlage trotzdem ein überaus fairer Platz, der Golfern aller Spielstärken eine genussvolle Runde bietet. Die charakteristisch interessantesten Löcher der 18 Bahnen sind Loch 16 und 17, welche sich an die südwestliche Spitze des Hufeisensees schmiegen. Mit ihrer ausgeprägten Vegetation bietet der Platz ein traumhaft schönes Naturerlebnis.
Der zugehörige öffentliche Kurzplatz bietet 6 abwechslungsreiche Spielbahnen nicht nur für Golf-Einsteiger sondern auch erprobte Spieler finden hier beste Übungsbedingungen. Der Kurzplatz eine kleine Herausforderung aber immer fair für jeden Spieler und mit schnellen Erfolgserlebnissen für alle Anfänger.

Anfahrt: siehe Homepage

Strüver-Fazit: Gepflegter junger Platz, mit famosen Schlusslöchern um den Hufeisensee.

Sachsen

Name:	Golf & Country Club Leipzig
Adresse:	Pehritzscher Weg 04827 Machern
Telefon:	+49-(0)34292-632240
E-Mail:	info@gcc-leipzig.de
Internet:	www.gccleipzig.de
Ansprechpartner:	Alexander Kessler
Öffnungszeiten:	9.00–19.00 Uhr
Spielbahnen:	18
Green Fee:	9 Loch: 35,00 € (werktags) 50,00 € (Wochenende und Feiertage) 18 Loch: 60,00 € (werktags) 80,00 € (Wochenende und Feiertage)
Handicap:	–
Teilnahmebed.:	Voucher gelten Mo–Do

Golf & Country Club Leipzig

44

Anfahrt: Bitte geben Sie in Ihrem Navigationssystem unter „Sonderziele" Golf & Country Club Leipzig oder alternativ „Plagwitzer Weg" in 04827 Machern ein. Vom Plagwitzer Weg aus gelangen Sie nach etwa 300m links auf die Zufahrtsstraße zum Golfplatz.

Inmitten der idyllischen Landschaft des Muldentals bietet der Golf & Country Club Leipzig eine Golfanlage, die durch ihre ausgewogene Symbiose zwischen Golf und Natur einen besonders hohen Freizeit- und Erholungswert bereithält.

Auf dem 80 ha großen Areal erstrecken sich zwischen dichten Waldgebieten die anspruchsvolle 18 Loch-Anlage und der 6 Loch-Übungsplatz. Taktisch gut platzierte Bunker, Wasserhindernisse und Feuchtbiotope stehen für ein fast grenzenloses Spielvergnügen. Das anspruchsvolle Platzdesign hält abwechslungsreiche Spielbahnen mit taktisch gut platzierten Bunkern, Wasserhindernissen und Feuchtbiotopen sowie gut verteidigten, ondulierten Grüns bereit. Zahlreiche Übungseinrichtungen ermöglichen ein umfangreiches Training sowohl für Einsteiger als auch für den Single-Handicap-Spieler.

Strüver-Fazit: Anspruchsvolle Bahnen mit Wasser, Bunkern und Hindernissen. Tolles Finale an Bahn 18 mit dem Inselgrün.

Thüringen

Name: Golfclub Gera e. V.
Adresse: Am Schafteich 3
07570 Harth-Pöllnitz/OT Burkersdorf
Telefon, Fax: +49-(0)36603-61610, +49-(0)36603-616116
E-Mail: info@golfclub-gera.de
Internet: www.golfclub-gera.de
Ansprechpartner: Petra Dienel
Öffnungszeiten: Di–So 9.00–17.00 Uhr
Spielbahnen: 18
Green Fee: 60,00 € (werktags)
70,00 € (Wochenende und Feiertage)
Änderungen vorbehalten!
Handicap: -54
Teilnahmebed.: Voucher gelten Di–So

Golfclub Gera

GOLFCLUB GERA

Eine interessante 18 Loch-Meisterschaftsanlage in einer landschaftlich sehr ruhigen und schönen Lage an den Burkersdorfer Teichen erwartet Sie.

Das abwechslungsreiche Gelände mit schönen, fairen Golfbahnen sind ideale Bedingungen für eine schöne und anspruchsvolle Golfrunde.
Gerne verwöhnt Sie unser Team des Restaurants vor, nach und zwischen dem Spiel mit leckeren Speisen und Getränken.
Genießen Sie von unserer großzügigen Sonnenterrasse einen tollen Blick über die Anlage und das 9. und 18. Grün!
Unsere zentrale Lage mit guten Autobahnverbindungen über die A9 Abfahrt Lederhose / Weida und A4 Abfahrt Gera sorgen für eine bequeme und schnelle Anfahrt.

Strüver-Fazit: Das großzügige und neu gebaute Clubhaus ist der Mittelpunkt der landschaftlich reizvollen 18 Loch-Anlage.

45

30
1

Anfahrt: A4: Abfahrt Gera, Richtung Weida. A9: Abfahrt Lederhose/Weida, Richtung Weida.

Thüringen

Name:	Thüringer Golfclub „Drei Gleichen“ Mühlberg e. V.
Adresse:	Gut Ringhofen 99869 Mühlberg
Telefon, Fax:	+49-(0)36256-21740, +49-(0)36256-86985
E-Mail:	info@thueringer-golfclub.de
Internet:	www.thueringer-golfclub.de
Ansprechpartner:	Katrin Schwarz
Öffnungszeiten:	Mo–So 9.00–18.00 Uhr, Nebensaison eingeschränkte Öffnungszeiten
Spielbahnen:	18 + 5 öffentliche Kurzbahnen
Green Fee:	60,00 € (werktags) 70,00 € (Wochenende und Feiertage) Tages-Green Fee
Handicap:	-54
Teilnahmebed.:	Voucher gelten Mo–So, keine Gruppenreservierung möglich

Thüringer Golfclub „Drei Gleichen“ Mühlberg

30
1

46

Anfahrt: A4 (Frankfurt/M.–Erfurt), Ausfahrt Wandersleben/Mühlberg, bis Ortsmitte Mühlberg, Richtung Wechmar, hinter Ortsausgang Mühlberg liegt der Golfclub.

An einem der schönsten Flecken Thüringens, mitten ins malerische Burgenland „Drei Gleichen“ eingebettet, liegt die älteste Gemeinde des Landes, Mühlberg, mit ihrer 18 Loch-Anlage.

Am Rande der Gemeinde hat sich seit 1998 ein Kleinod entwickelt, das inzwischen deutschlandweit von sich reden macht: das Golf Resort „Gut Ringhofen“ mit seinem Thüringer Golfclub „Drei Gleichen“ Mühlberg. An den 70 ha umfassenden Golfplatz ist eine Übungsanlage mit sechs Kurzbahnen angeschlossen, die auch ohne Platzreife bespielt werden darf. Die professionelle Golfschule steht unter der Leitung von Diplomgolflehrer Marcus Brembach.

Strüver-Fazit: Sehr schön gelegen, mit herrlichem Blick über die Burgenlandschaft reizt der Platz durch strategisch zu spielende Bahnen in leicht hügeliger Landschaft.

Name: Golfclub Eisenach im Wartburgkreis e. V.
Adresse: Am Röderweg 3
99820 Hörselberg-Hainich OT Wenigenlupnitz
Telefon, Fax: +49-(0)36920-71871, +49-(0)36920-71919
E-Mail: info@golf-eisenach.de
Internet: www.golf-eisenach.de
Ansprechpartner: Daniel Körner
Öffnungszeiten: Mo–So 9.00–18.00 Uhr
Spielbahnen: 18
Green Fee: 55,00 € (werktags)
65,00 € (Wochenende und Feiertage)
Handicap: -54
Teilnahmebed.: –

Golfclub Eisenach im Wartburgkreis

47

Der Wartburg Golfpark ist eine abwechslungsreiche und spielerisch interessante 18 Loch-Golfanlage.

Die Anlage liegt in leicht welligem Gelände, die 18 Spielbahnen sind übersichtlich angeordnet und sehr anspruchsvoll. Zahlreiche Bunker, große Wasserflächen, Bäume und Sträucher werden Ihrem Spiel den erforderlichen Anspruch verleihen. Der Name der Golfanlage wird uns zu jeder Zeit Anspruch und Verpflichtung sein, so dass Mitglieder, Gäste und Freunde stets eine erholsame und zufriedene Zeit erleben werden. Eine Golfrunde im Wartburg Golfpark wird immer einzigartig sein. Wir laden Sie herzlich ein!

Strüver-Fazit: Der 1995 gegründete Club liegt unterhalb der Wartburg. Es gibt vielfältige Übungsmöglichkeiten und Genuss für alle Handicapklassen.

Anfahrt: A4, Abfahrt Eisenach, weiter Richtung Großenlupnitz, in Großenlupnitz in Richtung Wenigenlupnitz. Am Ortseingang liegt der Golfplatz auf der linken Seite.

Name:	Golfclub Borghees e. V.
Adresse:	Abergsweg 34 46446 Emmerich
Telefon:	+49-(0)2822-92710
E-Mail:	info@golfplatzborghees.com
Internet:	www.golfplatzborghees.com
Ansprechpartner:	Manon Veldhorst
Öffnungszeiten:	9.00–18.00 Uhr
Spielbahnen:	18 + 5
Green Fee:	45,00 € (werktags) 50,00 € (Wochenende und Feiertage)
Handicap:	-54
Teilnahmebed.:	Voucher gelten Mo–Sa, nur bei Vorlage eines DGV- oder NGF-Ausweises. Nicht kombinierbar mit anderen Rabatten oder Nachlässen. Vorherige Anmeldung erforderlich. Keine Gruppenreservierung mit Voucher. Änderungen vorbehalten.

Borghees GOLFPLATZ

Golfclub Borghees

48

Anfahrt: A3 (Oberhausen–Arnheim) Richtung Arnheim, Ausfahrt Emmerich, Richtung Emmerich. Nach ca. 100 m rechts auf die Hüthumer Straße, dann in den Abergsweg.

Unmittelbar vor der Grenze zu den Niederlanden gelegen, schmücken typische niederrheinische Baumarten die naturbelassene Anlage am Fuße des Eltener Berges.

Der Golfplatz Borghees ist ein wunderschöner Golfplatz und stellt sowohl für den beginnenden Golfer als auch für den anspruchsvollen Golfer eine echte Herausforderung dar. Der Golfplatz bietet nicht nur einen wunderschönen Ausblick und die Herausforderung der 18 Loch, sondern auch erweiterte Übungsanlagen und eine ausgezeichnete Gastronomie.

Strüver-Fazit: Naturbelassene, schöne Anlage mit vielen Bächen, die für Freizeitgolfer und Könner besondere Herausforderungen bietet.

Name: Golf International Moyland
Adresse: Moyländer Allee 10
47551 Bedburg-Hau
Telefon, Fax: +49-(0)2824-976680, +49-(0)2824-9766825
E-Mail: info@golfinternationalmoyland.de
Internet: www.golfinternationalmoyland.de
Ansprechpartner: Daniela Dekker
Öffnungszeiten: Apr–Okt 8.00–18.00 Uhr
Nov–März 9.00–17.00 Uhr
Spielbahnen: 18 + 6
Green Fee: 50,00 €
Handicap: -54
Teilnahmebed.: Wir bitten um Startzeitenreservierung.

Golf International Moyland

GOLF INTERNATIONAL MOYLAND

Wo Golfsport zum Erlebnis wird: Golf International Moyland.

Das Spiel auf dem spektakulären Championship Course wird geprägt durch die harmonische Landschaft der Niederrhein-Aue. Ausgedehnte Wasser- und Feuchtflächen, umrahmt von Kopfweiden und Waldsäumen, wurden in ein golfstrategisches Konzept von internationalem Qualitätsanspruch einbezogen.
Der „Gold Course“ wurde nach Normen modernster Golfplatzarchitektur gebaut und bietet jederzeit eine echte Herausforderung für Einsteiger und Könner. Die Grüns des Golf-Parks am Schloss Moyland gehören zu den besten in Europa und darüber hinaus.

Strüver-Fazit: Schönes Ausflugsziel durch die Park- und Museumslandschaft am Niederrhein.

49

30
1

Anfahrt: A3 (Oberhausen–Arnheim), Ausfahrt Rees, B67 über Rees nach Kalkar-Appeldorn, dort B57 über Kalkar Richtung Kleve, Beschilderung „Museum Schloss Moyland“ zum Golfplatz folgen. A57 Krefeld, Ausfahrt Goch, B67 Richtung Kalkar, B57 Richtung Kleve, Beschilderung folgen.

Nordrhein-Westfalen

Name:	Mühlenhof Golf & Country Club e. V.
Adresse:	Greilack 29 47546 Kalkar
Telefon, Fax:	+49-(0)2824-924092, +49-(0)2824-924093
E-Mail:	awilmsen@muehlenhof.net
Internet:	www.muehlenhof.net
Ansprechpartner:	Annette Wilmsen
Öffnungszeiten:	ganzjährig; 9.00–19.00 Uhr
Spielbahnen:	18 + 6
Green Fee:	50,00 € (werktags) 60,00 € (Wochenende und Feiertage)
Handicap:	PE
Teilnahmebed.:	Voucher gelten Mo–So, nur bei Vorlage eines DGV- oder NGF-Ausweises. Nicht kombinierbar mit anderen Rabatten
Sonstiges:	Ferienhäuser am Green zu verkaufen oder zu vermieten PGA – Golfschule mit Scope System

Mühlenhof Golf & Country Club

50

Anfahrt: A3 (Oberhausen–Arnheim), Ausfahrt Rees, B67 Richtung Rees, hinter der Rheinbrücke erste Abfahrt rechts – A57 (Duisburg–Goch), Ausfahrt Sonsbeck, B57 Richtung Kalkar, B67 Richtung Rees, vor der Rheinbrücke links – Richtung Kalkar, dritte Straße links zum Golfplatz.

Ferienhäuser direkt am Green – lassen Sie sich verwöhnen und buchen ein Arrangement.

Die abwechslungsreichen, überwiegend langen Bahnen sind umgeben von Kopfweiden, Sträuchern, Pflanzen, Wiesen und zahlreichen Biotopen. Der konservative Golfer hat ebenso seinen Spaß an dem flachen Gelände wie der risikofreudige Zocker. 30.000 qm neu gestaltete Wasserflächen mit geschickt platzierten Wasserverläufen sorgen für Überraschungen und Spielfreude. Die Anlage ist ganzjährig geöffnet, es gibt keinen Ruhetag. Der romantische Jugendstilgarten im Schatten der Mühle lädt den Golfer nach der Runde zum Verweilen ein.

Strüver-Fazit: Schöne Anlage mit sattgrünen Fairways, zahlreichen Wasserhindernissen und gepflegten Stufengreens.

Nordrhein-Westfalen

Name: Golfclub am Kloster Kamp e. V.
Adresse: Kirchstraße 164
47475 Kamp-Lintfort
Telefon, Fax: +49-(0)2842-4833, +49-(0)2842-4835
E-Mail: golfclub@amklosterkamp.de
Internet: www.golfclub-am-kloster-kamp.de
Ansprechpartner: Erik Okhuizen
Öffnungszeiten: Di–So 9.00–17.00 Uhr,
in der Saison auch montags geöffnet
Spielbahnen: 18
Green Fee: 50,00 € (werktags)
60,00 € (Wochenende und Feiertage)
Handicap: -54
Teilnahmebed.: Voucher gelten Mo–Fr (nicht an Feiertagen)

Golfclub am Kloster Kamp

Stadtnah und naturverbunden bietet der Club sowohl Hobbygolfern als auch ambitionierten Spielern ein Zuhause.

51

Idyllisch gelegen zwischen Kamper Berg und Niersenberg, liegt zu Füßen des Klosters Kamp die 18 Loch-Anlage mit Par 72 und einer Länge von 6.064 m. Bewaldete Hügel mit altem Baumbestand säumen die Längsseiten der Anlage. Der abwechslungsreiche niederrheinische Platz mit typischer Bepflanzung ist spieltechnisch für Einsteiger als auch für geübte Golfer eine Herausforderung. Durch seine außergewöhnliche Lage gehört er zu den wenigen Plätzen, die in einem Stadtgebiet liegen. Mittendrin und doch abseits der Hektik wird Ihnen hier die Möglichkeit geboten, in einer weitgehend privaten Clubatmosphäre Ihrem Sport nachzugehen. Nach der Runde erwartet Sie die Clubgastronomie mit feiner Landhausküche.

Strüver-Fazit: Sehr ebener Platz mit vielen Wasserhindernissen und gutem Waldbestand.

Anfahrt: A57 Krefeld Richtung Nimwegen. Ausfahrt 7 Rheinberg, auf der B510 Richtung Kerken, nach 1 km an der Ampel rechts auf die Saalhoffer Straße, 3. Abfahrt links = Kirchstraße, Golfclub nach ca. 600 m.

Name:	Golfclub Schloss Haag e. V.
Adresse:	Bartelter Weg 8 47608 Geldern
Telefon, Fax:	+49-(0)2831-924420, +49-(0)2831-924422
E-Mail:	golf-geldern@t-online.de
Internet:	www.gc-schloss-haag.de
Ansprechpartner:	Thomas Wirth
Öffnungszeiten:	9.00–18.00 Uhr
Spielbahnen:	18 + 6 Loch Kurzplatz
Green Fee:	50,00 € (werktags) 60,00 € (Wochenende und Feiertage)
Handicap:	-54
Teilnahmebed.:	Voucher gelten Mo–Fr (nicht an Feiertagen), vorherige Anmeldung unbedingt erforderlich

Golfclub Schloss Haag

30
1

52

Anfahrt: Von Süden: A40, Abfahrt Kerken. B9 sowie Kreuzung B9/B58 Richtung Geldern. Nach 2 Ampelkreuzungen ist rechts der Golfplatz. Von Norden: A57, Abfahrt Alpen/Geldern. B58 Richtung Geldern. 1. Kreuzung in Geldern rechts dem Schild Krankenhaus folgen. Anfahrt über Kapellener Straße.

In der idyllischen niederrheinischen Auenlandschaft, eingebettet zwischen Flüssen und Wäldern liegt die Golfanlage Schloss Haag.

Rund um das mittelalterliche Schloss erstreckt sich der Golfplatz mit 18 Bahnen auf ca. 100 ha Fläche sowie ein Kurzplatz mit 6 Löchern. Zwei erfahrene Professionals stehen den Mitgliedern und Golfgästen zur Verfügung. Einzigartig ist unsere Indoorhalle für hervorragende Trainingsmöglichkeiten mit 140 m^2 Putting- & Chippingareal, Schlägercheck sowie Sam Puttlab für Schwunganalyse. Das Schloss bietet jeglichen Service und Komfort: ein öffentliches Restaurant/Clubhaus mit Sonnenterrasse, ein anspruchsvoller Pro-Shop, eine überdachte Driving Range. Im alten Wehrturm von 1337 können Gäste übernachten und unsere Arrangements „Golfen & Übernachten" wahrnehmen.

Strüver-Fazit: Abwechslungsreicher Platz in flachem Gelände. Vor allem die ondulierten Grüns, die durch Wasserhindernisse und Bunker gut gesichert sind, stellen jeden Spieler vor Herausforderungen.

Name:	Golfanlage Haus Bey e.V.
Adresse:	An Haus Bey 16 41334 Nettetal
Telefon, Fax:	+49-(0)2153-91970, +49-(0)2153-919750
E-Mail:	golf@hausbey.de
Internet:	www.hausbey.de
Ansprechpartner:	Annette Janßen
Öffnungszeiten:	8.00–17.00 Uhr (Mo-Fr.)
Spielbahnen:	18 + 6 Loch Par 3
Green Fee:	60,00 € (werktags) 70,00 € (Wochenende und Feiertage)
Handicap:	-45
Teilnahmebed.:	Voucher gelten Mo–Fr und nicht an Feiertagen
Sonstiges:	Die Anlage wurde mit 5 Sternen ausgezeichnet.

Golfanlage Haus Bey

Die Golfanlage Haus Bey fügt sich harmonisch in die flache Landschaft des linken Niederrheins ein.

Sie liegt im Landschaftsschutzgebiet, zwischen den Hinsbecker Höhen und den Krickenbecker Seen und erstreckt sich um das denkmalgeschütze Haus Bey.
Mit dem 18 Loch-Platz und dem öffentlichen Pay & Play Platz bietet die Golfanlage Anfängern, Fortgeschrittenen und Profis ausgezeichnete Voraussetzungen, um „Urlaub vom Alltag" zu machen. Die Terrasse und das Bistro des Restaurant Haus Bey laden zum Verweilen und Erholen ein.

Strüver-Fazit: Der flache Parklandplatz mit einigen Wasserhindernissen ist auch Gastgeber der PGA of Germany Seniors Championship 2020.

53

30
1

Anfahrt: A52 bis Kreuz Mönchengladbach, A61, Ausfahrt Nettetal/Boisheim/Grefrath, B509 Richtung Nettetal-Hinsbeck, Kreisverkehr links Richtung Kaldenkirchen. Etwa nach 30 m an der Johanneskapelle rechts zur Golfanlage.

Nordrhein-Westfalen

Name:	Golfanlage Duvenhof
Adresse:	Hardt 21 47877 Willich
Telefon, Fax:	+49-(0)2159-91595 0, +49-(0)2159-91595 69
E-Mail:	info@duvenhof.de
Internet:	www.duvenhof.de
Ansprechpartner:	Michael Kerkhoff
Öffnungszeiten:	ganztags
Spielbahnen:	18 + 9
Green Fee:	9 Loch: 30,00 € (werktags) 18 Loch: 60,00 € (werktags) Aktuelles Green Fee siehe Homepage
Handicap:	18 Loch: -36, 9 Loch: -54
Teilnahmebed.:	Voucher gelten nur montags (nicht an Feiertagen Keine Gruppenreservierung möglich. Vorherige Reservierung unter Angabe „Spiel mit LeisureBREA erforderlich. Änderungen vorbehalten.

Golfanlage Duvenhof

Golfanlage Duvenhof
Willich

54

Anfahrt: A52 (Düsseldorf/Mönchengladbach), Abfahrt Kaarst/Osterath, Richtung Osterath, nach 1,5 km links Richtung Willich, nach 1 km rechts (Hardt 21).

Golf spielen und Natur erleben – das können die Gäste auf dem Duvenhof in Willich.

Mit viel Sorgfalt haben die Betreiber eine niederrheinische Landschaft mit interessanten und herausfordernden Spielsituationen angelegt. Bunker, Bäche und Teiche sorgen für Abwechslung im Spiel. Ein großes öffentliches Übungsgelände mit 80 Abschlagplätzen, teilweise überdachte und mit Spiegeln verkleidete Abschlagkabinen sowie 2 Scopekabinen für videounterstütztes Training helfen den Besuchern, das eigene Spiel zu verbessern. Der 18 Loch-Meisterschaftsplatz und ein öffentlicher 9 Loch-Platz bieten für jeden eine angemessene Spielmöglichkeit. Erfahrene Golfpros unterrichten auch in Englisch. Besondere Angebote für Firmen auf Anfrage.

Strüver-Fazit: Sehr gepflegte, schöne Anlage, gute Trainingsmöglichkeiten.

Name: Golfclub Op de Niep e. V.
Adresse: Bergschenweg 71
47506 Neukirchen-Vluyn
Telefon, Fax: +49-(0)2845-794661, +49-(0)2845-794662
E-Mail: info@gp-nieperkuhlen.de
Internet: www.gc-opdeniep.de, www.opdeniep.de
Öffnungszeiten: 9.00–18.00 Uhr
Spielbahnen: 27
Green Fee: 9 Loch: 35,00 €, 18 Loch: 60,00 €
(Mo–Fr bis 15.30 Uhr)
9 Loch: 40,00 €, 18 Loch: 70,00 €
(Fr ab 15.30 Uhr–So)
Handicap: 9 Loch: -54, 18 Loch: -45
Teilnahmebed.: Voucher gelten werktags uneingeschränkt, am Wochenende und an Feiertagen bis 9.30 Uhr und ab 14.00 Uhr

Nordrhein-Westfalen

Golfclub Op de Niep

Auf dem 120 Hektar großen Gelände befindet sich ein 18 Loch- und ein 9 Loch-Golfplatz.

Lange und flache Bahnen mit einigen Wasserhindernissen, Bunkern und altem Baumbestand säumen den mit Par 75 und Par 66 ausgewiesenen 18 und 9 Loch-Golfplatz.

Nicht nur sportlich und landschaftlich bietet die Anlage etwas Besonderes, sondern auch das Clubhaus mit herrlichem Terrassenblick und seiner Gastronomie lässt den Golftag zum Erlebnis werden.

Strüver-Fazit: Sportlich, kommunikativer Golfclub am Niederrhein. Gute Übungseinrichtungen, ebenes Golfgelände und ein Clubhaus mit guter Küche und nettem Pro-Shop.

55

Anfahrt: A40/A57, über die Ausfahrt Moers am Moerser Kreuz, fahren Sie nach der Ausfahrt an der Ampel links in Richtung Krefeld/Kapellen auf die Krefelder Straße. Folgen Sie dieser für ca. 4 km und biegen vor dem Linksbogen rechts in den Bergschenweg. Folgen Sie nun der Golfplatzbeschilderung.

Nordrhein-Westfalen

Name:	Europäischer Golfclub Elmpter Wald e. V.
Adresse:	Roermonder Straße 45/ehem. Javelin-Kaserne 41372 Niederkrüchten-Elmpt
Telefon:	+49-(0)21 63-499 61 31
E-Mail:	info@golf-in-elmpt.eu
Internet:	www.golf-in-elmpt.eu
Ansprechpartner:	Roland Schmidt
Öffnungszeiten:	9.00–16.00 Uhr (werktags) 9.00–14.00 Uhr (Wochenende und Feiertage)
Spielbahnen:	18
Green Fee:	55,00 € (werktags) 60,00 € (Wochenende und Feiertage)
Handicap:	PE
Teilnahmebed.:	Voucher gelten Mo–Fr (nicht am Wochenende und an Feiertagen)

Europäischer Golfclub Elmpter Wald

56

Anfahrt: Aus Richtung Mönchengladbach: A52 Ausfahrt Nr. 2 Elmpt, im Kreisverkehr 1. Ausfahrt rechts, Brücke über Autobahn geradeaus 400 m zur Haupteinfahrt des früheren britischen Militärgeländes.
Aus Richtung Roermond: A 52 Ausfahrt Nr. 2 Elmpt, nach der Ausfahrt rechts 200 m zur Haupteinfahrt.
Vorab zwingend Besuch anmelden.

Golfen im EGC Elmpter Wald – Volkssport mit britischer Tradition.

Mitten im Herzen des Elmpter Waldes erstreckt sich auf rund 76 Hektar der Golfclub. Vor über 60 Jahren von der Royal Air Force auf einem ehemaligen Militärflughafen der Javelin Barracks erbaut und seitdem mit viel Liebe gepflegt, kann man die landschaftliche Einmaligkeit genießen und in aller Ruhe, umsäumt von uralten Bäumen, dem Golfsport nachgehen. Hier wird der Breitensport für die ganze Familie angeboten, für Jung und Alt, und ohne elitären Touch. Für Nichtmitglieder werden regelmäßig Schnupperkurse und Platzerlaubniskurse angeboten. Unsere Erfahrung zeigt, dass sehr viele der Schnupperkursteilnehmer wiederkommen und auch weiterhin inmitten der schönen Park- und Heidelandschaft in Niederkrüchten-Elmpt dem Golfsport nachgehen.

Strüver-Fazit: Ursprünglicher und naturbelassener Platz. Very British.

Nordrhein-Westfalen

Name: Golf- und Landclub Schmitzhof
Adresse: Arsbecker Straße 160
41844 Wegberg
Telefon, Fax: +49-(0)2436-3909-0, +49-(0)2436-3909-15
E-Mail: empfang@golfclubschmitzhof.de
Internet: www.golfschmitzhof.de
Ansprechpartner: Jürgen Janßen
Öffnungszeiten: Mo–So 9.00–17.00 Uhr (Sommer)
Di–So 10.00–15.00 Uhr (Winter)
Spielbahnen: 18 + 6 Loch-Kurzplatz
Green Fee: 60,00 € (werktags)
70,00 € (Wochenende und Feiertage)
Handicap: -54 (werktags), -45 (Wochenende)
Teilnahmebed.: Voucher gelten Mo–Sa (nicht an Feiertagen), Anmeldung erforderlich

Golf- und Landclub Schmitzhof

Golf- und Landclub Schmitzhof e.V.

Golfgenuss am Naturpark Schwalm-Nette.

57

30
1

Viel Raum für Erholung und Entspannung vom Alltagsstress bietet die wunderschöne und ruhige Lage des Golf- und Landclub Schmitzhof. Weite Felder und ausgedehnte Laub- und Kiefernwälder bilden die Umgebung des gepflegten, seit über 40 Jahren gewachsenen 18 Loch-Meisterschaftsplatzes. Die parkähnliche Anlage mit ihren malerischen Wasserhindernissen und ihrem alten Baumbestand bietet für Golfer jeden Handicaps eine faire Herausforderung.
Zum Ausklang eines gelungenen Golftags lädt die traumhafte Terrasse zum Genuss der Köstlichkeiten unserer Gastronomie ein.

Strüver-Fazit: Ebener Platz, der wegen des Baumbestandes präzises Spiel erfordert. An 10 Bahnen kommen interessant platzierte Wasserhindernisse ins Spiel.

Anfahrt: A52 Richtung Roermond, Ausfahrt Schwalmtal, L371 Richtung Wegberg, Merbeck, T-Kreuzung links, in Merbeck Beschilderung folgen.

Name:	Golf Club Elfrather Mühle e. V.
Adresse:	An der Elfrather Mühle 145 47802 Krefeld
Telefon:	+49-(0)2151-49690
E-Mail:	info@gcem.de
Internet:	www.gcem.de
Ansprechpartner:	Amadora Fernandez
Öffnungszeiten:	8.30–18.30 Uhr
Spielbahnen:	18 + 3
Green Fee:	65,00 € (werktags) 80,00 € (Wochenende und Feiertage)
Handicap:	-54
Teilnahmebed.:	Voucher gelten montags und donnerstags (außer Feiertage)

Golf Club Elfrather Mühle

30
1

58

Anfahrt: A57 (Köln–Duisburg), Ausfahrt Krefeld-Gartenstadt, 1. Ampel rechts, Richtung Traar, Elfrath, nächste Ampel links. Das Clubhaus liegt auf der rechten Seite.

Tradition und Moderne im Zeichen der Mühle.

Unter dem Motto „Home away from home" setzt das Team des Golf Clubs Elfrather Mühle alles daran, Mitgliedern und Gästen den Aufenthalt so angenehm wie möglich zu gestalten. Golfplatz-Architekt Ron Kirby schuf hier einen 18 Loch-Championship-Course mit vielen Facetten, der sowohl Anfängern als auch Fortgeschrittenen vieles abverlangt, ohne zu überfordern.
Mit Wasserhindernissen an zehn Bahnen, 4.000 Sträuchern und 2.000 Bäumen greift der Meisterschaftsplatz, der Mitglied in der Vereinigung Leading Golf Clubs of Germany ist, die natürliche Umgebung auf.

Strüver-Fazit: Hochwertiges Ambiente. Dank hervorragender Drainage ganzjährig bespielbar.

Name:	Golfclub Mülheim a. d. Ruhr Raffelberg e. V.
Adresse:	Akazienallee 84, Navi: Ruhrorter Straße 45478 Mülheim a. d. Ruhr
Telefon, Fax:	+49-(0)208-580569-0, +49-(0)208-580569-9
E-Mail:	info@srs-enterprise.com
Internet:	www.golfplatz-raffelberg.de
Ansprechpartner:	Fr. Vogel
Öffnungszeiten:	Mo–So 9.00–18.00 Uhr
Spielbahnen:	insgesamt 18
Green Fee:	45,00 €/60,00 € mit/ohne R-Kennzeichnung (werktags) 55,00 €/80,00 € mit/ohne R-Kennzeichnung (Wochenende und Feiertage)
Handicap:	-54
Teilnahmebed.:	Voucher gelten Mo–Do nur mit Anmeldung (nicht an Feiertagen)

Golfclub Mülheim a. d. Ruhr Raffelberg

Klassisches Country-Club-Flair im Herzen des Ruhrgebiets – der Golfplatz Mülheim an der Ruhr Raffelberg.

Die 21-jährige Tradition des Golfclubs und seine wunderschöne Lage mitten im Grünen vermittelt eine klassische Country-Club-Atmosphäre, die für ein unvergessliches Golferlebnis sorgt. Der Golfplatz wurde von der deutschen Golf Consult entworfen, 1998 als 9 Loch-Anlage eröffnet und 2011 auf 18 Loch erweitert. Fünf Teiche mit wunderschönen Wasserspielen sowie vielfältige Fairways und ein Inselgrün machen den Golfplatz zu einem besonderen Erlebnis. Auf den Terrassen erwartet Sie ein wunderschöner Blick auf die Spielbahnen. Verbinden Sie Ihr Golfspiel mit einer Übernachtung in einem unserer Hotels: das 4 Sterne Hotel „Hotel am Ruhrufer Business & Golf" (www.hotel-am-ruhrufer.de) und das 5 Sterne Hotel „Villa am Ruhrufer Golf & Spa" (www.villa-am-ruhrufer.de)

Strüver-Fazit: Die Anlage liegt im Bereich der Pferderennbahn und bietet zahlreiche Par 3-Löcher.

59

Anfahrt: A3/A40, Abf. Duisburg Kaiserberg. Rechts abbiegen bis zur T-Kreuzung. Dort rechts auf die Ruhrorter Straße. Ca. 1,5 km der Straße folgen. Hinter der 1. Kreuzung nach 200 m sehen Sie auf der rechten Seite unseren Golf & Country Club. Zieladresse für das Navigationsgerät: Ruhrorter Str., 45478 Mülheim an der Ruhr

Nordrhein-Westfalen

Name:	Golf Club Grevenmühle GmbH
Adresse:	Grevenmühle 3 40882 Ratingen
Telefon, Fax:	+49-(0)21 02-95 95 0, +49-(0)21 02-95 95 15
E-Mail:	golfclub@grevenmuehle.de
Internet:	www.grevenmuehle.de
Ansprechpartner:	Fabian Jantke, Steffen Koch
Öffnungszeiten:	ganzjährig
Spielbahnen:	18
Green Fee:	60,00 € (Mo–Fr) 75,00 € (Wochenende und Feiertage)
Handicap:	-36
Teilnahmebed.:	Voucher nur mit ordentlicher DGV-Mitgliedschaft gültig. An Wochenenden und Feiertagen eingeschränkte Spielzeiten

Golf Club Grevenmühle

30
1

60

Anfahrt: A3 (Köln–Oberhausen) oder A44 bis Kreuz Velbert-Ratingen Ost, dann Richtung Velbert (B422), am Ortsausgang von Ratingen-Homberg Richtung Mettmann. Zufahrt über Metzkausener Straße. Dann der Beschilderung folgen.

Golf ist ein Spiel, das man nicht gewinnen kann, man kann es nur spielen.

Und wie sehr man das Golfspielen genießen kann, erfährt man besonders eindrucksvoll in Grevenmühle. Der Aufstieg zum ersten Abschlag der Golfanlage ist zwar steil, doch die Mühe lohnt sich. Hügelig und trickreich ist er, dieser Par 72-Course, und bilderbuchhaft schön mit Ausblick über das Bergische Land bis weit nach Mettmann und Düsseldorf. Die 18 Löcher sind gefühlvoll in die Umgebung eingebettet mit ihren Pferdekoppeln und Rapsfeldern, mit Teichen, Biotopen und kleinen Wäldern. Baumreihen und Hecken säumen die Fairways.

Strüver-Fazit: Ein hügeliger Platz, der über mehrere Stufengrüns verfügt und natürliche Schräglagen bietet: Präzision und Strategie sind hier gefragt!

Nordrhein-Westfalen

Name: Kosaido International Golf Club Düsseldorf
Adresse: Am Schmidtberg 11
40629 Düsseldorf
Telefon: +49-(0)21 04-77 06 0
E-Mail: proshop@kosaido.de
Internet: www.kosaido.de
Ansprechpartner: Simon Flehmen, Manty Kodjo
Öffnungszeiten: 8.00–19.00 Uhr
Spielbahnen: 18
Green Fee: 60,00 € (werktags)
80,00 € (Wochenende und Feiertage)
Handicap: -36
Teilnahmebed.: Voucher gelten Di, Mi und Do
(nicht an Feiertagen)

Kosaido International Golf Club Düsseldorf

DER NEUE KOSAIDO
International Golf Club Düsseldorf

61

30
1

Herzlich willkommen im Neuen Kosaido!
Erleben Sie einen 18 Loch-Meisterschaftsplatz der internationalen Spitzenklasse.

Kosaido bietet Ihnen spektakuläre Topographie, sensationelle Ausblicke vom höchsten Punkte Düsseldorfs, ein sportliches Terrain für ein aufregendes Golf- und wunderschönes Naturerlebnis. Der Club befindet sich nur 15 Minuten von Düsseldorf City entfernt. Selten bietet ein spektakulärer Golfplatz auch eine so ausgezeichnete Küche. Der neue Kosaido ist ein privater Golfclub in deutschem Familienbesitz. Kosaido steigt auf zu einem der Top Golfclub Europas: Nominierung zum Mitglied der World Leading Golf Europe 2015. Seit 2015 neu im neuen Kosaido: Pro Golf Tour für Europas Profinachwuchs. Verbinden Sie Ihren Aufenthalt im Kosaido mit einer Übernachtung in einem unserer Hotels: 5 Sterne Boutique Hotel Villa am Ruhrufer Golf & Spa und 4 Sterne Hotel am Ruhrufer Business & Golf.

Strüver-Fazit: Sehr gepflegter, außergewöhnlicher Platz mit exzellenter Erreichbarkeit.

Anfahrt: A3, Ausfahrt 18, B7 Richtung Mettmann, 700 m nach der Ausfahrt liegt das Clubhaus auf der rechten Seite. Aus Düsseldorf: B7 (Bergische Landstraße) in Richtung Mettmann. 700 m nach der Auffahrt zur A3 liegt das Clubhaus auf der rechten Seite.

Name: Golfclub Velbert-Gut Kuhlendahl e. V.
Adresse: Kuhlendahler Straße 283
42553 Velbert
Telefon, Fax: +49-(0)2053-923290, +49-(0)2053-923291
E-Mail: golfclub-velbert@t-online.de
Internet: www.golfclub-velbert.de
Ansprechpartner: Michael Ogger
Öffnungszeiten: 9.00–18.00 Uhr
Spielbahnen: 18
Green Fee: siehe Homepage
Handicap: -45
Teilnahmebed.: VCG-Spieler zzgl. 20,00 €; Fern- und eingeschränkte Mitgliedschaften doppeltes Green Fee; passive Mitglieder haben kein Spielrecht; keine BlueJeans

Golfclub Velbert-Gut Kuhlendahl

30
1

62

Anfahrt: A1 (Hagen–Wuppertal) bis AK Wuppertal-Nord, A46 Richtung Düsseldorf – oder A3 (Ratingen–Leverkusen) bis AK Hilden, A46 Richtung Wuppertal – bis AK Sonnborn, A535 Richtung Essen, Ausfahrt Velbert-Tönisheide, Richtung Langenberg, ca. 2 km bis zum Golfplatz. Fürs Navigationsgerät: Kuhlendahler Straße 283, 42553 Velbert

Landschaftlich wunderschön eingebettet im Bergischen Land findet man den laut Golfjournal wohl anspruchsvollsten Par 70 Kurs in Deutschland.

Strategisch intelligent platzierte Bunker und Wasserhindernisse, Grüns mit interessanten Plateaus und Breaks sowie abwechslungsreiches Bahndesign gewährleisten ein spannendes Spiel für Könner und Einsteiger. Im neuen Leistungscenter können Sie sich mit modernster Analysetechnik den letzten Schliff holen.

Strüver-Fazit: Niveauvoller Platz, dessen besonderer Reiz in den unterschiedlichen Charakteristika der beiden neun Löcher liegt.

Name:	Golfclub Gut Berge Gevelsberg/Wetter e. V.
Adresse:	Berkenberg 1 58285 Gevelsberg
Telefon, Fax:	+49-(0)23 32-91 37 55, +49-(0)23 32-91 37 57
E-Mail:	info@golfplatz-gut-berge.de
Internet:	www.golfplatz-gut-berge.de
Ansprechpartner:	Julia Wehberg
Öffnungszeiten:	ganzjährig
Spielbahnen:	18
Green Fee:	siehe Homepage
Handicap:	Sonntag und Feiertage -36
Teilnahmebed.:	Voucher gelten Mo–Fr (nicht an Feiertagen)

Golfclub Gut Berge

Ob Einsteiger oder Fortgeschrittener – dieser Platz bietet jedem etwas.

63

30
1

Eingebettet in eine traumhaft schöne Landschaft mit herrlichem Blick auf Täler, Wiesen und Felder, liegt die 18 Loch-Golfsportanlage mit sehr guter Verkehrsanbindung. Zahlreiche Neuanpflanzungen eingebettet in altem Baumbestand geben der Anlage ihren unverwechselbaren Charakter. Die auf mehr als 100 ha weitläufig angelegten Bahnen sind für Fortgeschrittene wie auch für Anfänger Herausforderung und Trainingsgelände zugleich. Der Platz ist durch sein unterschiedliches Bodenrelief sehr interessant gestaltet. Auf der Driving Range kann man bei jedem Wetter in den überdachten und regengeschützten Abschlagkabinen trainieren – und nach Sonnenuntergang auch mit Flutlichtanlage.

Strüver-Fazit: Eine herrliche Anlage, die allen golferischen Anforderungen entspricht. Die typische Topographie des Bergischen Landes bestimmt die Abfolge der Spielbahnen.

Anfahrt: Über die A1, Ausfahrt Gevelsberg Nr. 90 zwischen Volmarstein und ABK Wuppertal-Nord.

Name:	Golfclub Wasserschloss Westerwinkel e. V.
Adresse:	Horn-Westerwinkel 5 59387 Ascheberg-Herbern
Telefon, Fax:	+49-(0)25 99-92 22 2, +49-(0)25 99-92 22 1
E-Mail:	info@gc-westerwinkel.de
Internet:	www.golfclub-westerwinkel.de
Ansprechpartner:	Ralf Behler
Öffnungszeiten:	Mo/Di 9.00–14.00 Uhr Mi–So 9.00–18.00 Uhr
Spielbahnen:	18
Green Fee:	50,00 € (werktags) 70,00 € (Wochenende und Feiertage)
Handicap:	–
Teilnahmebed.:	Voucher gelten Mo–So (ohne Einschränkung)

Golfclub Wasserschloss Westerwinkel

30
1

64

Anfahrt: A1 aus Richtung Dortmund: Abfahrt Hamm-Bockum-Werne rechts bis Kreuzung, B54 rechts Richtung Münster/Herbern. In Herbern bis zum Kreisverkehr, Beschilderung Golfanlage / Wasserschloss Westerwinkel folgen.
Navi: Bakenfeld – Aruper Straße, Ascheberg

Wer dem Alltagsstress entfliehen und sich vor der romantischen Kulisse des Wasserschlosses Westerwinkel sportlich betätigen will, der ist hier genau an der richtigen Adresse.

Dem im 19. Jahrhundert zur Ergänzung der vorhandenen barocken Parkteile angelegten englischen Landschaftspark wurde 1993 ein 18 Loch-Meisterschaftsplatz hinzugefügt. Vielen Golfbahnen gemein kann man von jedem Punkt der Anlage aus die gepflegte Parkatmosphäre und den Ausblick auf das pittoreske Wasserschloss Westerwinkel genießen.

Strüver-Fazit: Anspruchsvoller Platz mit sehr vielen Wasserhindernissen – flach gelegen im schönen Münsterland. Erfordert präzises Spiel.

Name: Golfclub Schloss Vornholz e. V.
Adresse: Steinpatt 13
59320 Ennigerloh-Ostenfelde
Telefon, Fax: +49-(0)2524-5799, +49-(0)2524-950355
E-Mail: info@gcsv.de
Internet: www.gcsv.de
Ansprechpartner: Sekretariat bzw. Wilhelm Linnenbank (Präsident)
Öffnungszeiten: Di–Do 10.00–18.00 Uhr, Fr–So 9.00–15.00 Uhr
Spielbahnen: 18
Green Fee: 50,00 € (werktags)
60,00 € (Wochenende und Feiertage)
Handicap: -54
Teilnahmebed.: Voucher gelten Mo–So, Anmeldung erforderlich

Golfclub Schloss Vornholz

Eingebettet in die münsterländische Parklandschaft, inmitten ausgedehnter Wiesen und Waldungen, befindet sich die 18 Loch-Golfanlage des Golfclub Schloss Vornholz e. V., die als eine der interessantesten und schönsten des Münsterlandes gilt.

65

30
1

Der erste Abschlag direkt am Wassergraben des Schlosses erschließt diesen Platz, der alles, was die münsterländer Landschaft so attraktiv macht, bietet und das Herz höherschlagen lässt: Alter Baumbestand, Wallhecken, Bäche und Teiche sowie herrliche Ausblicke bis zu den Höhenzügen des Teutoburger Waldes. Genießen sollte man auch den einmaligen Blick auf den Golfplatz und das Wasserschloss Vornholz von der Terrasse des Clubhauses bei leckerem Essen und einem passenden Getränk.

Strüver-Fazit: Gleich fünf Par 5 Bahnen erwarten Sie beim Spiel in Nachbarschaft zum schönen Schloss.

Anfahrt: Eingabe Navigation: N51°52'11.06'', E08°05'10.77''
oder Dorfstraße 39 und der Beschilderung folgen

Name: Golfclub Schultenhof Peckeloh e. V.
Adresse: Schultenallee 1
33775 Versmold
Telefon, Fax: +49-(0)5423-42872, +49-(0)5423-42962
E-Mail: info@golfclub-peckeloh.de
Internet: www.golfclub-peckeloh.de
Ansprechpartner: Thorsten Hartmann, Karin Husemann
Öffnungszeiten: ganzjährig
Spielbahnen: 18
Green Fee: 60,00 € (Mo–Fr)
70,00 € (Sa, So und Feiertage)
Handicap: -54
Teilnahmebed.: Voucher gelten Mo–So, Anmeldung erforderlich

Golfclub Schultenhof Peckeloh

66

Anfahrt: Von Bielefeld: B68 Richtung Osnabrück, Ausfahrt B476 Borgholzhausen-Versmold Richtung Peckeloh. Oder: B51 Münster-Telgte bis Glandorf, rechts auf die B475 bis Sassenberg, dann links auf die B476 bis Peckeloh und zum Golfplatz.

Golfspieler aus der gesamten Region wissen zu schätzen, dass der Platz „regensicher" ist und auch nach anhaltenden Niederschlägen bespielbar bleibt – dem Sandboden sei Dank.

Die Golfanlage Schultenhof Peckeloh liegt in einer typisch westfälischen Parklandschaft auf sanft hügeligem Gelände. Großzügig angelegte Fairways und viele Wasserhindernisse erfordern auf den ersten neun Löchern taktisches Spiel, auf den zweiten neun kommen eher Longhitter auf ihre Kosten.

Strüver-Fazit: Ein abwechslungsreicher Platz, der auf den ersten neun Bahnen viel Wasser und Spannung bietet. Die zweite Hälfte ist deutlich „trockener", hier können Längenvorteile ausgespielt werden.

Name: Golfclub Osnabrück Dütetal
Adresse: Wersener Straße 17
49504 Lotte-Wersen
Telefon, Fax: +49-(0)5404-99861-0, +49-(0)5404-99861-22
E-Mail: info@golf-duetetal.de
Internet: www.golf-duetetal.de
Ansprechpartner: R. Meyer
Öffnungszeiten: Mo–So 9.00–18.00 Uhr (Hauptsaison)
Spielbahnen: 18 + 4
Green Fee: 60,00 € (werktags)
70,00 € (Wochenende und Feiertage)
Handicap: -54
Teilnahmebed.: Voucher gelten Mo–Fr (nicht an Feiertagen) nur nach Voranmeldung

Golfclub Osnabrück Dütetal

67

Geprägt vom naturbelassenen Flusslauf der Düte und einem über die Jahrzehnte gewachsenen Baumbestand ist im Golfclub Osnabrück Dütetal über die Jahre ein gepflegter Parkland Course englischen Stils behutsam gewachsen und gestaltet worden.

Im Laufe seines Bestehens wurde der Platz immer wieder modernisiert und ausgebaut, um den gewachsenen Ansprüchen der Golfer gerecht zu werden. Im Jahr 2000 wurde der Platz von 9 Loch auf 18 Loch erweitert. Zur Optimierung der Trainingsmöglichkeiten eröffnete der Club 2005 die Kurzplatzanlage mit vier Par 3-Bahnen, einer großzügigen Pitch- und Chip-Area und einem 18 Loch-Puttinggrün. Die gelungene Umsetzung einer sportlich wie ökologisch durchdachten Planung begeistert nicht nur unsere Mitglieder, sondern alle, die hier Golf spielen. Ein Urlaubsparadies vor der eigenen Haustür!

Strüver-Fazit: Die ersten 9 Bahnen liegen malerisch eingebettet von altem Baumbestand. Lange Par 3 und Wasserhindernisse müssen bezwungen werden.

Anfahrt: A1, Abfahrt „Osnabrück-Hafen" (71), Richtung Westerkappeln; nach ca. 1 km Ampelkreuzung, hier links Richtung Lotte/Velpe (= Wersener Straße); nach 500 m vor der Holzbrücke links abbiegen.

Nordrhein-Westfalen

Name:	Golfclub Lippstadt Betreiberges. mbH
Adresse:	Wiesenhausweg 14 59555 Lippstadt
Telefon, Fax:	+49-(0)2941-810110, +49-(0)2941-810115
E-Mail:	info@golfclub-lippstadt.de
Internet:	www.golfclub-lippstadt.de
Ansprechpartner:	Peter Kurka
Öffnungszeiten:	März–Dez: 9.00–17.00 Uhr
Spielbahnen:	27
Green Fee:	45,00 € (werktags) 55,00 € (Wochenende und Feiertage)
Handicap:	-54 (werktags), -36 (Wochenende und Feiertage)
Teilnahmebed.:	Voucher gelten Mo–So

Golfclub Lippstadt

68

Anfahrt: A44, Abfahrt Kreuz Erwitte-Anröchte, Richtung Erwitte (B55), weiter nach Lippstadt, links Richtung Bad Waldliesborn bis zum Kreisel, Richtung Lippstadt Innenstadt, nach ca. 300 m rechts in den Wiesenhausweg zum Golfplatz.

Schon auf den ersten Blick erkennt man die Besonderheit dieser ungewöhnlich wasserreichen 27 Loch-Golfsportanlage im Norden der Stadt Lippstadt.

Die Lage zwischen dem Boker- und dem Mentzelsfelder Kanal, auf einem ehemaligen, weitläufigen Flößwiesen-Areal gestattete der Anlage zahlreiche Wasserläufe, Teiche, Gräben und Gräften. Als Besonderheit gilt inzwischen das Insel-Doppelgrün. Ein Muss für jeden Golfer.
Küche und Keller im Clubhaus „Wiesenhaus" bieten nach der Runde mit Kleinigkeiten und Klasse-Menüs auch dem verwöhnten Gaumen einiges.

Strüver-Fazit: Wasser findet sich auf dieser Anlage fast an jeder Spielbahn – zusammen mit den großzügigen Bunkern bietet der Platz auch versierten Golfern echte sportliche Herausforderungen.

Name: Golf Club Paderborner Land
Adresse: Im Nordfeld 25
33154 Salzkotten-Thüle
Telefon, Fax: +49-(0)52 58-93 73 10, +49-(0)52 58-93 73 20
E-Mail: info@gcpaderbornerland.de
Internet: www.gcpaderbornerland.de
Ansprechpartner: Ralf Niggemeier
Öffnungszeiten: Saison: Mo 9.00–16.00 Uhr,
Di–So 9.00–17.00 Uhr
Spielbahnen: 27 + 6 Loch-Kurzplatz
Green Fee: 55,00 € (werktags)
70,00 € (Wochenende und Feiertage)
Handicap: -45 (werktags), -36 (Wochenende)
Teilnahmebed.: Voucher gelten jeden Tag nach Anmeldung

Golf Club Paderborner Land

69

Golfspielen im Einklang mit der Natur.

Der Ort Thüle, in dessen Weichbild die Clubanlage beheimatet ist, findet sich auf dem westlichen Schenkel eines von den Städten Paderborn, Salzkotten und Delbrück gebildeten Dreiecks. Unweit von Thüle liegt die 27 Loch-Anlage des Golfclubs. Neben dem Genuss der landschaftlichen Schönheit der Anlage selbst, ermöglicht das überwiegend ebene Gelände dem Golfer bei schönem Wetter weite Ausblicke auf das Eggegebirge, den Teutoburger Wald und das Sauerland.

Strüver-Fazit: Landschaftlich herrlich gelegen, bietet dieser Platz überwiegend ebenes Gelände, das sowohl Anfängern als auch Spitzengolfern ein interessantes und abwechslungsreiches Spiel ermöglicht.

Anfahrt: B1 von Paderborn nach Salzkotten, am Ortseingang Salzkotten rechts nach Delbrück, nach 4 km Thüle, in der Ortsmitte rechts, Eschenstraße, Am Nordfeld und der Beschilderung „Golf“ folgen.

Nordrhein-Westfalen

Name:	B. A. Golfclub Sennelager
Adresse:	Senne 1 33175 Bad Lippspringe
Telefon, Fax:	+49-(0)5252-53794, +49-(0)5252-53811
E-Mail:	manager@sennelagergolfclub.de
Internet:	www.sennelagergolfclub.de
Ansprechpartner:	Kirsten Brooks, Andi Riederer
Öffnungszeiten:	ganzjährig
Spielbahnen:	18 + 9
Green Fee:	April–Oktober: 50,00 € (werktags) 65,00 € (Wochenende und Feiertage) November–März: 35,00 € (werktags) 40,00 € (Wochenende und Feiertage)
Handicap:	-54
Teilnahmebed.:	Voucher gelten jeden Tag, auch an Feiertagen
Sonstiges:	Hunde an der Leine willkommen

British Army Golfclub Sennelager

70

Anfahrt: siehe Homepage

Willkommen im British Army Golfclub Sennelager!

Unsere 27 Loch-Anlage besteht aus dem 5.600 Meter langen 18 Loch-Meisterschaftsplatz Forest Pines Course und dem 9 Loch Old Course, für den keine Handicapbeschränkung gilt.

Der Pro-Shop und die Driving Range werden jedem Anspruch gerecht. Das Clubhaus lädt zum Verweilen ein. Wir haben ganzjährig geöffnet und ein deutsch-/englischsprachiges Sekretariat.

Strüver-Fazit: Der weitgehend ebene Meisterschaftsplatz verlangt wegen seiner vielen Doglegs, seiner schmalen Fairways und seiner häufig kleinen Grüns ein genaues und oft auch strategisches Spiel. Einige Par 4-Bahnen sind relativ kurz. Der einfache Old Course ist für (Noch-)Nichtgolfer interessant, aber auch für eine kurze, schnelle Runde.

Nordrhein-Westfalen

Name:	Universitäts-Golfclub Paderborn im Haxterpark
Adresse:	Haxterhöhe 2 33100 Paderborn
Telefon, Fax:	+49-(0)5251-604242, +49-(0)5251-604241
E-Mail:	info@haxterpark.de
Internet:	www.haxterpark.de/golf
Ansprechpartner:	Tim Schrader
Öffnungszeiten:	Mo–Fr 9.00–20.00 Uhr, Sa/So/Feiertage 9.00–18.00 Uhr
Spielbahnen:	18 + 9
Green Fee:	44,00 € (werktags) 56,00 € (Wochenende und Feiertage)
Handicap:	-54
Teilnahmebed.:	Voucher gelten Mo–Fr (nicht an Feiertagen)

Universitäts-Golfclub Paderborn im Haxterpark

71

Golf, mitten ins Glück!

Der Heimatplatz ist der Kurs „Haxterhöhe Links" im Haxterpark. Errichtet nach schottischen Vorbildern findest Du Deine golferische Herausforderung in welligem Dünen-Design, in wechselnden Winden, in festen Festuca-Grüns und in 121 zu umspielenden Bunkern. Bewirtschaftet wird die gesamte Golfanlage von der gemeinnützigen Haxterpark GmbH, einem Inklusionsbetrieb. Somit werden die Grüns und Fairways auch von Menschen mit Handicap gemäht. Das Golfen auf dem Platz und das Beisammensein auf der Terrasse sind geprägt von menschlicher Toleranz und sportlicher Lockerheit: man duzt sich und darf auch mit Bluejeans abschlagen.

Strüver-Fazit: Das Links-Design, Bewirtschaftung und Clubleben haben schon mehrfach Anerkennung erhalten. Als erste deutsche Golfanlage hat der Club das international anerkannte GEO-Zertifikat der Golf Environment Organisation für nachhaltiges Greenkeeping erhalten.

Anfahrt: A33, Abfahrt PB-Zentrum Richtung PB, auf B64 Richtung Universität, Abfahrt Warburg/PB-Süd Richtung Universität, 2. Ampel links Richtung Golfakademie, 1. Ampel links Richtung Golfakademie, nach 600 m links auf Parkplatz Haxterpark

Name: Golfclub Repetal-Südsauerland e. V.
Adresse: Repetalstraße 220
57439 Attendorn
Telefon, Fax: +49-(0)2721-718032, +49-(0)2721-718033
E-Mail: info@gc-repetal.de
Internet: www.golfclub-repetal.de
Ansprechpartner: Mathias Wieland, Sabine Will, Annette Schmelzer
Öffnungszeiten: Mo 11.00–16.00 Uhr, Di–So 9.00–18.00 Uhr
Spielbahnen: 18 + 6 Loch-Kurzplatz
Green Fee: 18 Loch: 50,00 € (werktags)
18 Loch: 60,00 € (Wochenende und Feiertage)
Handicap: -36
Teilnahmebed.: Voucher gelten Mo–So, Änderung der Green Fee-Preise vorbehalten
Sonstiges: Hotel direkt am Platz (4 Sterne)

Golfclub Repetal-Südsauerland

30
1

72

Gleichgültig von welcher Seite man das Repetal befährt, der Blick auf den Golfplatz zieht den Besucher immer wieder magisch an.

Er ist landschaftlich-planerisch ausgezeichnet in die natürlichen Gegebenheiten integriert. Nichts wirkt künstlich. Er breitet sich auf einer großzügig bemessenen Fläche von ca. 95 ha recht majestätisch aus. Das Weiß der Bunker blinzelt ein wenig provokant in der Sonne; unterschiedliche Grünschattierungen lassen die Golfherzen höher schlagen und laden zum Spiel ein. Großartige Modellierungen der Fairways sucht das Auge in dem Wasserschutzgebiet vergebens, der eigentümliche, golfspezifische Charakter der Sauerländer Landschaft dominiert.

Strüver-Fazit: Die außerordentlich weiträumige Verteilung der Spielbahnen ist sehr angenehm in der einzigartigen Landschaft. Die ondulierten Fairways und Grüns liegen in unterschiedlichen Hanglagen, die ein variables Spiel erfordern.

Anfahrt: A45 Siegen-Hagen, Ausf. Olpe, B55 Richtung Lennestadt, bei Olpe-Oberveischede links Richt. Niederhelden, der Golfplatz liegt zw. Meck-linghausen und Niederhelden rechts der Straße.
A45 Hagen-Siegen, Ausf. Meinerzhagen, Richt. Attendorn, weiter nach Niederhelden zum Golfplatz.

Name:	Golfclub Siegerland e. V.
Adresse:	Berghäuser Weg 57223 Kreuztal
Telefon:	+49-(0)2732-5947-0
E-Mail:	info@golfclub-siegerland.de
Internet:	www.golfclub-siegerland.de
Ansprechpartner:	Nadine Schneider, Yvonne Noell
Öffnungszeiten:	Di+So 10.00–15.00 Uhr Mi–Sa 10.00–17.00 Uhr
Spielbahnen:	18
Green Fee:	18 Loch: 60,00 € (werktags) 70,00 € (Wochenende und Feiertage) 9 Loch und Sonderkonditionen siehe Homepage Änderungen der Green Fee-Preise vorbehalten
Handicap:	-54 (werktags), -36 (Wochenende)
Teilnahmebed.:	Voucher gelten Mo–So

Nordrhein-Westfalen

Golfclub Siegerland

73

30
1

Herzlich willkommen im Golfclub Siegerland
… wo man (sich) trifft.

In der eindrucksvollen Landschaft finden Sie unsere Golfanlage, eingebettet im Berghäuser Tal, mit naturgegebenen Herausforderungen und einer abwechslungsreichen Geländestruktur sowie fantastische und stets überraschende Ausblicke in die Mittelgebirgslandschaft des Sieger- und Sauerlandes. Eine überdachte Driving Range, Putting- und Chippinggreens gehören ebenso zum Golfclub wie auch ein Pro Shop mit allem, was Golfspieler brauchen. Ein architektonisches Highlight erwartet Sie in unserem Clubhaus mit gepflegter Gastronomie und gehobenem Ambiente. Der verglaste Wintergarten und die zentral gelegene Sonnenterrasse bieten einen traumhaften, außergewöhnlichen Blick auf gepflegte Grüns, anspruchsvolle Fairways und das ansprechende Platzdesign der Golfanlage.

Strüver-Fazit: Anspruchsvoller Platz mit tollen Ausblicken auf das Siegerland. An Bahn 12 und 18 wird das Grün von Wasser verteidigt.

Anfahrt: A45, Ausfahrt Freudenberg, Olpe-Süd, Siegen oder Ausfahrt Wenden. Weitere Details siehe Homepage.

Nordrhein-Westfalen

Name: Golfclub Wildenrath e. V.
Adresse: Am Golfplatz 1
41844 Wegberg
Telefon, Fax: +49-(0)2432-81500, +49-(0)2432-8508
E-Mail: info@gc-wildenrath.de
Internet: www.gc-wildenrath.de
Ansprechpartner: Manfred Karduck
Öffnungszeiten: 8.00–17.00 Uhr (Sommer)
8.30–16.30 Uhr (Winter)
Spielbahnen: 18
Green Fee: 60,00 € (werktags)
70,00 € (Wochenende und Feiertage)
Handicap: -36 (Wochenende)
Teilnahmebed.: Voucher gelten nur montags (nicht an Feiertagen)

GC WILDENRATH e. V.

Golfclub Wildenrath

74

Anfahrt: Über A52: Ausfahrt Niederkrüchten, Richtung Heinsberg, Wassenberg, Niederkrüchten. Nach 8 km Höhe Arsbeck an der Ampel links Richtung Erkelenz, Wegberg. Nach Bahnübergang rechts Richtung Tüschenbroich, den Schildern über die Friedrich-List-Allee zum Golfclub folgen.

Große Bäume, Wasserhindernisse und unterschiedliche Geländeformationen lassen erahnen, welche Herausforderungen diese Anlage für Golfer birgt.

Der reizvoll gelegene 18 Loch-Meisterschaftsplatz liegt im Naturpark Maas-Schwalm-Nette, d. h. Wälder, Seen, Wiesen, Hügel und Heide bestimmen seinen Charakter. Hier sorgen spektakuläre Wasserhindernisse, alter Baumbestand und Heideflächen für einen unterschiedlichen Schwierigkeitsgrad der Anlage, die zu den anspruchsvollsten in Deutschland zählt und trotzdem gut zu scoren ist! Für denjenigen, der zum ersten Mal den Golfschläger in die Hand nimmt, oder den, der seinen Schwung verbessern möchte: Die große, überdachte Driving Range mit Flutlichtbeleuchtung lädt zum Einschlagen oder Aufwärmen ein.

Strüver-Fazit: Ein gelungener Championship Course mit teilweise sehr anspruchsvollen Bahnen. Das neue Clubhaus überragt den Platz und lädt zum Verweilen ein.

Name: Golfclub Am Alten Fliess e. V.
Adresse: Am Alten Fliess 66
50129 Bergheim-Fliesteden
Telefon, Fax: +49-(0)2238-94410, +49-(0)2238-944119
E-Mail: anmeldung@golfplatz-koeln.de
Internet: www.golfplatz-koeln.de
Ansprechpartner: Guido Risters
Öffnungszeiten: April–Oktober: 8.00–19.00 Uhr,
November–März: 9.00–16.00 Uhr
Spielbahnen: 27
Green Fee: 9 Loch: 40,00 €, 18 Loch: 80,00 €
Handicap: -36
Teilnahmebed.: Voucher gelten Mo–Fr 8.00–10.00 Uhr (Abschlag)

Golfclub Am Alten Fliess

75

Erleben Sie Golf im Schatten des Kölner Doms, nur etwa 20 Minuten entfernt vom quirligen Großstadtleben der Rheinmetropole.

Auf einem 120 ha großen Gelände bietet der sportlich anspruchsvolle Platz den idealen Ort für einen erlebnisreichen und interessanten Golftag am Rande des rheinischen Vorgebirges. Für das gelungene Layout der drei Schleifen à 9 Loch des Golfplatzes ist Kurt Rossknecht verantwortlich. Besonders viel Wert legte man auf die natürliche Formgebung des Geländes, das durch seinen ganzjährig hervorragenden Pflegezustand zu den Top-Ten-Golfplätzen in Deutschland zählt.

Strüver-Fazit: Der Platz ist in einem super Zustand, schnelle Grüns, abwechslungsreich, nicht einfach. Modernes, großzügiges Clubhaus.

Anfahrt: A1 (Leverkusen–Köln), Ausfahrt Bocklemünd, B59 Richtung Pulheim, dann Richtung Brauweiler, dann Richtung Rommerskirchen/Mönchengladbach, 1. Ausfahrt rechts, dann Richtung Fliesteden.

Name: Golf Club Dreibäumen e. V.
Adresse: Stoote 1
42499 Hückeswagen
Telefon, Fax: +49-(0)2192-854712, +49-(0)2192-854719
E-Mail: info@dreibaeumen.de
Internet: www.dreibaeumen.de
Ansprechpartner: Graham Thomas
Öffnungszeiten: ganzjährig
Spielbahnen: 18
Green Fee: siehe Homepage
Handicap: -54 (werktags), -36 (Wochenende und Feiertage)
Teilnahmebed.: Voucher gelten Di–Fr
Sonstiges: Telefonische Anmeldung erforderlich. Änderungen der Green Fee-Preise und Handicap-Grenzen vorbehalten

Golf Club Dreibäumen

76

Anfahrt: A1, Ausfahrt Remscheid, links Richtung Lennep, B229 bis Kreuzung Trecknase, rechts B51 Richtung Wermelskirchen, Kreuzung Bergisch Born/Hückeswagen links in die Bornfelder Straße, nach 100 m rechts in die Straße „Am Eichholz", in Dreibäumen 2 x links.

Die Golfoase im Bergischen Land.

Auf der wunderschönen Par 71-Anlage mit angenehm flacher Topographie sorgen kurze Wege zwischen Greens und Abschlägen für zügige Runden. Mit seinen breiten Fairways ist der Platz gut geeignet für Anfänger und Profis. Eine echte Herausforderung stellt das Biotop dar, das den Platz einmal durchschneidet und von mehreren Abschlägen aus überwunden werden muss. Auch die Wasserhindernisse haben ihre Tücken. Nach der Runde dienen das stilvoll eingerichtete Clubhaus und die Sonnenterrasse mit Blick über den Platz als perfekter Ort, um den schönen Golftag ausklingen zu lassen.

Strüver-Fazit: Angenehm flache Anlage mit großen, sehr gut anzuspielenden Grüns – der natürliche Lebensraum, der das Herzstück des Platzes bildet, sorgt für zusätzliche Herausforderung.

Nordrhein-Westfalen

Name:	Golf-Club Varmert e. V.
Adresse:	Wöste 2 58566 Kierspe
Telefon, Fax:	+49-(0)2359-290215, +49-(0)2359-290216
E-Mail:	post@golfclub-varmert.de
Internet:	www.golfclub-varmert.de
Ansprechpartner:	Martina Clever, Ronald Voigt
Öffnungszeiten:	ganzjährig
Spielbahnen:	18
Green Fee:	50,00 € (werktags) 60,00 € (Wochenende und Feiertage)
Handicap:	-54
Teilnahmebed.:	Voucher gelten nicht montags. Änderungen der Green Fee-Preise und Handicap-Grenzen vorbehalten.

Golf-Club Varmert

Zwischen Rheinland und Westfalen, eingebettet in eine sanfte Hügellandschaft, liegt der 18 Loch-Platz des Golf-Club Varmert e. V., Kierspe.

Der anspruchsvolle Golfplatz bildet den landschaftlich reizvollen Mittelpunkt für alle Mitglieder und Gäste des Sauerländer Vereins. Ob Jung oder Alt, Anfänger oder Profi – im GC Varmert stehen der Spaß und die Freude am Golfsport an erster Stelle!

Das Gelände wird umrahmt von altem Baumbestand und landwirtschaftlich genutzten Flächen. Schon aus der Topographie ergibt sich der sportliche Charakter. Immer wiederkehrende Schräglagen, Teiche, Bäche und zahlreiche Bunker erfordern präzises Spiel. Hervorragend gepflegte Fairways und Greens im Zusammenspiel mit reizvollen Panoramablicken lassen keine Langeweile aufkommen.

Strüver-Fazit: Anspruchsvoll, mit vielen Hindernissen, bei denen Genauigkeit gefragt ist. Exzellent gepflegte Fairways und Greens.

77

30
1

Anfahrt: A4 (Köln–Olpe), Ausfahrt Engelskirchen, B55 Richtung Engelskirchen, Lindlar, L302 Richtung Wipperfürth, Richtung Gummersbach. In Ohl Richtung Kierspe. Nach ca. 5 km Golf-Club – A45 (Frankfurt–Dortmund), Ausfahrt Meinerzhagen, B54 Richtung Kierspe, dort nach Remscheid (B237). Nach ca. 2 km der Golfplatz.
Eingabe Navigationsgerät: Varmert

Nordrhein-Westfalen

Name: Golf Club Oberberg e. V.
Adresse: Hasseler Straße 42
51580 Reichshof
Telefon, Fax: +49-(0)2297-7131, +49-(0)2297-7117
E-Mail: info@golfcluboberberg.de
Internet: www.golfcluboberberg.de
Ansprechpartner: ... die guten Seelen im Sekretariat
Öffnungszeiten: Mo–So 9.00–17.00 Uhr
Spielbahnen: 18 + 6
Green Fee: 65,00 € (werktags)
80,00 € (Freitag ab 12.00 Uhr, Wochenende und Feiertage)
15,00 € Zuschlag für VcG und Fernmitgliedschafte
Handicap: Mo–Do -54; Fr–So -36
Teilnahmebed.: Voucher gelten Mo–Sa
Sonstiges: Unser 5 Sterne Gästehaus (direkt am Golfplatz) bietet Platz für bis zu 8 Personen

GOLF CLUB
OBERBERG e.V.

Golf Club Oberberg

30
1

78

Anfahrt: A4 Olpe, Ausfahrt Eckenhagen Richtung Wildbergerhütte und Hassel, nach 200 m links, dann nach weiteren 300 m rechts in die Teerstraße, die parallel zum Golfplatz verläuft.

Zu Gast bei Freunden.

Der 18 Loch-Platz ist ein Championship Course wie er seinesgleichen sucht. International erfahrene Golfer kennen derartige Anlagen aus dem Norden der Vereinigten Staaten und den südlichen Regionen Schottlands. Der Platz vereint hohe sportliche Herausforderungen für Spitzengolfer mit guter Spielbarkeit für Golfer, die den Sport erst erlernen wollen. Obwohl die Anlage im Oberbergischen Land errichtet wurde und atemberaubende Aussichten bietet, sind kaum Höhenmeter zu überwinden. Somit ist eine gute Begehbarkeit auch für ältere Spieler gewährleistet. Der Par 73-Course weist vom Herren Tee eine Länge von ca. 6.000 m, vom Damen Tee ca. 5.300 m auf. Vom Champions Tee hat die Anlage gar eine Länge von ca. 6.300 m. Beim Layout wurden keinerlei Kompromisse eingegangen und so schließt diese Anlage mit der Spitzengruppe der deutschen Golfanlagen auf.

Strüver-Fazit: Exzellente Pflege, angenehm zu spielende und sportlich anspruchsvolle Bahnen.

Nordrhein-Westfalen

Name: Golfclub Siegen-Olpe e. V.
Adresse: Am Golfplatz 1
57482 Wenden
Telefon, Fax: +49-(0)27 62-97 620, +49-(0)27 62-97 22 12
E-Mail: info@gcso.de
Internet: www.gcso.de
Ansprechpartner: Birgit Ebel
Öffnungszeiten: Mo–So 10.00–17.00 Uhr
Spielbahnen: 18
Green Fee: mit R-Kennzeichnung:
60,00 € (werktags)
70,00 € (Wochenende und Feiertage)
ohne R/Hologramm VCG:
80,00 € (werktags)
90,00 € (Wochenende und Feiertage)
Handicap: -54 (werktags), -45 (Wochenende)
Teilnahmebed.: Voucher gelten Mo–Fr (nicht an Feiertagen)

Golfclub Siegen-Olpe

GOLF CLUB SIEGEN-OLPE e.V. SEIT 1966

Der von Golfern hoch bewertete, top-gepflegte und sportlich anspruchsvolle Golfplatz des GCSO liegt herrlich in der typischen Mittelgebirgslandschaft des Dreiländerecks Sauerland – Siegerland – Bergisches Land.

In der leicht hügeligen, parkähnlichen Landschaft bieten sich faszinierende Ausblicke und reizvolle spielerische Abwechslung. Fairways in dichtem Hochwald und Spielbahnen mit offenem, weitem Charakter machen Golf für alle Handicapklassen zum Vergnügen. Schnelle Grüns und fair platzierte Bunker, Bäume und Wasserhindernisse schaffen Herausforderungen für Anfänger und Könner. Gäste sind auf dem Platz und im Clubhaus mit freundschaftlicher, sportlich orientierter Atmosphäre herzlich willkommen. Schnupperkurse und Probe-Mitgliedschaften ermöglichen Interessenten den Zugang zum Golfsport.

Strüver-Fazit: Bei bundesweiten Umfragen zu Platzqualität und -pflege immer ganz weit vorne zu finden. Machen Sie sich selbst ein Bild.

79

30
1

Anfahrt: Von Westen A4 Köln-Olpe oder von Norden A45 bis zum Autobahnkreuz Olpe-Süd, Ausf. Wenden, an der Ampel links Richt. Freudenberg, nach 8 km (500 m nach der Abfahrt Dörnscheid) rechts der Beschilderung „Golfplatz" folgen. Oder: Von Süden A45, Ausf. Freudenberg, rechts Richt. Freudenberg, nach ca. 1,6 km an der Ampel rechts Richt. Olpe, nach 5 km links der Beschilderung „Golfplatz" folgen.

Nordrhein-Westfalen

Name:	Golfanlage Römerhof GmbH
Adresse:	Römerhofweg 1 53332 Bornheim
Telefon:	+49-(0)2222-931940
E-Mail:	info@golfanlage-roemerhof.de
Internet:	www.golfanlage-roemerhof.de
Ansprechpartner:	Thomas von Kempis, Jessica von Kempis
Öffnungszeiten:	Saison 8.00–19.00 Uhr, Winter 9.00–17.00 Uhr
Spielbahnen:	27
Green Fee:	9 Loch: 40,00 €, 18 Loch: 60,00 € (werktags) 9 Loch: 50,00 €, 18 Loch: 80,00 € (WE und Feierta
Handicap:	-45
Teilnahmebed.:	Voucher gelten Mo–Fr (nicht an Feiertagen) und grundsätzlich nur für den Standardtarif (60,0C
Sonstiges:	Startzeitreservierung erforderlich

GOLFANLAGE RÖMERHOF

Golfanlage Römerhof

80

Anfahrt: A555 aus Köln, Ausfahrt Wesseling/Bornheim Nord; aus Bonn, Ausfahrt Bornheim, L182 Richtung Heimerzheim/Euskirchen bis zur Einfahrt „Golfanlage Römerhof". A61, Ausfahrt Swisttal, Richtung Bornheim über die L182 geradeaus bis zur Einfahrt „Golfanlage Römerhof".

Sehr ruhiger Platz auf der Vorgebirgshöhe am Rande der Kölner Bucht.

Auf halber Strecke zwischen Köln und Bonn im linksrheinischen Naherholungsgebiet Kottenforst-Ville liegt die Golfanlage Römerhof. Fernab von Lärm und Hektik bietet das 100 ha große Gelände optimale Voraussetzungen für Golfer aller Spielstärken. Ob Training auf der Driving Range und dem weitläufigen Übungsgelände, entspanntes Gelegenheitsgolf auf einem clubfreien 9 Loch-Platz oder eine sportliche Turnierrunde auf dem 18 Loch-Platz: Hier findet jeder Golfer das Passende. Auf dem weitgehend ebenen Gelände fügen sich die Bahnen in eine großzügig angelegte Parklandschaft. Nach der Runde lässt sich im „Bistro im Römerhof" die leichte rheinische Küche hervorragend genießen.

Strüver-Fazit: Schöner Platz mit sportlichem Design, der einige lange Bahnen hat und so besonders für Longhitter viele Herausforderungen bietet.

Name: Golfclub Burg Overbach e. V.
Adresse: Overbach 1
53804 Much
Telefon: +49-(0)2245-5550
E-Mail: info@golfclub-burg-overbach.de
Internet: www.golflclub-burg-overbach.de
Ansprechpartner: Antonio Catalán
Öffnungszeiten: ganzjährig
Spielbahnen: 18 + 3
Green Fee: 55,00 € (werktags)
70,00 € (Sa/So und Feiertage)
Handicap: PE
Teilnahmebed.: Voucher gelten Mo–So

Golfclub Burg Overbach

81

30
1

Abwechslungsreiches, weitgehend naturbelassenes Golfgelände rund um die mittelalterliche Burg.

Nur 35 Kilometer von Köln entfernt, erwarten den Golfspieler breite Fairways, fast 70 fair platzierte Bunker und schnelle Grüns. Für Anfänger ein überwältigendes Erlebnis und für Könner eine attraktive Herausforderung. Der Platz wird geprägt von der Topographie des Bergischen Landes: sanft hügelige Spielbahnen, natürliche Wasserhindernisse und immer wieder faszinierende Ausblicke auf den Ort Much, das Bergische Land und das Siebengebirge. Die sorgfältige Restaurierung und liebevolle Erhaltung der Burganlage aus dem 14. Jahrhundert sorgen dafür, dass sich Mitglieder und Gäste auch nach dem Spiel wohlfühlen.

Strüver-Fazit: Eingebettet in die natürliche Beschaffenheit der Landschaft, bietet dieser 18 Loch-Platz relativ viele Schräglagen und oft einen sicheren und einen riskanten Weg zum Grün.

Anfahrt: A4 (Köln–Olpe), Ausfahrt Overath, Richtung Overath, vor dem Ort dem Hinweisschild Much folgen. A4 (Olpe–Köln), Ausfahrt Osberghausen, B56 (Drabenderhöhe) bis Much.

Name:	Golfanlage Haus Kambach
Adresse:	Kambachstraße 9–13 52249 Eschweiler-Kinzweiler
Telefon, Fax:	+49-(0)2403-50890, +49-(0)2403-21270
E-Mail:	startzeiten@golf-kambach.de
Internet:	www.golf-kambach.de
Ansprechpartner:	Hubertus Kühne
Öffnungszeiten:	9.00–19.00 Uhr
Spielbahnen:	18
Green Fee:	60,00 € (werktags) 70,00 € (Wochenende & Feiertage)
Handicap:	-54 (werktags), -36 (Wochenende und Feiertage)
Teilnahmebed.:	Voucher gelten Mo–Fr, am Wochenende und an Feiertagen nur nach telefonischer Rücksprache

KAMBACH
GOLF UND FREIZEIT

Golfanlage Haus Kambach

30
1

82

Anfahrt: A4 (Köln–Aachen), Ausfahrt Eschweiler West, geradeaus nach Kinzweiler – A44 (Düsseldorf–Aachen), Abfahrt Alsdorf, Richtung Eschweiler – der Beschilderung folgen. Der Parkplatz befindet sich auf der Wardener Straße.

Erstklassige Adresse im Dreiländereck.

Haus Kambach, im Dreiländereck bei Aachen gelegen, gehört zu den Golfplätzen in ganz Deutschland, die die meisten bespielbaren Tage eines Jahres haben: Seine geografische Lage ermöglicht den Mitgliedern und Gästen ein ganzjähriges Spiel. Vor der malerischen Kulisse des barocken Schlosses fordert die 18 Loch-Meisterschaftsanlage alle Spielstärken heraus.
Im Jahr 2000 war Haus Kambach unter anderem Austragungsort der „Kaiser Karl Trophy", des deutschen Turniers der PGA European Seniors Tour. Die Gastronomie lockt nach der Runde auf die Terrasse des Golf-Bistro oder in Schemme's Schloßrestaurant.

Strüver-Fazit: Sehr interessante Par 3, strategisch positionierte Bunker, schönes Clubhaus.
Der Course hat das Etikett „PGA Mastercourse".

Nordrhein-Westfalen

Name:	Golfclub Schloss Auel
Adresse:	Haus Auel 53797 Lohmar
Telefon, Fax:	+49-(0)2206-909056, +49-(0)2206-909057
E-Mail:	info@gc-schloss-auel.de
Internet:	www.gc-schloss-auel.de
Ansprechpartner:	Dani Fuchs
Öffnungszeiten:	9.00–18.00 Uhr
Spielbahnen:	27
Green Fee:	50,00 € (werktags)
Handicap:	-54
Teilnahmebed.:	Voucher gelten Mo–Fr (nicht an Wochenenden und Feiertagen)

Golfclub Schloss Auel

83

Das Barock-Schloss Auel bietet mit seinem unverwechselbaren Ambiente die besten Voraussetzungen für ein geselliges Miteinander.

Ein fantastisches Panorama und ein abwechslungsreich geschwungenes Gelände sind der Rahmen für diese anspruchsvolle Golfanlage. Die bewaldeten Höhenzüge, Ackerflächen, Feldgehölze, Strauch- und Gebüschgruppen bilden eine zu allen Jahreszeiten abwechslungsreiche Kulisse. Das Gelände erstreckt sich über langgezogene Hügelketten mit hervorragender Fernsicht. Unsere Anlage hat seit 2010 das in Deutschland einzige Personenbeförderungsband, das die Golfer vom Grün der Bahn 1 zum Abschlag der Bahn 2 bringt. Die landschaftliche Vielfalt trägt dazu bei, dass jede Spielbahn ihren eigenen, unverwechselbaren Charakter hat.

Strüver-Fazit: Ausgrenzen und Rough versuchen die Longhitter auszubremsen. Strategisch das Grün erreichen, denn auch auf den Grüns sind Sie gefordert.

Anfahrt: A3 (Köln–Wiesbaden), Ausfahrt Lohmar-Nord, B484 Richtung Lohmar-Overath bis Schloss Auel – A4 (Köln–Olpe), Ausfahrt Overath, B484 Richtung Lohmar zum Golfplatz.

Name:	Golfclub DER LÜDERICH
Adresse:	Am Golfplatz 1 51491 Overath
Telefon, Fax:	+49-(0)2204-97600, +49-(0)2204-97602
E-Mail:	info@gc-luederich.de
Internet:	www.gc-luederich.de
Ansprechpartner:	Sabina Henrich
Öffnungszeiten:	Sommer: 8.30–19.30 Uhr Winter: 9.00–17.00 Uhr
Spielbahnen:	18
Green Fee:	55,00 € (werktags) 69,00 € (Wochenende und Feiertage)
Handicap:	-54
Teilnahmebed.:	Voucher gelten Mo–Fr (nicht an Feiertagen)

DER LÜDERICH
GOLFCLUB

Golfclub DER LÜDERICH

84

Anfahrt: Köln: A4 Richtung Olpe, Ausfahrt Untereschbach, an der Ampel links, an der nächsten Ampelkreuzung links auf Olper Str., nach ca. 800 m rechts zum Golfplatz. Düsseldorf/Frankfurt: A3 Richtung Köln, weiter A4 Richtung Olpe. Dortmund: A1 Richtung Köln, weiter A3 Richtung Köln, weiter A4 Richtung Olpe.

Am Lüderich schlägt das Bergische Golfer-Herz.

Für ambitionierten Sport und Leidenschaft steht die 4-Sterne Golfanlage. Ihre enge Verbundenheit mit dem Bergischen Land spiegelt die Geschichte des Bergwerks Lüderich, auf dessen Gelände die Anlage rücksichtsvoll und malerisch angelegt wurde. Die Anlage ist einzigartig: Die Front 9 gehören mit herrlichen Ausblicken in die bergische Landschaft zu den leichtesten in Deutschland. Die zweiten 9 sind mit einigen Höhenunterschieden und langen Löchern mit einem Slope von 131 sportlich äußerst anspruchsvoll. Neben einer großflächigen Chipping-, Pitching- und Putting-Area verfügt die Drivingrange über eine Flutlichtanlage mit 20 überdachten und beheizten Abschlagplätzen. Hier können Sie einen Tag mit Urlaubsfeeling in Wohlfühlatmosphäre verbringen.

Strüver-Fazit: Mit den schönen Aussichten verbringt man einen Golftag, als wäre man im Urlaub.

Nordrhein-Westfalen

Name:	Golfanlage Clostermanns Hof
Adresse:	Heerstraße 2 53859 Niederkassel
Telefon, Fax:	+49-(0)2208-50679-0, +49-(0)2208-50679-40
E-Mail:	info@golfclubclostermannshof.de
Internet:	www.golfclubclostermannshof.de
Ansprechpartner:	Inge Kadow, Barbara Reggio, Karoline Dreckmann
Öffnungszeiten:	Mo–So 8.00–18.00 Uhr Pro-Shop Di–So 10.00–18.00 Uhr Winter: eingeschränkte Öffnungszeiten
Spielbahnen:	18 + 5
Green Fee:	60,00 € (werktags) 75,00 € (Wochenende und Feiertage)
Handicap:	-54 (werktags), -36 (Wochenende und Feiertage)
Teilnahmebed.:	Voucher gelten grundsätzlich nur für den Standardtarif und sind einlösbar am Di, Mi und Do ganztägig (nicht an Feiertagen). Keine Gruppenreservierung möglich; tel. Voranmeldung erbeten

Golfanlage Clostermanns Hof

GOLFANLAGE CLOSTERMANNS HOF*****

85

Eingebettet in das milde Klima der Kölner Bucht, nur 15 Autominuten vom Kölner Dom und der Bonner Innenstadt entfernt, liegt die Golfanlage Clostermanns Hof.

Vor der Kulisse des Siebengebirges breitet sich die 28 Jahre alte Anlage auf überwiegend ebenem Gelände aus. Gute Golfer finden hier auch ihre Herausforderung: Viele Doglegs, zahlreiche Bunker und strategisch platzierte Wasserhindernisse erfordern ein taktisch kluges Spiel. Das Highlight erwartet Sie an Bahn 14: Der sanft hügelige Abschlag ermöglicht einen fantastischen Blick über weite Teile des Platzes. Die neugestaltete, großzügige und in Übungsateliers eingeteilte Driving Range lässt keine Wünsche offen. Zwei Putting-Grüns, ein Chipping-Grün sowie Schräglagenflächen und Übungsbunker runden die Trainingsmöglichkeiten ab.

Strüver-Fazit: Golfen in entspannter Atmosphäre; der anspruchsvolle Platz, das moderne Clubhaus und die neu gestaltete Driving Range lassen keine Wünsche offen.

Anfahrt: A59, Ausfahrt Spich, die Fahrtzeit beträgt bis Köln City ca. 15 Min., von Bonn ca. 10 Min. Der Flughafen Köln/Bonn ist in weniger als 10 Min. zu erreichen.

Name:	Golf BurgKonradsheim
Adresse:	Am Golfplatz 1 50374 Erftstadt
Telefon, Fax:	+49-(0)2235-955660, +49-(0)2235-9556666
E-Mail:	info@golfburg.de
Internet:	www.golfburg.de
Ansprechpartner:	Dominik Fischer
Öffnungszeiten:	April–Oktober: 8.00–18.00 Uhr, November–März: 9.00–15.00 Uhr
Spielbahnen:	18 + 3
Green Fee:	65,00 € (werktags) 80,00 € (Wochenende und Feiertage)
Handicap:	-54
Teilnahmebed.:	Voucher gelten Di–Fr (ausgenommen Feiertage)

Golf BurgKonradsheim

86

Anfahrt: A1, A61 Richtung Köln/Koblenz, Ausfahrt Erftstadt, B256 Richtung Lechenich/Gymnich dann rechts. Kreisverkehr 1. Abzweigung rechts, Richtung Gymnich, ca. 1 km geradeaus durch den zweiten Kreisel, nach wiederum 1 km Ortschild Konradsheim, Einfahrt Parkplatz.

Der Par 72-Parkland Course wurde vor 20 Jahren nach amerikanischem Vorbild angelegt.

Die 18 Loch-Golfanlage BurgKonradsheim hat eine naturnahe, idyllische Lage. Der Platz liegt inmitten landwirtschaftlich genutzter Flächen. Blühende Wildblumen säumen die leicht welligen, großzügigen Fairways, während die umliegenden Obstwiesen, Baumgruppen, Gebüsch- und Heckenzonen natürliche, weiträumige Roughs bilden.
Zwei große Putting Greens, eine weitläufige Chipping Area mit Bunkern und realistischen Geländeformen und ein Par 3-Platz ermöglichen es, das Spiel in allen Varianten zu üben. Ein modernes Videosystem und Winterabschläge stehen ebenfalls zur Verfügung.

Strüver-Fazit: Der Platz reizt mit fast 50.000 qm Wasserfläche und konfrontiert den Golfer mit Schräglagen, die ein präzises Spiel erfordern.

Name:	Golfclub Bad Münstereifel
Adresse:	Moselweg 4 53902 Bad Münstereifel
Telefon, Fax:	+49-(0)2253-2714, +49-(0)2253-9308 80
E-Mail:	info@golfbadmuenstereifel.de
Internet:	www.golfbadmuenstereifel.de
Ansprechpartner:	Marion Krieger
Pro:	Golfacademy André Müller
Öffnungszeiten:	Clubhaus ab 9.00 Uhr
Spielbahnen:	18
Green Fee:	55,00 € (werktags) 65,00 € (Wochenende und Feiertage)
Handicap:	-54
Teilnahmebed.:	Voucher gelten Mo–So

Golfclub Bad Münstereifel

Nur 25 Minuten vom Autobahnkreuz Köln-West und 3 km vom Stadtkern entfernt ist die idyllische Anlage in die bewaldete Hügellandschaft der Eifel eingebettet.

Die Anlage besticht durch einen Wechsel von offenen Bahnen mit herrlichen Weitblicken und windgeschützten Waldbahnen. Eingerahmt von Naturschutzgebieten liegt der 18 Loch-Meisterschaftsplatz im mittleren Schwierigkeitsgrad. Golfer können hier fernab vom Autobahnlärm, in absoluter Ruhe, das Erlebnis von Entspannung, Erholung und sportlicher Herausforderung voll genießen (auch für Hunde erlaubt). Für Entspannung sorgen außerdem die flexibel gehandhabte Abschlagsregelung – außer an Sonn- und Feiertagen brauchen Sie keine Startzeiten buchen! Großzügige Übungsanlagen und ein schönes Clubhaus mit Restaurant laden zusätzlich zum Spielen und Verweilen ein.

Strüver-Fazit: Idyllisch gelegen bietet der Kurs vergleichsweise kleine Grüns zum Anspielen, zudem erschweren einige Ausgrenzen das Spiel.

87

Anfahrt: A1, Abf. Bad Münstereifel rechts ab, nach 800 m links Richtung Satzvey, 1 km bis Weiler a. Berg, Ortsmitte rechts Richtung Eschweiler, nach 2,5 km liegt rechts die Golfanlage. B56 in Euskirchen links auf die B51 bis Iversheim, an der Ampel rechts, sofort links. Nach ca. 2 km ist links die Anlage.

Nordrhein-Westfalen

Name:	Golf-Club Schloss Miel
Adresse:	Schlossallee 1 53913 Swisttal-Miel
Telefon, Fax:	+49-(0) 22 26-100 50, +49-(0) 22 26-170 01
E-Mail:	mail@schlossmiel.de
Internet:	www.schlossmiel.de
Ansprechpartner:	Alexander Thelen
Öffnungszeiten:	Mo–So 8.00–19.00 Uhr
Spielbahnen:	18
Green Fee:	100,00 € (werktags) 120,00 € (Wochenende und Feiertage) Änderungen vorbehalten
Handicap:	-45
Teilnahmebed.:	Voucher gelten werktags ab 14.00 Uhr, Sa, So, Feiertage ab 16.00 Uhr. Nachlass gilt vom Regulär-Tarif und ist nicht mit anderen Ermäßigur gen kombinierbar. Vorherige Anmeldung: LeisureBreaks Pflicht. Keine Gruppenreservierung

Golf-Club Schloss Miel

30
1

88

Anfahrt: A61, Ausfahrt (27) Miel, 2x links abbiegen. Im Ortskern rechts der Beschilderung folgen.

Der Golf-Club Schloss Miel, in der reizvollen Landschaft der Voreifel gelegen, bietet sportlich anspruchsvolles Spiel oder rundum entspannendes Golferlebnis nahe der Beethovenstadt Bonn.

Die abwechslungsreiche Platzarchitektur mit zahlreichen anspruchsvollen Wasser- und Bunkerhindernissen sowie einem imposanten alten Baumbestand verleiht dem Platz seine Charakteristik als typischer Parkland Course. Der 6.060 m lange Platz wurde vom britischen Architekten David Ashton im Stile eines Parkland Courses konzipiert und erinnert doch an manchen Stellen, durch die aufwendig geschaffene Dünenlandschaft, an einen Links Course. Dominierende Elemente sind der zentral gelegene Wald mit wunderschönen alten Laubbäumen, zahlreiche Wasserflächen, die kunstvoll modellierten Bunker sowie das Inselgrün an Bahn 18.

Strüver-Fazit: Erstklassiger Pflegezustand, abwechslungsreiches und forderndes Layout, fürstliches Ambiente mit dem historischen Schloss Miel und super Gastronomie.

Hessen

Name: Golf-Park Winnerod
Adresse: Parkstraße 22
35447 Reiskirchen / Winnerod
Telefon, Fax: +49-(0)6408-95130, +49-(0)6408-951313
E-Mail: info@golfpark.de
Internet: www.golfpark.de
Ansprechpartner: Herr Kleczka, Herr Lauer
Öffnungszeiten: Hauptsaison: 8.00–19.00 Uhr
Spielbahnen: 18
Green Fee: 55,00 € (werktags)
75,00 € (Wochenende und Feiertage)
Änderungen vorbehalten
Handicap: -54 (werktags), -45 (Wochenende und Feiertage)
Teilnahmebed.: Voucher gelten Di–Fr (nicht an Feiertagen)
Startzeiten unbedingt erforderlich

Golf-Park Winnerod

GOLF-PARK WINNEROD

Golfen im Herzen Deutschlands.

89

Der Golf-Park bietet einen 18 Loch-Meisterschaftsplatz und Übungsanlagen. Auf dem von Michael Pinner (ehemaliger Mitarbeiter von Jack Nicklaus) designten Meisterschaftskurs genießt man auf dem Gelände, mit seinem Baumbestand und natürlichen Erhebungen, herrliche Ausblicke auf Taunus und Vogelsberg. Mit durchschnittlich vier Abschlägen je Spielbahn sowie den breiten und einladenden Fairways und Grüns bietet dieser Platz viele herausfordernde Varianten. Auf dem 9 Loch-Par 3-Platz kommen Golfanfänger voll auf ihre Kosten. In wunderschöner Lage befindet sich in den renovierten Stallungen des Hofguts Winnerod das stilvolle Clubhaus.

Strüver-Fazit: Eine Anlage in herrlicher Natur, die mit vielen naturgetreuen Anhöhen und Senken pures Golfvergnügen bietet – traumhafte Ausblicke inklusive.

Anfahrt: A5 über das Gambacher Kreuz, Autobahnausfahrt Reiskirchen, links Richtung Reiskirchen weiterfahren. In Reiskirchen Ortsmitte links Richtung Rabenau und Winnerod abbiegen, ca. 1 km nach dem Ortsausgang rechts Richtung Winnerod zum Golfplatz.

Hessen

Name:	Golf-Club Schloss Braunfels e. V.
Adresse:	Homburger Hof 35619 Braunfels
Telefon:	+49-(0)6442-4530
E-Mail:	info@golfclub-braunfels.de
Internet:	www.golfclub-braunfels.de
Ansprechpartner:	Daniel Naas
Öffnungszeiten:	8.30–18.00 Uhr
Spielbahnen:	18
Green Fee:	9 Loch: 40,00 € (werktags) 50,00 € (Wochenende und Feiertage) 18 Loch: 65,00 € (werktags) 80,00 € (Wochenende und Feiertage)
Handicap:	-54
Teilnahmebed.:	Voucher gelten Mo–So. Nicht gültig bei Turnieren. Startzeitenreservierung erforderlich

Golf-Club Schloss Braunfels

90

Anfahrt: A45 bis Ausfahrt Wetzlar. Schnellstraße B49 Richtung Limburg bis Ausfahrt Leun/Braunfels. Oder: A3, Ausfahrt Limburg-Nord. Schnellstraße B49 bis Ausfahrt Leun/Braunfels. In Braunfels bei Restaurant „Obermühle" Straße in Richtung Tiefenbach einschlagen, am Ententeich vorbei. 1 km bis zur Höhe, dann bitte rechts abbiegen. Ausschilderung „Golfplatz" folgen.

Fernab von Hektik und jeglichem Verkehrslärm liegt die traumhafte 18 Loch-Golfanlage des Golf-Club Schloss Braunfels e. V.

Das sanft hügelige Gelände bietet ein wunderschönes Panorama. Ein mächtiger, jahrhundertealter Baumbestand umringt die Fairways, Feuchtbiotope und uralte Teiche verteidigen die Grüns. Im Zentrum der Anlage befindet sich der historische Gutshof, in dem Verwaltung, Pro Shop und Clubhaus untergebracht sind. Einer der Höhepunkte der Golfrunde ist mit Sicherheit der faszinierende Anblick auf das fürstliche Schloss Braunfels, der sich auf der Bahn 7 und 13 ergibt. Der höchste Punkt der Anlage, der Abschlag der Bahn 8, ermöglicht einen herrlichen Blick auf die Ausläufer des Taunus und des Westerwaldes. Die Anlage verfügt über eine Driving Range, 2 Putting Grüns, 2 Chipping Areas und einen Kinderspielplatz.

Strüver-Fazit: Schräglagen und geschickt platzierte Hindernisse erfordern ein präzises Spiel, ein Birdiebook hilft Ihnen bei Ihren Schlägen.

Hessen

Name: Golfclub Taunus Weilrod e. V.
Adresse: Merzhäuser Straße 29
61276 Weilrod
Telefon, Fax: +49-(0)6083-95050, +49-(0)6083-950515
E-Mail: kontakt@golfclub-weilrod.de
Internet: www.golfclub-weilrod.de
Ansprechpartner: Irmina Bültmann
Öffnungszeiten: 9.00–17.00 Uhr
Spielbahnen: 18
Green Fee: 40,00 € (Mo)
50,00 € (Di–Fr 13.00 Uhr)
65,00 € (Fr ab 13.00 Uhr, Wochenende und Feiertage)
Handicap: -54 (werktags), max. -36 (Wochenende u. Feiertage)
Teilnahmebed.: Voucher gelten Di–Fr, nicht an Wochenenden und Feiertagen

Golfclub Taunus Weilrod

18 Löcher Faszination.

91

30
1

Mitten im Landschaftsschutzgebiet des Naturparks Hochtaunus liegt die moderne Golfanlage. Auf 80 ha sanft hügeligem Gelände ziehen sich die Golfbahnen um den Berg Altkolum.
Nur 30 Minuten von den Rhein-Main-Metropolen Frankfurt und Wiesbaden entfernt, findet der Golfspieler hier Erholung und Entspannung. Der weltbekannte Golfarchitekt Donald Harradine konzipierte die 18 reizvollen, golfsportlich ausgewogenen Bahnen. Die abwechslungsreichen Fairways sind eine Herausforderung für jeden Golfer. Der Club verfügt über sämtliche Übungseinrichtungen: eine großzügige Driving Range mit überdachten Abschlägen, großes Putting Green, Pitching Green sowie Übungsbunker.
Ein Restaurant mit frischen Gerichten aus der Region, ein Golfshop und Fitting-Center runden das Angebot ab.

Strüver-Fazit: Eine moderne Golfanlage im hügeligen Gelände, abwechslungsreiche Fairways.

Anfahrt: A5 (Frankfurt–Kassel), Ausfahrt Bad Nauheim in Richtung Usingen zum Weiltal, nach Ortsende Merzhausen rechts nach Altweilnau. Oder A3 (Frankfurt–Köln), Ausfahrt Idstein in Richtung Weilrod, Usingen nach Altweilnau im Taunus.

Name:	Attighof Golf- und Country Club e. V.
Adresse:	Attighof 1 35647 Waldsolms
Telefon, Fax:	+49-(0)6085-98120, +49-(0)6085-9812-99
E-Mail:	info@attighof.de
Internet:	www.attighof.de
Ansprechpartner:	Daniel Deutschmann
Öffnungszeiten:	April–Oktober 8.00–18.00 Uhr November–März 9.00–16.00 Uhr
Spielbahnen:	18
Green Fee:	49,00 € (werktags) 69,00 € (Wochenende und Feiertage)
Handicap:	-54
Teilnahmebed.:	Voucher gelten Mo–So

Attighof Golf- und Country Club

92

Anfahrt: Limburg–Attighof: Der B49, über die B456 folgen bis L3055 Richtung Grävenwiesbach. L3055 folgen bis Waldsolms. In Brandoberndorf der Beschilderung „Golfplatz" folgen.
Frankfurt–Attighof: Der A5 folgen bis Abfahrt 13, Bad Nauheim, danach der B3 folgen bis Waldsolms. In Brandoberndorf der Beschilderung „Golfplatz" folgen.

Eingebettet in der Naturlandschaft des Taunus, in ruhiger Umgebung, liegt der Attighof Golfclub.

Obwohl sich die Golfanlage nur 35–40 Autominuten von Frankfurt/Main entfernt befindet, gibt es hier keine Anzeichen von Flug- und Straßenlärm. Spielen Sie dort, wo andere Urlaub machen...Ein Ort, mit dem es der Liebe Gott besonders gut gemeint hat. Ein über 80 ha umfassendes Areal erstreckt sich über den schönen „Naturpark Hochtaunus". Ein leicht anspruchsvoller Golfplatz mit einigen kleinen Hügeln, Wald und Wasser erfüllt jeden Wunsch eines Golfers. Breite Fairways und saftige Grüns befinden sich auf der 5 Sterne klassifizierten Anlage. Die großzügige Driving Range liegt oberhalb des Parkplatzes. Auch bei weniger gutem Wetter kann man trainieren, da ein großer Teil der Abschläge überdacht ist.

Strüver-Fazit: Eine sportliche Golfanlage mit über 60 Bunkern. Auf 4 Par 3-Bahnen gibt es bei vorgabewirksamen/offenen Turnieren üppige Hole-in-one Preise.

Name:	Golf-Club Spessart e. V.
Adresse:	Golfplatz Alsberg a. d. H. 63628 Bad Soden-Salmünster
Telefon, Fax:	+49-(0)6056-91580, +49-(0)6056-915820
E-Mail:	sekretariat@golf-spessart.de
Internet:	www.golf-spessart.de
Ansprechpartner:	Susanne Mainka, Karl-Horst Schneider
Öffnungszeiten:	April–November
Spielbahnen:	18
Green Fee:	55,00 € (werktags) 65,00 € (Wochenende und Feiertage)
Handicap:	-36
Teilnahmebed.:	Voucher gelten Mo–Do (nicht an Feiertagen)

Golf-Club Spessart

93

Hoch über dem Tal der Kinzig liegt ein reizvoller 18 Loch-Golfplatz.

Charakteristisch für den Golf-Club Spessart sind die der Landschaft angepassten Spielbahnen und der alte Baumbestand. Der Platz liegt inmitten von Wiesen, Feldern und Wäldern in einer typischen, deutschen Mittelgebirgslandschaft. Natürliche Teiche und Bäche sind reizvolle Hindernisse für Golfer, aber auch Lebensraum für viele Amphibien und Wasserpflanzen. Neben der sportlich-fairen Herausforderung bietet der Platz eine Oase der Ruhe und Erholung in frischer, klarer Spessartluft. Die Eindrücke nach dem Golfspiel kann man auf der Clubhausterrasse mit herrlichem Fernblick auf Rhön, Vogelsberg und Taunus Revue passieren lassen.

Strüver-Fazit: Wunderschön eingebettet in die Natur, bietet dieser Platz gut verteidigte Grüns – eine gute Strategie ist schon beim Abschlag gefragt.

Anfahrt: A66 (Hanau–Fulda), Ausfahrt Bad Soden-Salmünster, dort Richtung Alsberg. Dann weiter der Beschilderung folgen.

Hessen

Name:	Golf-Club Eschenrod
Adresse:	Lindenstraße 46 63679 Schotten
Telefon, Fax:	+49-(0)6044-8401, +49-(0)6044-951159
E-Mail:	info@gc-eschenrod.de
Internet:	www.gc-eschenrod.de
Ansprechpartner:	BR Golf + Freizeit GmbH
Öffnungszeiten:	9.00–18.00 Uhr (ab Mai) 10.00–18.00 Uhr (ab November)
Spielbahnen:	18
Green Fee:	18 Loch: 30,00 € (werktags) 50,00 € (Wochenende und Feiertage) 9 Loch: 10,00 € (werktags) 20,00 € (Wochenende und Feiertage)
Handicap:	PR
Teilnahmebed.:	Spielen ohne Golfclub-Mitgliedschaft möglich

Golf-Club Eschenrod

30
1

94

Anfahrt: A5 bis zum Gambacher Kreuz, dann Richtung A45 Hanau, Abfahrt Wölfersheim bis Schotten, an der 1. Ampel rechts Richtung Gedern/Bad Orb auf der B276 ca. 5 km. Am Ortseingang von Eschenrod liegt rechter Hand das Clubhaus.

GOLF & NATUR gehören bei uns zusammen! Deshalb wurden wir bereits mit dem Umweltpreis des LSB ausgezeichnet.

Ein herausfordernder Platz in der bergigen Landschaft des Vogelsbergs ist der Meisterschaftsplatz Schotten-Eschenrod mit 18 Loch Par 71 und einer gepflegten 9 Loch-Anlage Par 58. Golfer jeglicher Spielstärke sind begeistert und fasziniert vom anspruchsvollen Bahnendesign und dem herrlichen Ausblick.
Ohne veredelte Bahnen und gebändigte Roughs sind alle Flächen ökologisch gepflegt und dem vorhandenen Gelände angepasst.
Im Clubhaus mit der sonnigen Terrasse trifft man sich zu allen Jahreszeiten.

Strüver-Fazit: Empfehlenswert sind die Crashkurse, von der Einführung bis zur Etikettestunde.

Hessen

Name: Golf-Club Bad Orb Jossgrund e. V.
Adresse: Hindenburgstraße 7
63637 Jossgrund
Telefon, Fax: +49-(0)6059-905510, +49-(0)6059-905555
E-Mail: info@golfclub-badorb.de
Internet: www.golfclub-badorb.de
Ansprechpartner: Kornelia Kerk, Karen Witt, Dagmar Wolf
Öffnungszeiten: ganzjährig, witterungsabhängig auf Wintergrüns
Spielbahnen: 18
Green Fee: siehe Homepage
Handicap: -54
Teilnahmebed.: Voucher gelten Mo–Sa (nicht an Feiertagen) – samstags bitte Teetime buchen
Sonstiges: Hotel direkt auf dem Golfplatz

Golf-Club Bad Orb Jossgrund

Golfclub Bad Orb Jossgrund

95

Unweit des Rhein-Main-Gebietes bietet der Golfclub Erholung in der ländlichen Umgebung des Spessarts.

Der leicht hügelige Platz zeichnet sich durch exzellente Pflege und sehr abwechslungsreiches Layout aus. Der 18 Loch-Meisterschafts-Course erstreckt sich über mehr als 50 ha und genügt auch hohen sportlichen Ansprüchen. Geschickt platzierte Hindernisse und Bahnführung bieten den Spielern ein auf die jeweilige Spielstärke abgestimmtes variantenreiches Spiel. Frontale oder seitliche Wasserhindernisse verlangen Präzision und Spielverständnis.

Strüver-Fazit: Gut platzierte Bunker und abwechslungsreiche Grüns bieten allen Handicap-Klassen eine interessante und anspruchsvolle Herausforderung.

Anfahrt: A66 (Frankfurt–Fulda), Ausfahrt Bad Orb/Wächtersbach, Richtung Bad Orb, dort Richtung Lettgenbrunn. Golfplatz nach 5 km.

Hessen

Name:	Golf-Club Darmstadt Traisa e. V.
Adresse:	Am Dippelshof 19 64367 Mühltal
Telefon, Fax:	+49-(0)61 51-14 65 43, +49-(0)61 51-14 85 21
E-Mail:	info@gc-dt.de
Internet:	www.gc-dt.de
Ansprechpartner:	Frau M. Hofmann
Öffnungszeiten:	Mo–So 8.00–18.00 Uhr, außerhalb der Geschäftszeiten Green Fee an der Infosäule Tee 1 lösbar
Spielbahnen:	9 Loch
Green Fee:	9 Loch mit/ohne R: 30,00/40,00 € (werktags) 40,00/50,00 € (Wochenende und Feiertage) 18 Loch mit/ohne R: 45,00/55,00 € (werktags) 60,00/70,00 € (Wochenende und Feiertage)
Handicap:	-45
Teilnahmebed.:	Voucher gelten täglich

Golf-Club Darmstadt Traisa

30
1

96

Anfahrt: Aus Darmstadt: Folgen Sie der B449 vom Böllenfalltor aus Richtung Traisa. Biegen Sie auf Höhe des Bahnübergangs links in die Ludwigstraße und folgen dieser. In Traisa biegt nach ca. 2 km die Vorfahrtstraße links ab. Biegen Sie hier nun rechts ab! Folgen Sie der Straße in Richtung Industriegebiet Traisa. Nach weiteren 2 km kommen Sie zur Straße In den Gänsäckern. Dies ist die Zufahrt zum Golf-Club.

Ein Golfplatz ist – wenn er denn gelungen ist – ein Ort sportlicher Herausforderung und ein Ort für das Abenteuer des Entdeckens, auf dem die Spieler nach einer fein abgezirkelten Choreographie eine Mischung aus Sicherheit und Unsicherheit genießen können.

Viele dieser idealtypischen Eigenschaften finden sich durchaus auch auf unserem Platz wieder. Vorerst muss man sich mit 9 Löchern begnügen, aber das tut der Freude am Spiel keinen Abbruch. Ganz nach dem Motto „klein aber fein".
Die vorhandenen Spielbahnen sind äußerst abwechslungsreich, nicht immer eben, aber immer mit herrlichen Ausblicken über den Platz und zum Teil auch auf die Burg Frankenstein ausgestattet. Nahe am Wald gelegen, mit altem Baumbestand und dem ein oder anderen Wasserhindernis wartet eine anspruchsvolle Golfrunde auf Sie!

Strüver-Fazit: Auf dem leicht hügeligen Gelände gefallen vor allem die vier abwechlungsreichen PAR 3 Bahnen der traditionellen 9-Loch Anlage.

Hessen

Name: Zimmerner Golfclub 1995 e. V.
Adresse: Darmstädter Straße 111
64846 Groß-Zimmern
Telefon, Fax: +49-(0)6071-92210, +49-(0)6071-922120
E-Mail: info@gc-zimmern.de
Internet: www.gc-zimmern.de
Ansprechpartner: Mischa Kind
Öffnungszeiten: Sommer: 8.00–19.00 Uhr
Winter: 9.00–16.00 Uhr
Spielbahnen: 18 + 9
Green Fee: 70,00 € (werktags)
90,00 € (Wochenende und Feiertage)
„R" reduziert gemäß Homepage
Handicap: -54 (werktags), -45 (Wochenende)
Teilnahmebed.: Voucher gelten nur Mo–Fr,
nicht am Wochenende und an Feiertagen

Zimmerner Golfclub

ZIMMERNER GOLFCLUB 1995 E.V.

97

Kompaktes Wohlfühlerlebnis für Körper, Geist und Seele.

Traumhafte Aussichten zeichnen den Golf Sport Park in Groß-Zimmern aus. Der 18 Loch-Platz erstreckt sich über zwei Ebenen: Die erste liegt unterhalb des Clubhauses, die zweite liegt ca. 20 m höher und bildet eine Art Hochplateau. Man hat einen herrlichen Blick über den Odenwald, die Ausläufer des Spessarts bis hin zum Taunus. Das Clubhaus in toskanischer Architektur bietet vor und nach der Runde viel Platz zur Entspannung. Gästen und Mitgliedern steht hier neben der italienischen Küche zusätzlich ein Wellness- und Beauty-Bereich zur Verfügung.

Strüver-Fazit: Anspruchsvoll, mit sehr kurzen Wegen. Das gesamte Konzept des Platzes macht einen Besuch zum Erlebnis.

Anfahrt: B26 (Darmstadt–Aschaffenburg), Ausfahrt Roßdorf/Gundernhausen, Richtung Roßdorf, dann Richtung Groß-Zimmern.

Hessen

Name: Golfclub Odenwald e. V.
Adresse: Am Golfplatz 1
64753 Brombachtal
Telefon, Fax: +49-(0)6063-57447, +49-(0)6063-57448
E-Mail: mail@golfclub-odenwald.de
Internet: www.golfclub-odenwald.de
Ansprechpartner: Birgit Scholl
Öffnungszeiten: Mai–Sept: 9.00–17.30 Uhr;
Okt–April reduzierte Öffnungszeiten
Spielbahnen: 18 + 6
Green Fee: 70,00 € (werktags)
80,00 € (Wochenende und Feiertage)
Handicap: -54
Teilnahmebed.: Voucher gelten Mo–Sa nach Anmeldung; Sonn- und Feiertage auf Anfrage
Sonstiges: Übernachtunsgmöglichkeiten/Arrangements können im Sekretariat erfragt werden

Golfclub Odenwald

GolfClub Odenwald e.V.

98

Anfahrt: B45, Ausfahrt Bad König-Zell Richtung Brombachtal, Beschilderung Golfplatz folgen. Oder: B38, 9 km nördlich Reichelsheim Richtung Brombachtal, in Böllstein links Richtung Kirch Brombach, Beschilderung Golfplatz folgen.

In der Schönheit der Natur und seiner ruhigen und ländlichen Atmosphäre liegt der Reiz dieses Golfplatzes.

Die 18 Loch-Anlage liegt inmitten eines Landschaftsschutzgebietes umgeben von Wiesen, Wäldern und Feldern. Mehrere Teiche an den Bahnen 2, 3, 4 und 13 kommen als reizvolle Wasserhindernisse ins Spiel.
Mit ihren leicht hügeligen und abwechslungsreich angelegten Spielbahnen bietet sie anspruchsvolles, aber spielerisch faires Golfen sowie erholsame Ruhe gleichermaßen.
Eine moderne Fairwaybewässerung und komplette Drainage garantieren optimale Bedingungen auf dem ganzen Platz. Für Golfer, die ihre Runde nicht zu Fuß absolvieren möchten, stehen Carts zur Verfügung.

Strüver-Fazit: Hier hat jede Bahn ihren Namen, von Bananenflanke bis Birdietraum, einfach mal vor der Runde das Birdiebook studieren.

Hessen

Name: Golf-Club Bensheim e. V.
Adresse: Außerhalb 56
64625 Bensheim
Telefon, Fax: +49-(0) 62 51-67 732, +49-(0) 62 51-39 292
E-Mail: info@golfclub-bensheim.de
Internet: www.golfclub-bensheim.de
Ansprechpartner: Sebastian Falk
Öffnungszeiten: Mo–Fr 9.00–18.00 Uhr
Wochenende/Feiertage 9.00–16.00 Uhr
Spielbahnen: 18
Green Fee: 55,00 € (werktags)
70,00 € (Wochenende und Feiertage)
Aktuelle Green Fee-Preise entnehmen Sie bitte der Homepage
Handicap: -54 (werktags), -45 (Wochenende)
Teilnahmebed.: Voucher gelten täglich

Golf-Club Bensheim

Golf Club Bensheim

99

30
1

Der Golf-Club Bensheim e. V. wurde 1986 gegründet und hat heute über 850 Mitglieder jeden Alters und aller Spielstärken.

Im Kreis Bergstraße am Rande des Odenwalds gelegen bietet der 18 Loch-Meisterschaftsplatz mit seinen umfangreichen Übungsanlagen und dem gemütlichen Clubhaus alles, was das Golferherz höher schlagen lässt. Im ebenen Gelände sind die Spielbahnen harmonisch in die mit Streuobstwiesen durchsetzte Landschaft integriert und bieten mit reizvollen Ausblicken ein besonderes Naturerlebnis. Genießen Sie nach dem Spiel auf unserer Terrasse den Wein der Region und erleben Sie die Hessische Bergstraße von ihrer besten Seite während Sie die in unmittelbarer Nähe nistenden Störche beobachten. Unser Team im Sekretariat ist gerne für Sie da.

Strüver-Fazit: Eingerahmt von Wald und Weinreben bietet die wunderschöne Anlage Herausforderungen sowohl für Anfänger als auch für Profis.

Anfahrt: A5, Ausfahrt Bensheim, A67, Ausfahrt Lorsch, jeweils B47 Richtung Bensheim, nach Ortseingangsschild 1. Ampel rechts in den Berliner Ring (Industriegebiet Süd), nach ca. 200 m rechts Schild „Golfplatz" folgen.

Name:	Golf Course Siebengebirge
Adresse:	Brunnenstraße 11 53578 Windhagen
Telefon, Fax:	+49-(0)26451-8041, +49-(0)26451-8042
E-Mail:	info@golfcourse-siebengebirge.de
Internet:	www.golfcourse-siebengebirge.de
Spielbahnen:	18
Green Fee:	45,00 € – 55,00 € (werktags) 55,00 € – 65,00 € (Wochenende und Feiertage)
Handicap:	-54 – Pro
Teilnahmebed.:	Voucher gelten Mo–So, nicht kombinierbar mit anderen Rabatten

Golf Course Siebengebirge

100

18 Löcher zwischen sieben Bergen.

Der 18 Loch-Platz verspricht mit seinen abwechslungsreichen Fairways und Doglegs höchsten Golfgenuss. Liebhaber des Golfsports kommen hier voll auf ihre Kosten. Bei einem Höhenunterschied von 70 Metern ist Ausdauer und strategisches Spielen gefragt. Für Genießer der Natur stehen genügend der 2019 neu angeschafften Elektro-Carts inklusive GPS-Navigation zur Verfügung. Es wird um eine Vorab-Reservierung gebeten.
Service und Leistungsqualität stehen im Golf Course Siebengebirge an erster Stelle. Nur wenige Autominuten entfernt von den Rheinmetropolen Köln und Bonn in der einen und Koblenz bis Frankfurt in der anderen Richtung erwartet Sie die attraktive 18 Loch-Anlage. Neben 18 sind auch 9 Loch-Runden möglich.

Strüver-Fazit: Tolle Anlage in wunderschöner Landschaft und mit einladendem Clubhaus. Der Platz erfordert Kondition und Strategie.

Anfahrt: A3 (Köln-Frankfurt), Ausfahrt Bad Honnef/Linz, links abbiegen, durch den Kreisverkehr, erste Ampel links, von dort ca. 1 km der Beschilderung zum Dorint-Hotel folgen.

Name: Golf-Club Eifel e. V.
Adresse: Milanweg
54576 Hillesheim
Telefon, Fax: +49-(0) 65 93-12 41 +49-(0) 65 93-94 21
E-Mail: info@golfclub-eifel.de
Internet: www.golfclub-eifel.de
Ansprechpartner: Felix Fritzen, Elke Hilgers
Öffnungszeiten: ganzjährig 9.00–17.00 Uhr
Spielbahnen: 18
Green Fee: 75,00 € (werktags)
100,00 € (Wochenende und Feiertage)
Handicap: PE
Teilnahmebed.: Voucher gelten Mo–So

Golf-Club Eifel

101

Wildromantische Natur und eine tolle Clubatmosphäre – wer auf den Golfsport in Reinkultur und ein herzliches Miteinander der Clubmitglieder viel Wert legt, der ist hier genau richtig.

Die 18 Loch-Anlage mit Par 72 und der Länge von 5.903 m ist vor 40 Jahren in alten Baumbestand geschickt integriert worden. Natur- und Sporterlebnisse erwarten Sie zwischen Biotopen und natürlichen Wasserhindernissen. Die Bahnen 11, 12 und 13 bilden ein unvergessliches landschaftliches Ensemble. Ein weiteres Highlight auf der Runde ist das Spiel auf Bahn 16, bei der man auf einer Par 3-Bahn mit einer Länge von 195 m rund 25 m in die Tiefe spielt und mit einem Fernblick in die Natur belohnt wird. Die Golfrunde findet ihren Ausklang in unserem rustikalen, ländlich eingerichteten Clubhaus mit Sonnenterrasse und Gastronomie.

Strüver-Fazit: Hervorragend in die raue Natur der Vulkaneifel eingebettet. Doglegs und Wasser müssen für einen guten Score bezwungen werden.

Anfahrt: A1 bis Autobahnende, weiter in Richtung Hillesheim/Gerolstein, nach 19 km links nach Berndorf, der Ausschilderung folgen. A48, Ausfahrt Dreieck Vulkaneifel, weiter nach Hillesheim/Gerolstein, in Hillesheim Ortsmitte rechts Richtung A1 Köln der Ausschilderung folgen.

Rheinland-Pfalz

Name:	Jakobsberg Hotel- & Golfresort GmbH
Adresse:	Im Tal der Loreley 56154 Boppard
Telefon:	+49-(0)6742-808495
E-Mail:	golf@jakobsberg.de
Internet:	www.jakobsberg.de
Ansprechpartner:	Mike McFadden/Dirk Kunze
Öffnungszeiten:	ganzjährig
Spielbahnen:	18
Green Fee:	75,00 €
Handicap:	PR
Teilnahmebed.:	Voucher gelten Mo–So

JAKOBSBERG
HOTEL & RESORT

Jakobsberg Hotel- & Golfresort

102

Anfahrt: Von Süden A61, Ausfahrt Koblenz Mitte, Richtung Waldesch, in Waldesch Richtung Rhens, dann B9 Richtung Boppard – von Norden A48, Ausfahrt Koblenz Nord, B9 Richtung Boppard – in Spay der Beschilderung folgen. Aus beiden Richtungen in Spay der Beschilderung folgen.

Traumhafte Lage auf den Hügeln des rheinischen Schiefergebirges.

Anfang der 90er Jahre entstand der 18 Loch-Meisterschaftsplatz zwischen Koblenz und Boppard auf einer Rheinterrasse mit Blick auf die Höhe von Hunsrück, Taunus und Westerwald, die gegenüberliegende Marksburg und ins Rheintal.
Der Golfplatz ist umgeben von Wäldern, Bergen, Burgen und Schlössern und bietet einen herrlichen, immer wiederkehrenden Blick ins Flusstal. Spielbahnen mit großflächigen Teeboxen, Wasserflächen, raffiniert platzierten Fairwaybunkern, Modulationen und schnellen, sehr stark ondulierten Grüns erwarten die Spieler.

Strüver-Fazit: Ein echter Meisterschaftsplatz, der nicht nur Einsteiger, sondern auch sehr gute Spieler vor große Herausforderungen stellt. Ihre Golfrunde zeichnet sich durch einzigartige Spielbahnen verbunden mit traumhaften Ausblicken aus. Ein Erlebnis!

Name: Mittelrheinischer Golfclub Bad Ems
Adresse: Denzerheide
56130 Bad Ems
Telefon, Fax: +49-(0)2603-6541, +49-(0)2603-13995
E-Mail: info@mgcbadems.de
Internet: www.mgcbadems.de
Ansprechpartner: Conny Gross
Öffnungszeiten: 9.00–16.00 Uhr
Spielbahnen: 18
Green Fee: 70,00 € (Mo–Fr)
90,00 € (Wochenende und Feiertage)
Handicap: -45
Teilnahmebed.: Voucher gelten Mo–Fr (nicht an Feiertagen) nach vorheriger Anmeldung. Nur einlösbar bis 31.12.2020

Mittelrheinischer Golfclub Bad Ems

103

Mitten im Rheinland, etwa 370 m über dem steil abfallenden Rhein- und Lahntal, liegt ruhig und abgeschieden die 18 Loch-Anlage des Mittelrheinischen Golfclub Bad Ems.

Während der Runde eröffnen sich von den großzügig der Landschaft angepassten Bahnen, die von altem Baumbestand eingerahmt sind, herrliche Panoramablicke auf das rheinische Mittelgebirge, den Hunsrück, die Eifel und den Westerwald. Die Anlage genießt sportlich einen exzellenten Ruf. Bereits 1928 wurde der Platz durch Karl Hoffmann, dem damaligen Kompagnon des legendären Golfarchitekten Bernhard von Limburger, gebaut. In den letzten Jahren wurden, zusammen mit dem bekannten Golfarchitekten Thomas Himmel, zahlreiche Bahnen einem sehr schönen „facelifting" unterzogen.

Strüver-Fazit: Alter Baumbestand, schnelle gepflegte Grüns und satte Faiways laden zu einer abwechlungsreichen Golfrunde ein.

Anfahrt: Aus Koblenz: B49 Richtung Montabaur. Vor Neuhäusel Ausfahrt Bad Ems auf B261 (Denzerheide). Nach ca. 1 km auf der rechten Seite liegt die Anlage. Aus Frankfurt-Köln: A3, Ausfahrt Montabaur auf B49 Richtung Koblenz. Nach der Ortsumgehung Neuhäusel rechts auf B 261 Richtung Bad Ems (Denzerheide). Nach ca. 1 km auf der rechten Seite liegt die Anlage. Navigationssystem: 56337 Eitelborn, Denzerheide

Rheinland-Pfalz

Name: Golfclub Nahetal e. V.
Adresse: Drei Buchen
55583 Bad Kreuznach
Telefon, Fax: +49-(0)6708-2145, +49-(0)6708-1731
E-Mail: info@golfclub-nahetal.de
Internet: www.golfclub-nahetal.de
Ansprechpartner: Manfred Rapp
Öffnungszeiten: 9.00–17.30 Uhr
Spielbahnen: 18
Green Fee: 60,00 € (werktags)
70,00 € (Wochenende und Feiertage)
Handicap: -54 (werktags), -32 (Wochenende und Feiertage)
Teilnahmebed.: Anmeldung erwünscht

Golfclub Nahetal

30
1

104

Anfahrt: Von Mainz sind es nur noch 30 km über die A60/61, Abfahrt Bad Kreuznach. Von dort nach Bad Münster am Stein Ebernburg und der Beschilderung folgen.

Sport, Natur und Leidenschaft. Der Meisterschaftsplatz des Golfclub Nahetal ist ein Highlight in Rheinland-Pfalz.

Ganz ungewöhnlich und heute kaum noch denkbar: Fast alle Bahnen sind von Waldbestand gesäumt. Das Gelände präsentiert sich munter moduliert. Eine deutliche Erinnerung daran, dass hier Sport getrieben wird. Jede Spielbahn überzeugt mit eigenständiger Charakteristik. Herrliche Ausblicke und das anspruchsvolle Platzdesign werden auch Sie begeistern. Bunker, Wasserhindernisse und Biotope sind gekonnt und fair integriert. Die Fairways sind teils von schlankem Design. Vielfach wird die erste Runde im Nahetal als echte Herausforderung beschrieben. Wer einmal hier gespielt hat, wird wiederkommen.

Strüver-Fazit: Die in das leicht hügelige Gelände eingebetteten Fairways erfordern gerades, präzises und kluges Spiel. Das schwerste Loch erwartet die Spieler an Bahn 9: eine enge Spielbahn, die bis zum Grün leicht bergauf verläuft.

Rheinland-Pfalz

Name: Golfclub Rheinhessen
Adresse: Hofgut Wißberg
55578 St. Johann
Telefon, Fax: +49-(0)6701-2008-0, +49-(0))6701-2008-25
E-Mail: info@gc-rheinhessen.de
Internet: www.gc-rheinhessen.de
Ansprechpartner: Immanuel Comtesse
Öffnungszeiten: Mo–So; 9.00–18.00 Uhr (April–Sept.)
9.00–16.00 Uhr (Okt.–März)
Spielbahnen: 18
Green Fee: 9 Loch: 30,00 €
18 Loch: 55,00 €
Handicap: –
Teilnahmebed.: Voucher gelten Mo–Fr (nicht an Feiertagen); telefonische Voranmeldung empfohlen
Sonstiges: Mit Restaurant und 4-Sterne-Privathotel

Golfclub Rheinhessen

Golfclub Rheinhessen
Hofgut Wißberg
St. Johann e.V.

105

30
1

Inmitten der malerischen Wein-Kultur-Landschaft Rheinhessen, unweit der Tore von Mainz, ist der Golfclub Rheinhessen ein „Juwel" unter den Golfanlagen in Rheinland-Pfalz.

Auf einem Hochplateau, umgeben von Weinbergen, präsentiert sich die Anlage mit einem traumhaften Panaromablick über die „rheinhessische Toskana". Der anspruchsvolle Platz des Golfclub Rheinhessens mit einer Vielzahl von Bunkern und großen, schnellen Grüns bietet alle Möglichkeiten, den Golfsport zu genießen. Der Einklang von sportlicher Herausforderung, Naturerleben und geselligem Ambiente wird hier durch einen besonderen Lebensstil geprägt.
Abgerundet wird das Angebot durch eine gehobene Landhausküche sowie einem 4-Sterne-Privathotel. Wir freuen uns auf Ihren Besuch!

Strüver-Fazit: Golf mit Ausblick auf die umliegenden Weinberge. Die Grüns sind leicht onduliert und spurtreu.

Anfahrt: A61 (Alzey–Koblenz), Ausfahrt Bad Kreuznach–Gensingen, B50 Richtung Sprendlingen – A60, 63 (Mainz–Alzey), Ausfahrt Niederolm-Nord, links Richtung Sprendlingen – bis St. Johann. Der Beschilderung folgen.

Rheinland-Pfalz

Name: Golfclub am Donnersberg
Adresse: Röderhof 3b
67725 Börrstadt
Telefon, Fax: +49-(0) 63 57-96 09 4, +49-(0)63 57-14 30
E-Mail: info@golfamdonnersberg.de
Internet: www.golfamdonnersberg.de
Ansprechpartner: Ulrike Körper
Öffnungszeiten: Mo 10.00 Uhr–15.00 Uhr (Saison)
Di–Fr 9.00–18.00 Uhr; Sa/So 9.00–17.00 Uhr
Spielbahnen: 18
Green Fee: 60,00 € (werktags)
75,00 € (Wochenende und Feiertage)
Handicap: –
Teilnahmebed.: Voucher gelten Mo–Sa (nicht an Sonn- und Feiertagen, Anmeldung erforderlich)
Spieler ohne "R" Kennzeichnung zahlen einen Aufpreis von 20,00 €

Golfclub am Donnersberg

106

Anfahrt: Über die A63 bis Abfahrt Dreisen/Göllheim. In Richtung Dreisen/Lohnsfeld fahren, ca. 2 km nach Theresienhof rechts, Hinweis „Golfplatz".

Große Grüns, schöne Sand- und Wasserhindernisse und eine herrliche Landschaft lassen Ihre Runde zu einem besonderen Erlebnis werden.

Der Golfplatz wurde 1990 am Südhang des Donnersberges auf einem etwa 67 ha großen Gelände angelegt und in die Landschaft eingefügt. Im Norden ist der Platz von Wald umgeben, ein Baumriegel durchzieht die ganze Anlage. Außerdem fügen sich weitere Baumgruppen in die Spielbahnen ein. Großzügige Abschläge mit teilweise weitem Blick in die Landschaft, große Greens, Seen, Teiche und Biotope lassen Ihr Spiel zu einem Erlebnis werden. Zahlreiche, durch Drainagen miteinander verbundene Seen bieten die Möglichkeit, die Flächen über lange Trockenperioden hinweg zu bewässern. Nach der Golfrunde lädt unser Landgasthof Röderhof mit seinen leckeren Speisen und Getränken – selbstverständlich auch Weinen aus der Region – zum Verweilen auf der Sonnenterrasse ein.

Strüver-Fazit: Dem Spieler wird durch große Grüns und schöne Sand- und Wasserhindernisse ein präzises Spiel abverlangt.

Rheinland-Pfalz

Name: Golfclub Barbarossa e. V.
Adresse: Am Hebenhübel
67686 Mackenbach
Telefon, Fax: +49-(0) 6374-99 46 33, +49-(0) 6374-99 46 34
E-Mail: info@golfclub-barbarossa.de
Internet: www.golfclub-barbarossa.de
Ansprechpartner: Johannes Ruth
Öffnungszeiten: ganzjährig
Spielbahnen: 18
Green Fee: 75,00 € (Mo–Fr)
90,00 € (Wochenende und Feiertage)
Handicap: –
Teilnahmebed.: Vorherige Anmeldung unbedingt erforderlich
DGV-Mitglieder mit Ausweiskennzeichnung „R" erhalten einen Rabatt von 20,00 €

Golfclub Barbarossa

Die Pfalz steht für fröhliche und offene Menschen, für edle Weine und für die Kunst, das Leben zu genießen.

Der 18 Loch-Meisterschaftsplatz Barbarossa genügt aber auch von seiner sportlichen Seite her höchsten Ansprüchen. Die wunderschöne, großzügige Anlage in Mackenbach fügt sich mit ihrer naturnahen Gestaltung harmonisch in die reizvolle Landschaft ein. Von dem sanft hügeligen Gelände aus hat man einen herrlichen Blick auf die Ausläufer des Pfälzer Waldes und auf die Sickinger Höhe. Das neu erbaute, offene Clubhaus gewährt dank seiner einmalig schönen Terrasse einen wundervollen Blick auf die Bahnen des Golfplatzes.

Strüver-Fazit: Ein Bachlauf sowie diverse Wasserhindernisse erfordern ein genaues Spiel. Besonderes Highlight: das Inselgrün an Loch 5.

107

Anfahrt: A6 (Mannheim–Saarbrücken), Ausfahrt Kaiserslautern-West, L356 Richtung Weilerbach, nach Mackenbach, nach ca. 300 m rechts der Beschilderung folgen – A6 (Saarbrücken–Mannheim), Ausfahrt Landstuhl, Richtung Mackenbach, vor Ortseingang links der Beschilderung folgen.

Rheinland-Pfalz

Name: Golplatz Pfälzerwald
Adresse: Auf dem Aspen 60
67714 Waldfischbach-Burgalben
Telefon: +49-(0)6333-279603
E-Mail: info@golfplatz-pfaelzerwald.de
Internet: www.golfplatz-pfaelzerwald.de
Öffnungszeiten: Mo–Fr: 8.30–17.00 Uhr,
Sa, So Feiertage: 8.00–16.30 Uhr
Spielbahnen: 18 + 6
Green Fee: 50,00/60,00 € (werktags)
60,00/80,00 € (Wochenende und Feiertage)
Handicap: –
Teilnahmebed.: –

Golfplatz Pfälzerwald

30
1

108

Anfahrt: Von Kaiserslautern: B270 Richtung Pirmasens, 1. Abfahrt Waldfischbach, nach ca. 500 m links zum Golfplatz. Von Pirmasens: B270 Richtung Kaiserslautern, 2. Abfahrt Waldfischbach, nach ca. 500 m links zum Golfplatz.

Mitten in der herrlichen Naturlandschaft des Pfälzerwalds, harmonisch eingefügt in die umgebenden Hügel und Täler, liegt die Anlage des Golfplatzes.

Der 18 Loch-Meisterschaftsplatz (Par 72) mit leicht hügeligen, abwechslungsreich gestalteten Fairways und anspruchsvollen Grüns ist eine Herausforderung für ambitionierte Golfspieler aller Spielstärken. Kurze Wege von den Grüns zum Abschlag tragen zu einer angenehmen, entspannten Golfrunde bei. Alles zusammen ergibt Golfvergnügen pur auf hohem sportlichem Niveau. Anfängern und Fortgeschrittenen steht eine Driving-Range mit 11 überdachten und 20 offenen Abschlagplätzen, großem Putting-Green und Pitching-Area zur Verfügung. Das Restaurant „Palatina“ im Clubhaus mit seiner großzügigen Terrasse steht jedermann offen und begeistert mit der hohen Qualität seiner Küche und einer gut sortierten Getränkeauswahl.

Strüver-Fazit: Der Platz bietet viel Abwechslung – flaches Gelände und Hanglagen, gerade Bahnen und Doglegs.

Name: Erster Golfclub Westpfalz Schwarzbachtal e. V.
Adresse: Hitscherhof
66509 Rieschweiler-Mühlbach
Telefon, Fax: +49-(0)6336-6442, +49-(0)6336-6408
E-Mail: egw@golf.de
Internet: www.gcwestpfalz.de
Ansprechpartner: Sekretariat
Öffnungszeiten: ganzjährig
Spielbahnen: 18
Green Fee: 60,00 € (werktags)
80,00 € (Wochenende und Feiertage)
Handicap: -54
Teilnahmebed.: Voucher gelten täglich,
vorherige Anmeldung erwünscht
Sonstiges: Wohnmobile sind herzlich willkommen!

Erster Golfclub Westpfalz Schwarzbachtal

Golfgenuss in traumhaftem Ambiente

109

An den Ausläufern der Sickinger Höhe erstreckt sich das 76 ha große Golfgelände über zwei Ebenen, harmonisch in die hügelige Landschaft des Pfälzer Waldes integriert. Mit dem Abschluss der aktuellen Umbaumaßnahmen, vor allem auf den Bahnen 10 bis 18 präsentiert sich nun ein Golfplatz von herausragender Qualität. Mehr als 10.000 m^2 Wasserflächen, verbunden durch Bachläufe mit Wasserfällen, wurden neu geschaffen. Alle Bunker sind gut sichtbar, blinde Abschläge wurden eliminiert. Sie werden den insgesamt hervorragenden Pflegezustand des Platzes, die ganzjährig saftigen Fairways und sehr gepflegten Grüns zu schätzen wissen und das Spiel ohne Störung durch Straßenlärm genießen.

Strüver-Fazit: Die Herausforderungen durch Bunker, Wasserhindernisse, Teiche und Schräglagen fordern ein strategisches Spiel.

Anfahrt: A62: Abfahrt Höheischweiler, Richtung Pirmasens, dann Richtung Höhfröschen, dann Rieschweiler-Mühlbach. A8: Abfahrt Walshausen, Richtung Dellfeld, dann Rieschweiler-Mühlbach. Landau/B10: nach Pirmasens (nach Tunnel) Richtung Thaleischweiler-Fröschen, dann Rieschweiler-Mühlbach.

Name:	Golfclub Mudau
Adresse:	Donebacher Straße 41 69427 Mudau
Telefon, Fax:	+49-(0)62 84-84 08, +49-(0)62 84-95 807
E-Mail:	info@golfclub-mudau.de
Internet:	www.golfclub-mudau.de
Ansprechpartner:	Martin Brand
Öffnungszeiten:	Mai–September 9.00–17.00 Uhr April und Oktober 9.00–16.00 Uhr November–März 11.00–15.00 Uhr
Spielbahnen:	18
Green Fee:	60,00 € (werktags) 70,00 € (Wochenende und Feiertage)
Handicap:	–
Teilnahmebed.:	Voucher gelten Mo–So

Golfclub
Mudau e.V.

Golfclub Mudau

110

Anfahrt: A3, Abfahrt Stockstadt, B269, Miltenberg-Amorbach-Mudau, A81, Abfahrt Osterburken-Buchen, B27 Richtung Mosbach – Abfahrt Mudau. In Mudau, Richtung Donebach, ca. 500 m nach dem Ortsausgang links zum Golfplatz abbiegen.

18 Spielbahnen, die in ein Waldgebiet eingebettet sind, bieten ein abwechslungsreiches und anspruchsvolles Spiel.

Der Golfclub Mudau e. V. wurde 1993 gegründet und ist seit 1997 auf 18 Löchern bespielbar. Die deutsche Golf-Consult war für die Planung der Meisterschaftsanlage zuständig und hat jede Spielbahn mit der Natur in Einklang gebracht. Ruhe und Stille zeichnen diesen Platz aus und laden dazu ein, ihn immer wieder zu spielen.
Nach der Runde können Sie auf der herrlich gelegenen Clubhausterrasse den Platz überblicken und den schönen Golftag ausklingen lassen. Lassen Sie sich von der guten Küche verwöhnen, die von italienisch bis bürgerlich reicht.

Strüver-Fazit: Das sanft hügelige Gelände bietet viele Reize für Golfer aller Spielstärken. Top gepflegte Abschläge, Fairways und Grüns erfüllen auch die anspruchsvollsten Wünsche.

Baden-Württemberg

Name:	Golfclub Bad Rappenau e. V.
Adresse:	Ehrenbergstraße 25a 74906 Bad Rappenau-Zimmerhof
Telefon, Fax:	+49-(0)7264-3666, +49-(0)7264-3838
E-Mail:	info@golfclub-badrappenau.de
Internet:	www.golfclub-badrappenau.de
Ansprechpartner:	Melanie Appel
Öffnungszeiten:	April–Oktober: Mo 10.00–16.00 Uhr, Di–So 8.30–18.00 Uhr; November–März: aktuelle Öffnungszeiten siehe Homepage
Spielbahnen:	18
Green Fee:	60,00 € (werktags) 80,00 € (Wochenende und Feiertage)
Handicap:	-54
Teilnahmebed.:	Voucher gelten von Mo–So. Nicht kombinierbar mit anderen Rabatten oder Nachlässen
Sonstiges:	Golfcart 30,00 €, Softspikes erforderlich

Golfclub Bad Rappenau

111

Einige Abschläge bieten einen reizvollen Rundblick vom Neckartal bis zu den Löwensteiner Bergen.

Der Platz ist anspruchsvoll, aber fair, für Spieler mit niedrigem Handicap wie auch für Anfänger geeignet. Streuobstwiesen und Gehölze umgeben die 18 Spielbahnen. Viele Grüns liegen verdeckt und werden von Sandbunkern, im Sommer auch von dichtem Rough verteidigt. Dies erfordert auf einigen Bahnen ein sehr präzises Spiel. Besonders interessant ist der Abschlag von der 9: Man spielt an diesem Par 3-Loch 130 m „carry" über den See, der direkt vor dem malerischen Fachwerk-Clubhaus liegt. Der neue, natürlich angelegte Bachlauf auf den back-nine stellt eine zusätzliche Herausforderung dar.

Strüver-Fazit: Ein abwechslungsreicher Platz mit vielen Facetten. Hanglagen und Westwind können in das Spiel eingreifen. Signature Hole ist ganz klar Bahn 9.

Anfahrt: A6 (Mannheim–Heilbronn), Ausfahrt Bad Rappenau, Richtung Bad Rappenau, dort Richtung Gundelsheim. Der Beschilderung folgen.

Name: Golf-Club Heilbronn-Hohenlohe e. V.
Adresse: Neuer Garten 2
74639 Friedrichsruhe
Telefon, Fax: +49-(0)7941-920810, +49-(0)7941-920819
E-Mail: golf@gc-heilbronn-hohenlohe.de
Internet: www.gc-heilbronn-hohenlohe.de
Ansprechpartner: Gerald Schleucher, Katrin Scheuerle
Öffnungszeiten: April–Oktober: Mo–Sa 8.00–18.00 Uhr,
So/Feiertage 8.00–17.00 Uhr,
November–März: 10.00–15.00 Uhr
Spielbahnen: 27
Green Fee: Aktuelle Preise entnehmen Sie bitte der Homepag
Handicap: -54 (werktags), -36 (Wochenende)
Teilnahmebed.: Voucher gelten Mo–Fr, nicht an Feiertagen.
Keine Tee-Times, wir bitten um Beachtung der Platzbelegung auf der Homepage

GOLF-CLUB
HEILBRONN-HOHENLOHE E.V.
AUS FREUDE AM GOLFEN

Golf-Club Heilbronn-Hohenlohe

112

Der Golf-Club Heilbronn-Hohenlohe e. V. zählt zu den Highlights im deutschen Golfsport.

Anfahrt: A6 Nürnberg–Heilbronn, Autobahnausfahrt Öhringen. In Öhringen der Beschilderung nach Friedrichsruhe folgen.

Er begeistert durch sein besonderes Flair und die wunderschöne, unverbaute Landschaft. Gleichzeitig beweist er mit seinem neuen Clubhaus direkt am Abschlag und der abgeschlossenen Platzerweiterung auf 27 Bahnen, wie modern und zukunftsorientiert dieser älteste Club der Region heute ist. Einzigartig ist der parkähnlich angelegte, bestens gepflegte Platz mit seinem exotischen Baumbestand, der harmonisch in die Hohenloher Landschaft integriert wurde. Schnelle, gut verteidigte Grüns, abwechslungsreiche Fairways und gut platzierte Abschläge sorgen für die sportliche Herausforderung. Mit den 27 Spielbahnen ist nahezu jederzeit ein Spiel von Gästen möglich.

Strüver-Fazit: Einige Spielbahnen verlaufen im ehemaligen Schloßpark der Fürsten zu Hohenlohe-Oehringen.

Name: Golfclub Schwäbisch Hall e. V.
Adresse: Am Golfplatz 1
74523 Schwäbisch Hall
Telefon, Fax: +49-(0)7907-81 90, +49-(0)7907-81 80
E-Mail: info@gc-sha.de
Internet: www.gc-sha.de
Ansprechpartner: Dagmar Ballerini, Christiane Steinhoff
Öffnungszeiten: April–Oktober: Mo–So 9.00–18.00 Uhr
November–März: siehe Homepage
Spielbahnen: 18 + öffentlicher 6 Loch-Kurzplatz
Green Fee: 80,00 € (werktags)
90,00 € (Wochenende und Feiertage)
Änderungen vorbehalten
Handicap: -45 (werktags), -36 (Wochenende und Feiertage)
Teilnahmebed.: Voucher gelten Mo–So
Sonstiges: 6 Loch-Platz: Tages-Green Fee 15,00 € (werktags)/ 20,00 € (Wochenende und Feiertage) pro Person. Keine Startzeiten, bitte Wochenplan beachten

Baden-Württemberg

Golfclub Schwäbisch Hall

Golfclub Schwäbisch Hall

113

Ob Einsteiger oder Fortgeschrittener, ob Spaß oder Ehrgeiz – diese Anlage begeistert jeden Golfer gleichermaßen.

Gegründet im Jahr 1987, besticht dieser Golfplatz durch die persönliche und familiäre Atmosphäre sowie seine großzügigen Spielbahnen und die landschaftlich typische Vegetation. Die Anlage befindet sich auf einer kleinen Anhöhe und ist sehr idyllisch in die Landschaft integriert. Drei fest angelegte Seen stellen zudem während der Runde eine sportliche Herausforderung dar. Golfgenuss pur lautet hier die Devise, nur zehn Kilometer von Schwäbisch Hall entfernt.

Strüver-Fazit: Großzügige Anlage in abwechslungsreicher Landschaft, ausgezeichnet mit dem Architekturpreis „Beispielhaftes Bauen".

Foto: Lukas Fontzek

Foto: Lukas Fontzek

Anfahrt: A6 (Heilbronn–Schnelldorf), Ausfahrt Kupferzell, Richtung Schwäbisch Hall, Richtung Ellwangen, in Dörrenzimmern rechts zum Golfplatz – A6 (Nürnberg–Heilbronn), Ausfahrt Kirchberg, Richtung Vellberg, dort Richtung Schwäbisch Hall, nach ca. 1 km links zum Golfplatz.

Name: Golfanlage Sinsheim Buchenauerhof AG
Adresse: Buchenauerhof 4
74889 Sinsheim
Telefon, Fax: +49-(0)7265-7258, +49-(0)7265-7379
E-Mail: info@golfclubsinsheim.de
Internet: www.golfclubsinsheim.de
Ansprechpartner: Günter Widl
Öffnungszeiten: März–Oktober: Mo–So 9.00–17.00 Uhr
November–Februar: Di–Sa 10.00–15.00 Uhr
Spielbahnen: 18
Green Fee: 60,00 € (werktags)
80,00 € (Wochenende und Feiertage)
Handicap: -54
Teilnahmebed.: Voucher gelten Mo–So

GOLFCLUB SINSHEIM
25 Jahre 1993-2018

Golfanlage Sinsheim

114

Anfahrt: A6, Ausfahrt Sinsheim Süd, am Stadion links abfahren, dann Richtung Weiler, von Weiler aus Richtung Waldangelloch zum Buchenauerhof.

Umrahmt von Wäldern in der typischen Kraichgauer Hügellandschaft ist unsere Anlage mit ihren top gepflegten Grüns und einer Gesamtfläche von fast 100 Hektar, der ideale Ort für Entspannung und sportliche Herausforderung.

Der Meisterschaftsplatz stellt aufgrund seiner Topografie und des Designs mit mehreren Doglegs hohe Anforderungen an die taktischen und technischen Fähigkeiten des Spielers, bietet aber durch mehrere Teeboxen gleichzeitig eine Golferlebnis für alle Spielstärken. Die Bahnen sind so angelegt, dass Sie schon schnell das Gefühl haben, ganz alleine auf dem Golfplatz zu sein. Unser Angebot beinhaltet zudem ein großzügiges, modernes Übungsareal und einen 6 Loch-Kurzplatz. Eine moderne, mit GPS ausgerüstete Golfcart-Flotte steht allen Spielern ebenso zur Verfügung wie eine Sonnenterasse für den perfekten Tagesabschluss.

Strüver-Fazit: Mit dem öffentlichen, ohne Platzreife zu bespielenden 6 Loch-Kurzplatz wird der Einstieg leicht gemacht.

Name:	Golfclub Johannesthal e. V.
Adresse:	Johannesthaler Hof 75203 Königsbach-Stein
Telefon, Fax:	+49-(0)7232-8098-60, +49-(0)7232-8098-88
E-Mail:	info@johannesthal.de
Internet:	www.johannesthal.de
Öffnungszeiten:	Saison: 9.00–18.00 Uhr
Spielbahnen:	18
Green Fee:	65,00 € (Di–Fr) 80,00 € (Wochenende und Feiertage) (Preisänderungen vorbehalten)
Handicap:	-54/PR
Teilnahmebed.:	Voucher gelten Di–So

Golfclub Johannesthal

Golf Club Johannesthal

DER Wohlfühlclub.

115

Der Golfclub Johannesthal ist der Ort im Kraichgau, der für die Menschen in der Region eine verantwortungsvolle und herausfordernde Freizeitgestaltung im Einklang mit der Natur bietet. Der Platz umfasst eine Fläche von 70 Hektar. Er wurde von Architekt Reinhold Weishaupt geplant und gebaut. Die 18-Loch-Golfanlage des Golfclubs Johannesthal ist ideal in die leicht hügelige Landschaft des Kraichgaus eingebettet und bietet einen Blick bis weit in den Nordschwarzwald hinein.
Von Beginn an wurde von Architekten und den Clubverantwortlichen mit Bedacht und Fachkenntnis Wert auf die Anpassung der Golfanlage an das vorgegebene Gelände gelegt, so dass der Golfplatz keine Landschaft verbraucht, sondern diese entwickelt und gestaltet hat.

Strüver-Fazit: Loch 4 heisst „Pappelinsel“ und ist das Schmuckstück dieser geselligen Anlage. Einfach nur Wohlfühlen.

Anfahrt: B10 (Pforzheim–Karlsruhe), in Wilferdingen Richtung Königsbach, dann Richtung Walzbachtal – B35 (Bruchsal–Bretten) bis Abzweigung B293 Richtung Karlsruhe. Abfahrt Walzbachtal/Wössingen, Richtung Königsbach – der Beschilderung folgen.

Name: Golfclub Pforzheim Karlshäuser Hof
Adresse: Karlshäuser Weg
75248 Ölbronn-Dürrn
Telefon, Fax: +49-(0)72 37-91 00, +49-(0)72 37-51 61
E-Mail: info@golfclub-pf.de
Internet: www.gc-pf.de
Ansprechpartner: Sekretariat
Öffnungszeiten: 9.00–18.00 Uhr/Winter 9.00–16.00 Uhr
Spielbahnen: 18
Green Fee: 60,00 € (werktags)
80,00 € (Wochenende und Feiertage)
Handicap: -54
Teilnahmebed.: Voucher gelten Mo–So

Golfclub Pforzheim Karlshäuser Hof

30
1

116

Anfahrt: A8, Ausfahrt Pforzheim-Nord, auf B294 Richtung Bretten. Nach ca. 3 km finden Sie die ausgeschilderte Einfahrt zum Golfplatz auf der rechten Seite.

Nördlich von Pforzheim, im zauberhaften Erlenbachtal, inmitten reizvoller Landschaft, schmiegt sich der 18 Loch-Meisterschaftsplatz des Golfclubs Pforzheim Karlshäuser Hof um ein unter Naturschutz stehendes Waldgebiet.

Der interessante und abwechslungsreiche Course bietet eine gekonnte Mischung aus sämtlichen Elementen des Golfspiels: modellierte Fairways, anspruchsvolle Grüns, acht malerische Teiche, idyllische Bachläufe und Hecken sowie strategisch gut verteilte Bunker sind für Bogey- und Scratchspieler eine hohe, aber faire Herausforderung. Neben der 18 Loch-Anlage verfügt der Club über die großzügigste und beste Übungseinrichtung der Region. Mit der großen Driving Range mit 19 Hüttenplätzen, einer Videohalle und 4 großen Arealen für das kurze Spiel wird ein reichhaltiges Angebot an Übungseinrichtungen geboten.

Strüver-Fazit: Naturnahe Anlage, die ein präzises Spiel erfordert. Ausgezeichnete Übungseinrichtungen.

Baden-Württemberg

Name: Golf- & Landclub Schloss Liebenstein e. V.
Adresse: Liebenstein 15
74382 Neckarwestheim
Telefon, Fax: +49-(0)71 33-98 78-11, +49-(0) 71 33-98 78-18
E-Mail: info@gc-sl.de
Internet: www.golfclubliebenstein.de
Ansprechpartner: Rüdiger Schmid
Öffnungszeiten: 9.00–18.00 Uhr
Spielbahnen: 27
Green Fee: 60,00 € (werktags)
80,00 € (Wochenende und Feiertage)
Handicap: -54 (werktags)
Herren -28, Damen -34 (Wochenende/Feiertage)
Teilnahmebed.: Voucher gelten Mo–Fr, nicht am Wochenende und an Feiertagen.

Golf- & Landclub Schloss Liebenstein

117

30
1

Die 27 Loch-Anlage, fast schon malerisch eingebettet zwischen den für die Landschaft typischen Weinbergen und Wäldern rund um das ehrwürdige Schloss Liebenstein, bietet dem Könner und Anfänger jederzeit spielerische Herausforderungen.

Der Platz mit 3 mal 9 Löchern von total unterschiedlichem Charakter ist teils hügelig, teils eben, von mehreren kleinen Wasserhindernissen durchzogen und besitzt sowohl enge Spielbahnen entlang der Weinberge im Tal, als auch großzügig angelegte Bahnen auf der Höhe, von wo Sie einen herrlichen Fernblick genießen können. Wenn Sie nach einer Golfrunde Wert auf gepflegte Gastlichkeit legen, erwartet Sie in unseren Clubräumen eine Gastronomie mit feiner gutbürgerlicher Küche.

Strüver-Fazit: Einer der größten Golfclubs in Baden-Württemberg bietet gepflegtes Ambiente und auch die Möglichkeit, vor Ort im Schloss zu übernachten.

Anfahrt: Aus Süden: A81, Ausf. Mundelsheim, Richt. Kirchheim bis zur Abzweigung Neckarwestheim. Nach etwa 150 m rechts, dann wieder rechts. Nach 1,3 km haben Sie Schloss Liebenstein erreicht. Aus Norden: Autobahnkreuz Weinsberg, A81 Richt. Stuttgart, Ausf. Ilsfeld. Durch Ilsfeld in Richt. Lauffen, nach Neckarwestheim abbiegen. Ausschilderung Richtung Schloss Liebenstein.

Name:	Golf Club Hetzenhof e. V.
Adresse:	Hetzenhof 7 73547 Lorch
Telefon, Fax:	+49-(0) 7172-9180-0, +49-(0) 7172-9180-30
E-Mail:	info@golfclub-hetzenhof.de
Internet:	www.golfclub-hetzenhof.de
Ansprechpartner:	Andreas Waibel
Öffnungszeiten:	9.00–17.00 Uhr
Spielbahnen:	27 + 6 Loch-Kurzplatz
Green Fee:	80,00 € (Mo–Fr) 95,00 € (Wochenende und Feiertage) Preisänderungen vorbehalten
Handicap:	-54
Teilnahmebed.:	Voucher gelten von Mo–Fr nur für 18 Loch-Runden, nicht bei Turnieren, nicht an Feiertagen, keine Startzeiten, bitte Wochenplan beachten

Golf Club Hetzenhof

118

Anfahrt: Von Stuttgart B29 in Richtung Aalen, Ausf. Lorch Ost/Göppingen oder von Aalen B29 Ausf. Lorch, weiter auf B297 Richtung Göppingen und der Beschilderung folgen. Von Esslingen, Plochingen, Kirchheim oder Ulm: B10 bis Göppingen, weiter auf B297 Richtung Lorch der Beschilderung folgen. Ins Navigationsgerät bitte eingeben: PLZ: „73547", Ort: „Lorch/Württemberg", Straße: „Hetzenhof"

Die 27 Loch-PGA-Meisterschaftsanlage des Golf Club Hetzenhof ist die größte Golfanlage in der Region Stuttgart.

Die grandiose Kulisse der drei Kaiserberge Hohenstaufen, Rechberg und Stuifen schafft abwechslungsreiche und ganz einzigartige Aussichten. Der 6 Loch-Kurzplatz sowie zahlreiche weitere Übungsmöglichkeiten sind gerade auch für Golfeinsteiger ideal. Ob sportlich ambitioniert in einer der vielen Mannschaften oder als Freizeitspieler: Der Golf Club Hetzenhof bietet beste Voraussetzungen, um sich auf sportliche Weise und in einem freundschaftlichen Umfeld zu entspannen. Schnuppern Sie doch mal rein: www.golfclub-hetzenhof.de

Strüver-Fazit: Die größte Golfanlage im Raum Stuttgart bietet drei 9 Loch-Schleifen, wobei der C-Kurs der längste ist. Großzügige Übungseinrichtungen ergänzen das hervorragende Gesamtbild.

Name: Golf-Club Hochstatt Härtsfeld-Ries e. V.
Adresse: Hofgut Hochstatt
73450 Neresheim
Telefon, Fax: +49-(0) 7326-5649, +49-(0) 7326-502 32
E-Mail: info@golfclub-hochstatt.de
Internet: www.golfclub-hochstatt.de
Ansprechpartner: Beate Eichmeier
Öffnungszeiten: April–Oktober: Mo–Fr 10.00–17.00 Uhr,
Sa, So, Feiertage: 10.00–15.00 Uhr
Spielbahnen: 18
Green Fee: 60,00 € (werktags)
75,00 € (Wochenende und Feiertage)
Handicap: PR
Teilnahmebed.: Voucher gelten nicht an Wochenenden und Feiertagen, bitte zu den Öffnungszeiten im Service Center einlösen

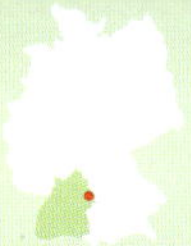

Baden-Württemberg

Golf-Club Hochstatt Härtsfeld-Ries

Golf-Club Hochstatt
Härtsfeld-Ries e.V.

119

Keine 30 Autominuten von der A7 liegt der Golf-Club Hochstatt sagenhaft ruhig und in wunderbarer Natur auf einem Hochplateau mit atemberaubendem Ausblick auf die Burg Katzenstein und das Kloster Neresheim.

Unser 18 Loch-Parkland-Kurs mit großzügig angelegten Grüns und gut platzierten Bunkern bietet eine Herausforderung für Golfer jeder Spielstärke. Der unverfälschte Charme der Anlage spiegelt sich im barocken Clubhaus aus dem Jahre 1684 aus dem Besitz von Gloria Prinzessin von Thurn und Taxis wider. Genießen Sie das einzigartige Ambiente im Clubrestaurant, im Kapellzimmer, in der Pergola oder auf der großartig gelegenen Sonnenterrasse und lassen Sie sich von unserer erstklassigen Gastronomie verwöhnen.

Strüver-Fazit: Herrschaftliche Anlage, idyllisch gelegen, die auch für erfahrene Golfer einige Tücken bereithält.

Anfahrt: A7, Ausfahrt 116 Heidenheim, Richtung Neresheim, von Neresheim ca. 3 km Richtung Dischingen, an der „Sägmühle“ rechts zum „Hochstatter Hof“.

Baden-Württemberg

Name: Golf-Club Hohenstaufen e. V.
Adresse: Unter dem Ramsberg
73072 Donzdorf
Telefon, Fax: +49-(0)71 62-27 171, +49-(0)71 62-25 744
E-Mail: info@gc-hohenstaufen.de
Internet: www.gc-hohenstaufen.de
Ansprechpartner: Christine Kaufmann, Petra Niemeyer
Öffnungszeiten: Mo–So 10.00–17.00 Uhr
Spielbahnen: 18
Green Fee: DGV-Ausweis mit „R":
60,00 € (werktags)
70,00 € (Wochenende und Feiertage)
Handicap: -54
Teilnahmebed.: Voucher gelten von Mo–Sa
(nicht an Sonn- und Feiertagen)

Golf-Club Hohenstaufen

30
1

120

Anfahrt: Von Göppingen (B10) Richtung Süssen, von dort nach Donzdorf (B466). Am Ortseingang beim Kreisverkehr weiter Richtung Reichenbach, nach ca. 600 m links abbiegen der Beschilderung Golfplatz folgen.

Golfen bei den Staufern, der Golf-Club Hohenstaufen e. V. lädt Sie ein!

Es erwartet Sie eine der ältesten und schönsten Golfanlagen in Baden-Württemberg, inmitten alter Laub- und Tannenwälder rund um den Ramsberg, dessen Burgschloss seine Ursprünge in der Stauferzeit hat. Die abwechslungsreichen und anspruchsvollen Spielbahnen, mit herrlichem Blick auf die Bergkette der schwäbischen Alb, werden Ihr sportliches Können auf reizvolle und spielerische Weise herausfordern. Nach erfolgreicher Runde lassen Sie sich auf der großzügigen Sonnenterrasse oder im Inneren des hell gestalteten Clubrestaurants kulinarisch verwöhnen.

Strüver-Fazit: An Bahn 3, einem Par 4, zeigt sich Ihre Psyche. Ein Drive mit kurzem Chip oder zwei Eisen zum Grün. Der Wald links und rechts der Spielbahn zieht Bälle magisch an.

Name:	Golfclub Schloss Weitenburg AG
Adresse:	Sommerhalde 11 72181 Starzach-Sulzau
Telefon, Fax:	+49-(0)7472-15050, +49-(0)7472-15051
E-Mail:	info@gcsw.de
Internet:	www.gcsw.de
Ansprechpartner:	Sven Bixenstein
Öffnungszeiten:	9.00–18.00 Uhr
Spielbahnen:	18 + 9
Green Fee:	60,00 € (Mo–Fr) 85,00 € (Wochenende und Feiertage)
Handicap:	-54
Teilnahmebed.:	Voucher gelten Mo–Fr (nicht an Feiertagen)

Golfclub Schloss Weitenburg

121

Golfen in einzigartiger Landschaft direkt am Neckar und mit traumhaftem Blick auf Schloss Weitenburg.

Der 18 Loch-Meisterschaftsplatz fügt sich harmonisch in die Umgebung rund um den malerischen Ort Starzach-Sulzau ein. Die Spielbahnen sind größtenteils entlang des Neckars angelegt und führen teilweise auch über den Fluss. Nach der Runde lädt die Gastronomie mit original schwäbischer Küche zum Verweilen ein. Anfänger aber auch Fortgeschrittene finden auf dem öffentlichen 9 Loch-Platz und den zahlreichen Übungseinrichtungen die Möglichkeit ihr Spiel zu verbessern. Auf der Golfanlage Schloss Weitenburg finden Sie Natur pur, Aktiverholung und sportliche Herausforderung gleichermaßen.

Strüver-Fazit: Gelände mit Wald, Gebüsch und guter Aussicht – hier kann der Golfer sportiv entspannen!

Anfahrt: A81 (Stuttgart–Singen), Ausfahrt Rottenburg nach Ergenzingen. Von Ergenzingen aus der Beschilderung zum Schloss Weitenburg folgen, an der Zufahrt zum Schloss vorbei nach Börstingen, dort links abbiegen nach Sulzau.

Name:	Golf-Club Freudenstadt e. V.
Adresse:	Ziegelwäldle 3 72250 Freudenstadt
Telefon, Fax:	+49-(0)7441-30 60, +49-(0)74 41-23 65
E-Mail:	info@golfclub-freudenstadt.de
Internet:	www.golfclub-freudenstadt.de
Ansprechpartner:	Karsten Pollak
Öffnungszeiten:	siehe Internet
Spielbahnen:	18
Green Fee:	60,00 € (werktags) 75,00 € (Wochenende und Feiertage)
Handicap:	PE
Teilnahmebed.:	Voucher gelten täglich
Sonstiges:	Änderungen der Green Fee-Preise vorbehalten

Golf-Club Freudenstadt

122

Anfahrt: A81 (Stuttgart–Rotweil), Ausfahrt Horb, Richtung Freudenstadt, in Freudenstadt über die Bahnhofstraße, Hohenriedstraße links abbiegen und der Beschilderung folgen.

Tradition leben – Moderne genießen

Nur etwa 1.000 Meter von Deutschlands größtem geschlossenen Marktplatz entfernt liegt stadtnah die 18-Loch-Anlage des bereits 1929 gegründeten Golf-Club Freudenstadt.
Tradition wird im Golf-Club Freudenstadt sehr groß geschrieben und in allen Bereichen des Clubs gelebt. Dennoch genießen die Mitglieder und Gäste alle Vorzüge und den Service einer modernen Golfanlage.
Der Platz bietet alles, was das Golferherz höher schlagen lässt: eine Golfrunde mit kleinen Bächen, Biotopen und Grüns, die zum Teil direkt am Wald liegen – einfach traumhaft golfen.
Nach der Runde lädt das Clubhaus mit seiner sonnigen Terrasse und der ausgezeichneten Küche zum Verweilen ein.

Strüver-Fazit: Eine herrliche Anlage, die u. a. durch Wasserhindernisse, parkähnliche Bahnen und top gepflegte Grüns ein abwechslungsreiches Spiel bietet.

Frankreich

Name: Golf International Soufflenheim Baden-Baden S.A.
Adresse: Allée du Golf
F-67620 Soufflenheim
Telefon, Fax: +33-(0)3 88 05 77 00, +33-(0)3 88 05 77 01
E-Mail: info@golfclub-soufflenheim.com
Internet: www.golfclub-soufflenheim.com
Ansprechpartner: Eva-Maria Lotter
Öffnungszeiten: 8.00–18.00 Uhr, ganzjährig
Spielbahnen: 18 + 9 + 6
Green Fee: 85,00 € (Mo–Fr, inkl. Feiertage)
95,00 € (Sa, So)
Handicap: -45
Teilnahmebed.: Voucher gelten Di, Do und So außer an Feiertagen

Golf International Soufflenheim Baden-Baden

123

30
1

Weltklasse-Golfer Bernhard Langer und Golfplatzarchitekt Kurt Rossknecht haben in Soufflenheim ein wahres Meisterwerk geschaffen.

In einer bezaubernden, stillen Natur, in einer herrlichen, von Ruhe beseelten Auenlandschaft, umgeben von Wald, fernab von Lärm und Hektik sind 33 Grüns und 18 teils neu geschaffene Seen harmonisch in das Gelände eingebettet. Die 18 Spielbahnen erfordern alles Können des Spielers und sind trotzdem auch für hohe Handicapper sportlich fair, so dass auch der Anfänger eine Chance hat. Die gesamte Golfanlage ist großzügig und anspruchsvoll, hat perfekte Trainingsmöglichkeiten und ein Clubhaus, das zum Verweilen einlädt.

Strüver-Fazit: Ein renommierter, großzügiger Platz, der bei Anfängern und Fortgeschrittenen gleichermaßen keine Wünsche offen lässt.

Anfahrt: A5 (Karlsruhe–Basel), Ausfahrt Baden-Baden, B500 Richtung Iffezheim, weiter Richtung Frankreich (B500/D4), Fr. Autobahn A35, Richtung Strasbourg bis Abfahrt Rountzenheim, N63 Richtung Soufflenheim, Ausfahrt Nr. 55. Der Beschilderung „Golf" folgen.

Name:	Baden Hills Golf und Curling Club e.V.
Adresse:	Cabot Trail G208 77836 Rheinmünster
Telefon, Fax:	+49-(0)7229-185100, +49-(0)7229-1851011
E-Mail:	info@baden-hills.de
Internet:	www.baden-hills.de
Ansprechpartner:	Jürgen Weissenrieder
Spielbahnen:	18
Green Fee:	60,00 € (werktags); Aufschlag VcG Spieler: 10,00 € 80,00 € (Wochenende und Feiertage) Aufschlag VcG Spieler: 10,00 €
Handicap:	-54
Teilnahmebed.:	Voucher gelten Mo–Fr

Baden Hills Golf und Curling Club

124

Anfahrt: Autobahn A5 Ausfahrt Baden-Baden, der Beschilderung zum Baden Airpark folgen. Nach der Abzweigung Baden Airpark, Beschilderung Golfplatz folgen.

Ganzjähriges Golfen am Fuße des Schwarzwaldes ist hier im Club aufgrund der besonderen sandigen und gut wasserdurchlässigen Bodenbeschaffenheit möglich. Und das vor einmaliger Kulisse direkt am Baden-Airpark.

Besonderes Flair ergibt sich aus dem Panorama des Schwarzwaldes und den auf dem Rhein vorbeiziehenden Schiffen. Eine perfekte Symbiose aus gewollter Naturbelassenheit und moderner Platzarchitektur mit interessanten Doglegs laden zu einer Runde Golf ein. Der Platz liegt in der klimatisch begünstigten Oberrheinebene im Städtedreieck Baden-Baden und Bühl unweit von Straßburg. Und nach einem schönen Spiel erwartet Sie Francesco mit italienischen Köstlichkeiten im clubeigenen Restaurant.

Strüver-Fazit: Les Furber, ein Schüler von Robert Trent Jones, gestaltete diesen ebenen Platz, der durch das milde Klima ganzjährig auf Sommergrüns bespielbar ist.

Baden-Württemberg

Name:	Golfclub Urloffen e. V.
Adresse:	Golfplatz 1, 77767 Appenweier-Urloffen
Telefon, Fax:	+49-(0)78 43-99 32 40, +49-(0)78 43-99 32 42
E-Mail:	sekretariat@golfclub-urloffen.de
Internet:	www.golfclub-urloffen.de
Ansprechpartner:	Tanja Taxis
Öffnungszeiten:	ganzjährig
Spielbahnen:	27
Green Fee:	60,00 € (werktags) 80,00 € (Wochenende und Feiertage) gilt nicht bei Gruppen-Tarifen
Handicap:	-54
Teilnahmebed.:	Voucher gelten ganztägig
Sonstiges:	Flacher Platz, Spielzeit unter vier Stunden möglich, Teetime nur am Wochenende + feiertags

Golfclub Urloffen

125

In der oberrheinischen Tiefebene zwischen Rhein und Schwarzwald liegt der Golfclub Urloffen in einer beliebten Touristen- und Ausflugsregion und bietet während des Golfspiels einen beeindruckenden Blick auf die Hornisgrinde, den mit 1.164 m höchsten Berg im nördlichen Schwarzwald.

Auch die beliebte Badische Weinstraße, die legendäre Schwarzwaldbahn sowie die berühmte Schwarzwaldhochstraße sind nicht weit entfernt. Bei uns in Urloffen zeigt die Natur, was in ihr steckt: Von blühenden Obstbäumen im Frühjahr über strahlend schöne Sommertage mit saftigen Grüns bis hin zu golden gefärbten Blättern im Herbst! Fernab vom Alltag können Sie hier beim Golfspiel entspannen, die frische Luft genießen und nette Menschen kennenlernen. Schauen Sie doch einfach einmal bei uns vorbei – Sie werden begeistert sein!

Strüver-Fazit: Traumhaft gelegen, ermöglicht der Platz mit einem vielseitigen Wechsel von Par 3, 4 und 5 eine faszinierende Bahnenabfolge und vielseitige Herausforderungen für jeden Spieler.

Anfahrt: B3 (Offenburg–Baden Baden). In Appenweier-Zimmern am Treff-Markt vor Ortsende rechts einbiegen und Schildern „Golfplatz" folgen. Von Achern-Renchen kommend in Zimmern am Ortseingang links am Treff-Markt einbiegen und Schildern „Golfplatz" folgen. Die Anlage ist in weniger als 10 Minuten von der Autobahn A5 erreichbar.

Name:	Golfclub Ortenau e. V.
Adresse:	Gereut 9.1 77933 Lahr
Telefon, Fax:	+49-(0)7821-77227, +49-(0)7821-77287
E-Mail:	kontakt@gc-ortenau.de
Internet:	www.gc-ortenau.de
Ansprechpartner:	André Meyer, Elke Baumer
Öffnungszeiten:	April–Oktober: Mo-So 9.00–17.00 Uhr, November–März: Di–Sa 10.00–16.00 Uhr
Spielbahnen:	18
Green Fee:	60,00 € (werktags) 70,00 € (Wochenende und Feiertage)
Handicap:	-54
Teilnahmebed.:	Voucher gelten Mo–So

Golfclub Ortenau

126

Der Golfclub Ortenau e. V. ist der älteste Golfclub zwischen Baden-Baden und Freiburg.

Die Anlage ist in schönste Schwarzwaldlandschaft eingebettet und liegt im Gereuter Tal. Die unverwechselbare Kulturlandschaft konnte ohne landschaftszerstörende Eingriffe erhalten bleiben. Die Fairways sind mit 5.001m nicht übermäßig lang, erfordern jedoch durch Hanglagen, Biotope, Bäche und Teiche ein strategisches Spiel. Nach einem konditionell anspruchsvollen Anstieg wird man auf dem höchstgelegenen Abschlag der Ortenau mit einem fantastischen Blick über die Anlage bis zur Burg Geroldseck belohnt.

Strüver-Fazit: Der Platz erfordert durch seine vergleichsweise kleinen Grüns und gut platzierten Hindernisse ein taktisches Spiel.

Anfahrt: A5 Karlsruhe/Basel, Abfahrt Lahr. Danach B36/B415 Richtung Biberach/Seelbach. In Reichenbach links in die Gereutertalstraße. Das Clubhaus befindet sich nach ca. 2 km. B33 (Kinzigtal): B415 Richtung Lahr, nach Reichenbach. Nach der 2. Fußgängerampel rechts. Achten Sie auf Blitzgeräte.

Name:	Golfclub Gröbernhof e. V.
Adresse:	Gröbern 1 77736 Zell a. H.
Telefon, Fax:	+49-(0)7835-634909, +49-(0)7835-5479899
E-Mail:	info@gc-groebernhof.de
Internet:	www.golfclub-groebernhof.de
Ansprechpartner:	Andrea Breig-Jehle, Sylvia Singler
Öffnungszeiten:	ganzjährig
Spielbahnen:	18
Green Fee:	60,00 € (werktags) 70,00 € (Wochenende und Feiertage) Änderungen vorbehalten
Handicap:	-54
Teilnahmebed.:	Voucher gelten täglich, nicht bei Turnieren einlösbar, nicht kombinierbar mit anderen Rabatten oder Nachlässen

Baden-Württemberg

Golfclub Gröbernhof

Golfclub Gröbernhof e.V.

127

Inmitten einer typischen, offenen Schwarzwälder Tälerlandschaft im idyllischen Harmersbachtal liegt die 18 Loch Golfanlage des GC Gröbernhof, umgeben von einem reizvollen Mittelgebirgspanorama.

In einer der sonnenreichsten Gegenden Deutschland gelegen, nahezu nebelfrei profitieren die Golfer von der Lage. Dazu kommt: keine Startzeiten. Der anspruchsvolle und äußerst abwechslungsreiche Parcour mit zahlreichen Naturelementen, Blumenarealen, Biotopen, ausgedehnten Streuobstbeständen bietet Golferlebnisse für den ambitionierten Golfer, wie auch für den Einsteiger. Das 19. Loch mit der urigen „Tenne" im ehemaligen Ökonomiegebäude des denkmalgeschützten Hofgutareals, bietet mit einer herrlichen Panoramaterrasse einen Blick auf das Golfareal.

Strüver-Fazit: Vielseitige Herausforderung mit interessant gestalteten Bahnen und raffiniert modellierten Grüns erfordern ein strategisches Spiel.

Anfahrt: A5, Ausfahrt Offenburg, B33 Richtung Villingen/Schwenningen, Ausfahrt Zell am Harmersbach – A5, Ausfahrt Lahr, B415 Richtung Biberach – Zell am Harmersbach.

Baden-Württemberg

Name:	Golfanlage Schopfheim GbR
Adresse:	Ehner-Fahrnau 12 79650 Schopfheim
Telefon, Fax:	+49-(0)7622-674760, +49-(0)7622-6747618
E-Mail:	post@golfanlage-schopfheim.de
Internet:	www.golfanlage-schopfheim.de
Ansprechpartner:	Rolf Wetzel
Öffnungszeiten:	9.00–18.00 Uhr
Spielbahnen:	9
Green Fee:	18 Loch: 50,00 € (werktags) 18 Loch: 60,00 € (Wochenende und Feiertage)
Handicap:	-54
Teilnahmebed.:	Voucher gelten immer
Sonstiges:	Stellplätze für Wohnmobile sind vorhanden. Hunde an der Leine sind erlaubt.

Golfanlage Schopfheim

30
1

128

Anfahrt: B317 bis Hausen im Wiesental, dort abbiegen zum Golfplatz – Ehner-Fahrnau 12.

Die Golfanlage Schopfheim liegt im vorderen Wiesental, in der Nähe der Schweizer Grenze, zwischen dem Fluss „Wiese" und bewaldeten Hügeln.

Die Anlage ist um das Hofgut Ehner-Fahrnau mit dem Schloss Roggenbach angeordnet. Die Golfanlage verlangt einiges an Spieltaktik, da ihre Par 3, Par 4 und Par 5 Fairways zwar relativ flach, aber von vielen Wasserhindernissen frontal und/oder seitlich begrenzt sind. Alle Spielbahnen sind so abwechslungsreich gestaltet, dass jede von ihnen ihre ganz eigene Herausforderung darstellt. Eine großzügige Driving Range mit vier überdachten Abschlägen runden das Angebot ab.
Nach dem Spiel trifft man sich gerne im gemütlich eingerichteten Bistro.

Strüver-Fazit: Parkähnliche Spielbahnen mit an jeder Bahn natürlichen Wasserhindernissen in einzigartiger Landschaftskulisse.

Baden-Württemberg

Name:	Golf-Club Sigmaringen Zollern-Alb e. V.
Adresse:	Buwiesen 10 72514 Inzigkofen
Telefon, Fax:	+49-(0)7571-744 20, +49-(0)7571-744 235
E-Mail:	info@gc-sigmaringen.de
Internet:	www.gc-sigmaringen.de
Ansprechpartner:	Matthias Lupp
Öffnungszeiten:	Mo–So 9.00–18.00 Uhr
Spielbahnen:	18
Green Fee:	60,00 € (werktags) 75,00 € (Wochenende und Feiertage)
Handicap:	-54
Teilnahmebed.:	Voucher gelten Mo–So
Sonstiges:	Keine Startzeiten erforderlich. Hunde an der Leine sind erlaubt. Modernes Scope-Videosystem in der Golfschule von Ian Peek. Wohnmobil-Stellplätze mit Stromanschluss vorhanden

Golf-Club Sigmaringen Zollern-Alb

Golf-Club Sigmaringen Zollern-Alb

129

Auf 4-Sterne-Niveau golfen im Naturpark „Obere Donau".

In direkter Nähe zum wildromantischen Donautal und nur fünf Kilometer von der Hohenzollernstadt Sigmaringen mit seinem weltberühmten Stadtschloss entfernt liegt der 18 Loch-Golfplatz, der ausgesprochen variantenreiche Bahnen hat. Die Anlage besticht durch perfekt gepflegte, schnelle Grüns und breite Fairways. Einen atemberaubenden Ausblick hat man vom 6. Tee in Richtung Westen. Spektakulär ist auch die Bahn 13, ein Par 3 über ein Tal mit einem schmalen Grün. 2018 und 2019 wurden weitere Umbaumaßnahmen an Spielbahnen vorgenommen, die den Platz noch interessanter machen. Die großzügige Terrasse lädt mit ihren Loungemöbeln und einem herrlichen Ausblick auf das 18. Grün zum Verweilen nach der Runde ein.

Strüver-Fazit: 2015 wurde am 18. Grün ein neuer Teich mit Natursteinen gebaut, der die Schlussbahn zu einer besonderen Herausforderung werden lässt.

Anfahrt: A81 (Stuttgart–Singen), Ausfahrt Empfingen, Balingen, B463 nach Albstadt, Sigmaringen, B313 Richtung Meßkirch. A81 (Singen–Stuttgart), Ausfahrt Geisingen, B311 nach Tuttlingen, Meßkirch, B313 Richtung Sigmaringen. Der Beschilderung folgen.

Name: Green-Golf Bad Saulgau
Adresse: Koppelweg 103
88348 Bad Saulgau
Telefon, Fax: +49-(0)7581-527455, +49-(0)7581-527487
E-Mail: info@gc-bs.de
Internet: www.gc-bs.de
Ansprechpartner: Uwe Hinz
Öffnungszeiten: März–November
Spielbahnen: 18
Green Fee: 50,00 € (werktags)
60,00 € (Wochenende und Feiertage)
Handicap: -54
Teilnahmebed.: Voucher gelten Mo–So

Green-Golf Bad Saulgau

130

Anfahrt: Von Sigmaringen und Ravensburg: B32, Abfahrt Haid, durch Haid und Wilfertsweiler hindurch, der Beschilderung folgen.
Von Ulm: B311 Richtung Ravensburg/Bodensee. Ab Herbertingen B32 Richtung Ravensburg, Abfahrt Haid, durch Haid und Wilfertsweiler hindurch, der Beschilderung folgen.

Green-Golf Bad Saulgau, der 18 Loch-Golfplatz im Herzen von Oberschwaben zwischen Bodensee und Donau.

Am Rande der Kurstadt Bad Saulgau eingebettet zwischen alten Wäldern ist hier die Symbiose zwischen Golf und Natur in einer herausragenden Weise verwirklicht worden. Hierbei findet sowohl der anspruchsvolle Golfer, der die sportliche Herausforderung sucht, als auch der „Genussgolfer", der beim Golfen Entspannung und Erholung sucht, seine Erwartungen mehr als erfüllt. Nach der Runde lädt das Restaurant am Golfplatz die Golfer auf einer sonnigen Terrasse zum gemütlichen Verweilen ein.
Für Gäste mit Wohnmobilen stehen überdachte Parkplätze mit Stromanschluss zur Verfügung.

Strüver-Fazit: Moderne Infrastruktur und ein freundliches Team ergänzen den gepflegten Platz. Durch das gute Preis-/Leistungsverhältnis ein kleiner Geheimtipp.

Name: Golf & Country Club Erftal e. V.
Adresse: Ortsstraße 30
63928 Eichenbühl-Guggenberg
Telefon, Fax: +49-(0)9378-789, +49-(0)9378-908126
E-Mail: info@golfclub-erftal.de
Internet: www.golfclub-erftal.de
Ansprechpartner: Michaela Reuys
Öffnungszeiten: 9.00–17.00 Uhr
Spielbahnen: 18 + 18
Green Fee: 50,00 € (werktags)
60,00 € (Wochenende und Feiertage)
Handicap: -54
Teilnahmebed.: Voucher gelten Mo–So
Sonstiges: Kartenzahlung möglich, Hunde angeleint erlaubt. Bitte an Sonn- und Feiertagen Startzeiten buchen.

Golf & Country Club Erftal

132

Sportliche Atmosphäre über dem Erftal.

In die bezaubernde Landschaft des Odenwaldes eingebettet und mit herrlichem Weitblick in das Erftal hinein bietet der Platz besondere Charakteristika. Sowohl Sportlichkeit als auch Fairness standen Pate bei Planung und Bau des Platzes, so dass er für alle Leistungsstärken spielbar ist. Kurze Wege zwischen den Bahnen ermöglichen ein fließendes Spiel. Der knapp 5.650 m lange Kurs (Par 71) ist mit seinen Bunkern, Wasserhindernissen und teilweise tückischen Grüns eine Herausforderung für Golfer aller Spielstärken.

Strüver-Fazit: Eine Anlage für alle Handicap-Klassen: Die breiten Fairways sind auch ideal für Anfänger geeignet.

Anfahrt: A3 (Frankfurt–Würzburg), Ausfahrt Aschaffenburg-West, B469 Richtung Miltenberg–Eichenbühl–Riedern bis Guggenberg. A8 (Würzburg–Heilbronn), Ausfahrt Tauberbischofsheim, Richtung Hardheim–Miltenberg bis Guggenberg.

Bayern

Name: Aschaffenburger Golfclub e. V.
Adresse: Am Heigenberg 30
63768 Hösbach
Telefon, Fax: +49-(0)6024-63400, +49-(0)6024-634011
E-Mail: info@golfclub-aschaffenburg.de
Internet: www.aschaffenburger-golfclub.de
Ansprechpartner: Boris Kopsch
Öffnungszeiten: Mo–So 9.00–17.00 Uhr
Spielbahnen: 18 + 6 Loch-Kurzplatz
Green Fee: 48,00 € (werktags)
58,00 € (Wochenende und Feiertage)
Handicap: –
Teilnahmebed.: –

Aschaffenburger Golfclub

133

Anfahrt: siehe Homepage

Herzlich willkommen im Aschaffenburger Golfclub!

Der Aschaffenburger Golfclub e. V. gehört zu den renommiertesten und traditionsreichsten Golfplätzen in der Region. 1977 ist die Golfanlage in herrlicher Landschaft im Markt Hösbach entstanden und fühlt sich seither der Heimatgemeinde eng verbunden. Der Golfclub besticht nicht nur durch die äußerst interessant angelegten Spielbahnen, sondern auch durch den fantastischen Ausblick auf die traumhaft schöne Region des Vorspessarts. Die wunderschöne Terrasse lädt Clubgäste und Spieler gleichermaßen zum Verweilen ein und das Restaurant „der heigenberger" besticht durch perfektes Essen in großartigem Ambiente. Neue Mitgliedschaftsmodelle ermöglichen Interessierten den einfachen Einstieg in den faszinierenden Golfsport. Gäste sind auf der Anlage und im Restaurant immer herzlich willkommen!

Strüver-Fazit: Leicht hügelige und teilweise enge Bahnen erfordern genaues Spiel, aber tolle Ausichten und ein geselliger Club sind die Belohnung.

Bayern

Name: Golfclub Main-Spessart e. V.
Adresse: Eichenfürst 9
97828 Marktheidenfeld
Telefon, Fax: +49-(0)9391-8435, +49-(0)9391-8816
E-Mail: info@main-spessart-golf.de
Internet: www.main-spessart-golf.de
Ansprechpartner: Manuel Bleimann
Öffnungszeiten: 9.00–18.00 Uhr
Spielbahnen: 18
Green Fee: 50,00 € (Mo–Fr)
60,00 € (Wochenende und Feiertage)
Handicap: -54
Teilnahmebed.: Voucher gelten Mo–So
Sonstiges: Kartenzahlung möglich

Golfclub Main-Spessart

Herzlich willkommen im Golfclub Main-Spessart.

133

30
1

Der Golfclub verfügt über eine unvergleichlich schön gelegene 18 Loch-Anlage mit ausdrucksvollen, abwechslungsreichen Spielbahnen und einem fantastischen Ausblick über die Höhen des Maintals. Die Golfanlage bietet die besten Voraussetzungen für ein entspanntes Spiel. Wir bieten allen, die die Faszination des Golfsports kennenlernen wollen, eine im Umkreis einmalige Gelegenheit: einen öffentlichen Kurzplatz. Die 5 Löcher, die um das Clubhaus angeordnet sind, können ohne Clubmitgliedschaft gespielt werden. Schauen Sie vorbei, lernen Sie uns und die gesamte Anlage kennen und überzeugen Sie sich, welch nette Menschen im Club anzutreffen sind.

Strüver-Fazit: Sehr gut einsehbare Spielbahnen, die durch Rough und Bunker begleitet werden. Einige große Grüns können schnell zum Dreiputt führen.

Anfahrt: A3 Frankfurt/Würzburg, Ausfahrt Marktheidenfeld, ca. 2,5 km Richtung Marktheidenfeld, hinter dem Gutshof Eichenfürst links abbiegen, Richtung Golfanlage nach 300 m rechts Parkplatz Golfclub Main-Spessart.

Name:	Golfclub Kitzingen e. V.
Adresse:	Lailachweg 1 97318 Kitzingen
Telefon:	+49-(0)9321-4956
E-Mail:	info@golfclub-kitzingen.de
Internet:	www.golfclub-kitzingen.de
Ansprechpartner:	Jürgen T. Knauf
Öffnungszeiten:	9.00–18.00 Uhr November–Februar: 10.00–16.00 Uhr
Spielbahnen:	18
Green Fee:	50,00 € (werktags) 60,00 € (Sa/So/Feiertage)
Handicap:	–
Teilnahmebed.:	–

Golfclub Kitzingen

134

Golfclub mit Herz – Im Herzen von Deutschland. Der sympathische und sportliche Golfclub in der Region Mainfranken!

In reizvoller Lage, am Rande des Steigerwaldes über dem Maintal, liegt unsere 18 Loch-Anlage mit zwei separaten Übungsanlagen, die keine Wünsche offen lässt. Die faire, aber anspruchsvolle Gestaltung der Spielbahnen wird den Anforderungen von Golfern aller Spielklassen gerecht. Die Lage und unser Klima ermöglichen eine nahezu ganzjährige Bespielbarkeit. Geschickt in die Spielbahnen integrierte Biotope sowie Roughs, die diesen in die schöne Landschaft eingebetteten Golfplatz einsäumen, machen das Spiel nicht nur interessant und anspruchsvoll, sondern lassen die Runde zu einem wahren Vergnügen werden. Bei uns benötigen Sie auch am Wochenende keine Startzeiten.

Strüver-Fazit: 1947 von der US Army als 9 Loch-Platz gegründet liegt der heutige 18 Loch-Platz auf einer Anhöhe mit weitem Ausblick auf das Maintal.

Anfahrt: über Steigweg

Bayern

Name: Golfclub Steigerwald in Geiselwind e. V.
Adresse: Friedrichstraße 12
96160 Geiselwind
Telefon, Fax: +49-(0)95 56-14 84, +49-(0)95 56-14 82
E-Mail: info@golfclub-steigerwald.de
Internet: www.golfclub-steigerwald.de
Ansprechpartner: Anita Leitner
Öffnungszeiten: Mo–So 9.00–17.00 Uhr
Spielbahnen: 18
Green Fee: 60,00 € (werktags)
70,00 € (Wochenende und Feiertage)
Handicap: -54
Teilnahmebed.: Voucher gelten Mo–So
Sonstiges: Hunde angeleint erlaubt, Golfcarts vorhanden, Hotel am Platz, Wohnmobile möglich, Startzeiten erforderlich

Golfclub Steigerwald in Geiselwind

Der Platz fügt sich perfekt in die ursprünglichen Gegebenheiten der fränkischen Landschaft ein.

135

30
1

Auf einem für den Steigerwald typischen Hochplateau ergänzen zwei hügelige Passagen den sonst nur leicht gewellten Platz, der sich über ein ca. 60 ha großes Gelände erstreckt und im Westen und Osten vom Wald begrenzt wird. Als meisterhaft darf die Platzierung der Grüns bezeichnet werden. Einige liegen offen da und bieten dem Golfer einen herrlichen Ausblick auf die fränkische Landschaft, andere hingegen wurden fast völlig im Wald versteckt.

Strüver-Fazit: Hügeliges Gelände, anspruchsvolle Fairways, sehr interessant gestaltet von Don Harradine. Loch 9 bietet eine interessante Perspektive. Hier wurde 2004 auch schon ein Albatros von einem Amateur gespielt.

Anfahrt: A3 (Würzburg–Nürnberg), Ausfahrt Geiselwind bis Ortsmitte. Dort der Beschilderung folgen.

Bayern

Name: Golfclub Reichsstadt Bad Windsheim e. V.
Adresse: Otmar-Schaller-Allee 1
91438 Bad Windsheim
Telefon, Fax: +49-(0)98 41-50 27, +49-(0)98 41-34 48
E-Mail: gc.badwindsheim@t-online.de
Internet: www.golf-bw.de
Ansprechpartner: Dr. Peter Hofmann, Spielführer
Öffnungszeiten: ganzjährig
Spielbahnen: 18 + 6
Green Fee: 60,00 € (werktags)
70,00 € (Sa/So/Feiertage)
Sonderregelung bzgl. Ausweishologramm 2020/2021 gemäß aktuellem Preisaushang
Handicap: -54
Teilnahmebed.: Mitgliedschaft in einem eingetragenen Golfclub
Sonstiges: Wohnmobilstellplätze mit Elektroanschluss vorhanden!

Golfclub Reichsstadt Bad Windsheim

30 / 1

136

Anfahrt: A7 (Würzburg–Rothenburg o.T.), Ausfahrt Bad Windsheim, B470 bis Bad Windsheim-West – Westtangente Nürnberg-Fürth, Richtung Markt Erlbach bis Bad Windsheim-Ost – der Beschilderung „Golf" folgen.

Romantische Orte wie Iphofen oder Rothenburg ob der Tauber liegen in nächster Nähe.

Auf dem großzügigen Terrain zwischen Steigerwald und Frankenhöhe im westmittelfränkischen Bad Windsheim liegen der 18 Loch-Meisterschaftsplatz sowie ein 6 Loch-Kurzplatz, der auch von Golfanfängern bespielt werden darf. Großzügige Fairways in unmittelbarer Nähe von Weinbergen, unterbrochen von Biotopen und sanften Hügeln stellen jeden Golfer vor eine Herausforderung. Die abwechslungsreiche Gestaltung der Anlage in Harmonie mit einer außergewöhnlichen Landschaft ermöglicht Spielern aller Spielstärken interessante Golfrunden.

Strüver-Fazit: Ein Platz, der nicht unterschätzt werden sollte: Die großzügig angelegten Spielbahnen sehen auf den ersten Blick einfach aus. Immer wieder herrliche Blicke von den Spielbahnen auf das große Clubhaus.

Bayern

Name: Golf-Club Herzogenaurach e. V.
Adresse: Burgstall 1
91074 Herzogenaurach
Telefon, Fax: +49-(0)91 32-405 86, +49-(0)91 32-4 05 81
E-Mail: info@golfclub-herzogenaurach.de
Internet: www.golfclub-herzogenaurach.de
Ansprechpartner: Petra Spanl
Öffnungszeiten: Juni–August: 8.00–18.00 Uhr
September–Mai: lt. Homepage
Spielbahnen: 18
Green Fee: siehe Homepage
Handicap: -45 (wochentags), -36 (Wochenende)
Teilnahmebed.: Voucher gelten Mo–Fr; am Wochenende und an Feiertagen nur nach telefonischer Anmeldung

Golf-Club Herzogenaurach

Herzlich willkommen im Golf-Club Herzogenaurach e. V.!

137

30
1

Golfen im Golf-Club Herzogenaurach heißt: Sport auf höchstem Niveau, Wohlfühlen und unvergessliche Golferlebnisse auf einer der attraktivsten Anlagen in Bayern!
Der 18-Loch-Platz liegt eingebettet inmitten der reizvollen fränkischen Landschaft im Süden von Herzogenaurach. Golfer jeden Alters und jeder sportlichen Ambition erwartet ein bestens gepflegter Kurs – anspruchsvoll, abwechslungsreich, fair! Unser öffentliches Golfrestaurant, mit seinem modernen und behaglichen Ambiente, Wintergarten und Sonnenterrasse, verwöhnt Sie mit frischen Spezialitäten und freut sich auf Ihren Besuch.

Strüver-Fazit: Hier trifft Tradition auf Innovation – neben familiärem Clubleben erwartet Sie ein in besonderem Maße attraktiver Platz für unvergessliche Golferlebnisse.

Anfahrt: A3 (Würzburg–Nürberg), Ausfahrt Frauenaurach, dann Richtung Herzogenaurach. In Herzogenaurach der Beschilderung folgen.

Name: Golfclub Schloss Reichmannsdorf
Adresse: Obere Hauptstraße 10
96132 Schlüsselfeld
Telefon, Fax: +49-(0)9546-5954964, +49-(0)9546-5948905
E-Mail: golf@schloss-reichmannsdorf.de
Internet: www.golfanlage-reichmannsdorf.de
Ansprechpartner: Heidi Bohn
Öffnungszeiten: 9.00–17.00 Uhr
Spielbahnen: 18
Green Fee: siehe Homepage
Handicap: -54
Teilnahmebed.: Voucher gelten Mo–Do, Fr bis 12.00 Uhr (nicht an Feiertagen)

GOLFCLUB SCHLOSS REICHMANNSDORF

Golfclub Schloss Reichmannsdorf

30
1

138

Anfahrt: Sie finden uns in Schlüsselfeld, Ortsteil Reichmannsdorf, in der Mitte zwischen Burgebrach und Schlüsselfeld gelegen. Von der A3 Nürnberg-Würzburg (von Süden kommend): Ausfahrt Höchstadt-Nord/Mühlhausen, von der A3 Nürnberg-Würzburg (von Norden kommend): Ausfahrt Schlüsselfeld

Abschlagen – Wohlfühlen – Golfspielen!

Der inmitten des idyllischen Schlossparks gelegene sehr gepflegte 18-Loch Golfplatz lädt Golfer und „Golfentdecker" zu einem sportlichen Erlebnis in naturbelassener Kulisse ein. Die weitläufige Anlage in herrlicher Natur und Ruhe sowie das traditionelle, im Fachwerk erbaute Clubhaus mit seiner sonnigen Terrasse vermittelt eine wohltuend entspannte Atmosphäre. Hier bietet sich die Gelegenheit, den Golftag bei einem kühlen Bier, Kaffee und einen selbstgebackenen Kuchen oder einem Imbiss gemütlich ausklingen zu lassen. Unser angrenzendes Hotel und Schloss – nur ein Par 3 vom Golfplatz entfernt – bietet den Gästen mehr als nur einen Ort zum Essen und Schlafen.

Strüver-Fazit: Das 18. Loch geht über Wasser und erfordert nochmals Konzentration, bevor Sie im angrenzenden Hotel die Runde Revue passieren lassen.

Bayern

Name:	Golf Club Erlangen
Adresse:	Am Schleinhof 1 91077 Kleinsendelbach
Telefon, Fax:	+49-(0)91 26-5004, +49-(0)91 26-5040
E-Mail:	info@gc-erlangen.de
Internet:	www.gc-erlangen.de
Ansprechpartner:	Sabine Trostner
Öffnungszeiten:	9.00–17.00 Uhr
Spielbahnen:	18
Green Fee:	werktags: 60,00 €, Ausweiskennzeichnung ohne R 80,00 € Wochenende und Feiertage: 75,00 €, Ausweiskennzeichnung ohne R 95,00 €
Handicap:	-54
Teilnahmebed.:	Voucher gelten Mo–Do und Fr bis 12.00 Uhr (nicht an Feiertagen und nicht für Turniere)

Golf Club Erlangen

139

30
1

Raus aus der City und rein ins Vergnügen – beim Golfen im GC Erlangen ist dies eine Sache von gerade Mal 15 Minuten von Nürnberg und Erlangen.

Neben der sportlichen Herausforderung bietet der Golf Club die Möglichkeit abzuschalten, die Natur zu genießen und zu entspannen. Eingebettet in die hügelige Landschaft Frankens bietet der 18 Loch-Platz sportlich anspruchsvolle Bahnen. Durch die großzügig angelegten Fairways sind auch für den Einsteiger gute Scores zu erreichen. Neu angelegte Flussläufe, Blumenwiesen, Wälder und Biotope vermitteln den Charme einer Parklandschaft gepaart mit den Reizen eines Waldplatzes. Mit einer professionellen Driving Range und einem großzügigen Übungsbereich sind auch im Bereich Training keine Grenzen gesetzt.

Strüver-Fazit: Ein interessant gestalteter Parkland-Course mit natürlichen Hindernissen und einigen Ausgrenzen. Sehr gut verteidigte Par 3-Löcher.

Anfahrt: Aus Nürnberg: B2 in Richtung Eckental. Am Kreisverkehr vor Eckental 2. Ausfahrt. Nach 200 m an der Ampel links abbiegen. Dem Straßenverlauf folgen und nach 1 km an der Kreuzung rechts Richtung Neunkirchen abbiegen. Nach 2 km gerade über die Kreuzung und dem Schild „Golf" folgen.

Name: Golfclub Lichtenau-Weickershof e. V.
Adresse: Weickershof 1
91586 Lichtenau
Telefon, Fax: +49-(0) 9827-9204-0, +49-(0) 9827-9204-44
E-Mail: info@gclichtenau.de
Internet: www.gclichtenau.de
Ansprechpartner: Monika Flohr
Öffnungszeiten: 8.30–18.00 Uhr (Mo: 8.30–16.00 Uhr)
Spielbahnen: 18
Green Fee: Mit Kennzeichnung:
50,00 € (Mo–Fr), 60,00 € (Sa, So und Feiertage)
Ohne Kennzeichnung:
60,00 € (Mo–Fr), 70,00 € (Sa, So und Feiertage)
Handicap: -54
Teilnahmebed.: Voucher gelten Mo–Fr (nicht an Feiertagen)

Golfclub Lichtenau-Weickershof

140

Eingebettet in die reizvolle, typisch fränkische Landschaft, gekennzeichnet durch Wälder und Felder, durch Bachläufe und Weiher, liegt die 18 Loch-Meisterschaftsanlage des Golfclub Lichtenau.

Biotope, Wasser- und Sandhindernisse ergänzen die über Jahrhunderte hinweg entstandene bäuerliche Kulturlandschaft. Für den Scratch-Golfer eine Herausforderung; durch seine variablen, dem jeweiligen Können angepassten Abschlagmöglichkeiten, aber auch für Senioren und Beginner angenehm zu spielen. Wer am frühen Morgen den Platz erlebt, wird begleitet vom Stimmengewirr einer fröhlichen Vogelschar, deren natürlicher Lebensraum auch die Fairways, die Semiroughs und die Biotope des Platzes geworden sind.

Strüver-Fazit: Der im Jahr 1978 gegründete Golfclub Lichtenau zählt seit vielen Jahren zu den renommiertesten Golfclubs in Nordbayern und den feinen Adressen im deutschen Golfsport.

Anfahrt: A6 Nürnberg–Heilbronn/Heilbronn–Nürnberg: Abfahrt „Lichtenau“, weiter links auf die Staatsstraße ST2223 Richtung Lichtenau. Nach ca. 1 km links, weiter Richtung Lichtenau; nach dem Festplatz links; ab hier ist der Golfplatz ausgeschildert.

Name: Golfpark Rothenburg-Schönbronn
Adresse: Schönbronn 1
91592 Buch am Wald
Telefon, Fax: +49-(0) 9868-959530, +49-(0) 9868-959528
E-Mail: info@gp-rbg.de
Internet: www.gp-rbg.de
Ansprechpartner: Martin Welz
Öffnungszeiten: 8.30–18.30 Uhr
Spielbahnen: 18+6 Kurzplatz
Green Fee: siehe Homepage
Handicap: -54
Teilnahmebed.: Voucher gelten täglich
Sonstiges: mehrere Stellplätze für Wohnmobile mit Stromanschluss

Golfpark Rothenburg-Schönbronn

141

30
1

Der Golfpark Rothenburg-Schönbronn zählt unter Golfern bereits als Perle Mittelfrankens.

Nur 10 Autominuten vom Autobahnkreuz A6/A7 und Rothenburg ob der Tauber entfernt, erstrecken sich 18 spannende Spielbahnen des Meisterschaftsplatzes. Eingebettet in der typischen, leicht hügeligen Landschaft des Naturparks Frankenhöhe finden sich zahlreiche Wasserhindernisse und Bunker. Das besonders abwechslungsreiche Layout garantiert dem Freizeitgolfer ein Maximum an Spielfreude und bietet geübten Spielern dennoch Herausforderungen. Das offene Platzdesign gewährt beeindruckende Ausblicke und die mediterrane Küche im Hofgut Schönbronn rundet das perfekte Golferlebnis ab.

Strüver-Fazit: Unbedingt Bahn 18 spielen! Das Signature-Hole mit einem Wasserhindernis vor dem Grün zieht Bälle magisch an und die links stehenden Bäume standen schon einigen Spielern im Weg. Das Grün treffen Sie am besten mit einem eher rechts platzierten Abschlag vor dem Weg und einem kleinen Draw ins Grün!

Anfahrt: A7 (Ulm–Würzburg), Abfahrt Rothenburg Richtung Ansbach, in Geslau rechts nach Schönbronn. Navigationsgerät: Buch am Wald, Schönbronn 1.

Name: Golfclub Ansbach e. V.
Adresse: Rothenburger Straße 35, 91598 Colmberg
Telefon, Fax: +49-(0)9803-600, +49-(0)9803-911301
E-Mail: sekretariat@golf-ansbach.de
Internet: www.golf-ansbach.de
Ansprechpartner: Christine Eisenmann
Öffnungszeiten: 10.00–18.00 Uhr
Spielbahnen: 18
Green Fee: 60,00 € (18 Loch)
Handicap: -54
Teilnahmebed.: Voucher gelten Mo–So

Golfclub Ansbach

30
1

142

Anfahrt: A6 (Heilbronn–Nürnberg) bis Abfahrt Ansbach West und Richtung Leutershausen folgen. Nach Colmberg abbiegen und dort Richtung Rothenburg am Ortsausgang rechts beschildert.
A7 (Würzburg–Ulm) bis Abfahrt Rothenburg und Richtung Ansbach folgen. Nach etwa 18 km liegt links am Ortseingang der Golfplatz.

GCA – ein Club für die ganze Familie!

Der 1960 gegründete Golfclub Ansbach gehört zu den traditionsreichsten Clubs in Bayern. Am Fuße der malerischen Hohenzollernburg in Colmberg schmiegt sich die Golfanlage entlang des Burgberges. Unsere Mitglieder schätzen neben der Herausforderung des Platzes vor allem auch die naturverbundene Schönheit der Anlage, die zweifelsohne zu den landschaftlich attraktivsten in Mittelfranken gehört.

Die freundliche und familiäre Atmosphäre haben wir uns bis heute erhalten. In unserem gemütlichen Clubhaus und auf der Sonnenterrasse finden Sie immer nette Leute für einen anregenden Plausch vor oder nach der Golfrunde.

Strüver-Fazit: Golf im Zeichen der Burg. Genießen Sie an Loch 4 den herrlichen Ausblick in das Altmühltal.

Name:	Golfclub Abenberg e. V.
Adresse:	Am Golfplatz 19 91183 Abenberg
Telefon, Fax:	+49-(0)91 78-98 96 0, +49-(0)91 78-98 96 96
E-Mail:	info@golfclub-abenberg.de
Internet:	www.golfclubabenberg.de
Ansprechpartner:	Michael Schalt (Clubmanager)
Öffnungszeiten:	Sommerhalbjahr täglich 9.00–18.00 Uhr
Spielbahnen:	27
Green Fee:	Ausweiskennzeichnung ohne R: + 5 € 55,00 € (werktags) 70,00 € (Wochenende und Feiertage) Änderungen vorbehalten
Handicap:	-36
Teilnahmebed.:	Voucher gelten Mo–Fr, nicht an Feiertagen und nicht für Turniere
Sonstiges:	Hunde an der kurzen Leine erlaubt

Bayern

Golfclub Abenberg

Abenberg. Entspannt golfen.

143

30
1

In Abenberg ist nicht nur sportlich-geselliges Miteinander zuhause, sondern auch über 70 Vogelarten sowie mehrere Völker Honigbienen. Im Jahre 2017 wurde die Anlage mit dem Gold-Zertifikat bei „Golf & Natur" ausgezeichnet. Die 27 Loch-Meisterschaftsanlage bietet Anfängern wie sportlich ambitionierten Golfern faire, aber herausfordernde Spielbahnen. Auf dem öffentlichen 6 Loch-Kurzplatz spielen Anfänger ihre ersten Runden, auch ohne Platzerlaubnis; erfahrene Golfer trainieren hier ihr „kurzes Spiel". Allen Spielern stehen mehrere Übungsgrüns zum Chipping, Pitching und Putting zur Verfügung. Das öffentliche Ristorante Da Renato verwöhnt nach der Golfrunde mit italienischen und fränkischen Spezialitäten.

Strüver-Fazit: Für verschiedene Spielstärken geeignet, 17 Wasserhindernisse, Wasserläufe und zahlreiche Bunker sorgen für zusätzlichen Reiz.

Anfahrt: A6 (Nürnberg–Heilbronn), Ausfahrt Schwabach-West/Abenberg, von dort der Beschilderung Richtung Abenberg folgen. Oder: A9 (Nürnberg–München), Ausfahrt Allersberg Richtung Roth und weiter Richtung Abenberg.

Bayern

Name: Golfanlage Zollmühle
Adresse: Zollmühle 1
91792 Ellingen
Telefon, Fax: +49-(0) 91 41 - 39 76, +49-(0) 91 41 - 92 34 93
E-Mail: info@golfanlage-zollmuehle.de
Internet: www.golfanlage-zollmuehle.de
Ansprechpartner: Frau Eineder
Öffnungszeiten: 7.00 Uhr bis Sonnenuntergang
Spielbahnen: 18 + 9
Green Fee: siehe Homepage
Handicap: -54
Teilnahmebed.: Voucher gelten Mo–So
Sonstiges: Stellplatz für 16 Wohnmobile vorhanden. Dieser verfügt über Strom und Frischwasser.

Golfanlage Zollmühle

30
1

144

Anfahrt: B2 zwischen Pleinfeld und Ellingen, Ausfahrt Golfplatz.

Am Rande des Neuen Fränkischen Seenlandes, nur 35 Minuten von Nürnberg entfernt, liegt mit der Golfanlage Zollmühle einer der schönsten Golfplätze Mittelfrankens.

In das wunderschöne Tal der Schwäbischen Rezat und die umgebenden Hügel wurde die großzügige Anlage dezent integriert und bietet alles, was das Golferherz begehrt. Gepflegte Grüns und Fairways, anspruchsvolles, aber faires Platzdesign, alter Baumbestand und malerische Ausblicke machen das Golfspiel auf der Zollmühle zu einem Erlebnis.

Nach 18 Loch trifft man sich auf der Sonnenterrasse des alten Mühlenanwesens und lässt in der freundlich entspannten Atmosphäre den wunderschönen Golftag Revue passieren.

Strüver-Fazit: Unterschiedlichste Grüngrößen und ein Platzdesign sowohl für Anfänger und Könner. Freundliches Ambiente.

Bayern

Name:	Golfclub Bad Kissingen e. V.
Adresse:	Euerdorfer Straße 11 97688 Bad Kissingen
Telefon, Fax:	+49-(0)971-3608, +49-(0)971-60140
E-Mail:	info@golfclubbadkissingen.de
Internet:	www.golfclubbadkissingen.de
Öffnungszeiten:	ganztägig
Spielbahnen:	18
Green Fee:	siehe Website
Handicap:	-54
Teilnahmebed.:	–

Golfclub Bad Kissingen

Der Bad Kissinger Golfplatz gehört nicht nur zu den ältesten, sondern auch zu den schönsten Plätzen Deutschlands.

Er liegt direkt vor den Toren der Stadt und versteht sich als Verlängerung der großzügigen städtischen Parks. Wer diesen Platz einmal gespielt hat, ist begeistert von der einzigartigen Anlage, die sich zu jeder Jahreszeit wie eine riesige Parklandschaft präsentiert. Die 18 interessanten Bahnen schmiegen sich rechts und links der Saale in das Tal. Besonderes Charakteristikum ist der alte Baumbestand. Die Anlage des Platzes ist kompakt, aber nie langweilig. Einige wenige Steigungen und ein paar spektakuläre Abschläge quer über die Saale oder hoch oben aus dem Wald erfordern durchaus Kondition, belohnen die Golfer aber dafür mit tollen Aussichten. Seit 2018 ist die Anlage mit dem Silber-Zertifikat bei „GOLF&NATUR" ausgezeichnet.

Strüver-Fazit: Parklandcourse, an dem immer wieder Wasser ins Spiel kommt.

145

30
1

Anfahrt: A7, Ausfahrt 97 Hammelburg/Bad Kissingen, links Richtung Bad Kissingen/Euerdorf, B287 für 10 km folgen, rechte Seite Parkplatz. A71, Ausfahrt Oerlenbach/Bad Kissingen, Richtung Bad Kissingen, in Bad Kissingen 1. Ampel links Richtung Hammelburg. Nach Brücke rechts, nach ca. 1 km Parkplatz links.

Bayern

Name:	Golf-Club Maria Bildhausen e. V.
Adresse:	Rindhof 1 97702 Münnerstadt
Telefon, Fax:	+49-(0)9766-1601, +49-(0)9766-1602
E-Mail:	info@maria-bildhausen.de
Internet:	www.maria-bildhausen.de
Ansprechpartner:	Andreas Nill
Öffnungszeiten:	April–Oktober: Mo–So 9.00–18.00 Uhr, November–März: Mo–Fr 10.00–16.00 Uhr
Spielbahnen:	18
Green Fee:	aktuelle Green Fee-Preise gemäß Preisliste
Handicap:	-54
Teilnahmebed.:	Voucher gelten Mo–Fr außer an Feiertagen

Golf Club® Maria Bildhausen

Golf-Club Maria Bildhausen

30
1

146

Anfahrt: A7 (Würzburg–Kassel) am AK Werneck auf die A70 nach Schweinfurt, am AD Werntal auf die A71 Richtung Erfurt, Ausfahrt Münnerstadt – in Münnerstadt der Beschilderung folgen.

Auf dem ehemaligen Gelände des Klosters Maria Bildhausen finden Sie eine „First-Class" Golfanlage, die mit einem gehobenen Qualitätsstandard und freundlicher Atmosphäre jeden Golfer überzeugen kann.

Der Golf-Club liegt im Kurortviereck Bad Kissingen, Bad Bocklet, Bad Neustadt und Bad Königshofen und bietet auf dem großzügig angelegten 140 ha großen und nur leicht hügeligen Gelände einen sportlich anspruchsvollen und abwechslungsreichen 18 Loch Meisterschaftsplatz mit aufwendig gestalteten schnellen Grüns.
Auf unserer im Jahr 2017 neu gestalteten Sonnenterrasse haben Sie einen herrlichen Ausblick auf die traumhafte Umgebung.

Strüver-Fazit: Zwischen vier beliebten Kurorten, ideal für einen abwechslungsreichen Kurzurlaub!

Name:	Golfclub Coburg e. V. Schloss Tambach
Adresse:	Schlossallee 96479 Weitramsdorf-Tambach
Telefon, Fax:	+49-(0)9567-9811580, +49-(0)9567-98115811
E-Mail:	info@gc-coburg.de
Internet:	www.gc-coburg.de
Ansprechpartner:	Michaela Tressler, Lisa Koch
Öffnungszeiten:	ganzjährig
Spielbahnen:	18
Green Fee:	60,00 €/80,00 € mit/ohne R/vS-Goldhologramm (werktags) 70,00 €/90,00 € mit/ohne R/vS-Goldhologramm (Wochenende und Feiertage)
Handicap:	-45
Teilnahmebed.:	Voucher gelten Mo–Fr. Am Wochenende und an Feiertagen auf Anfrage. Nicht kombinierbar mit anderen Nachlässen

Bayern

Golfclub Coburg Schloss Tambach

147

Golf spielen am Fuß der Veste Coburg – der fränkischen Krone.

Der in eine herrliche Landschaft perfekt eingebettete Meisterschaftsplatz bietet für alle Handicap-Klassen interessante Herausforderungen. Mit über 6.000 Metern Spiellänge (Herren) gehört er zu den Ausnahmeplätzen in Deutschland. Ein von Gästen vielfach gelobter Platz, was wohl auch am Restaurant mit Sonnenterrasse und dem exzellenten Pro-Shop liegt. Ein Kurzurlaub im Coburger Land wird Sie sicher begeistern.

Strüver-Fazit: Traditionsreicher Platz, der gut zu gehen ist. Teiche sorgen für Abwechslung und sportliche Herausforderung.

Anfahrt: B4 (Bamberg–Coburg), vor Coburg links Richtung Schweinfurt/Fulda (303) nach Tambach. Der Platz liegt gegenüber dem Schloss Tambach.

Name:	Golfclub Hof e. V.
Adresse:	Am Golfplatz 1 95185 Gattendorf-Haidt
Telefon, Fax:	+49-(0)9281-470155, +49-(0)9281-470157
E-Mail:	golfclub-hof@t-online.de
Internet:	www.gc-hof.de
Ansprechpartner:	Fr. Schmidt, Fr. Rohn
Öffnungszeiten:	Mo–Fr 9.00–17.00 Uhr, Sa/So 10.00–14.00 Uhr
Spielbahnen:	18
Green Fee:	70,00 € (werktags) 80,00 € (Wochenende und Feiertage)
Handicap:	-54
Teilnahmebed.:	Voucher gelten täglich (Anmeldung erforderlich)

Golfclub Hof

148

Anfahrt: A93 (München–Hof), Ausfahrt Hof Ost, dann B173 in Richtung Stadt Hof, nach ca. 1 km liegt rechts das Clubhaus.

Der 18 Loch-Platz ist eine Natur-Golf-Symbiose.

Die abwechslungsreiche Rundenführung bietet dem fortgeschrittenen Golfer anspruchsvollen Sport und dem Anfänger faire Bedingungen für anregende Partien. Strategisch geschickt platzierte Bunker und herausfordernde Schräglagen erfordern eine gut durchdachte Auswahl des Schlägers. Optisch reizvoll und spielerisch attraktiv sind die vier Teiche, die auch Heimat von zahlreichen Wasservögeln sind. Das gemütliche Clubhaus lädt nach der Golfrunde zum Après-Golfen in persönlicher Atmosphäre ein.

Strüver-Fazit: Die Par 3- und Par 4-Bahnen erfordern Genauigkeit und Länge. Viele Turniere entscheiden sich hier am 16. Loch.

Bayern

Name:	Golfanlage Gut Leimershof
Adresse:	Leimershof 9 96149 Breitengüßbach
Telefon:	+49-(0)9547-8709939
E-Mail:	info@leimershof-golfanlage.de
Internet:	www.leimershof-golfanlage.de
Ansprechpartner:	Hr. Zenglein, Fr. Galvan
Öffnungszeiten:	9.00–18.00 Uhr (Hauptsaison)
Spielbahnen:	18
Green Fee:	55,00 € (werktags) 65,00 € (Wochenende)
Handicap:	–
Teilnahmebed.:	Voucher gelten Di–So

Golfanlage Gut Leimershof

GOLFANLAGE GUT LEIMERSHOF

Willkommen auf der Golfanlage Gut Leimershof!

149

30
1

Direkt vor den Toren von Bamberg befindet sich auf dem denkmalgeschützten Gut Leimershof einer der landschaftlich schönsten Golfanlagen Oberfrankens. Abseits vom Verkehrslärm ist die Golfanlage eingebettet in die typisch fränkische Hügellandschaft und von Wald umsäumt. Das Layout der 18 Loch-Meisterschaftsanlage wurde im Jahr 1984 vom Golfplatzarchitekten Dieter R. Sziedat entworfen. Es bietet sowohl für ambitionierte Golfer als auch für den Hobbygolfer ein genussvolles Spiel. Eine Runde Golf wird auf dem teilweise hügeligen Platz durch seine Schräglagen, zahlreichen Bunker, Wasserhindernisse und ondulierten Grüns für jeden Golfer zu einem unvergesslichen Erlebnis. In der Trattoria „da DANILO" haben Sie die Möglichkeit ihre Golfrunde in entspannter Atmosphäre ausklingen zu lassen.

Anfahrt: siehe Homepage

Strüver-Fazit: Anspruchsvoller Platz in hügeligem Gelände. Bahn 7 wird von zwei frontalen Wasserhindernissen gut verteidigt.

Name:	Golfclub Oberfranken e. V.
Adresse:	Petershof 1 95349 Thurnau
Telefon, Fax:	+49-(0)9228-319, +49-(0)9228-7219
E-Mail:	info@gc-oberfranken.de
Internet:	www.gc-oberfranken.de
Ansprechpartner:	Liane Forkel, Steffen Zinke
Öffnungszeiten:	März–November
Spielbahnen:	18
Green Fee:	50,00 € (werktags) 70,00 € (Wochenende und Feiertage)
Handicap:	-54
Teilnahmebed.:	Voucher gelten Mo–So

Golfclub Oberfranken

150

Anfahrt: Von Bayreuth oder Bamberg: A 70, Ausfahrt Thurnau-West, in Thurnau der Beschilderung Richtung Kulmbach folgen, ab der Ortsmitte bzw. Ortsende ausgeschildert, der Golfplatz liegt ca. 1,5 km außerhalb von Thurnau.

Gründung: 1965

Die Anlage wurde von Donald Harradine konzipiert. Weite, von Bäumen und Buschgruppen begrenzte und durch hängende Lagen schwere offene Fairways und in den Wald eingeschnittene Bahnen erfordern dem Golfer so einiges ab. So verlangt z. B. das Loch 3, ein doppeltes Dogleg mit 540 m Länge beim Überspielen von drei keltischen Hügelgräbern ein ebenso langes wie präzises Spiel.

Strüver-Fazit: Volle Konzentration und strategisches Denken wird an Loch 4 gefordert, da es gleich von 3 Bunkern verteidigt wird.

Bayern

Name: Golf-Club Bayreuth e. V.
Adresse: Rodersberg 43
95448 Bayreuth
Telefon, Fax: +49-(0)921-970704, +49-(0)921-970705
E-Mail: info@golfeninbayreuth.de
Internet: www.golfeninbayreuth.de
Ansprechpartner: Herr Drescher, Frau Schickmayr
Öffnungszeiten: Mo–So 9.00–17.00 Uhr
Spielbahnen: 18 + 9
Green Fee: 70,00 €
Handicap: -54
Teilnahmebed.: Voucher gelten nach vorheriger Anmeldung
Sonstiges: Gruppen sind herzlich willkommen

Golf-Club Bayreuth

GOLF CLUB BAYREUTH

151

30
1

Über den Dächern der Wagnerstadt thront die 27-Loch-Golfanlage des Golf-Club Bayreuth e. V. und gibt den Blick frei auf Bayreuth mit seinem Festspielhaus bis weit hinein in die Fränkische Schweiz und das Fichtelgebirge.

Der nur selten in Deutschland zu findende Links-Course-Charakter macht den Platz zu einer sehr individuellen Golflandschaft. Die natürlich eingebetteten Spielbahnen mit insgesamt 56 Bunkern lassen Ihr Spiel zum Vergnügen werden. Die offene Landschaft, ein küstenartiger Wind auf dem Plateau und das hochstehende Rough fühlen sich an wie Urlaub in Schottland. An Loch 19 werden Sie nicht nur mit typisch fränkischer Küche verwöhnt, sondern auch mit kulinarischen Highlights.

Strüver-Fazit: Links Course Charakter zwischen der Fränkischen Schweiz und dem Fichtelgebirge.

Anfahrt: A9, Ausfahrt Bayreuth Nord, Navigationssystem Steinachstraße eingeben

Name: Golfclub Stiftland e. V.
Adresse: Ottengrün 50
95698 Neualbenreuth
Telefon, Fax: +49-(0)9638-1271, +49-(0)9638-1227
E-Mail: sekretariat@gc-stiftland.de
Internet: www.gc-stiftland.de
Ansprechpartner: Richard Eisendraut
Öffnungszeiten: April–November
Spielbahnen: 18 + 9
Green Fee: siehe www.gc-stiftland.de
Handicap: -54
Teilnahmebed.: Voucher gelten täglich, nicht kombinierbar mit anderen Rabatten und Nachlässen

Golfclub Stiftland

30
1

152

Anfahrt: A93, Ausfahrt Mitterteich Süd Richtung Waldsassen/Neualbenreuth. Dann der Beschilderung „Golfclub Stiftland" folgen.
Aus Tschechien ist der Golfclub über die Grenzübergänge Waldsassen oder Mähring erreichbar.

Golf spielen – Natur erleben – Kultur genießen am Mittelpunkt Europas.

In der waldreichen Mittelgebirgslandschaft zwischen Oberpfälzer Wald, Fichtelgebirge und Kaiserwald liegt der Platz des Golfclubs Stiftland e. V. Mit dieser Lage ist er der ideale Ausgangspunkt für eine Golfsafari nach Tschechien. 1987/88 schuf Don Harradine die ersten 9 Loch des Platzes. 2002 wurde er durch weitere 9 Bahnen erweitert. Auf dem nicht ganz leichten Parcours müssen viele natürliche Hindernisse überwunden werden. Eine Spezialität ist das Wasser, in Form von Teichen und natürlichen Bachläufen. Ganz in der Nähe lädt nach dem Spiel das Sibyllenbad mit seiner Wellnessoase zur Erholung ein.

Strüver-Fazit: Optimal in die schöne Landschaft eingebettet, trifft man auf dieser Anlage auf viele naturgemäße Hindernisse – kein einfacher, aber sehr abwechslungsreicher Platz.

Bayern

Name:	Jura Golf Park – Meisterschaftsplatz Hilzhofen
Adresse:	Hilzhofen 23 92367 Pilsach
Telefon, Fax:	+49-(0)91 82-93 19 14 0, +49-(0)91 82-93 19 14 1
E-Mail:	hilzhofen@juragolf.de
Internet:	www.juragolf.de
Ansprechpartner:	Theresia Fink
Öffnungszeiten:	März–November: 9.00–17.00 Uhr
Spielbahnen:	18
Green Fee:	65,00 € (Mo–Fr) 85,00 € (Sa)
Handicap:	-54
Teilnahmebed.:	Voucher gelten Mo–Sa (nicht an Feiertagen)
Sonstiges:	Startzeiten erforderlich

Jura Golf Park – Hilzhofen

Jura Golf Park
Hilzhofen

153

45 Loch pures Golfvergnügen – Der Jura Golf Park überzeugt mit den Standorten Cobra Puma Golf Akademie (öffentliche 9 Loch), Hilzhofen (18 Loch Meisterschaftsplatz) & Am Habsberg (18 Loch Graham Marsh Design Course) die Golfer aus ganz Deutschland.

Genießen Sie die wunderschöne Landschaft, die herrliche Ruhe und den sehr guten Pflegezustand des 18 Loch-Meisterschaftsplatzes in Hilzhofen. Der Platz wurde bereits mehrfach unter die TOP 20 Golfplätze von Deutschland gewählt und überzeugt durch seine harmonische Einbettung in die Oberpfälzer Jura. Der Jura Golf Park ist mit über 40 Golf-Carts ausgestattet und ist von vielen attraktiven Hotels umgeben. Wir empfehlen den Besuch von Hilzhofen und Habsberg, um die dort außerordentliche Gastfreundschaft zu erleben.

Strüver-Fazit: Ein begehrtes Ziel für Golfer, hervorragend in die Jura-Landschaft eingebunden und mit außergewöhnlich guter Platzpflege.

Anfahrt: A3 (Nürnberg-Regensburg), Ausfahrt Neumarkt-Ost, dann der Beschilderung JURA GOLF PARK folgen. Von der Ausfahrt sind es nur ca. 3 Minuten bis zu den Golfplätzen.

Bayern

Name:	Jura Golf Park – Graham Marsh Design Course – Am Habsberg
Adresse:	Zum Golfplatz 1 92355 Velburg-Unterwiesenacker
Telefon, Fax:	+49-(0)91 82-93 19 10, +49-(0)91 82-93 19 11 1
E-Mail:	habsberg@juragolf.de
Internet:	www.juragolf.de
Ansprechpartner:	Elisabeth Weigert, Hildegard Spichal
Öffnungszeiten:	März–November: 9.00–17.00 Uhr
Spielbahnen:	18
Green Fee:	80,00 € (Mo–Fr) 100,00 € (Sa)
Handicap:	-54
Teilnahmebed.:	Voucher gelten Mo–Sa (nicht an Feiertagen)
Sonstiges:	Startzeiten erforderlich

Jura Golf Park
Am Habsberg

Jura Golf Park – Am Habsberg

154

Anfahrt: A3 (Nürnberg-Regensburg), Ausfahrt Neumarkt-Ost, dann der Beschilderung JURA GOLF PARK folgen, Hilzhofen durchfahren, nach 2 km links GOLF AM HABSBERG.

45 Loch pures Golfvergnügen – Der Jura Golf Park überzeugt mit den Standorten Cobra Puma Golf Akademie (öffentliche 9 Loch), Hilzhofen (18 Loch Meisterschaftsplatz) & Am Habsberg (18 Loch Graham Marsh Design Course) die Golfer aus ganz Deutschland.

„Am Habsberg" erleben Sie einen richtigen Design-Course der Extra-Klasse. Im Jahr 2006 wurde der Platz zu den Leading Golf Courses aufgenommen und erreichte mehrfache TOP 10 Platzierungen in Deutschland. Großes Aufsehen erlebte der Platz durch den sensationellen Platzrekord von Martin Kaymer mit 59 Schlägen. Zusätzlich belohnen 40 Golf-Carts und attraktive Hotels in der Umgebung Ihre Anreise. Wir empfehlen den Besuch von Hilzhofen und Habsberg, um die dort außerordentliche Golflandschaft zu erleben.

Strüver-Fazit: Der Platz zählt zu den besten Deutschlands. Golfern jeder Spielstärke wird hier eine faire Herausforderung geboten.

Bayern

Name:	Golf-Club Herrnhof e. V.
Adresse:	Am Herrnhof 1 92318 Neumarkt
Telefon, Fax:	+49-(0)91 88-3979, +49-(0)91 88-300452
E-Mail:	club@golfclub-herrnhof.de
Internet:	www.golfclub-herrnhof.de
Ansprechpartner:	Frau Enenkiel, Herr Striening
Öffnungszeiten:	Saison (April–Oktober) täglich 9.00–17.00 Uhr
Spielbahnen:	18
Green Fee:	60,00 € (Mo–So)
Handicap:	-54
Teilnahmebed.:	Voucher gelten Mo–So und auch an Feiertagen. Nicht gültig bei Turnieren.
Sonstiges:	Startzeiten-Reservierungen am Wochenende und an Feiertagen erforderlich

Golf-Club Herrnhof

155

Der 18 Loch-Platz liegt im Nordwesten der Stadt Neumarkt in der Oberpfalz und verfügt durch die nahgelegene Bundesstraße B8 und den Autobahnen A3 und A9 über eine schnelle und verkehrsgünstige Anbindung an den Raum Nürnberg-Fürth.

Ein abwechslungsreicher, vorwiegend ebener Golfplatz mit Bunkern, Wasserhindernissen, weitläufigen Fairways und gepflegten Grüns verspricht für Golfer jeder Spielstärke viel Spaß und Erfolg. Vom Abschlag der 14. Bahn hat man einen wundervollen Blick über das Tal auf Neumarkt mit der Burgruine Wolfstein im Hintergrund. Zum Ende der Runde präsentiert sich Bahn 18 als finale Herausforderung, das Grün wird von einem großen Teich geschützt.
An Werktagen gibt es keine Startzeiten, wer an einem Samstag, Sonntag oder Feiertag spielen möchte, sollte rechtzeitig buchen.

Strüver-Fazit: Familiärer Club, der Platz ist abwechslungsreich zu spielen.

Anfahrt: A3 (Nürnberg–Regensburg), Ausfahrt Neumarkt, Richtung Pölling
A9 (Nürnberg–München), Ausfahrt Feucht, B8 Richtung Neumarkt

Bayern

Name: Golf- und Landclub Schmidmühlen e. V.
Adresse: Am Theilberg 1
92287 Schmidmühlen
Telefon, Fax: +49-(0)94 74-701, +49-(0)94 74-82 36
E-Mail: golf@glcs.bayern
Internet: www.golf-schmidmuehlen.de
Ansprechpartner: Christian Martin (CM)
Öffnungszeiten: 9.00–17.00 Uhr / Sekretariat montags geschlossen
Spielbahnen: 18
Green Fee: 60,00 € (werktags)
70,00 € (Wochenende und Feiertage)
Handicap: -54
Teilnahmebed.: Voucher gelten Mo–So

GOLF- und LANDCLUB e. V.
Schmidmühlen · Oberpfalz

Golf- und Landclub Schmidmühlen

30
1

156

Die Lage auf einem Hochplateau und die angenehme familiäre Atmosphäre zeichnen diesen Club aus.

Dieser traditionsreiche Platz liegt idyllisch auf einem Plateau des Oberpfälzer Mittelgebirges mit weitem Blick in die Täler von Lauterach und Vils. Der Club ist einer der ältesten der Region. Die teilweise hängenden und von Nadelwald gesäumten Fairways erfordern ein präzises Spiel. Da Tradition den Fortschritt nicht aufhält, werden die abwechslungsreichen 18 Loch immer wieder verbessert. Seit Frühjahr 2006 sind zwei neue Bahnen fertig gestellt: Der Bahnenverlauf wurde dadurch reibungsloser und übersichtlicher.

Strüver-Fazit: Ein Platz, der durch überwiegend eng gehaltene Fairways und Greens ein punktgenaues Spiel unverzichtbar macht.

Anfahrt: A93 (Regensburg–Weiden/Hof), Ausfahrt Ponholz, Richtung Burglengenfeld-Schmidmühlen – A6 (Nürnberg–Amberg), Ausfahrt Amberg-Süd–Theuern–Ensdorf, Richtung Rieden–Schmidmühlen.

Bayern

Name: Golf- und Landclub Oberpfälzer Wald e. V.
Adresse: Ödengrub 1
92431 Neunburg v. W.
Telefon, Fax: +49-(0)94 39-4 66, +49-(0)94 39-12 47
E-Mail: info@glcoberpfaelzerwald.de
Internet: www.golf-oberpfalz.de
Ansprechpartner: Karola Leitl
Öffnungszeiten: Saison: Mo–So 9.00–17.00 Uhr
Spielbahnen: 18
Green Fee: aktuelle Green Fee-Preise finden Sie auf der Homepage
Handicap: -54
Teilnahmebed.: –

Golf- und Landclub Oberpfälzer Wald

157

30
1

Die 18 Bahnen des Golf- und Landclubs Oberpfälzer Wald liegen landschaftlich wunderschön eingebettet in einer ruhigen Talmulde inmitten eines Landschaftschutzgebietes.

Der im Jahre 1978 gegründete Golf- und Landclub Oberpfälzer Wald e. V. gehört zu den schönsten Golfplätzen der Oberpfalz. Das spektakuläre Loch 9 (50 Höhenmeter bergab) begeistert jeden Golfer. Der Platz bietet nahezu bei jedem Loch einen fantastischen Ausblick auf die herrliche, umliegende Landschaft im Oberpfälzer Seenland und bereichert so das Erlebnis „Golf". Ein Besuch im Clubrestaurant oder auf der Sonnenterrasse rundet einen erlebnisreichen Golftag ab.

Strüver-Fazit: Ein landschaftlich äußerst reizvoller Platz, der abwechslungsreiche Bahnen bietet.

Anfahrt: A6 (Nürnberg-Schwandorf) bis Ausf. Amberg-Ost. B85/A93 nach Schwarzenfeld, dort Richt. Neunburg v. W., dann Richt. Kemnath-Fuhrn, der Beschilderung folgen. Von Regensburg: Ausf. Schwandorf-Nord, dann Richt. Neunburg v. W. bis Kemnath und der Beschilderung folgen.

Bayern

Name: Golf-Club Furth im Wald e. V.
Adresse: Voithenberg 3
93437 Furth im Wald
Telefon, Fax: +49-(0)9973-2089, +49-(0)9973-803305
E-Mail: info@gc-furth.de
Internet: www.gc-furth.de
Ansprechpartner: Irmgard Fleischmann
Öffnungszeiten: 9.00–17.00 Uhr
Spielbahnen: 18
Green Fee: 60,00 € (werktags)
70,00 € (Wochenende und Feiertage)
VcG Spieler 25,00 € Aufschlag
Es gelten die aktuellen Green Fee-Preise.
Änderungen vorbehalten
Handicap: -54 (werktags), -45 (Wochenende und Feiertage)
Teilnahmebed.: Voucher gelten Mo, Do und Fr, nicht gültig bei Turnieren und an Feiertagen; Anmeldung erwünscht
Sonstiges: Hunde auf Anfrage

Golf-Club Furth im Wald

GOLF CLUB FURTH IM WALD E.V.

30
1

158

Anfahrt: A92 (München–Deggendorf), Ausfahrt Landau/Isar, links B20 Richtung Straubing–Cham–Furth im Wald. Ab Ortsanfang Furth Richtung Skilift Voithenberg, nach ca. 3 km zum Golfplatz.

Der malerische Panorama-Golfplatz Furth im Wald umfasst einen 18 Loch-Platz mit Driving Range sowie Pitching und Putting Green.

Der wunderschön in die Natur eingebettete Platz liegt in einer der reizvollsten Landschaften des Bayerischen Waldes. Inmitten von altem Baumbestand und zahlreichen Teichbiotopen eröffnet sich dem Golfer an etlichen Stellen ein weiter Panoramablick auf die Bayerwaldberge.
Der Platz bietet für jeden Geschmack das Richtige und wird für Golferinnen und Golfer aller Spielstärken spannend und abwechslungsreich zu spielen sein.
„Golfen im Einklang mit der Natur" ohne lange Wartezeiten erlebt man auf dem Golfcourse in Furth im Wald.

Strüver-Fazit: Toller Platz in wunderschöner Umgebung: Es geht bergauf und Wasserhindernisse sowie knifflige Bunker machen das Spiel anspruchsvoll.

Bayern

Name: Golf und Yachtclub Gut Minoritenhof – Regensburg
Adresse: Minoritenhof 1
93161 Sinzing
Telefon, Fax: +49-(0)941-3786100, +49-(0)941-3786107
E-Mail: welcome@golfsinzing.de
Internet: www.golfsinzing.de
Ansprechpartner: Maria Bauer
Öffnungszeiten: 9.00–18.00 Uhr
Spielbahnen: 18 + 9
Green Fee: 65,00 € (werktags)
75,00 € (Wochenende und Feiertage)
Handicap: -54
Teilnahmebed.: Voucher gelten Mo–So. Nicht mit anderen Ermäßigungen und Gutscheinen kombinierbar.

Golf und Yachtclub Gut Minoritenhof – Regensburg

159

Innerhalb einer Autostunde von München und nur 45 Minuten von Nürnberg ist die wunderschön gelegene Golfanlage des Golf und Yachtclub Gut Minoritenhof – Regensburg zu erreichen.

Die 27 Loch-Anlage befindet sich vor den Toren der Römer- und UNESCO-Weltkulturerbestadt Regensburg. Die ersten 9 Löcher liegen in den Juraausläufern und bieten einen atemberaubenden Blick über das Donautal. Die zweiten 9 Löcher sind ganz flach und erinnern an eine englische Parklandschaft. Entlang der Spielbahnen fließt direkt die Donau – Idylle und Natur pur. 2015 wurde die Anlage um einen modernen Yachthafen erweitert. In der ehemaligen Schnapsbrennerei befindet sich das Restaurant Minoritenhof. Hier können die Gäste eine gutbürgerliche Küche genießen und auf der Terrasse im historischen Innenhof den Golftag ausklingen lassen.

Strüver-Fazit: Für Einsteiger und Fortgeschrittene geeigneter Platz in traumhafter Kulisse. Unbedingt bis zum 18. Loch gut konzentrieren!

Anfahrt: A3 (Regensburg–Nürnberg), am Kreuz Regensburg Richtung Nürnberg, Ausfahrt Sinzing. Der Beschilderung folgen.

Name:	Golf-Club Straubing Stadt & Land e. V.
Adresse:	Bachhof 9 94356 Kirchroth
Telefon, Fax:	+49-(0)94 28-71 69, +49-(0)94 28-10 44
E-Mail:	info@golfclub-straubing.de
Internet:	www.golfclub-straubing.de
Ansprechpartner:	Graeme Aspinall
Öffnungszeiten:	9.00–17.00 Uhr
Spielbahnen:	18
Green Fee:	65,00 € (werktags) 80,00 € (Wochenende und Feiertage)
Handicap:	-54
Teilnahmebed.:	Voucher gelten täglich für 18 Loch

Golf-Club Straubing

30
1

160

Anfahrt: A3 (Regensburg–Passau), Ausfahrt Straubing West/Kirchroth, Richtung Straubing, nach ca. 2 km ist der Golfplatz auf der linken Seite.

Der sehr gepflegte und äußerst interessante Golfplatz liegt ca. 7 km nördlich von Straubing direkt am Fuße des Bayerischen Waldes.

Der Golfplatz wurde auf einem Areal von ca. 50 Hektar rund um ehemalige Baggerseen angelegt, so dass hier immer irgendwo in der Nähe von Wasser gespielt wird. Durch das flache Gelände ist der Platz sehr leicht begehbar. Die zahlreichen frontalen und seitlichen Wasserhindernisse zeichnen den kurzen, aber spielerisch durchaus herausfordernden Platz aus. Guten Spielern bieten die Doglegs immer wieder die Gelegenheit, auch mal eine „Tiger-Line" zu riskieren. Gleichzeitig können aber etwas vorsichtigere Spieler oder Anfänger eine sichere Linie wählen. Der Golfplatz in Kirchroth bietet wirklich für jeden Geschmack das Richtige und ist für Golferinnen und Golfer aller Spielstärken abwechslungsreich und spannend.

Strüver-Fazit: Mühelos zu gehender, sportlicher Platz, der an einigen Bahnen von Wasser begleitet wird.

Bayern

Name: Golfclub Gäuboden e. V.
Adresse: Fruhstorf 6
94330 Aiterhofen
Telefon, Fax: +49-(0)9421-72804, +49-(0)9421-183873
E-Mail: kontakt@golfclub-gaeuboden.de
Internet: www.golfclub-gaeuboden.de
Ansprechpartner: Florian Erhardsberger
Öffnungszeiten: 9.00–17.00 Uhr
Spielbahnen: 18 + 6
Green Fee: 60,00 € (werktags)
70,00 € (Wochenende und Feiertage)
Handicap: 54
Teilnahmebed.: Voucher gelten täglich nur für 18 Loch-Runden

Golfclub Gäuboden

Großzügige Golfanlage am Fuße des Bayerischen Waldes.

161

30
1

Der circa 100 Hektar große, ebene Platz mit seinen 18 abwechslungsreichen Spielbahnen und überdurchschnittlich großen Grüns bietet den Spielern einen wunderschönen Blick in den Bayerischen Wald und auf den Bogenberg mit seiner bekannten Wallfahrtskirche.
Ein Blickfang der Anlage ist das mediterrane Clubhaus, von welchem man im Restaurant einen Rundum-Blick auf den Golfplatz hat. Zu den weitläufig angelegten Übungsanlagen zählt seit 2007 auch eine öffentliche 6 Loch-Pay & Play-Anlage.

Strüver-Fazit: Durchweg flaches Gelände, viele interessante Wasserhindernisse. Sehr schön gestaltetes Clubhaus mit Sicht auf die Anlage.

Anfahrt: A92/A3 Deggendorf, Ausfahrt Straubing, B20 Richtung Straubing, Ausfahrt Irlbach, Beschilderung Gut Fruhstorf folgen. A3 Richtung Regensburg, Ausfahrt Bogen, Richtung Straubing, nach Donaubrücke rechts, nach ca. 3 km an 1. Kreuzung links, immer geradeaus bis Clubhaus.

Name:	Golf-Club Ingolstadt e. V.
Adresse:	Krumenauerstr. 1 85049 Ingolstadt
Telefon, Fax:	+49-(0) 841-85778, +49-(0)841-85220
E-Mail:	info@golf-ingolstadt.de
Internet:	www.golf-ingolstadt.de
Ansprechpartner:	Yvonne Griebel
Öffnungszeiten:	Mo–So 10.00–18.00 Uhr
Spielbahnen:	18
Green Fee:	55,00 € (Mo–Fr) 70,00 € (Wochenende und Feiertage)
Handicap:	-54 (werktags), -45 (Wochenende)
Teilnahmebed.:	–

GOLF-CLUB INGOLSTADT e.V.

Golf-Club Ingolstadt

162

Anfahrt: A 9 München-Nürnberg, Ausfahrt Ingolstadt-Nord, über die Römerstraße, Theodor-Heuss-Straße, Hindenburgstraße, Richard-Wagner-Straße bis zum Kreisverkehr „Audi-Ring", dort Richtung Klinikum, vor dem Klinikum links in die Krumenauer Straße (Schild „Golf"), nach ca. 800 m liegt rechts die Einfahrt zum Golfplatz.

Der Golf-Club Ingolstadt e. V. mit seiner zentralen Stadtlage besteht seit dem Jahr 1977. Die stetig gewachsene Anlage verlangt ein überwiegend genaues Spiel auf den Fairways und exakte Grünannäherungen.

Der hervorragende Pflegezustand des Platzes und die natürliche Umgebung haben den Ruf der Anlage geprägt. Seit der Platzerweiterung im Jahr 2005 spielt sich der Platz von den Championship-Tees mit 5.358 m für die Damen und 6.138 m für die Herren sportlich herausfordernd. Das ebene Gelände ermöglicht jedoch für Golfer jeder Spielstärke eine faire und erholsame Runde.

Strüver-Fazit: Neben den wunderschönen Bäumen kommt insbesondere Wasser sowie einige Bunker an zahlreichen Bahnen ins Spiel. Tolles neues Clubhaus!

Bayern

Name: Wittelsbacher Golfclub
Adresse: Rohrenfeld 102
86633 Neuburg a. d. Donau
Telefon, Fax: +49-(0) 8431-908590, +49-(0)8431-9085999
E-Mail: info@wbgc.de
Internet: www.wbgc.de
Ansprechpartner: Korbinian Kofler
Öffnungszeiten: Mo–So 9.00–18.00 Uhr
Spielbahnen: 18
Green Fee: 75,00 € (Mo–Fr)
90,00 € (Wochenende und Feiertage)
Handicap: -36
Teilnahmebed.: Voucher gelten Mo–Mi, nicht an Feiertagen und nicht für Turniere

Wittelsbacher Golfclub

163

Wo früher die Pferde der Bayerischen Kurfürsten und Könige gezüchtet wurden, steht heute eine der schönsten und prächtigsten Golfanlagen Deutschlands.

Inmitten der saftig-grünen Donauauen, umsäumt von Fliederhecken und durchquert von prächtigem Baumbestand mit 200 Jahre alten Eichen und Linden, liegt in einer parkähnlichen Landschaft die einzigartige Golfanlage. Der Wittelsbacher Golfclub stellt höchste Qualitätsansprüche an sich und präsentiert seinen Mitgliedern und Gästen ein außergewöhnliches Genuss-Erlebnis. Das einzigartige Clubhaus mit seiner hervorragenden Gastronomie und repräsentativen Räumlichkeiten bietet einen exklusiven Rahmen für die Pflege gesellschaftlicher und geschäftlicher Kontakte und lädt ideal zu Begegnungen in angenehmer Clubatmosphäre ein.

Strüver-Fazit: Sehr alter Baumbestand und trickreiche Grüns kennzeichnen diesen Platz. Eines der schönsten Clubhäuser der Republik.

Anfahrt: A9 München–Nürnberg, Ausfahrt Manching (63), weiter auf B16 in Richtung Neuburg a. d. Donau, Ausfahrt Maxweiler, dann in Rohrenfeld der Beschilderung zum Golfplatz folgen.

Name:	Golfpark Gerolsbach
Adresse:	Hof 1 85302 Gerolsbach
Telefon, Fax:	+49-(0)8445-799, +49-(0)8445-91059
E-Mail:	info@golfpark-gerolsbach.de
Internet:	www.golfpark-gerolsbach.de
Ansprechpartner:	Dietmar Strunz
Öffnungszeiten:	9.00–17.00 Uhr
Spielbahnen:	18
Green Fee:	60,00 € (werktags) 70,00 € (Wochenende und Feiertage)
Handicap:	-54 (werktags), -45 (Wochenende)
Teilnahmebed.:	Voucher gelten täglich, am Wochenende und an Feiertagen nur nach Voranmeldung

GolfPark Gerolsbach

Golfpark Gerolsbach

30
1

164

Anfahrt: Aus Augsburg/Ingolstadt über die B300, Ausfahrt Kühbach-Nord, in Gerolsbach dann Richtung Jetzendorf. Aus München über die A9, Ausfahrt Allershausen, Richtung Hohenkammer nach Petershausen; von dort über Jetzendorf Richtung Gerolsbach.

Auch im Winter sind 9 Bahnen auf Sommergrüns bespielbar.

Am Rande der Holledau im Landkreis Pfaffenhofen, nahe Schrobenhausen, liegt der 18 Loch-Meisterschaftsplatz. Gut einsehbare Fairways und zahlreiche Wasserhindernisse verteilen sich auf einer Fläche von 80 Hektar. Die herrliche Landschaft, mit den topographischen Merkmalen des Hopfenlandes, bietet bei Föhnlagen sogar den Blick auf die Alpenkette. Kreatives Design, unterschiedliche Schräglagen und gut positionierte Fairway- und Grünbunker stellen auch für sportlich anspruchsvolle Spieler eine Herausforderung dar. Die Spiellänge des Par 72-Platzes beträgt für Damen 5.324 Meter und für Herren 6.057 Meter.

Strüver-Fazit: Platz mit wunderschönem Panorama. An Bahn 17 ist strategisches Geschick gefordert.

Bayern

Name: Golfclub Schloss Reichertshausen
Adresse: Holzhof 2
85293 Reichertshausen
Telefon, Fax: +49-(0)8137-5084, +49-(0)8137-808579
E-Mail: info@gcr.de
Internet: www.gcr.de
Ansprechpartner: Sekretariat
Öffnungszeiten: Mo–So 9.00–18.00 Uhr
Spielbahnen: 18
Green Fee: siehe Homepage
Handicap: -54
Teilnahmebed.: Voucher gelten Mo–So

Golfclub Schloss Reichertshausen

Der Mix macht ihn einzigartig!

165

30
1

Zwischen Ilmauen und sanften Hügeln eingebettet, bietet dieser anspruchsvolle Golfplatz alles, was sowohl der sportlich ambitionierte Spieler als auch der Naturliebhaber begehrt. Auf 77 Hektar Fläche verteilen sich die Bahnen zu gleichen Teilen auf die Ilmauen mit ihren zahlreichen Wassergräben und Teichen sowie auf ein außerordentlich reizvolles, hügeliges Gelände. Verlangt der Kurs im ersten Teil viel Präzision, stellen auf den Bahnen 10 bis 18 die Schräglagen eine echte Herausforderung dar. Besonderes Schmankerl nach absolvierter Runde: Das 2011, anlässlich des 25-jährigen Clubjubiläums neu erbaute Clubhaus, samt hervorragender Gastronomie und Terrasse mit Panorama-Blick. Folgende Prognose wagen wir schon jetzt: Wer einmal gespielt hat, kommt wieder.

Strüver-Fazit: Das sehr reizvolle Gelände mit seiner naturbelassenen Landschaft ist eine weitere Besonderheit im Herzen der alten Kulturlandschaft der Holledau.

Anfahrt: über A9, Ausfahrt Allershausen oder Pfaffenhofen

Bayern

Name:	Golfanlage Holledau
Adresse:	Weihern 3 84104 Rudelzhausen
Telefon, Fax:	+49-(0)87 56-96 01 0, +49-(0)87 56-96 01 44
E-Mail:	rezeption@golfclubholledau.de
Internet:	www.golfclubholledau.de
Ansprechpartner:	Herr Heller, Herr Zeising
Öffnungszeiten:	ganzjährig
Spielbahnen:	27 + 9
Green Fee:	60,00 € (werktags) 80,00 € (Wochenende und Feiertage)
Handicap:	-54 mit gültigem DGV-Ausweis
Teilnahmebed.:	Voucher gelten Mo–Fr, ausgenommen Turnier- und Feiertage

Golfanlage Holledau

166

36 Löcher Golferlebnis im Herzen der Hallertau.

Die Plätze Weihrerhof, Pumpernudl und Kapellenplatz mit jeweils 9 Bahnen lassen sich zu drei attraktiven 18 Loch-Plätzen kombinieren. Die anspruchsvollen, aber fairen Spielbahnen führen über Hügel und durch Täler des idyllischen Hopfenanbaugebiets der Hallertau. Der 9 Loch-Akademieplatz ist öffentlich. Das großzügige Clubhaus bietet allen Komfort: eine exzellente Gastronomie, einen sehr gut ausgestatteten Pro-Shop und rundum freundlichen Service.

Strüver-Fazit: Nur knapp eine Stunde vom Zentrum Münchens entfernt, bieten großzügige Spielbahnen und ein abwechslungsreiches Gelände Spielspaß für Golfer aller Handicap-Klassen.

Anfahrt: A9 (München–Nürnberg), Ausfahrt Pfaffenhofen, Richtung Schweitenkirchen nach Au, in Au rechts Richtung Freising, an der Aral-Tankstelle links Richtung Moosburg, wieder links bis Tegernbach. Der Beschilderung folgen.

Name: Golfclub am Nationalpark Bayerischer Wald e. V.
Adresse: Haslach 43
94568 Sankt Oswald
Telefon, Fax: +49-(0)8558-974980, +49-(0)8558-974981
E-Mail: info@gcanp.de
Internet: www.gcanp.de
Ansprechpartner: Martina Riedl
Öffnungszeiten: April–November ganztägig
Spielbahnen: 18
Green Fee: 55,00 € (werktags)
60,00 € (Wochenende und Feiertage)
Handicap: –
Teilnahmebed.: –

Golfclub am Nationalpark Bayerischer Wald

167

Der Name des Golfclubs am Nationalpark Bayerischer Wald e. V. sagt alles – die 18 Löcher sind eingebettet in die urwüchsige Landschaft des ersten deutschen Nationalparks: naturnaher geht es nicht!

Wobei Flora und Fauna speziell geschützt werden. Golferinnen und Golfer teilen sich hier friedlich das Revier mit Wildtieren und Vögeln – ein 90-Hektar-Areal, das in dieser Art wohl ziemlich einzigartig in Europa ist. Wenn irgendwo im deutschen Golfmetier das Auge mitspielt – dann garantiert hier! Die Bahnen tragen übrigens die Namen heimischer Blumen- und Tierarten. Und so erfordert beispielsweise das „Fuchsloch" eine ganz besonders ausgefuchste Taktik...
Tauchen Sie also ein in die reizvolle Atmosphäre unseres jungen Golfclubs mit dem besonderen Flair. Genießen Sie dieses seltene Zusammenspiel von Golf und Natur. Sie werden verzaubert sein.

Strüver-Fazit: Teils weitläufiges und hügeliges Gelände. An einigen Bahnen kommt jedoch Wasser ins Spiel.

Anfahrt: Anreise via Nürnberg: Autobahn A3 in Richtung Passau, Ausfahrt Hengersberg – B533 in Richtung Grafenau
Anreise via München: Autobahn A92 in Richtung Deggendorf, Autobahnkreuz Deggendorf in Richtung Passau, Ausfahrt Hengersberg – B533 in Richtung Grafenau.

Name:	Donau Golf Club Passau-Raßbach e. V.
Adresse:	Raßbach 8 94136 Thyrnau-Raßbach
Telefon, Fax:	+49-(0)85 01-9 13 13, +49-(0)85 01-9 13 14
E-Mail:	info@golf-passau.de
Internet:	www.golf-passau.de
Ansprechpartner:	Margret Anetseder
Öffnungszeiten:	März–November: 8.00–19.00 Uhr
Spielbahnen:	18 + 6
Green Fee:	70,00 € (Mo–So); Änderungen vorbehalten
Handicap:	-54
Teilnahmebed.:	Voucher gelten täglich für 18 Loch. Anmeldung erforderlich, nur Barzahlung möglich.
Sonstiges:	Hunde sind an der Leine erlaubt. Hotel***Superior ist zugleich Clubhaus

Donau Golf Club Passau-Raßbach

168

4 Sterne-Golf vor den Toren der Dreiflüsse- und Universitätsstadt Passau.

Allein, zu zweit, mit Familie oder Freunden, ob Anfänger oder „Profi“: Für alle Altersgruppen ist es immer wieder reizvoll, diese anspruchsvolle 18 + 6 Loch-Anlage zu erleben. Sie wurde nach internationalem Standardmaß gebaut und liegt auf einer nach Süden hin offenen Hochfläche. Umsäumt wird der Platz von kleinen und großen bewaldeten Flächen, Biotopen und Bächen. Ein breit gefächertes Turnierangebot bietet ganz nach Geschmack die Möglichkeit, sein Handicap zu verbessern oder einfach nur Golf zu genießen. Wohnen Sie bei uns direkt am Golfplatz im „Clubhaus“.

Strüver-Fazit: Wunderschön in die Natur eingebettet. Die teilweise leicht erhöhten Grüns bieten einen Hauch von Augusta. Vorzügliches Clubhaus.

Anfahrt: A3 (Regensburg–Passau), Ausfahrt Passau-Nord, Richtung Hauzenberg, vor Hundsdorf der Beschilderung nach Raßbach und zum Golfplatz folgen.

Bayern

Name: Panorama Golf Passau
Adresse: Bromberg 1
94081 Fürstenzell
Telefon, Fax: +49-(0)8502-917160, +49-(0)8502-917162
E-Mail: office@panorama-golf.info
Internet: www.panorama-golf.info
Ansprechpartner: Phil Leech
Öffnungszeiten: 9.00–18.00 Uhr
Spielbahnen: 18 + 6 Loch-Akademie-Platz
Green Fee: 70,00 €
Handicap: -54
Teilnahmebed.: Voucher gelten Mo–So

Panorama Golf Passau

PANORAMA GOLF PASSAU · ERSTER FENG SHUI GOLFPLATZ ·

169

Ein Stück fernöstliche Philosophie in einer traumhaften Umgebung: Golfen im Einklang von Yin und Yang auf Deutschlands erstem Feng Shui Golfplatz im niederbayerischen Fürstenzell.

Im Zengarten verweilen, die Ruhe und Kraft auf sich wirken lassen, so sollte der Golftag beginnen. Weitere Kraft- und Ruheplätze sorgen in dieser zauberhaften, parkähnlichen Landschaft für ein entspanntes und erholsames Golfen.
Die an den Abschlägen eingelassenen Bergkristalle dienen spürbar der Energieanreicherung. Steinkreise, Energietore, Herz- und Akupunkturpunkte bereichern das Auge und steigern das Lebensgefühl.
Erleben Sie das Gefühl, mit sich und der Natur Eins zu sein … auch Sie werden begeistert sein!

Strüver-Fazit: Ein Ausspruch von vielen Golfern: „Wir werden auf diesem Platz nicht müde!" – das ist Golfen mit Yin und Yang.

Anfahrt: A3, Ausfahrt Passau Mitte oder Passau Süd; Richtung Fürstenzell, der Beschilderung folgen.

Name: ThermenGolfClub Bad Füssing-Kirchham e. V.
Adresse: Thierham 3
94072 Bad Füssing
Telefon, Fax: +49-(0) 85 37-91 99 0, +49-(0) 85 37-91 99 20
E-Mail: info@thermengolf.de
Internet: www.thermengolf.de
Ansprechpartner: Fr. Meier, Fr. Müller
Öffnungszeiten: 9.00–17.00 Uhr
Spielbahnen: 18
Green Fee: 58,00 €
Handicap: PE
Teilnahmebed.: Voucher gelten Mo–So, auch an Feiertagen.
Nicht gültig bei Turnieren.
Bezahlung nur bar oder mit EC-Karte möglich
Sonstiges: Hunde an der Leine erlaubt.

ThermenGolfClub
Bad Füssing-Kirchham

ThermenGolfClub Bad Füssing-Kirchham

30
1

170

Anfahrt: B12 (München–Passau), Ausfahrt Bad Füssing, nach 1,5 km rechts nach Kirchham – der Beschilderung folgen – A3 (Regensburg–Passau), Ausfahrt Pocking, B12 Richtung Pocking, Ausfahrt Bad Füssing/Kirchham – der Beschilderung folgen.

Liebevoll wird das Rottal von Gästen und Einheimischen oft „bayerische Toskana“ genannt.

Die 18 Loch-Meisterschaftsanlage des ThermenGolfClubs Bad Füssing-Kirchham e. V. erstreckt sich auf einer Gesamtfläche von 90 ha und wurde geschickt in die bestehende Landschaft eingebettet. Der naturbelassene Erlbach zieht seine Wege durch die gesamte Golfanlage; alter Baumbestand und Junganpflanzungen bieten ein reizvolles Panorama und die Herausforderung natürlicher Hindernisse. Der ebene und leicht zu begehende Golfplatz geizt nicht an sportlich anspruchsvollen Herausforderungen für alle Leistungsstärken.

Strüver-Fazit: Teilweise leicht wellig ondulierte Spielbahnen werden durch einige Wasserhindernisse erschwert. Sehr großzügiges Clubhaus.

Bayern

Name: Bella Vista Golfpark
Adresse: Bella Vista Allee 1
84364 Bad Birnbach
Telefon, Fax: +49-(0)8563-977400, +49-(0)8563-9774029
E-Mail: info@bellavista-golfpark.de
Internet: www.bellavista-golfpark.de
Ansprechpartner: Robert Sammereier
Öffnungszeiten: Saison täglich 8.00–18.00 Uhr
Spielbahnen: 18 + 9 Loch-Kurzplatz
Green Fee: 72,00 €
Handicap: PE
Teilnahmebed.: Voucher gelten Mo–Fr (nicht an Feiertagen)
Sonstiges: Hunde sind an der Leine erlaubt

Bella Vista Golfpark

171

Wenn Sie am Abschlag stehen und hinunterschauen auf Bayerns erholsamstes Urlaubsdorf, dann werden Sie verstehen, warum der Golfpark „Bella Vista" heißt und nicht irgendeinen Allerweltsnamen trägt.

Auf den Greens wächst das Gras des Old Course: das Festuca. In Schottland, der Wiege des Golfsports, wird es noch heute z. B. auf St. Andrews und Carnoustie bespielt. Rund um die Greens sind die Bunker und Wasserflächen geschickt kombiniert. Hier können Sie Ihrer Spielfreude freien Lauf lassen und in aller Ruhe Ihre wahre Golferseele entdecken. Im Anschluss an das Golfspiel lädt die nahe gelegene Rottal Terme zum Erholen ein. Im 33.000 m² großen Gesundheitsareal sprudelt bis zu 40 Grad heißes Thermalwasser in über 30 Becken.

Strüver-Fazit: Hier ist Nachwuchsförderung gelebte Realität, schon ab drei Jahren auf der innovativen spiel!Golf-Anlage.

Anfahrt: Von München: A94, Richtung Passau, bis Mühldorf, Simbach, Abzweigung Pfarrkirchen nach Bad Birnbach. A92, Ausfahrt Landau, B20, Abzweigung Pfarrkirchen nach Bad Birnbach. Von Nürnberg: A3, Ausfahrt Pocking, Richtung Bad Birnbach.

Bayern

Name:	Golfclub Schloßberg e. V.
Adresse:	Grünbach 8 94419 Reisbach
Telefon, Fax:	+49-(0)8734-7035, +49-(0)8734-7795
E-Mail:	golfclub.schlossberg@t-online.de
Internet:	www.golfclub-schlossberg.de
Ansprechpartner:	Kerstin Ollech
Öffnungszeiten:	9.00–16.00 Uhr
Spielbahnen:	18
Green Fee:	60,00 € (werktags) 70,00 € (Wochenende und Feiertage)
Handicap:	-54/Platzreife
Teilnahmebed.:	Voucher gelten täglich nur auf 18 Loch-Runden

Golfclub Schloßberg

30
1

172

Anfahrt: A92 (München–Deggendorf), Ausfahrt Dingolfing-Ost, im Kreisverkehr nach Reisbach. Vor Reisbach Richtung Mettenhausen links abbiegen. Nach 3 km links zum GC Schloßberg.
A3 (Nürnberg–Passau), Ausfahrt Straubing, B20 nach Burghausen, Abfahrt Mettenhausen. Nach 4 km rechts zum Golfplatz.

Golfen im Herzen des Vilstals.

Die Golfanlage Schloßberg liegt mitten im Herzen des Erholungsgebietes „Mittleres Vilstal" in einem abwechslungsreichen Gelände mit wunderschönem, eingewachsenem alten Baumbestand. Ergänzt durch angelegte Grünflächen, Baum- und Strauchgruppen bieten die großzügig gestalteten Spielbahnen Golfern jeder Spielstärke ideale Bedingungen. Mit seinen idyllischen Waldlöchern ist diese Anlage ein Geheimtipp für alle Golfer und Liebhaber von Natur und sportlichen Herausforderungen. Abrunden können Sie Ihren Golftag mit einem Besuch in unserem hervorragenden Restaurant und der Übernachtungsmöglichkeit direkt am Golfplatz.

Strüver-Fazit: Im Herzen von Niederbayern bietet dieser hügelige Platz mit großzügig gestalteten Spielbahnen Golfern aller Handicapklassen ideale Voraussetzungen für ein schönes Spiel.

Bayern

Name: Golfanlage Rottbach
Adresse: Weiherhaus 5
82216 Rottbach
Telefon, Fax: +49-(0)8135-93290, +49-(0)8135-932911
E-Mail: info@rottbach.de
Internet: www.golfanlage-rottbach.de
Ansprechpartner: Jens Bücker
Öffnungszeiten: 8.00–19.00 Uhr
Spielbahnen: 27 + 3 Loch-Kurzplatz
Green Fee: 50,00 € (werktags)
70,00 € (Wochenende und Feiertage)
Handicap: -54
Teilnahmebed.: Voucher gelten Mo–Do (nicht an Feiertagen)
Startzeitenreservierung ist stets erforderlich!

Golfanlage Rottbach

173

XXL Golf auf 30 Spielbahnen.

Die Golfanlage Rottbach bietet Golfern aller Spielstärken optimale Spiel- und Trainingsbedingungen. Auf 27 abwechslungsreichen Spielbahnen, einem Kurzplatz mit drei Löchern sowie der weitläufigen Driving Range mit Putting Green findet das Golferherz alles, was es für einen gelungenen Golftag braucht.

Mit der aufwendigen Erweiterung um zusätzliche Löcher hat der renommierte Golfplatz-Designer Thomas Himmel seine besondere Klasse unter Beweis gestellt. Die Kombinationsmöglichkeiten aus nun 3-mal 9 harmonisch in die oberbayerische Landschaft eingefügten Bahnen und freier Blick auf das Alpenpanorama sind nur einige „Komm-Gründe" der Golfanlage Rottbach.

Strüver-Fazit: Großzügige Golfanlage mit sagenhaftem Weitblick. Beeindruckend ist auch die durchdachte Gestaltung der Kurse A, B und C, die viele Zusammenstellungen bietet.

Anfahrt: A8 München–Stuttgart verlassen Sie über die Ausfahrt Sulzemoos. Von dort fahren Sie weiter in Richtung Maisach bis Überacker. In Überacker fahren Sie rechts Richtung Rottbach.

Name:	Golfclub München-West Odelzhausen e. V.
Adresse:	Todtenried 3 85235 Odelzhausen
Telefon, Fax:	+49-(0)81 34-99 88-0, +49-(0)81 34-99 88-20
E-Mail:	info@gcmw.de
Internet:	www.gcmw.de
Ansprechpartner:	Martin Litz
Öffnungszeiten:	Mo–So 9.00–18.00 Uhr
Spielbahnen:	18 + 5 Loch-Kurzplatz
Green Fee:	65,00 € (werktags) 80,00 € (Wochenende und Feiertage)
Handicap:	Mo–Fr: PE, Wochenende/Feiertage: -45
Teilnahmebed.:	Voucher gelten Mo–So

Golfclub München-West Odelzhausen

30
1

174

Anfahrt: Anreise über die Autobahn A8 (München-Stuttgart). Von der Ausfahrt Odelzhausen sind es nur noch ca. 5 Minuten. Gleich am Kreisverkehr bei der ARAL Tankstelle links durch das Industriegebiet bis zur Lukkaer Straße durch fahren. Links in die Lukkaer Straße Richtung Ebertshausen/Lukka im Ort Lukka rechts zum Hofgut Todtenried.

Golfsport auf hohem Niveau, in idyllischer Umgebung und mit Tradition.

In den letzten dreißig Jahren entstand hier im Münchner Westen ein Parklandkurs mit wunderbar eingewachsenen Spielbahnen. Die meist flachen Fairways werden von alten, Schatten spendenden Bäumen und Teichanlagen eingerahmt. In der hiesigen Golfszene wird der hervorragende Pflegezustand des Platzes schon lange sehr geschätzt. Auf dem idyllischen Areal ist man ungestört von Lärm und Stress, man fühlt sich umgeben von reiner Natur! Ein hochwertiges Übungsgelände sowie eine hervorragende Gastronomie runden das positive Gesamtbild ab. Man spürt, dass man als Gast im Golfclub München-West, gerne auch mit Hund, herzlich willkommen ist.

Strüver-Fazit: Sehr schöner, flacher Golfplatz mit altem Baumbestand und Wasser. Für alle Vorgabeklassen geeignet.

Name: Golfplatz Thailing
Adresse: Thailing 4
85643 Steinhöring
Telefon, Fax: +49-(0)8094-905500, +49-(0)8094-9055099
E-Mail: info@golfplatz-thailing.de
Internet: www.golfplatz-thailing.de
Ansprechpartner: Clubmanager Ross MacDonald
Öffnungszeiten: 8.30–18.00 Uhr
Spielbahnen: 18 + 6 (Kurzplatz)
Green Fee: 60,00 € (werktags)
80,00 € (Wochenende und Feiertage)
Handicap: -54
Teilnahmebed.: Voucher gelten Mo–Sa (nicht mit anderen Ermäßigungen kombinierbar)

Golfplatz Thailing

GOLFPLATZ
THAILING

175

Die Faszination des Golfsports mit allen Sinnen geniessen!

Mit dem Ziel vor Augen, die beliebteste und freundlichste Golfanlage Deutschlands zu werden, ist der Golfplatz Thailing ein lebendiger und beliebter Treffpunkt für Golfer jeden Alters und Spielniveaus. Die sehr gepflegte 18 Loch-Golfanlage, mit traumhafter Naturlandschaft und einem atemberaubenden Weitblick auf die bayerische Alpenkulisse, begeistert durch exklusives Ambiente, sportlich-jungen Flair sowie einzigartige Golfevents. Ideale Spielbedingungen und der mit sehr viel Herzblut geführte Golfclub lassen einfach keine Wünsche offen. Unsere ideenreiche Gastronomie versteht es, Sie auf unserer wunderschönen Sonnenterrasse zu verwöhnen und lädt Sie ein, Ihren Golftag in harmonischer Lounge-Atmosphäre auszukosten.

Strüver-Fazit: Das leicht hügelige Profil, Schneisen und gut platzierte Wasserhindernisse fordern technisches Können.

Anfahrt: A94 von München in Richtung Passau bis zur Ausfahrt 12. Folgen Sie dem Straßenverlauf auf B12 bis zum Kreisverkehr in Hohenlinden. Rechts abbiegen in Richtung Ebersberg. Nach ca. 700m an der Ampel rechts Richtung Ebersberg. Nach ca. 5 km links nach Thailing.

Bayern

Name:	Golf Club Ebersberg e. V.
Adresse:	Zaißing 6 85643 Steinhöring
Telefon, Fax:	+49-(0)8094-8106, +49-(0)8094-8386
E-Mail:	info@gc-ebersberg.de
Internet:	www.gc-ebersberg.de
Ansprechpartner:	Adrian Sapia
Öffnungszeiten:	8.30–17.30 Uhr (Saison)
Spielbahnen:	18 + 9 öffentlich
Green Fee:	70,00 € (Mo–Do ganztägig, Fr bis 12.00 Uhr) 80,00 € (Fr ab 12.00 Uhr, Wochenende und Feiertage)
Handicap:	18 Loch: -54 (werktags), -36 (Wochenende und Feiertage), 9 Loch: keine Vorgaben
Teilnahmebed.:	Voucher gelten Mo–Do (nicht an Feiertagen), nicht mit anderen Ermäßigungen kombinierbar. Änderungen der Green Fee-Preise vorbehalten.

Golf Club Ebersberg

176

Golfen leicht gemacht.

Spielen Sie Golf auf einer der schönsten Anlagen der Region mit 9 und 18 Loch-Golfplatz und genießen Sie die prachtvolle Kulisse inmitten der traumhaften Natur. Der 18 Loch-Meisterschaftsplatz bietet sportliche Herausforderungen für unterschiedlichste Spielertypen: lange Par 5 Löcher, weite Fairways und Greens, die es auf den letzten Metern noch einmal richtig in sich haben. Für ganz besondere Attraktivität sorgt der frei bespielbare 9 Loch-Platz, auf dem weder Platzreife noch Clubmitgliedschaft nötig sind, um hier die Schläger zu schwingen. Und weil es einfach nichts Schöneres gibt, als die gespielten Löcher noch einmal in Ruhe Revue passieren zu lassen, lädt das Clubhaus mit Restaurant und einer herrlichen Sonnenterrasse zum Verweilen ein.

Strüver-Fazit: Der etwa 6.000 m lange Golfplatz bietet breite Fairways und interessante Wasserhindernisse. An schönen Tagen bietet sich ein Blick auf das Alpenpanorama.

Anfahrt: B304 München/Wasserburg, Richtung Wasserburg bis Steinhöring, am östlichen Ortsrand links nach Abersdorf abbiegen. In Abersdorf links über Meiletskirchen nach Zaißing. A94, Ausfahrt Hohenlinden, Richtung B12 nach Ebersberg fahren. Durch den Forst fahren bis zur Schafweide (Mülldeponie/Kieswerk), links abbiegen und von da an der Beschilderung Golfplätze folgen.

Name: Golfclub Mangfalltal
Adresse: Oed 1
83620 Feldkirchen-Westerham
Telefon, Fax: +49-(0) 80 63-63 00, +49-(0) 80 63-69 58
E-Mail: info@glcm.de
Internet: www.glcm.de
Ansprechpartner: Herr Steinle
Büroöffnungszeiten: 9.00–17.00 Uhr
Spielbahnen: 18
Standardgreenfee: 75,00 € (werktags)
90,00 € (Wochenende und Feiertage)
Handicap: -54 (werktags), -45 (Wochenende und Feiertage)
Teilnahmebed.: Voucher gelten Mo–Sa

Golfclub Mangfalltal

177

30
1

Golf made in Bavaria – Willkommen im Golfclub Mangfalltal.

Der Golfclub Mangfalltal, nur knapp eine halbe Stunde entfernt von der Landeshauptstadt, bietet seinen Gästen und Mitgliedern eine wunderschöne 18 Loch-Golfanlage mit einem traumhaften Blick in die Bayrischen Alpen. Seit 1987 verbinden wir sportlichen Anspruch, Erholung in einer intakten Natur und ein geselliges Miteinander in vorbildlicher Weise. Unsere landschaftlich reizvolle Anlage bietet sowohl erfahrenen Golfern als auch Neueinsteigern eine sportliche Herausforderung. Zeitgemäß und mit viel Liebe zum Detail kümmert sich das Greenkeeping Team um den hervorragenden Pflegezustand des Platzes. Das historische Clubhaus mit großzügig angelegter Terrasse und wunderschönem Bergpanorama lädt Golfer und Gäste zum Verweilen und Genießen ein.

Strüver-Fazit: Die 18 Loch sind unterschiedlich gestaltet. Die ersten 9 Bahnen sind ebener und einfacher, die back-nine sind dann anspruchsvoller.

Anfahrt: A8, Ausfahrt Weyarn, Richtung Feldkirchen-Westerham

Name: Golfclub München Valley
Adresse: Am Golfplatz 1
83626 Valley
Telefon: +49-(0)8024-902790
E-Mail: info@golfvalley.de
Internet: www.golfvalley.de
Ansprechpartner: Alexandra Weichselgartner
Öffnungszeiten: 8.00–18.00 Uhr
Spielbahnen: 27 + 9
Green Fee: siehe Homepage reguläres Green Fee
Handicap: 27 Loch: -36, Golfpark: PR
Teilnahmebed.: Voucher gelten nur nach telefonischer Reservier
Mo–Fr und So ab 15.00 Uhr

Golfclub München Valley

178

Anfahrt: Autobahnausfahrt Holzkirchen, B318 Richtung Tegernsee ca. 4 km rechts abfahren und nach ca. 200 m links Ausfahrt Gewerbegebiet Warngau. Von Richtung Tegernsee kommend, B318 rechts Richtung Gewerbegebiet Warngau, sofort wieder links, Valleyer Straße bis zum Ende folgen.

Am Eingang des Tegernseer Tals befindet sich eine der modernsten Golfanlagen Europas.

Diese Top-Lage in einem idyllischen Erholungsgebiet zwischen München und Tegernsee trifft auf einen außergewöhnlichen Golfplatz. Die Kombination bestehend aus dem 27 Loch Designer Course, dem 9 Loch-Golfpark, dem Golf Valley Trainings Center mit Indoor Anlage und dem Golf Valley Fitting Center lässt keine Wünsche offen. Erleben Sie einen der sportlichsten und längsten Plätze weltweit oder nutzen Sie die Trainingsmöglichkeiten unserer Golfsportmanufaktur Valley, dank Flutlicht, auch bis spät abends. Auch der 9 Loch-Golfpark bietet ideale Übungskonditionen. Das Golferlebnis wird durch ein Clubhaus im mediterranen Stil abgerundet.

Strüver-Fazit: Valley war unter den letzten Bewerbern für den Ryder Cup 2022, das sollte genug Anreiz sein, diesen Platz mit Links-Charakter unbedingt einmal zu spielen.

Name:	Golfplatz Tutzing
Adresse:	Gut Deixlfurt Nr. 7 82327 Tutzing
Telefon, Fax:	+49-(0) 81 58-36 00, +49-(0) 81 58-72 34
E-Mail:	service@golfplatz-tutzing.de
Internet:	www.golfplatz-tutzing.de
Ansprechpartner:	Birgit Michel
Öffnungszeiten:	Mitte März bis Mitte November: Mo–So 9.00–18.00 Uhr
Spielbahnen:	18
Green Fee:	70,00 € (werktags) 86,00 € (Wochenende und Feiertage)
Handicap:	-54 (werktags), -45 (Wochenende und Feiertage)
Teilnahmebed.:	Voucher gelten Mo–Sa (nicht an Feiertagen), Sa Startzeit erforderlich

Bayern

Golfplatz Tutzing

179

Gesundheit – Natur – Lebensfreude auf dem Golfplatz in Tutzing.

Sanft hügelig, weitgehend naturbelassenes Gelände, 700 Meter Meereshöhe, das Panorama atemberaubend. Ein mächtiger Baumbestand umringt die Fairways, idyllische Seen und Bachläufe verteidigen Grüns. Jede einzelne Spielbahn ist eine sportliche Herausforderung, aber nicht unbezwingbar. Auf dem 1983 gegründeten und vom Golfprofi Bernhard Langer eröffneten Platz treffen sich Profis und Hobby-Golfer. Gutes Spiel?! Das sollten Sie gemeinsam im Clubrestaurant Morattina mit internationaler Küche oder auf der wunderschönen Sonnenterrasse Revue passieren lassen… Wir heißen Sie herzlich auf unserer Golfanlage willkommen!

Strüver-Fazit: Bernhard Langer hat hier 1986 den goldenen Ball zur Eröffnung abgeschlagen. Schön gelegene Anlage in unmittelbarer Nähe zum Starnberger See.

Anfahrt: BAB 952 München–Starnberg. Durch Starnberg auf der B2 in Richtung Weilheim. Nach ca. 10 km passieren Sie den Ort Traubing. 1 km danach ist links die Einfahrt Deixlfurt/Golfclub Tutzing.

Name:	Golfclub Altötting-Burghausen e. V.
Adresse:	Piesing 4 84533 Haiming
Telefon, Fax:	+49-(0)8678-986903, +49-(0)8678-986905
E-Mail:	office@gc-altoetting-burghausen.de
Internet:	www.gc-altoetting-burghausen.de
Ansprechpartner:	Clubsekretariat
Öffnungszeiten:	Saison 8.30–17.30 Uhr
Spielbahnen:	18 + 9
Green Fee:	55,00 € (werktags) 65,00 € (Wochenende und Feiertage)
Handicap:	PR
Teilnahmebed.:	Voucher gelten von Mo–So, Wochenende und Feiertage nur mit Startzeitenreservierung

DGV Zertifikat Bronze GOLF&NATUR Allianz

Golfclub Altötting-Burghausen

180

Anfahrt: A94 bzw. B12 (München – Passau), Ausfahrt Burghausen; Course Falkenhof: links Richtung Marktl. Vor der Innbrücke links abbiegen und der Beschilderung folgen. Course Schloß Piesing: links abbiegen Richtung Marktl. Bei der nächsten Gelegenheit gleich rechts abbiegen Richtung Haiming. Immer der Vorfahrtsstraße folgen bis Golfclub.

Der 18 Loch Course „Schloß Piesing" im Gemeindegebiet Haiming lädt mit breiten Fairways, strategisch gesetzten Hindernissen und einem wunderschönen waldreichen Ambiente zur sportlich anspruchsvollen Runde.

Die 18 Spielbahnen auf drei Landschaftsterrassen fordern das sportliche Können des Golfers durch Bäche, Weiher und Mulden heraus. Unter fairen Voraussetzungen lässt sich das Spiel immer kontrollieren. Ohne unfaire Roughzonen ist es möglich, sehr gute Scores zu erzielen. Der in den Zusammenfluss von Inn und Alz eingebettete 9 Loch Course „Falkenhof" besticht durch landschaftlich reizvolle Ausblicke und abwechslungsreiche Spielbahnen. Kurze Wege zwischen den Bahnen zeichnen diese Anlage aus. Der Platz ist zwar spielerisch anspruchsvoll, aber aufgrund seiner flachen Bahnen für alle Spielstärken zu bewältigen.

Strüver-Fazit: Kaum vorhandene Roughs erleichtern zwar das Spiel, die kleinen Greens erfordern allerdings ein genaues kurzes Spiel.

Name:	Golfanlage Berchtesgadener Land
Adresse:	Weng 12 83404 Ainring
Telefon, Fax:	+49-(0)8654-69020, +49-(0)8654-690211
E-Mail:	info@gcbgl.de
Internet:	www.gcbgl.de
Ansprechpartner:	Sekretariat
Öffnungszeiten:	9.00–18.00 Uhr
Spielbahnen:	18
Green Fee:	65,00 € (werktags) 75,00 € (Wochenende und Feiertage)
Handicap:	PE
Teilnahmebed.:	Voucher gelten Di–Do (nicht an Feiertagen)
Sonstiges:	Green Fee-Änderungen möglich Golfhotel Wengerhof

Golfanlage Berchtesgadener Land

181

30
1

Golfen vor der prachtvollen Bergkulisse der bayerischen und österreichischen Alpen.

Wenige Autominuten von der Festspielstadt Salzburg entfernt, im leicht hügeligen Gelände des oberbayerischen Dorfes Weng liegt in herrlich ruhiger Lage eine Golfherausforderung der besonderen Art: die Golfanlage Berchtesgadener Land mit seinem anspruchsvollen Par 72, 18 Loch-Meisterschaftsplatz. Der Wengerhof ist direkt im Clubhaus des Golfclub Berchtesgadener Land integriert und bietet eine komfortable und angenehme Übernachtungsmöglichkeit im schönen Berchtesgadener Land.

Strüver-Fazit: An Bahn 6 kann man durchaus ein Birdie spielen. Das Inselgrün an Loch 11 erfordert ein genaues Spiel. Sehr schönes Panorama.

Anfahrt: A8 München–Salzburg, Ausfahrt Neukirchen, durch das Achtal Richtung Teisendorf. Auf der B304 Richtung Freilassing. Nach der Ortschaft Straß ca. 1 km Abzweigung links nach Weng. Der Beschilderung folgen.

Bayern

Name:	Golfclub Reit im Winkl-Kössen
Adresse:	Moserbergweg 60 A-6345 Kössen
Telefon, Fax:	+49-(0)8640-798250, +49-(0)8640-798252
E-Mail:	info@gcreit.de
Internet:	www.gcreit.de
Ansprechpartner:	Sekretariat
Öffnungszeiten:	April–November
Spielbahnen:	18
Green Fee:	69,00 € (werktags) 79,00 € (Wochenende und Feiertage)
Handicap:	-54 (werktags), -36 (Wochenende und Feiertage)
Teilnahmebed.:	Voucher gelten Mo–So ab 13.00 Uhr

GOLFCLUB
REIT IM WINKL
KÖSSEN

Golfclub Reit im Winkl-Kössen

182

Anfahrt: A8 München–Salzburg, A93 Innsbruck, Ausfahrt Oberandorf, Kössen/Reit im Winkl.
A8 Salzburg–München, Ausfahrt Grassau, Reit im Winkl.

Grenzüberschreitender Golf-Genuss.

Die überaus malerisch gelegene 18 Loch-Anlage des GC Reit im Winkl-Kössen ist Europas erster und einziger grenzüberschreitender Golfplatz. Mit Blick auf das Kaisergebirge und umrahmt von den Chiemgauer und Tiroler Alpen bietet er nicht nur beste Aussichten, sondern auch eine echte sportliche Herausforderung. Dieser einzigartige und top gepflegte Platz fordert neben strategischem Denken auch einiges an spielerischer Geschicklichkeit, gibt aber auch Anfängern die Chance auf viele Erfolgserlebnisse. Überzeugen Sie sich selbst von der Einzigartigkeit dieser Anlage. Schwungvolles Golfen zu besten Bedingungen in einer bestechend schönen Naturkulisse lässt jedes Golferherz höher schlagen.

Strüver-Fazit: Ankommen und Wohlfühlen heißt hier die Devise. Der Platz ist sehr anspruchsvoll und hält vor allem an Loch 5 einige Herausforderungen bereit.

Bayern

Name: Der Margarethenhof
Adresse: Gut Steinberg 1–3
83666 Waakirchen-Marienstein
Telefon, Fax: +49-(0)8022-7506-330, +49-(0)8022-74818
E-Mail: golf@margarethenhof.com
Internet: www.margarethenhof.com
Ansprechpartner: Serhat Kurnaz
Öffnungszeiten: 9.00–18.00 Uhr
Spielbahnen: 18
Green Fee: 80,00 € (werktags)
Handicap: -36
Teilnahmebed.: Voucher gelten von Mo–Do (nicht an Feiertagen) nur nach vorheriger Anmeldung
Sonstiges: Voucher sind nicht mit anderen Ermäßigungen oder Gutscheinen kombinierbar.
Keine Gruppenreservierung möglich

Der Margarethenhof Golf & Hotel am Tegernsee

183

Hoch über dem Tegernsee erwartet Sie ein Ort der Ruhe und Gastlichkeit – sowie eine der schönsten Golfanlagen Deutschlands. Höchste spielerische Ansprüche verbinden sich hier mit einzigartigem Naturerlebnis.

Rund um das Hotel Margarethenhof erstreckt sich ein weitgehend naturbelassener 18 Loch-Golfplatz. Neben gepflegten Fairways, Biotopen, Wasserhindernissen und Bunkern bietet er in 950 Metern Höhe einen der höchst gelegenen Abschläge Deutschlands. Von hier aus genießt man einen unvergleichlichen Blick auf die Bergwelt. Ein Panorama, das Golfer aus der ganzen Welt begeistert. Das charmante Clubhaus bietet sowohl ein ausgezeichnetes Restaurant als auch einen exquisiten Pro Shop. Im Hotel mit seinen 35 Suiten genießen die Gäste eine erholsame Zeit, umgeben von höchstem Komfort und neu-bayerischer Gemütlichkeit.

Strüver-Fazit: Der in weiten Teilen überarbeitete Platz wurde sehr kundenfreundlich und mit Cart-Wegen gestaltet.

Anfahrt: A8 München–Salzburg, Ausfahrt Holzkirchen, Landstraße bis Kreuzstraße, rechts Richtung Bad Tölz, nach 2,5 km links nach Marienstein. Frühzeitig beschildert.

Bayern

Name:	Golfclub Schloss Klingenburg e. V.
Adresse:	89343 Jettingen-Scheppach
Telefon, Fax:	+49-(0)8225-3030, +49-(0)8225-30350
E-Mail:	info@golf-klingenburg.de
Internet:	www.golf-klingenburg.de
Ansprechpartner:	Frau Rößle, Sekretariat
Öffnungszeiten:	täglich 9.00–17.00 Uhr, witterungsbedingt
Spielbahnen:	18 + 4 Übungslöcher
Green Fee:	siehe Homepage
Handicap:	-54 (werktags), -36 (Wochenende und Feiertage)
Teilnahmebed.:	Voucher gelten Mo–Fr (nicht an Feiertagen), Abschlag bis 12.00 Uhr, Startzeitreservierung erforderlich Erhöhtes Green Fee bei Fernmitgliedschaften, keinem vollen Spielrecht und ohne Kennzeichnur
Sonstiges:	Softspikes erforderlich

GOLF-CLUB · SCHLOSS · KLINGENBURG

Golfclub Schloss Klingenburg

30
1

184

Anfahrt: A8 München–Stuttgart, Ausfahrt Burgau, rechts Richtung Jettingen-Scheppach, Kreisverkehr rechts. Richtung Thannhausen. Kreisverkehr Richtung Schönenberg. Navi: Schönenberg eingeben!

Ein Diamant unter den Golfplätzen in Deutschland.

Nicht ganz eine Autostunde vom Westen Münchens liegt der Golfclub Schloss Klingenburg. Vom Golf Magazin zu einem der besten deutschen Golfplätze gewählt, ist ein Ausflug nach Schloss Klingenburg ein „Muss" unter Golfkennern. Dieses Meisterwerk wurde konzipiert und designed von Donald Harradine, einem der weltbesten Golfplatzarchitekten. Es erwartet Sie ein Golf Course mit einer wunderschönen Schlosspark-Atmosphäre, tausende alte Bäume, Biotope und eine reichhaltige Flora und Fauna. Es ist einfach ein Traum, hier zu spielen! Nach der Runde lädt das ausgezeichnete Clubrestaurant mit regionaler und internationaler Küche ein.

Strüver-Fazit: Das 13. Loch, ein Par 3, fordert die Spieler mit einem interessanten Inselgrün golferisch heraus und wird immer wieder zu Recht in den Ranglisten der schönsten Golfbahnen Deutschlands aufgeführt.

Name:	Golfclub Memmingen Gut Westerhart e. V.
Adresse:	Westerhart 1 b 87740 Buxheim
Telefon, Fax:	+49-(0)8331-71016, +49-(0)8331-71018
E-Mail:	info@golfclub-memmingen.de
Internet:	www.golfclub-memmingen.de
Ansprechpartner:	Hr. Montén
Öffnungszeiten:	9.00–18.00 Uhr
Spielbahnen:	27 (18 + 9)
Green Fee:	70,00 € (werktags) 80,00 € (Wochenende und Feiertage)
Handicap:	-54
Teilnahmebed.:	Voucher gelten Mo–So ab 12 Uhr, Nicht mit „VS" gekennzeichnete Ausweise + 10,00 € pro Person
Sonstiges:	Der Platz ist ganzjährig bei Nicht-Schneelage auf Sommergrüns bespielbar

Bayern

Golfclub Memmingen Gut Westerhart

Gepflegter Platz, ganzjährig Sommergrüns.

Nur wenige Kilometer von Memmingen entfernt liegt die 18 Loch-Anlage des Golfclubs. Der Platz fügt sich harmonisch in die Landschaft ein und ist vergleichsweise flach und ohne große körperliche Anstrengungen zu gehen. Lange Spielbahnen, viel Wasser und zahlreiche Bunker verlangen einiges an golferischem Können und konzentriertem Spiel. Es erwartet Sie außerdem eine großzügig angelegte Driving Range, ein 9 Loch-Akademieplatz sowie einige Putting und Pitching Greens. Natürlich steht auch ein modernes Clubhaus mit Restaurant, großzügigen Umkleiden sowie ein gut sortierter Pro-Shop zur Verfügung. Carts können durch eine Vorreservierung gemietet werden.

Strüver-Fazit: Sehr angenehm zu spielender, ebener Platz. Lediglich die Bahnen 14 und 15 haben spektakuläre und reizvolle Höhen zu überwinden. Hervorragender Pflegezustand der breiten Fairways sowie der Grüns.

185

Anfahrt: A96 (Memmingen–Lindau), Ausfahrt Aitrach, dann Richtung Memmingen (alte B18) nach Ortsende Volkratshofen links nach Westerhart.

Bayern

Name:	Golfclub zu Gut Ludwigsberg
Adresse:	Augsburger Straße 51 86842 Türkheim
Telefon:	+49-(0)82 45-33 22
E-Mail:	info@golfclub-tuerkheim.de
Internet:	www.golfclub-tuerkheim.de
Ansprechpartner:	Sabine Biddle, Rudolf Wiedemann
Öffnungszeiten:	ganzjährig, im Winter auch auf Sommergreens
Spielbahnen:	18 + 9
Green Fee:	60,00 € (werktags) 70,00 € (Wochenende und Feiertage)
Handicap:	-54
Teilnahmebed.:	Voucher gelten Mo–So, keine Gruppenreservierungen möglich
Sonstiges:	E-Cart 25,00 €, Wohnmobile willkommen, es stel 5 Ladestationen für Elektroautos zur Verfügung

Golfclub zu Gut Ludwigsberg

186

Anfahrt: A96 (München–Lindau), Ausfahrt Bad Wörishofen/Türkheim, Richtung Türkheim, Ausfahrt Türkheim Süd, nach dem Ortsende liegt der Golfplatz linker Hand.

Golfen mit Ausblick in die Alpen: Entspannung pur!

Die Anlage wurde im Jahre 1993 eröffnet und erfreut sich im allgäu-schwäbischen Raum großer Beliebtheit. Der Golfplatz wurde von einem der bekanntesten Golfplatzarchitekten Deutschlands, Kurt Rossknecht, erbaut und zählt zu den schönsten Anlagen im süddeutschen Raum. Er ist ganzjährig geöffnet und besticht durch seine herrliche Lage. Auch im Winter wird auf Sommergreens gespielt. Einige Spielbahnen bieten eine unvergleichliche Aussicht auf das Alpenpanorama. Der sportliche 18 Loch-Meisterschaftsplatz stellt mit zahlreichen Wasserhindernissen und einem Inselgrün an der 18. Spielbahn sowohl für ambitionierte Golfer als auch für Golfanfänger ein gleichermaßen großes Spielerlebnis dar.

Strüver-Fazit: Knorrige alte Eichen und insgesamt 47 Sandbunker sind hier zu bewältigen. Sehr guter Platzzustand.

Name:	Allgäuer Golf- und Landclub e. V.
Adresse:	Boschach 3, 87724 Ottobeuren
Telefon:	+49-(0)8332-92510
E-Mail:	info@aglc.de
Internet:	www.aglc.de
Ansprechpartner:	Andrea Stock, Johannes Siemenczuk
Öffnungszeiten:	ganzjährig, im Winter auch auf Sommergrüns
Spielbahnen:	18 + 6
Green Fee:	60,00 € (werktags) 80,00 € (Wochenende und Feiertage)
Handicap:	-54 (werktags), -45 (Wochenende und Feiertage)
Teilnahmebed.:	Voucher gelten täglich; Wochenende/Feiertage ab 13.00 Uhr nach tel. Vereinbarung. Nicht kombinierbar mit anderen Ermäßigungen/Gutscheinen. Keine Gruppenreservierung möglich. Für Spieler mit Ausweiskennzeichnung ohne R gilt ein Aufpreis von 20,00 €
Sonstiges:	Elektro-Tankstelle/Wohnmobilstellplatz

Bayern

Allgäuer Golf- und Landclub

Allgäuer Golf & Landclub e.V.

187

Drei Kilometer südlich des Kneipp-Kurortes Ottobeuren mit seiner berühmten Basilika erwartet Sie der 1984 erbaute Golfplatz.

Vom Platz aus hat man einen schönen Blick auf die Voralpen sowie auf die historische Basilika von Ottobeuren. Das interessante Layout der von Kurt Rossknecht gestalteten Anlage, zahlreiche Wasserhindernisse, gut platzierte Bunker und nicht zuletzt die kurzen Wege vom Green zum Tee machen Ihre Runde zum puren Golfgenuss. Bei allen abwechslungsreichen Herausforderungen für den schon erfahrenen Golfer bietet der sehr faire Platz auch Anfängern die Chance auf einen guten Score – nicht nur in der Saison, auch im Winter, sofern kein Schnee liegt.

Strüver-Fazit: Hervorragend gepflegte Fairways, schnelle Grüns, leicht hügeliges Gelände und Wasserhindernisse – für erfahrene Spieler und Anfänger.

Anfahrt: A7 (Ulm–Kempten), Ausfahrt Memmingen, weiter über Memmingen und Ottobeuren nach Eldern, hier der Beschilderung bis zum Golfplatz folgen.

Name:	Golfclub Bad Wörishofen e. V.
Adresse:	Schlingener Straße 27 87668 Rieden
Telefon, Fax:	+49-(0)8346-777, +49-(0)8346-1616
E-Mail:	info@gc-bw.de
Internet:	www.gc-bw.de
Ansprechpartner:	Michael Galanis
Öffnungszeiten:	täglich 9.00–18.00 Uhr
Spielbahnen:	18; Platzumbau: permanent 9 Loch bespielbar
Green Fee:	umbaubedingt: siehe Homepage
Handicap:	PR
Teilnahmebed.:	Voucher gelten Mo–Fr (nicht an Feiertagen), keine Gruppenreservierung möglich, nicht in der Grupp einlösbar, Ausweiskennzeichnung R = Regional
Sonstiges:	Änderungen, auch beim Preis, freibleibend möglich. Aktueller Platzstatus (18 oder 9 Loch) siehe Homepage

GOLFCLUB
Bad Wörishofen e.V.

Golfclub Bad Wörishofen

188

Anfahrt: A96 (München–Lindau), Ausfahrt Bad Wörishofen, Richtung Kaufbeuren, Abfahrt Schlingen-Süd, in Schlingen beschilderte Abzweigung bei der Kirche über die Wertach nach Rieden.

Golfen zwischen sanften Hügeln und glitzernden Seen auf dem ersten „Kneipp"-zertifizierten Golfplatz.

Nur etwa 10 Minuten südlich von Bad Wörishofen liegt der 18 Loch-Meisterschaftsplatz inmitten einer parkähnlichen Landschaft im herrlichen Allgäuer Voralpengebiet. Der schöne alte Baumbestand und die reizvollen Ausblicke auf Seen und Natur leisten neben der sportlichen Betätigung einen zusätzlichen Beitrag zur Erholung und Entspannung.

Strüver-Fazit: Die optimale Verbindung von Sport und Natur: Bahnen zwischen alten Baumreihen, natürlichen Wasserhindernissen und sanften Hügeln machen diesen Platz zu einem wahren Vergnügen.

Bayern

Name: Auf der Gsteig – Golfanlage
Adresse: Gsteig 1
86983 Lechbruck am See
Telefon, Fax: +49-(0)8862-987750, +49-(0)8862-987759
E-Mail: golf@aufdergsteig.de
Internet: www.aufdergsteig.de
Ansprechpartner: Hansi Frank
Öffnungszeiten: 8.00–18.00 Uhr (März bis Oktober)
Spielbahnen: 18/3
Green Fee: 70,00 € (werktags)
80,00 € (Wochenende und Feiertage)
Handicap: -54
Teilnahmebed.: Voucher gelten Mo–Fr, an Wochenenden und Feiertagen ab 13.00 Uhr. Voucher gelten nicht bei bereits reduziertem Green Fee.

Auf der Gsteig

AUF DER GSTEIG
Hotel · Restaurant · Wellness · Golf

189

30
1

Mit besten Aussichten ... golfspielen, genießen und entspannen: Auf der Gsteig – Hotel-Restaurant-Wellness-Golf hat seinen Sitz in Lechbruck am See im Ostallgäu.

Inmitten von altem Baum- und Heckenbestand auf einer Gesamtfläche von 93 Hektar liegt Auf der Gsteig – Hotel-Restaurant-Wellness-Golf. Mit mittlerem Schwierigkeitsgrad bei rund 5.600 Metern Länge und Par 71 ist der abwechslungsreiche und fordernde Kurs geschickt und sorgsam in die einmalige Landschaft und Natur integriert. Professionelle Platzpflege und eine angenehme Atmosphäre zeichnen den Platz aus.
Nach der Runde lädt das Restaurant des Hotels mit einer der schönsten Sonnenterrassen Bayerns zum Verweilen ein.

Strüver-Fazit: Schräglagen und die relativ kleinen Grüns sind die Hindernisse auf einem Weg zum guten Score. Dafür entschädigt Sie der traumhafte Ausblick von vielen Bahnen auf die Alpen.

Anfahrt: A95 München-Garmisch – Ausfahrt Murnau über Bad Kohlgrub – Echelsbacherbrücke – weiter auf der Staatsstraße in Richtung Steingaden – Lechbruck. Oder: A96 Richtung Lindau – Abfahrt Landsberg/Lech West in Richtung Schongau – Bernbeuren – Lechbruck. Oder: A7 Richtung Füssen – Ausfahrt Nesselwang – Seeg, Roßhaupten – Lechbruck.

Name: Golfclub Garmisch-Partenkirchen e. V.
Adresse: Gut Buchwies
82496 Oberau
Telefon, Fax: +49-(0)8824-8344, +49-(0)8824-994198
E-Mail: kontakt@golfclub-gap.de
Internet: www.golfclub-garmisch-partenkirchen.de
Ansprechpartner: Sebastian Fabricius
Öffnungszeiten: 8.00–18.00 Uhr
Spielbahnen: 18
Green Fee: 70,00 €
Handicap: -54
Teilnahmebed.: Voucher gelten Mo–So,
nicht Mi + Fr zwischen 10.00 und 12.00 Uhr

Golfclub Garmisch-Partenkirchen

30
1

190

Anfahrt: Aus Richtung Garmisch-Partenkirchen: B2 ca. 8 km Richtung München, in Oberau rechts über die Loisach, dann der Beschilderung zum Golfplatz folgen. Aus Richtung München: A 95 München -Garmisch-Partenkirchen, bis zum Autobahnende, dann weiter auf der B2 bis Oberau, in Oberau links über die Loisach und dann der Beschilderung zum Golfplatz folgen.

Genießen Sie die idyllische Lage des 18-Loch Golfplatzes inmitten der wundervollen oberbayerischen Landschaft.

Verbringen Sie einen traumhaften Golftag und schalten Sie einfach mal ab ... und genießen Sie das schöne Panorama des Oberlandes mit Alpspitze, Waxenstein und Deutschlands höchstem Gipfel, der Zugspitze. Der Platz ist flach und mit leichten Wellen ist er angenehm zu begehen.

Strüver-Fazit: Panoramagolf at its best: Ein alpiner, aber ebener Platz mit Aussicht auf Wetterstein und Zugspitze.

Name: Golfclub Oberstaufen-Steibis e. V.
Adresse: In der Au 5
87534 Oberstaufen
Telefon, Fax: +49-(0)8386-8529, +49-(0)8386-8657
E-Mail: info@golf-oberstaufen.de
Internet: www.golf-oberstaufen.de
Ansprechpartner: Michael Toffel, Andrea Mischler
Öffnungszeiten: 8.00–18.00 Uhr
Spielbahnen: 18
Green Fee: 72,00 €
Handicap: -45
Teilnahmebed.: Voucher gelten Mo–So

Golfclub Oberstaufen-Steibis

30
1

191

Anfahrt: siehe Homepage

Der 18-Loch-Golfplatz des Golfclub Oberstaufen-Steibis e. V. ist ein wahres Golfparadies und hat aufgrund seiner Lage bereits beste Voraussetzungen für Golferlebnisse vom Feinsten.

Von jeder Bahn bieten sich dem Spieler Panoramablicke auf die grandiosen Allgäuer, Österreichischen und Schweizer Alpen. Der Course ist sportlich anspruchsvoll. Die Greens sind schnell. Bunker, Doglegs und Steigungen sind auch für erfahrene Golfer eine Herausforderung. Die Anlage ist hügelig und durch Wasserhindernisse mit Biotopen, Quellen und altem Baumbestand strukturiert. Zum Trainieren gibt es eine Driving Range mit 26 Rangeabschlägen (6 überdachte) sowie Pitching-, Chipping- und Putting-Grüns. Nach der Runde sorgt das Küchenteam im Clubrestaurant für das leibliche Wohl der Golfer und Gäste.

Strüver-Fazit: Golfen mit einem Rundumblick ins Allgäu, einige Grüns liegen auf über 800 Metern Seehöhe.

192 Trelleborgs Golfklubb
193 Romeleåsens Golfklubb
194 Tomelilla Golf
195 Sjöbo Golfklubb
196 Söderslätts Golfklubb
197 Vellinge Golfklubb
198 Örestads Golfklubb
199 Kävlinge Golfklubb
200 Äppelgårdens Golfklubb
201 Vinbergs Golfklubb
202 Uddevalla Golfklubb

Skåne (Schweden)

Name:	Trelleborgs Golfklubb
Adresse:	Kämpingevägen 19 SE-23193 Trelleborg
Telefon:	+46-(0)410-33 04 60
E-Mail:	kansli@trelleborgsgk.se
Internet:	www.trelleborgsgk.se
Öffnungszeiten:	April–Oktober: täglich 8.00–16.00 Uhr November–März: Di–Do 9.00–15.00 Uhr
Spielbahnen:	18
Green Fee:	560 SEK, ca. 52,00 € vor 8.00 Uhr und nach 15.00 Uhr 370 SEK, ca. 34,00 € Oktober–März: 350 SEK, ca. 33,00 €
Handicap:	-54
Teilnahmebed.:	–
Sonstiges:	Buggy 35,00 €, Trolly 5,00 €

Trelleborgs Golfklubb

30
1

192

Grandioser Golfplatz an der Ostsee mit Links-Charakter.

Schwedens südlichster Golfplatz liegt an der Südküste der Provinz Skåne direkt am Meer in unmittelbarer Nähe zur Hafenstadt Trelleborg. Mit einem spektakulären Links-Charakter – typisch für schottische und irische Plätze – bietet die Anlage von jedem der insgesamt 18 Löcher einen herrlichen Ausblick aufs Meer und damit dem Spieler ein einmaliges Naturerlebnis.
Pro-Shop und Restaurant runden das Angebot zu dem 5.448 m langen Par 71-Kurs ab.

Mit freundlicher Unterstützung
von **Golfhäftet.** www.golfhaftet.se Golfhäftet

Anfahrt: Von Malmö auf der E6 nach Süden Richtung Trelleborg, vor Trelleborg rechts abbiegen Richtung Falsterbo, Höllviken, Skanör. Der Golfplatz befindet sich auf der rechten Seite, zwischen Straße und Meer.

Skåne (Schweden)

Name: Romeleåsens Golfklubb
Adresse: Kvarnbrodda 1191
SE-24796 Veberöd
Telefon: +46-(0)46 82 01 4
E-Mail: info@ragk.se
Internet: www.ragk.se
Ansprechpartner: Stefan Nilsson
Öffnungszeiten: 8.00–17.00 Uhr
Spielbahnen: 18
Green Fee: 600 SEK, ca. 56,00 € (werktags)
700 SEK, ca. 65,00 € (Wochenende und Feiertage)
Handicap: -36
Teilnahmebed.: –

Romeleåsens Golfklubb

191

Golfen inmitten Südschwedens traumhafter „Lake District"-Landschaft.

Romeleåsen ist eine hügelige, parkähnliche Anlage mit nur wenigen Wasserhindernissen. Sie liegt inmitten herrlicher Naturlandschaft. Schon das erste Loch gibt einem einen guten Vorgeschmack auf den Platz: Es ist ein eher kurzes Par 4 mit einem leichten Verlauf hügelaufwärts, flankiert von wunderschöner Natur. Welches Loch auch immer man in Romeleåsen spielt, die Schönheit der Umgebung sticht einem jederzeit ins Auge. Besonders hervorzuheben sind die Löcher 8 und 9, die beide in verschiedenen Wettbewerben als „schönste Löcher Schwedens" nominiert waren.

Mit freundlicher Unterstützung
von **Golfhäftet.** www.golfhaftet.se Golfhäftet

Anfahrt: Von Malmö: E65 nach Ystad, in Skurup nach Veberöd abbiegen, weiter nach Dörröd, rechts am Schild „Golfbana" abbiegen. Von Lund: Straße 16 nach Dalby, in Dalby Straße 11 nach Veberöd, hier nach Skurup abbiegen, weiter nach Dörröd. Links am Schild „Golfbana" einbiegen.

Name: Tomelilla Golf & Hotell & Krog
Adresse: Ullstorp 122;1
SE-21394 Tomelilla
Telefon: +46417 19430
E-Mail: info@tomelillagolf.se
Internet: www.tomelillagolf.se
Ansprechpartner: Kristian Hägglund
Öffnungszeiten: 8.00–16.00 Uhr
Spielbahnen: 18 + 9
Green Fee: siehe Homepage
Handicap: -54
Teilnahmebed.: –

Tomelilla Golf

194

Anfahrt: Von Trelleborg: Route 108 Richtung Svedala, in Svedala nehmen Sie die E65 Richtung Ystad bis Kristianstadsvägen, dort der Route 19 folgen bis Tomelilla, Ausfahrt Benestadt auf Ystadsvägen, weiter auf Västergatan und Route 11, in Tomelilla fahren Sie auf die Rosendalsvägen, rechts befindet sich der Club.

Vor den Toren von Tomelilla, in Österlen gelegen, präsentiert sich der 18 Loch-Meisterschaftplatz.

Das Gebiet ist von außergewöhnlicher Schönheit und vom höchsten Punkt der Anlage, auf dem sich auch das Clubhaus befindet, haben Sie einen herrlichen Blick über den gesamten Kurs.

Mit anspruchsvollem Layout bietet der Kurs in offener Parklandschaft an den ersten neun Löchern wahre Herausforderungen: Hier gilt es strategisch platzierte Teiche und Bäche zu überwinden. Die letzten neun bestechen durch breite Fairways und große, wellige Grüns.

Der gepflegte 9 Loch Pay & Play-Platz bietet Anfängern und Kindern die Möglichkeit, ihr Spiel zu verbessern.

Mit freundlicher Unterstützung von **Golfhäftet.** www.golfhaftet.se Golfhäftet

Skåne (Schweden)

Name:	Sjöbo Golfklubb
Adresse:	Björka Byaväg 72-33 SE–27594 Sjöbo
Telefon:	+46-(0)46-631 09
E-Mail:	info@sjobogk.com
Internet:	www.sjobogk.com
Ansprechpartner:	Lena Torstensson
Spielbahnen:	18
Green Fee:	siehe Homepage
Handicap:	-36
Teilnahmebed.:	–

Sjöbo Golfklubb

Willkommen im Sjöbo Golfklubb!

Im Herzen von Skåne und im malerischen Gebiet Björka liegt der Sjöbo Golfklubb, nur 30 Minuten von Malmö und 60 Minuten von Kopenhagen.

Der 2003 erbaute 18 Loch-Platz befindet sich auf Sandboden und kann somit überwiegend das ganze Jahr bespielt werden. Jedes Loch des Platzes ist von Pinienwald abgeschirmt, so dass Sie sich ganz auf Ihr Spiel konzentrieren können.

Neben einer Driving Range finden Sie großzügige Übungsbereiche sowie ein neues Clubhaus mit Restaurant, Café und Pro Shop.

Mit freundlicher Unterstützung von **Golfhäftet.** www.golfhaftet.se Golfhäftet

195

30

1

Anfahrt: siehe Homepage

Name: Söderslätts Golfklubb
Adresse: Elleboda, Grevievägen 260-10
SE-23594 Vellinge
Telefon, Fax: +46-(0)40-429680, +46-(0)40-429684
E-Mail: soderslattsgk@sslgk.se
Internet: www.soderslattsgk.com
Ansprechpartner: Joao Guiomar
Öffnungszeiten: 8.00–16.00 Uhr
Spielbahnen: 18
Green Fee: 500 SEK, ca. 46,00 € (Januar–April, Oktober–Dezember)
600 SEK, ca. 56,00 € (Mai–September)
Handicap: –
Teilnahmebed.: Voucher gelten von April–Oktober

Söderslätts Golfklubb

30
1

196

Anfahrt: GPS 55.4675568, 13.08809497

Die 18 Loch-Anlage wurde im Jahr 1990 gegründet und befindet sich in einer atemberaubenden Landschaft.

Der Platz ist für Spieler jeder Stärke geeignet. Dennoch wird der Golfer besonders durch das hohe Rough und die ebenen Bahnen gefordert. Für eine kurze Golfrunde ist der gepflegte 9 Loch-Platz mit Putting Green und Bunker-Spiel hervorragend geeignet. Außerdem steht eine Driving Range zum Üben zur Verfügung.

Mit freundlicher Unterstützung
von **Golfhäftet.** www.golfhaftet.se Golfhäftet

Skåne (Schweden)

Name: Vellinge Golfklubb
Adresse: Norra Hötoftavägen 392
SE-23594 Vellinge
Telefon: +46-(0)443255
E-Mail: info@vellingegk.se
Internet: www.vellingegk.se
Ansprechpartner: Calle Thelin
Öffnungszeiten: 8.00–16.00 Uhr
Spielbahnen: 18
Green Fee: 600 SEK, ca. 56,00 €
Handicap: -36
Teilnahmebed.: Voucher gelten Mo–Fr, nicht an Wochenenden

Vellinge Golfklubb

197

Idyllisch zwischen Malmö und Trelleborg gelegen begeistert dieser Club vor allem mit seiner familiären Atmosphäre.

In eine sanft gewellte und offene Landschaft eingebettet ist die attraktive 18 Loch-Anlage von Wasser umgeben. Durch Wind wird der Platz zu einer sportlichen Herausforderung für Golfer jeden Levels. Das abwechslungsreiche Layout und der leicht hügelige Kurs garantieren außerdem Golfspaß der Extraklasse. Außerdem bietet der Golfplatz Vellinge auf dem 6 Loch-Kurzplatz die Möglichkeit, Ihr Können noch weiter auszubauen. Lassen Sie sich von der Schönheit schwedischer Natur begeistern und genießen Sie ein entspanntes Spiel in Vellinge.

Mit freundlicher Unterstützung von **Golfhäftet.** www.golfhaftet.se Golfhäftet

Anfahrt: Von Malmö kommend nehmen Sie die 101 nach Anderslöv bis kurz vor Ingelstad. Biegen Sie links nach Bröddard ab und folgen Sie der Beschilderung des Golfplatzes.

Name:	Örestads Golfklubb
Adresse:	Golfvägen SE-23434 Lomma
Telefon:	+46-(0)40-41 05 80
E-Mail:	info@orestadsgk.com
Internet:	www.orestadsgk.com
Ansprechpartner:	Niklas Karlsson
Öffnungszeiten:	siehe Homepage
Spielbahnen:	18 + 9
Green Fee:	Aktuelle Preise finden Sie im Internet
Handicap:	27 Loch: -36, 18 Loch: PE
Teilnahmebed.:	Voucher gelten Mo–So

Örestads Golfklubb

198

Anfahrt: Autobahn E6/E20 Richtung Bjärred, Ausfahrt Lomma. Der Beschilderung mit dem Golfspieler folgen.

Willkommen im romantischen Südschweden.

Der Golfclub Örestad befindet sich in der Nähe des Meeres, an der Bucht von Lomma in Südschweden. Der Platz liegt in einem parkähnlichen Gelände. Er bietet Golfern aller Spielstärken insgesamt drei 9 Loch-Plätze, von denen jeweils zwei zu einem 18 Loch-Kurs zusammengefasst sind. Die Länge des Kurses variiert, da die drei 9 Loch-Plätze immer unterschiedlich miteinander kombiniert werden. Außerdem gibt es für spontane Spieler einen „Pay & Play" 18 Loch-Kurzplatz Par 3. Für alle, die keine Zeit haben, 18 Löcher zu spielen, bietet der Golfclub Örestad auch die Möglichkeit an, ein 9 Loch-Green Fee zu erwerben.

Mit freundlicher Unterstützung von **Golfhäftet.** www.golfhaftet.se Golfhäftet

Skåne (Schweden)

Name:	Kävlinge Golfklubb
Adresse:	Harrievägen 120 SE-24433 Kävlinge
Telefon:	+46-(0)46 73 62 70
E-Mail:	kansli@kavlingegk.se
Internet:	www.kavlingegk.se
Ansprechpartner:	Tobias Klöfver
Öffnungszeiten:	8.00–16.30 Uhr (werktags)
Spielbahnen:	18 + 6
Green Fee:	ab 400 SEK, ca. 37,00 €
Handicap:	–
Teilnahmebed.:	Voucher gelten Mo–Fr

Kävlinge Golfklubb

Golf spielen auf historischem Grund.

199

Der 1989 gegründete Kävlinge Golfklubb eröffnete seinen Platz erstmals 1991 in einem Tal zwischen Wiesen und Feldern auf historischem Gelände: 1676 trafen hier der dänische König Christian V und der schwedische König Karl XI in der Schlacht bei Lund aufeinander.

Heute hat sich der Golfclub nach aufwändigen Bepflanzungen in eine herrliche Parklandschaft entwickelt. Die 18 Bahnen liegen alle unweit des Clubhauses, so dass Sie wahlweise 6, 9, 14 Loch oder eine volle Runde spielen können. Perfekt für große Gruppen und Kanonenstarts.
Eine Driving Range, eine Indoor-Halle, der gut ausgestattete ProShop, wahrscheinlich einer der am besten ausgestatteten in Südschweden und das beliebte Restaurant runden das Angebot ab.

Anfahrt: siehe Homepage

Mit freundlicher Unterstützung
von **Golfhäftet.** www.golfhaftet.se Golfhäftet

Name: Äppelgårdens Golfklubb
Adresse: Hallandsvägen 400
SE-26996 Båstad
Telefon, Fax: +46-(0)431-22330, +46-(0)431-22393
E-Mail: info@appelgarden.se
Internet: www.appelgarden.se
Ansprechpartner: Malin Ivarsson
Öffnungszeiten: 8.00–18.00 Uhr Hochsaison
Spielbahnen: 18
Green Fee: siehe Homepage
Handicap: –
Teilnahmebed.: –

Äppelgårdens Golfklubb

200

Anfahrt: Autobahn E6, Ausfahrt Båstad, ca. 1,5 km links, Straße 115 weiter 1,3 km links 1,1 km.

Die Familie Mårtensson heißt Sie herzlich willkommen!

Der Golfplatz Äppelgårdens ist ein echtes Juwel für alle begeisterten Golfer. Seit bereits drei Generationen ist er in Familienbesitz und bietet neben 26 Löchern, einem Clubhaus mit angeschlossenem Restaurant und Hotel, Spaß am Golfen und Entspannung pur. Es erwartet Sie ein wunderschön angelegter sowie gepflegter, hügeliger Platz mit schnellen welligen Greens.

Mit freundlicher Unterstützung von **Golfhäftet.** www.golfhaftet.se Golfhäftet

Halland (Schweden)

Name: Vinbergs Golfklubb
Adresse: Sannagård 119
SE-31195 Falkenberg
Telefon: +46-(0)346-19020
E-Mail: info@vinbergsgolfklubb.se
Internet: www.vinbergsgolfklubb.se
Ansprechpartner: Andreas Lindahl
Öffnungszeiten: 8.00–17.00 Uhr
Spielbahnen: 27
Green Fee: ca. 400 SEK, ca. 37,00 € (werktags)
ca. 500 SEK, ca. 46,00 € (Wochenende und Feiertage)
Handicap: –
Teilnahmebed.: Voucher gelten Mo–Fr

Vinbergs Golfklubb

201

30
1

Spannend, herausfordernd, schön und gut gepflegt – so kurz kann man den 18 Loch-Kurs des Vinbergs Golfklubb beschreiben.

In abwechslungsreicher Heide- und Parklandschaft des Halland gelegen finden nicht nur Golfanfänger, sondern auch erfahrene Spieler Herausforderungen. Neben dem 9-Loch Pay & Play-Platz, der von ungewöhnlich hoher Qualität ist, finden Sie ebenso eine Driving Range und weitere Trainingsmöglichkeiten.

Außerdem besteht die Möglichkeit, vor Ort günstig zu übernachten.

Mit freundlicher Unterstützung
von **Golfhäftet.** www.golfhaftet.se Golfhäftet

Anfahrt: Bitte besuchen Sie unsere Homepage.

Västra Götalands (Schweden)

Name:	Uddevalla Golfklubb
Adresse:	Bången 310 SE-45194 Uddevalla
Telefon:	+46-(0)522 82 501
E-Mail:	info@uddevallagk.se
Internet:	www.uddevallagk.se
Ansprechpartner:	Kenneth Ivarsson
Öffnungszeiten:	8.00–20.00 Uhr
Spielbahnen:	18
Green Fee:	März 200 SEK, ca. 18,00 € April/Oktober 300 SEK, ca. 28,00 € Mai/September 400 SEK, ca. 37,00 € Juni, Juli und August 495 SEK, ca. 46,00 €
Handicap:	–
Teilnahmebed.:	Voucher gelten Mo–So

Uddevalla Golfklubb

202

Willkommen auf unserem neuen, modernisierten und barrierefreien Golfplatz. Erleben Sie das neue, fantastische Layout zu einem moderaten Green Fee.

Alle Grüns wurden umgebaut, ebenso 30.000 qm neue Grünfläche geschaffen. Der leicht hügelige Wald- und Parkkurs liegt in der wunderschönen Bohusläner Kulturlandschaft und beherbergt mit seinen vielen Teichen zahlreiche Vogelarten. Die 18 Löcher sind abwechslungsreich und stellen nicht nur Golfanfänger vor Herausforderungen. Der Geist unseres Clubs bietet großen Raum für Gastfreundschaft. Probieren Sie uns aus. Der Platz befindet sich an der E6, in der Nähe des Schwimm-, Camping- und Torp-Einkaufszentrums.

Mit freundlicher Unterstützung
von **Golfhäftet.** www.golfhaftet.se Golfhäftet

Anfahrt: siehe Homepage

Dänemark

203 CGC Golf Club

204 Naestved Golfbane

205 Møn Golfklub

206 Maribo Sø Golfklub

207 Royal Oak Golf Club

208 Birkemose Golf Club

209 Horsens Golfklub

210 Stensballegaard Golfklub

211 Aarhus Aadal Golf Club

212 Hjarbaek Fjord Golf Center

213 Mariagerfjord Golfklub

214 Brønderslev Golfklub

215 Sindal Golf Klub

Dänemark

Name:	CGC Golf Club
Adresse:	Golfsvinget 16-20 DK-2625 Vallensbak
Telefon, Fax:	+4543741122, +4543741133
E-Mail:	info@cgc.dk
Internet:	www.cgc.dk
Ansprechpartner:	Tim Card
Öffnungszeiten:	8.00–18.00 Uhr
Spielbahnen:	18
Green Fee:	335–390 DKK, ca. 45,00–52,00 €
Handicap:	–
Teilnahmebed.:	–

CGC Golf Club

203

Anfahrt: Von Kopenhagen aus kommend nehmen Sie den Holbæk-Highway Richtung Roskilde. Ausfahrt 3 „Albertslund/Vallensbæk", links abbiegen Richtung Vallensbæk Strand. Folgen Sie der Straße Vallensbæk Torvevej. 2. Kreuzung links in die Straße „Golfsvinget" abbiegen.

Willkommen in einer der modernsten Golfanlagen Dänemarks, nur ca. 15 Minuten von Kopenhagen entfernt.

Der CGC Golf Club ist ein 18 Loch-Platz mit internationalem Standard. Der Golfplatz mit einer Länge von 6.237 Metern bietet eine große Herausforderung für Golfer aller Klassen. Umgeben von natürlicher Schönheit erhält der Golfspieler die Möglichkeit zu einem unverwechselbaren Golftag. Der international anerkannte Golfarchitekt Ron Kirby hat den Platz im Jahr 2004 redesigned und entwickelt ihn permanent weiter, um den Standard weiter zu erhöhen.

Mit freundlicher Unterstützung von **Golfhäftet.** www.golfhaftet.se

Dänemark

Name: Næstved Golfbane
Adresse: Karrebækvej 461
DK-4700 Naestved
Telefon: +4555733344
E-Mail: info@naestvedgolf.dk
Internet: www.naestvedgolf.dk
Ansprechpartner: Niels Midtgaard
Öffnungszeiten: täglich ab 9.00 Uhr
Spielbahnen: 18
Green Fee: 350 DKK, ca. 47,00 € (werktags)
400 DKK, ca. 54,00 € (Wochenende und Feiertage)
Handicap: -54
Teilnahmebed.: Voucher gelten Mo–So

Næstved Golfbane

NÆSTVED GOLFKLUB

Næstved Golfplatz ist einer der schönsten Plätze des Landes mit Blick auf den Karrebæk Fjord.

Der Platz ist normalerweise vom frühen Frühling bis zum späten Herbst geöffnet. Die 18 spannenden und abwechslungsreichen Löcher sind in leicht hügeligem Gelände angelegt. Wasserhindernisse an 14 Löchern, große Greens oft in mehreren Plateaus und der Wind vom Meer stellen jeden Golfer vor eine Herausforderung. Nahe dem Clubhaus und dem ersten Abschlag finden Sie eine feine Übungsanlage mit Driving Range und Übungsbunkern.
Nach einer anspruchsvollen Golfrunde können Sie in unserem schönen Restaurant mit Terrasse den Blick auf das Karrebæk Fjord genießen.

Mit freundlicher Unterstützung von **Golfhäftet.** www.golfhaftet.se Golfhäftet

204

30
1

Anfahrt: Straße 265 zwischen Naestved und Skaelsker. 3 km von Næstved.

Name: Møn Golfklub
Adresse: Klintevej 118
DK-4780 Stege
Telefon: +4555813260
E-Mail: info@moengolfcenter.dk
Internet: www.moengk.dk
Ansprechpartner: Gitte Nøhr Andersen
Öffnungszeiten: 1. April–31. Oktober: 9.00–16.00 Uhr
Spielbahnen: 18
Green Fee: 300 DKK, ca. 40,00 € (werktags)
350 DKK, ca. 47,00 € (Wochenende und Feiertag
Handicap: max. 48
Teilnahmebed.: –

Møn Golfklub

30
1

205

Anfahrt: siehe Homepage

Willkommen im Møn Golfklub!

Der in einer der schönsten Gegenden von Dänemark gelegene 18 Loch-Platz bietet höchsten Standard. 1992 gegründet, entstand hier ein Kurs auf bewaldetem hügeligem Gelände, der durch den See Stege Nor getrennt wird. Die ersten neun Löcher befinden sich auf der Nordseite des Sees, die restlichen neun auf der gegenüberliegenden Seite.

Mit freundlicher Unterstützung
von **Golfhäftet.** www.golfhaftet.se Golfhäftet

Name: Maribo Sø Golfklub
Adresse: Refshale Byvej 22
DK-4930 Maribo
Telefon: +45 61 54 07 73
E-Mail: maribogolf@maribogolf.dk
Internet: www.maribogolf.dk
Ansprechpartner: Claus Jensen
Öffnungszeiten: 8.00–17.00 Uhr
Spielbahnen: 18
Green Fee: 400 DKK, ca. 54,00 €
Handicap: –
Teilnahmebed.: –

Maribo Sø Golfklub

Golfen direkt am Naturpark Maribosee!

206

Anfahrt: siehe Homepage

Der Golfplatz in Maribo befindet sich in einem der EU-Natura-2000-Gebiete, nur 2 km vom Zentrum entfernt.

Den Kurs spielen Sie in 2 Schleifen à 9 Loch, bei denen Sie das Clubhaus zwischen 9. und 10. Loch passieren. Die letzten neun Löcher liegen an den Ufern des Sees, so dass Sie während des Spiels die schöne Aussicht auf den malerischen See und dessen reiche Vogelwelt genießen können.

Die über 100 Jahre alte Refshalegaard bietet ein entspanntes Ambiente für ein gemütliches Clubleben im Maribo Lake Golf Club.

Mit freundlicher Unterstützung von **Golfhäftet.** www.golfhaftet.se Golfhäftet

Name: Royal Oak Golf Club
Adresse: Golfvej 2
DK-6630 Rødding
Telefon: +4574553294
E-Mail: golf@royaloak.dk
Internet: www.royaloak.dk
Ansprechpartner: Morten Fagerberg
Öffnungszeiten: Sommer: Mo–Do 8.00–17.30 Uhr, Fr 8.00–16.00 Uhr, Sa/So 8.00–14.00 Uhr
Winter: Mo–Fr 8.00–14.00 Uhr
Spielbahnen: 18
Green Fee: Siehe www.royaloak.dk
Handicap: -54
Teilnahmebed.: Voucher gelten Mo–So

Made in Denmark CHALLENGE EJNER HESSEL
ROYAL OAK, VEJEN/KOLDING 22.-25. JUNI 2017

Royal Oak

Royal Oak Golf Club

207

Anfahrt: GPS 55.366039, 9.215 813

An den Ufern des Jel Nedersø Sees und in der Nähe des Waldes auf leicht hügeligem Gelände bietet der Royal Oak einen perfekten Erholungskurs.

Als erster in Dänemark, ist der Kurs im Einklang mit den amerikanischen USGA Standards gebaut und präsentiert sehr große Grüns von durchschnittlich ca. 700 qm. Sechs dieser Grüns haben eine herausfordernde Lage direkt in der Nähe des Sees. Die 73 Sandbunker fordern nicht nur das Können von Golfanfängern, sondern lassen auch für die High-Scorer den Kurs zu einem abwechslungsreichen Erlebnis werden. Der fantastische Pflegezustand und das automatische Bewässerungssystem erlauben ein Spiel auf Sommergrüns das ganze Jahr über. Zusätzlich finden Sie hier einen 7 Loch-Par 3-Platz, eine Driving Range sowie Putting Grüns. Royal Oak veranstaltete die European Challenge Tour „Made in Denmark Challenge" im Jahr 2017.

Mit freundlicher Unterstützung
von **Golfhäftet.** www.golfhaftet.se Golfhäftet

Name: Birkemose Golf Club
Adresse: Nr. Stenderupvej 12
DK-6000 Kolding
Telefon: +4575565060
E-Mail: post@birkemosegolf.dk
Internet: www.birkemosegolf.dk
Ansprechpartner: Claus Valter
Öffnungszeiten: 7.00–19.00 Uhr
Spielbahnen: 18 + 9
Green Fee: 300 DKK, ca. 40,00 €
Handicap: -54
Teilnahmebed.: –
Sonstiges: Stellplatz mit Stromanschluss und Stromverbrauch ohne Berechnung

Birkemose Golf Club

208

Willkommen im freundlichsten Golfclub des Landes!

Der Birkemose Golf Club liegt inmitten von einem herrlichen Naturgebiet mit Hügeln, Seen und Wasserläufen. Die wunderbare Aussicht wird hier zum Erlebnis. Neben den 18 herausfordernden Löchern verfügt der Club ebenso über einen öffentlichen 9 Loch-Platz. Ausrüstung kann auch vor Ort geliehen werden.

Das rustikale Restaurant im Clubhaus lädt zum Verweilen nach der Runde ein.

Mit freundlicher Unterstützung von **Golfhäftet.** www.golfhaftet.se Golfhäftet

Anfahrt: siehe Homepage

Name:	Horsens Golfklub
Adresse:	Silkeborgvej 44 DK-8700 Horsens
Telefon:	+4575615151
E-Mail:	info@horsensgolf.dk
Internet:	www.horsensgolfklub.dk
Ansprechpartner:	Karsten Sørensen
Öffnungszeiten:	–
Spielbahnen:	18 + 9
Green Fee:	400 DKK, ca. 54,00 €
Handicap:	-45
Teilnahmebed.:	Voucher gelten Mo–So

Horsens Golfklub

209

Anfahrt: Autobahnausfahrt E45 Nr. 56 auf der Autobahn Vejle – Horsens – Skanderborg – Aarhus. Fahren Sie in Richtung Horsens Stadt (Osten), nach ca. 1,5 km links zum Golfplatz.

Willkommen zu Ihrer eigenen Challenge Golf Erfahrung!

Der Championship-Course des Horsens Golf Club liegt in einer unglaublich schönen Hügellandschaft mit vielen Seen und Bächen. Die Löcher sind sehr abwechslungsreich und es gibt mehrere spannende und herausfordernde Waldlöcher. Horsens Golf Club veranstaltete The European Challenge Tour 2002 + 2006 und Stargolf 2008 + 2009 + 2010 + 2011. Der Platz hat eine der besten Par 3-Bahnen Dänemarks.

Mit freundlicher Unterstützung von **Golfhäftet.** www.golfhaftet.se Golfhäftet

Dänemark

Name:	Stensballegaard Golfklub
Adresse:	Bygarden 70 DK-8700 Horsens
Telefon:	+45-(0)75658018
E-Mail:	golf@stensballegaardgolf.dk
Internet:	www.stensballegaardgolf.dk
Ansprechpartner:	Holger Westman
Öffnungszeiten:	8.30–16.30 Uhr
Spielbahnen:	27 + 9
Green Fee:	450 DKK, ca. 60,00 € (werktags) 500 DKK, ca. 67,00 € (Wochenende/Feiertage)
Handicap:	–
Teilnahmebed.:	–
Sonstiges:	Wohnwagen und Wohnmobile sind herzlich willkommen (100 DKK pro Nacht) – es stehen 3 Stromanschlüsse zur Verfügung

Stensballegaard Golfklub

STENSBALLEGAARD GOLF

210

„Bester neu gebauter Kurs der Welt im Jahr 2010", Gastgeber der Challenge Tour 2012 sowie einer von „The Rolex World's Top 1.000 Golf Courses".

Die 27 Loch-Golfanlage wurde vom anerkannten amerikanischen Architekturbüro „von Hagge, Smelek and Baril" entworfen und hat damit eine der besten Golfanlagen in Dänemark geschaffen. Die Anlage, die sich mitten in einem naturschönen Gebiet mit Wäldern und Aussicht auf die Horsens Fjorde befindet, bietet 27 Löcher (18 Löcher im Jahre 2009), die alle ihre eigene einzigartige Geschichte erzählen.

Freuen Sie sich u. a. auf das herausfordernde 9. Loch auf der Guldbjerg-„sløjfe" (Schleife), mit einem Panoramablick auf die Stadt Horsens und die Fjorde und einem Höhenunterschied von 52 m zwischen Tee und Green.

Mit freundlicher Unterstützung von **Golfhäftet.** www.golfhaftet.se Golfhäftet

Anfahrt: siehe Homepage

Dänemark

Name:	Aarhus Aadal Golf Club
Adresse:	Brydehøjvej 35 DK-8462 Harlev
Telefon:	+4586942677
E-Mail:	aagc@aadalgolf.dk
Internet:	www.aadalgolf.dk
Ansprechpartner:	Dorthe Fog
Öffnungszeiten:	6.00–20.00 Uhr
Spielbahnen:	18
Green Fee:	300 DKK, ca. 40,00 € (werktags) 400 DKK, ca. 54,00 € (Wochenende und Feierta
Handicap:	-54
Teilnahmebed.:	Voucher gelten, wenn Startzeiten verfügbar sind

Aarhus Aadal Golf Club

30
1

211

Anfahrt: Autobahn E45 Richtung Aarhus. Bei Schild 501 rechts Richtung Aarhus Havn. Abfahrt 1 nach Hasselager. Nach 608m links nach Torshøjvej. Nach 1,5km geradeaus Richtung Pindsmøllevej. Nach 270m rechts Richtung Brydehøjvej und weiterfahren für 2,1km. Die Golfanlage befindet sich auf der linken Seite.

Der Aarhus Aadal Golf Club bietet eine einzigartige Golfanlage inmitten einer einzigartigen Naturlandschaft mit Blick auf das Flusstal und Aarhus.

Die Anlage besteht aus einem 18 Loch-Meisterschaftsplatz und einem Pay & Play Platz, der zu den besten des Landes gehört. Darüber hinaus gibt es Putting Green, Chipping und Pitching Greens sowie eine überdachte Driving Range. Die Anlage befindet sich in wechselndem Gelände mit sanften Hügeln, Wäldern, Seen und Bächen. Die leicht hügelige Landschaft macht die Kurse spannend und herausfordernd für Spiele aller unterschiedlichen Schwierigkeitsgrade. Der Aarhus Aadal Golf Club verfügt über ein schönes, helles Clubhaus mit einem Restaurant und einer Terrasse, Tagungsräumen und Umkleideräumen.

Mit freundlicher Unterstützung von **Golfhäftet.** www.golfhaftet.se Golfhäftet

Name:	Hjarbæk Fjord Golf Center
Adresse:	Stavildvej 2A DK-8832 Skals
Telefon:	+4586696288
E-Mail:	info@hfgc.dk
Internet:	www.hfgc.dk
Ansprechpartner:	Torben Larsen
Öffnungszeiten:	8.00–18.00 Uhr/8.00–14.00 Uhr
Spielbahnen:	27
Green Fee:	400 DKK, ca. 54,00 € (werktags) 450 DKK, ca. 60,00 € (Wochenende/Feiertage)
Handicap:	-42/-54
Teilnahmebed.:	Voucher gelten Mo–So

Hjarbæk Fjord Golf Center

212

Hjarbæk Fjord Golf Center – ein Golf-Club für die ganze Familie.

Die 27 Loch erstrecken sich vom hoch gelegenen Hügelland bis hinunter zum Fjord, so dass vor allem die Brise eine wahre sportliche Herausforderung für alle Golfer darstellt. Neben dem Fjord erwarten Sie außerdem fünf Seen und 72 strategisch platzierte Bunker. Der West Circuit ist eine der schönsten 9 Loch Pay & Play-Kurse in Dänemark, auf dem auch Anfänger sich versuchen können. Neben dem ProShop erwartet Sie ebenso ein Restaurant im Clubhaus, in dem Sie sich mit dänischen Spezialitäten verwöhnen lassen können. Sollten Sie einen längeren Aufenthalt planen, stehen Ihnen die neu gebauten Ferienwohnungen in unmittelbarer Nähe des Clubhauses zur Verfügung.

Mit freundlicher Unterstützung von **Golfhäftet.** www.golfhaftet.se Golfhäftet

Anfahrt: Von Flensburg: E45/Route 13 bis Viborg, 4. Kreisverkehr 3. Ausfahrt Richtung Løgstørvej/Route 533 nehmen. Nach Skals links Richtung Lynderup abbiegen und der Straße bis zum Golfplatz folgen.

Dänemark

Name:	Mariagerfjord Golfklub
Adresse:	Mariagervej 101 DK-9560 Hadsund
Telefon:	+4572190049
E-Mail:	sekretariat@mfgk.dk
Internet:	www.mfgk.dk
Ansprechpartner:	Birte Svanholm
Öffnungszeiten:	8.00–16.00 Uhr (Büro)
Spielbahnen:	18
Green Fee:	450 DKK, ca. 60,00 €
Handicap:	-54
Teilnahmebed.:	Voucher gelten nur nach vorheriger Reservierung

Mariagerfjord Golfklub - med Danmarks smukkeste udsigt

Mariagerfjord Golfklub

213

Anfahrt: siehe Homepage

Willkommen im Mariagerfjord Golf Club.

Die Anlage liegt am wunderschönen Mariager Fjord, zwischen Hadsund und Mariager mit einem der schönsten Ausblicke Dänemarks vom Clubhaus und Restaurant. Auf dem Golfplatz finden Sie eine Mischung aus Fjordblick und Wäldern, die ein unvergleichliches Naturerlebnis bieten. Der Golfplatz wurde im September 2007 eröffnet und vom Golfplatzarchitekten Michael Traasdahl Moller entworfen. Die Länge beträgt 5.587 Meter vom gelben Abschlag und bietet viele Herausforderungen.
Wir freuen uns darauf, Sie als Spieler zu begrüßen.

Mit freundlicher Unterstützung von **Golfhäftet.** www.golfhaftet.se Golfhäftet

Name: Brønderslev Golfklub
Adresse: Golfvejen 83
DK-9700 Brønderslev
Telefon: +4598823281
E-Mail: info@broenderslevgolfklub.dk
Internet: www.broenderslevgolfklub.dk
Ansprechpartner: Ulla Gade
Öffnungszeiten: Sekretariat: Mo–Fr 9.00–14.00 Uhr
Spielbahnen: 36
Green Fee: 440 DKK, ca. 59,00 €
Handicap: -54
Teilnahmebed.: Voucher gelten täglich nach vorheriger Teetime-Buchung

Brønderslev Golfklub

Der Golfplatz Brønderslev besteht aus drei individuellen 9 Loch-Plätzen mit unterschiedlichen Eigenschaften.

Für eine 18 Loch-Runde können Sie aber auch einfach Ihre Lieblingsplätze miteinander kombinieren. Zusätzlich verfügt das Gelände über einen öffentlichen 9 Loch-Kurzplatz.
Egal für welches Level, dieser Club bietet für jeden Golfer Spaß am Spiel und begeistert mit reizvoller Atmosphäre. Umgeben von Wäldern oder in flacher, offener Landschaft mit nur wenigen leichten Hügeln hält der Platz die Möglichkeit für ein variantenreiches Spiel und eine sportliche Herausforderung bereit.
Das beeindruckende neue Clubhaus mit modernen Einrichtungen befindet sich nur wenige Schritte von den ersten Löchern entfernt. Hier können Sie den Golftag bei regionaler Küche ausklingen lassen.

Mit freundlicher Unterstützung
von **Golfhäftet.** www.golfhaftet.se

214

Anfahrt: E39: Ausfahrt 7, Brønderslev S., weiter auf der 543 Richtung Saltum. In den Kreisverkehren bei Falck und Rema 1.000 Richtung Brønderslev N, danach der Beschilderung folgen. Aus Brønderslev: Richtung Løkken oder Saltum, nach ca. 3–4 km der Beschilderung zum Platz folgen.

Name: Sindal Golf Klub
Adresse: Volstrupvej 135
DK-9870 Sindal
Telefon: +4598934422
E-Mail: info@sindalgolfklub.dk
Internet: www.sindalgolfklub.dk
Ansprechpartner: Lars Rishøj
Öffnungszeiten: –
Spielbahnen: 18
Green Fee: 350 DKK, ca. 47,00 € (werktags)
400 DKK, ca. 54,00 € (Wochenende und Feiertage
Handicap: -54
Teilnahmebed.: Voucher gelten Mo–So

SINDAL GOLF KLUB

Sindal Golf Klub

215

Anfahrt: siehe Homepage

Willkommen im Sindal Golf Club.

Der Sindal Golf Club befindet sich in einem der schönsten Landschaften Nordjütlands. Der Platz ist landschaftlich angelegt mit Hügeln, Tälern, Seen und abfallenden Fairways. Alle 18 Löcher haben einen unverwechselbaren Charakter, so dass Herausforderungen für alle Handicaps bestehen.

Natürlich haben wir auch Löcher, in denen der frische Wind aus Nordjütland ins Spiel kommt, also müssen sowohl Schläger als auch Eisen benutzt werden – aber sorgfältig ausgewählt!

Nach der Runde sind Sie herzlich willkommen in unserem Clubhaus.

Mit freundlicher Unterstützung
von **Golfhäftet.** www.golfhaftet.se Golfhäftet

Niederlande

216 **Golfclub Holthuizen**

217 **Golfclub de Compagnie**

218 **Golfclub de Semslanden**

219 **Hooge Graven Golfclub Ommen**

220 **Golfbaan de Golfhorst**

Name:	Golfclub Holthuizen
Adresse:	Oosteinde 7a NL-9301 ZP Roden
Telefon:	+31-(0)50 50 15 103
E-Mail:	info@golfclubholthuizen.nl
Internet:	www.golfclubholthuizen.nl
Ansprechpartner:	Sekretariat
Öffnungszeiten:	ganzjährig, täglich ab 9.00 Uhr
Spielbahnen:	9
Green Fee:	9 Loch: 25,00 €, 18 Loch: 40,00 € Par 3 Loch zertifiziert: 17,50 € (Tageskarte)
Handicap:	-54
Teilnahmebed.:	–

Golfclub Holthuizen

216

Anfahrt: Von Bremen: A28, A31, A280, A7, N372. Von Meppen: E233, A37, N376, N34, N386, N372.

In einer charakteristischen Landschaft im Grünen liegt ein anspruchsvoller 9 Loch-Golfplatz.

Alle Löcher haben einen zweiten Abschlag, was dem Platz ein interessantes Zusatzelement bietet. Die Wälder von Roden schmücken die Freiflächen und bieten an sonnigen Tagen ein schönes Spiel von Licht und Schatten. Wind und Wasser sind natürliche Elemente hier, die das Spiel spannender gestalten. Die Driving Range ist größtenteils überdacht. Das gut ausgestattete Clubhaus lädt nachher zur gemütlichen Erholung ein. Im Juni 2017 ist der neue 9 Loch Par 3 Golfplatz eröffnet worden. Dadurch hat der Golfclub seine Spielmöglichkeiten um ein Vielfaches erweitert. Der Platz ist eine große Herausforderung, denn er zwingt zu sehr präzisen Schlägen. Weitere Informationen finden sie auf der Website.

Strüver-Fazit: Nach dem Golfspiel mit Wind und Wasser lädt das gemütliche Clubhaus ein.

Name: Golfclub de Compagnie
Adresse: Golflaan 1
NL-9646 DS Veendam
Telefon, Fax: +31-(0)598-625272, +31-(0)598-632068
E-Mail: info@golfclubveendam.nl
Internet: www.golfclubveendam.nl
Ansprechpartner: Frau Annet Weits, Clubmanager
Öffnungszeiten: ganzjährig 9.00–17.00 Uhr
Spielbahnen: 18 + 9
Green Fee: 47,50 € (werktags)
57,50 € (Wochenende und Feiertage)
Handicap: -54
Teilnahmebed.: Voucher gelten Mo–So

Golfclub de Compagnie

GOLFCLUB
DE COMPAGNIE
VEENDAM

Der anspruchsvollste Golfplatz im Norden der Niederlande.

217

„Raum“, „Ruhe“ und „Herausforderung“ reichen aus, um den „Golfclub de Compagnie“ zu beschreiben. Auf einer Fläche von ca. 90 ha sind in Veendam im Osten der Provinz Groningen 18 Löcher angelegt, die nicht nur hohen Anspruch bieten, sondern auch die Stille, die man anderswo so oft vermisst. Zusätzlich findet man 9 sehr herausfordernde Par 3-Löcher und es bieten sich großzügig gestaltete Übungsmöglichkeiten im Bereich der Driving Range. Der Course lässt Dank seiner Länge und seines Schwierigkeitsgrades keine Langeweile aufkommen. Wechselnde Winde, aufregende Topographie und Positionierung der Löcher auf den weiten schnellen Greens sorgen auf jeder Runde für eine neue Herausforderung.

Strüver-Fazit: Relativ große, schnelle und ondulierte Grüns erwarten Sie hier neben strategisch platzierten Bunkern und Wasserhindernissen.

Anfahrt: A7, Ausf. Noordbroek/Veendam (N33), Ausf. Veendam (N366) Richt. Veendam Zentrum, *über die Brücke, Kreisverkehr rechts (Lloydsweg), nach Bahnübergang 4. Kreisverkehr rechts (Buitenwoellaan). Nach 600 m links auf die Golflaan. Am Ende des Wohngebiets sehen Sie den Golfplatz. A28, Ausf. Gieten/Veendam, Ausf. Veendam Richt. Veendam Zentrum. Jetzt weiter wie oben bei *. **Navigationsgerät: Golflaan 1**

Name: Golfclub de Semslanden
Adresse: Nieuwe Dijk 1
NL-9514 BX Gasselternijveen
Telefon: +31-(0)599-564661
E-Mail: secretariaat@semslanden.nl
Internet: www.semslanden.nl
Ansprechpartner: Sekretariat
Öffnungszeiten: 8.30–17.00 Uhr (werktags)
Spielbahnen: 18 + 9
Green Fee: 50,00 € (werktags)
55,00 € (Wochenende und Feiertage)
Handicap: -54
Teilnahmebed.: –

Golfclub de Semslanden

218

Anfahrt: Von Leer 31, 280/A7 Richtung Groningen, auf die N33 Richtung Veendam/Assen. Bei Gieten fahren Sie auf die N34 Richtung Emmen. Bei Gasselte fahren Sie auf die N368 und folgen den Wegweisern. Von Lingen 31, 402/A37 Richtung Emmen, dann auf die N34 Richtung Borger/Groningen. Bei Gasselte fahren Sie auf die N368 und folgen den Wegweisern.

Spielen Sie Golf am Rande des Geoparks „De Hondsrug" in Drenthe.

„De Hondsrug" ist ein Gebiet, dass während zwei Eiszeiten entstand und der einzige Geopark in den Niederlanden ist. Dem speziellen Charakter der Landschaft entsprechend, ist dieser Teil von Drenthe fast immer trocken, so dass der Platz selbst nach langen Regenperioden bespielbar ist. Der Platz wurde von Top-Architekten designed: die ersten neun Loch wurden 1989 von Eschhauzier & Tate fertig gestellt und die zweiten neun Loch später von Gerard Jol gestaltet. Die Bahnen sind ebenso für Golfanfänger wie auch für Fortgeschrittene herausfordernd. De Semslanden bietet neben einem 18 Loch-Meisterschaftplatz mit exzellent gepflegten Fairways und Grüns, einen Übungsplatz, eine teilweise überdachte Driving Range sowie Putting und Chipping Grüns, Pro-Shop und ein Golf Pro-Studio mit Videoanalyse.

Strüver-Fazit: Sandiger Boden, interessante Grüns und ein einladendes Clubhaus, das Sie nach der Runde erwartet.

Name: Hooge Graven Golfclub Ommen
Adresse: Hessenweg Oost 3a
NL- 7735KP Arriën (Ommen)
Telefon: +31-(0)529-455999
E-Mail: info@hoogegraven.nl
Internet: www.hoogegraven.nl
Ansprechpartner: Caddiemaster
Öffnungszeiten: 9.00–16.00 Uhr (werktags)
9.00–14.00 Uhr (Wochenende)
Spielbahnen: 18
Green Fee: 59,00 €
Handicap: -54
Teilnahmebed.: Voucher gelten Mo–So

Hooge Graven Golfclub Ommen

Hooge Graven Golfclub Ommen

Willkommen im Hooge Graven Golfclub Ommen. Entdecken Sie einen der schönsten Waldplätze der Niederlande.

Unser 18-Loch-Meisterschaftsplatz und der 9-Loch-Par-3-Platz bieten wundervolle Herausforderungen für den High- und Low-Handicapper. Schnelle Grüns, würzige Bunker und strategisch platzierte Wasserspiele lassen Ihr Golfherz höher schlagen. Nicht umsonst zählt der Hooge Graven Golfclub Ommen zu den 25 schönsten Golfplätzen unseres Landes.
Die entspannte Atmosphäre im Club und unser gastfreundliches Restaurant runden Ihren sportlichen Tag im Hooge Graven Golfclub Ommen ab.

Strüver-Fazit: Das 73 Hektar große Gelände wurde 1993 eröffnet und 2002 auf 18 Loch erweitert. Abwechselnd breite und schmale Fairways sowie Rough und Wasserhindernisse müssen bewältigt werden.

219

Anfahrt: Coevordenweg von Ommen nach Stegeren. In Arriën biegen Sie links beim ANWB-Verkehrsschild ab. Wiederum links abbiegen und bei der ersten Möglichkeit rechts. Sie befinden sich jetzt auf dem Arriërveldsweg. Folgen Sie der Straße bis zum Golfclub (Wegweiser: Golf).
Adresse für Navigationsgerät: Hessenweg Oost 3A

Niederlande

Name:	Golfbaan de Golfhorst
Adresse:	Raamweg 8 NL-5966 RM America
Telefon:	+31-(0)77-46 490 70
E-Mail:	info@golfbaandegolfhorst.nl
Internet:	www.golfbaandegolfhorst.nl
Öffnungszeiten:	Sommer: 8.00–18.00 Uhr Winter: 9.00–16.00 Uhr
Spielbahnen:	18 + 9 PAR 3
Green Fee:	45,00 €
Handicap:	-45
Teilnahmebed.:	Voucher gelten täglich bis 17.00 Uhr
Sonstiges:	Anmeldung erforderlich, Gruppen sind herzlich willkommen

Golfbaan de Golfhorst

220

Anfahrt: Von Venlo/Deutschland (A67/E34): Ausf. 38 (Helden/Ysselsteyn), rechts Richt. Ysselsteyn. Nach 6 km vor Tankstelle rechts auf den Zwarte Plakweg. Wieder rechts nach 1 km in den Raamweg. Von Nijmegen (A73): Ausf. 11 (Horst/Sevenum), an Kreuz. rechts, vor Bahnhof rechts, weiter Richt. America. Dort nach Eisenbahnübergang in Zwarte Plakweg biegen. Nach 1,5 km links De Golfhorst. Dann links in den Raamweg.

Die Golfanlage De Golfhorst wurde im Jahr 1997 gegründet und befindet sich im Herzen von „De Peel", einer Gegend im Südosten der Niederlande, die für ihre Wälder und Moore bekannt ist und in direkter Nähe der schönen Stadt Venlo.

Eine einfallsreiche Bepflanzung, weite Wasserflächen und anspruchsvolle Schräglagen und Hänge bieten auf unseren 18 Loch reichlich Herausforderungen für erfahrene Golfer. Die Anlage ist eine Kombination aus hügeligem Terrain und offenen Rasenflächen, anspruchsvoll, aber nicht zu schwierig (Par 70).

Strüver-Fazit: Neben der 18 Loch-Anlage mit Höhenunterschieden bis zu 35 Metern steht ein 9 Loch-Par 3-Platz zur Verfügung.

Tschechien

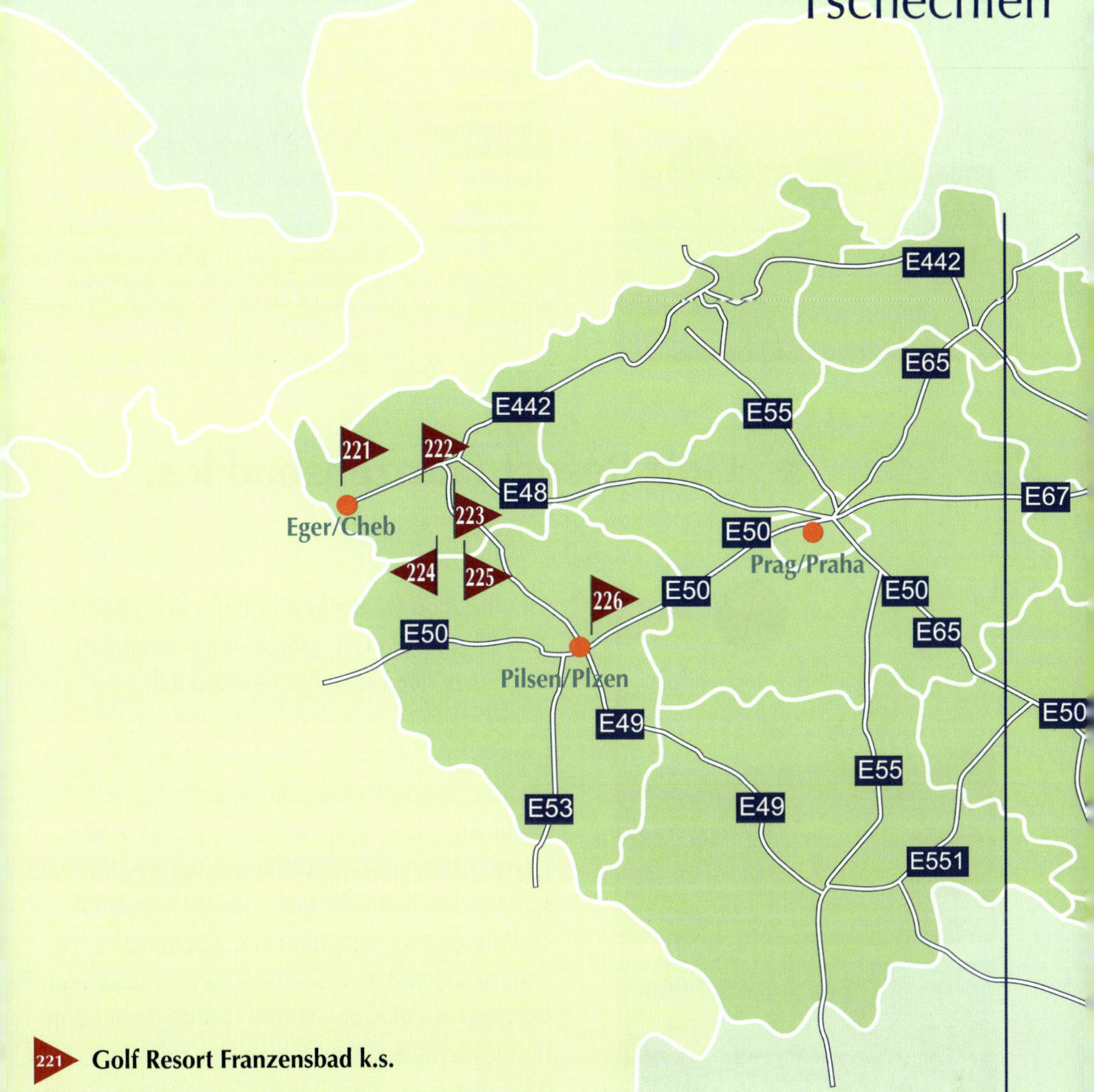

221 Golf Resort Franzensbad k.s.

222 Golf Club Sokolov

223 Golf Resort Cihelny

224 Golf Club Kynžvart / Golf Club Königswart

225 Royal Golf Club Mariánské Lázně (Marienbad)

226 Greensgate Golf & Leisure Resort

Tschechien

Name:	Golf Resort Franzensbad k.s.
Adresse:	Ovcin CZ-35132 Hazlov-Ovcin
Telefon:	+420-354595402
E-Mail:	recepce.golf@gr-fl.cz
Internet:	www.gr-fl.cz
Ansprechpartner:	Manfred Nietert
Öffnungszeiten:	8.00–19.00 Uhr
Spielbahnen:	18
Green Fee:	2.000 CZK, ca. 77,00 €
Handicap:	-54
Teilnahmebed.:	Voucher gelten Mo–Do ganztägig sowie Fr–So ab 14.00 Uhr. Nicht kombinierbar mit anderen Angeboten, Gutscheinen und Nachlässen
Sonstiges:	Wohnmobilstellplätze mit Elektro- und Wasseranschluss vorhanden; 1 kostenfreie Ladestation für Elektroautos vorhand

Golf Resort Franzensbad k.s.

30
1

221

Anfahrt: Von Bayern: Grenzübergang Selb-Asch, Richtung Eger (Cheb) – Grenzübergang Schirnding-Cheb (Eger), Richtung As – in Hazlov der Beschilderung „Golf Resort" folgen. Von Sachsen: Grenzübergang Schönberg-Voitanov, nach Grenzübergang der Beschilderung folgen. GPS-Daten: 50°09'58.22'N, 12°16'39.30'N

Im schönsten Winkel des böhmischen Bäderdreiecks liegt einer der gepflegtesten und attraktivsten Golfplätze der Tschechischen Republik.

Unmittelbar hinter der deutschen Grenze liegt in Hazlov die sportlich anspruchsvolle 18 Loch-Golfanlage. Der Platz ist im Jahre 2003 in der landschaftlich reizvollen Umgebung des Naturschutzgebietes an der Eger eröffnet worden. Die 18 Bahnen mit internationalem Standard wurden naturbelassen harmonisch in das Landschaftsprofil integriert. Geniessen Sie Ihre Golfrunde auf unserer idyllisch gelegenen Golfanlage bei sportlichen Anforderungen. Auffallend ist die absolute Ruhe auf allen Bahnen.

Strüver-Fazit: Ästhetische Anlage inmitten der Natur; die sanft hügelige Form des Platzes ist auch für routinierte Golfer bestens geeignet. Nahezu alle Bahnen sind räumlich voneinander getrennt – ein Genuss.

Name: Golf Club Sokolov
Adresse: Ke Golfu 445
CZ-35601 Dolní Rychnov
Telefon: +420-352 466 250
E-Mail: recepce@golf-sokolov.cz
Internet: www.golf-sokolov.cz
Ansprechpartner: Tomas Sklenicka
Öffnungszeiten: 8.00–20.00 Uhr
Spielbahnen: 18
Green Fee: 1.350,00 CZK (Mo–Do)
1.650,00 CZK (Fr, Wochenende und Feiertage)
Handicap: -54
Teilnahmebed.: Voucher gelten täglich

Golf Club Sokolov

GCSO
GOLF CLUB SOKOLOV

PGA CZECH MASTERS 2010

222

30
1

Design und Qualität des Platzes machen ihn zum Golfkleinod Tschechiens.

Der hügelige Golfplatz liegt in der Nähe der Stadt Sokolov am Fluß Eger. Er entstand auf einem Gelände, das nach Beendigung der Braunkohleförderung aufwendig rekultiviert wurde.
Die 18 Loch-Anlage erstreckt sich auf einer Fläche von etwa 100 Hektar. Die Gesamtlänge der Spielbahnen, bei Par 72, beträgt 6.288 m. Wind, Höhenunterschiede und Roughs machen das Spiel strategisch interessant und von Natur aus anspruchsvoll. Wie viele moderne Meisterschaftsplätze hat auch der Golfplatz in Sokolov außerordentlich schwierige Par 3-Löcher.

Strüver-Fazit: Der Golf Digest hat Loch 15 zum zweitbesten Loch des Jahres gewählt.

Anfahrt: Aus Eger kommend: Schnellstraße R6, 1. Ausfahrt rechts nach Sokolov, nach 500 m an Kreuzung (Tankstelle ONO) links abbiegen. Die Straße führt direkt zum Golfplatz. Aus Prag oder Karlsbad kommend: Schnellstraße R6, 2. Ausfahrt rechts nach Sokolov, weiter wie oben beschrieben.

Name:	Golf Resort Cihelny
Adresse:	Cihelny 7 CZ-36464 Bečov nad Teplou
Telefon, Mobil:	+420-353 972 281, +420-730 899 544
E-Mail:	reception@golfresortcihelny.cz
Internet:	www.golfresortcihelny.cz
Ansprechpartner:	Michaela Kučerová
Öffnungszeiten:	8.00–19.00 Uhr
Spielbahnen:	18
Green Fee:	1.800,00 CZK, ca. 70,00 €
Handicap:	-54
Teilnahmebed.:	Voucher gelten Mo–Fr ganztägig, Wochenende und Feiertage ab 13.00 Uhr

Golf Resort Cihelny

223

Anfahrt: Von Cheb/Eger R6 Richtung Karlovy Vary (Praha/Prag) bis Ausfahrt 131. Nach 7 km von Karlovy Vary – E49 Richtung Bečov nad Teplou (Plzen/Pilsen). Nach 7 km rechts ins Dorf Cihelny und zum Golfplatz.

Der Golfplatz in Cihelny bei Karlsbad befindet sich inmitten der schönen Natur in Westböhmen, nur 5 km vom Kurzentrum der Stadt Karlsbad im Naturschutzgebiet „Slavkovský les".

Diese Lage ermöglichte es, einen 18 Loch-Golfplatz nach „schottischem" Vorbild aufzubauen. Der moderne Golfclub mit der überdachten Driving Range bildet eine der hochwertigsten und komplexesten Anlagen in Mitteleuropa mit 18 Loch- und 9 Loch-Golfplatz, PRO Shop, E-Carts-, Trolley-, Golfschläger- und Bagverleih. Für das kulinarische Wohl sorgt das Restaurant direkt im Club. Für einen längeren Aufenthalt bietet Ihnen das Golf & Spa Resort Cihelny auch Unterkunftsmöglichkeiten an. Hier können Sie das Wellnessland mit großem Terrassen-Schwimmbad, 4 verschiedenen Saunen, Fitnessstudio, Massagen und Kosmetikanwendungen nutzen.

Strüver-Fazit: Der Platz wurde 2001 von Gary Player als Par 70-Platz gebaut. Hier fanden bereits mehrere internationale Wettbewerbe statt.

Name: Golf Club Kynžvart/Golf Club Königswart
Adresse: Zámek 1/418
CZ-35491 Lázně Kynžvart
Telefon: +420-733 612 901
E-Mail: recepce@golfkynzvart.cz
Internet: www.golfkynzvart.cz
Ansprechpartner: Martin Mňahončák
Öffnungszeiten: 8.00–19.00 Uhr
Spielbahnen: 18
Green Fee: 1.550,00 CZK, ca. 60,00 € (Mo–Do)
1.750,00 CZK, ca. 68,00 € (Fr–So und Feiertage)
Handicap: -54
Teilnahmebed.: Voucher gelten täglich.

Golf Club Kynžvart / Golf Club Königswart

224

Der Club befindet sich am Rand des Kaiserwalds und fügt sich perfekt in den weitläufigen englischen Schlosspark, in dem sich auch das wunderschöne Renaissance-Schloss Kynžvart befindet, ein.

Jahrhundert alte Bäume, romantische Schlupfwinkel, weitläufige Teiche und historische Häuschen machen diesen Platz zu einem ganz besonderen Ort. Der 18 Loch-Golfplatz wurde vom führenden europäischen Designer Christoph Städler gestaltet und im Frühling 2010 neu eröffnet. Er schuf durch die Kombination aus traditionellen und modernen Elementen einen abwechslungsreichen Golfplatz im Parkland-Stil.

Strüver-Fazit: Langer und anspruchsvoller Course mit viel Wald und Ausgrenzen. Bahn 18 muss carry 200 Meter von weiß über das Wasser Richtung Clubhaus gespielt werden.

Anfahrt: Grenze Schirnding, E48, weiter auf Route 21, Abfahrt 162 Richtung Planá/Plzen Mariánské Lázne, links abbiegen auf Route 2118, scharf rechts auf Zámek, der Straße folgen. GPS: M 50° 00´13″, E 12° 36´30″

Name: Royal Golf Club Mariánské Lázně
Adresse: Mariánské Lázně 582
CZ-35301 Mariánské Lázně
Telefon, Fax: +420-354624300, +420-354625195
E-Mail: office@golfml.cz
Internet: www.golfml.cz
Ansprechpartner: Tereza Klečková
Öffnungszeiten: 7.00–19.00 Uhr
Spielbahnen: 18 + 9 Loch Kurzplatz
Green Fee: 1.600,00 CZK (Mo–Do)
1.800,00 CZK (Fr–So/Feiertage)
Handicap: -54
Teilnahmebed.: Voucher gelten von Mo–Mi (nicht an tschechischen Feiertagen)

True Golf Heritage

Royal Golf Club Mariánské Lázně (Marienbad)

225

Dieser Golfplatz ist einer der Ältesten in Europa.

1905 wurde er vom englischen König Edward VII. eröffnet und bekam 2003 von Königin Elizabeth II. den Titel Royal Golf Club Mariánské Lázně verliehen. Der Meistergolfplatz ist in ein leicht hügeliges Gelände eingebettet und wird von urwüchsigen, großen Bäumen dominiert.
Die gepflegten Fairways sind leicht wellig und versprechen Golfspaß der Extraklasse. Vor allen Löchern greifen Fairway und Vorgrün ineinander. Zur Erfrischung stehen an Loch 2 und 12 sowie bei Loch 5 außerdem zwei wunderschöne Halfway-Houses bereit.

Strüver-Fazit: Der älteste Platz Tschechiens ist ein Beispiel für die irische und schottische Golfplatzarchitektur Ende des 19. Jahrhunderts.

Anfahrt: 1. Grenzübergang Weidhaus A6 (D5), Richtung Prag, Exit 128, nach Marienbad (Mariánské Lázně), ca. 18 km Beschilderung GOLF. 2. Grenzübergang Selb oder Schirding, Richtung Eger (Cheb), in Marienbad an Ampelkreuzung links nach Karlsbad (Karlovy Vary)
GPS: 49°58´36.79´´N; 12°44´22.13´´E

Name:	Greensgate Golf & Leisure Resort
Adresse:	Horomyslická 1 CZ-330 02 Dýšina
Telefon:	+420 724 749 083
E-Mail:	info@greensgate.cz
Internet:	www.greensgate.cz
Ansprechpartner:	Martina Tvaruzkova
Öffnungszeiten:	8.00–20.00 Uhr
Spielbahnen:	18
Green Fee:	siehe Homepage
Handicap:	-54
Teilnahmebed.:	Voucher gelten Mo–Mi

Greensgate Golf & Leisure Resort

Greensgate
Golf & Leisure Resort
DÝŠINA

226

Greensgate Golf & Leisure Resort ist ein Spitzengolfresort, das am nordöstlichen Rand der Stadt Plzen (Pilsen) liegt und war stolzer Gastgeber der Ladies European Tour 2013 - 2016.

Der 18 Loch-Platz (Par 72) wurde in August 2004 eröffnet und in 2017 wurde der Golf Park Plzen - Dýšina zum Greensgate & Leisure Resort. In unserem Resort finden Sie: 18 Loch-Golfplatz, 6 Loch-Akademie für Kinder, luxuriöses Hotel, historischer Klubraum, modernes Restaurant, Pro Shop Bogner, Trainingsflächen von hoher Qualität, professioneller Golfunterricht, E-Cart mit der VISAGE Navigation, Bayrisches Bistro Nr. 10.

Strüver-Fazit: Die Par 3-Bahn Nr. 11 mit einem Inselgrün am Ejpovice See gehört zu den berühmtesten und bekanntesten Löchern – ein echter Juwel des tschechischen Golfs und eine große Herausforderung für jeden Golfspieler.

Anfahrt: GPS: 49.7714508N, 13.5054475E
Nur 4 km von der Autobahn D5: Prag – Pilsen – Nürnberg (Ausfahrt 67)

Österreich

Niederösterreich / Oberöstereich

- 227 Golf Club Linz – St. Florian

Salzburg / Steiermark

- 228 Golfclub Römergolf
- 229 Golfclub Ausseerland
- 230 Golfclub Gut Brandlhof
- 231 Golfclub Lungau / Katschberg

Tirol / Kärnten

- 232 Golf Eichenheim
- 233 Tiroler Zugspitz Golf
- 234 Golfclub Drautal / Berg
- 235 Nassfeld Golf
- 236 Kärntner Golfclub Dellach
- 237 Golfanlage Moosburg-Pörtschach

Name: Golf Club Linz – St. Florian
Adresse: Tillysburg 28
A-4490 St. Florian
Telefon, Fax: +43-(0)72 23-82 87 30, +43-(0)72 23-82 87 37
E-Mail: office@gclinz.at
Internet: www.gclinz.at
Ansprechpartner: Michael Moser
Öffnungszeiten: April–Oktober: 8.00-17.00 Uhr
Spielbahnen: 18
Green Fee: 75,00 € (Mo–Do)
90,00 € (Fr–So und Feiertage)
Handicap: -45
Teilnahmebed.: Voucher gelten Mo–So (ausgenommen Turniere)

The Leading Golf Courses

Golf Club Linz – St. Florian

227

Anfahrt: A1 (Wien–Salzburg), Ausfahrt St. Florian, B1 (Linz–St. Florian), Ausfahrt Asten, dort rechts zum Schloss Tillysburg.

Schon bei der Anfahrt durch eine imposante Baumallee vorbei am Schloss Tillysburg zum Clubhaus hinauf wird deutlich, dass einem hier ein besonderes Golferlebnis bevorsteht.

Faszinierendes Platzdesign, ideale Spielbedingungen auf hervorragend gepflegten Anlagen, kundenorientierte Serviceleistungen und niveauvolle Clubkultur zeichnen den GC Linz aus. Immer schon eine Perle unter Österreichs Golfplätzen, präsentiert sich der GC Linz – St. Florian speziell seit dem 1999 abgeschlossenen Umbau, bei dem die natürliche Lage im sanfthügeligen Alpenvorland durch ein Platzdesign mit ebenso reiz- wie anspruchsvollem Charakter ergänzt wurde, in perfektem pflege- und spieltechnischem Zustand.

Strüver-Fazit: Sehr schöne Anlage mit überwiegend flachem Gelände, nur an Loch 14 geht es bergauf.

Name:	Golfclub Römergolf
Adresse:	Kraimoosweg 5a A-5301 Eugendorf
Telefon:	+43 6225 28300
E-Mail:	office@roemergolf.at
Internet:	www.roemergolf.at
Ansprechpartner:	Norbert Greiml
Öffnungszeiten:	9 Loch ganzjährig 18 Loch April – November
Spielbahnen:	27
Green Fee:	9 Loch Kornbichl: 40,00 € Tagesfee 18 Loch Panorama: 72,00 €
Handicap:	-54 Panorama Kurs PE Kornbichl Kurs
Teilnahmebed.:	Voucher gelten Mo–So nur am Panoramakurs auf das reguläre Tages-Green Fee. Nicht kombinierbar mit anderen Rabatten.

Österreich

Golfclub Römergolf

RÖMERGOLF
im Salzburger-Land

Einfach unkompliziert und erfrischend anders.

228

30
1

Mitten im Salzburger Seengebiet liegt die zauberhafte Heimat des GC Römergolf. Der 18-Loch Panoramakurs beeindruckt durch seine natürliche Struktur mit Ausblick auf die umliegenden Gebirge. Der 9-Loch Kornbichlkurs ist angenehm zu spielen und bietet Gelegenheit für eine inspirierende Runde. Speziell hervorzuheben ist die großzügige Trainingsanlage mit 70 Abschlagplätzen, 22 davon überdacht, sowie Putting- und Chippinggreen und Übungsbunker.

Im Clubrestaurant erwartet Sie eine ausgezeichnete Küche und auf der Terrasse lässt es sich herrlich entspannen. Im üppig ausgestatteten Golfshop finden Sie Top-Marken und persönlichen Service. Wer gerne länger verweilen möchte, der übernachtet direkt neben dem Clubhaus in der charmanten „Lodge".

Strüver-Fazit: Interessante Abschläge mit kurzen Wegen zwischen den Abschlägen kennzeichnen diesen gepflegten Platz.

Anfahrt: Nur 10 km östlich von Salzburg: A1 Westautobahn, Abfahrt Thalgau; rechts abbiegen auf die Bundesstraße Richtung Eugendorf. Nach ca. 2 km geht's rechts rein zum Golfplatz.
Wir ersuchen Sie, in Ihr Navigationsgerät die Adresse Kraimoosweg 5a, 5301 Eugendorf einzugeben – nicht das Sonderziel „Golfclub Römergolf" auswählen.

Österreich

Name: Golfclub Ausseerland
Adresse: Sommersbergseestraße 392
A-8990 Bad Aussee
Telefon, Fax: +43-(0)36 22-5 41 85, +43-(0)36 22-5 55 93
E-Mail: mail@golfclub-ausseerland.at
Internet: www.golfclub-ausseerland.at
Ansprechpartner: Rebecca Kemmer, Teresa Winkler,
Pro Gavin Long
Öffnungszeiten: Mai–November: 9.00–18.00 Uhr
Spielbahnen: 9
Green Fee: 45,00 € (werktags)
50,00 € (Wochenende und Feiertage)
50,00 € (Juli und August)
Handicap: -45
Teilnahmebed.: Voucher gelten Mo–So

Golfclub Ausseerland

229

Das Panorama zählt sicher zu den Stärken des Platzes.

Im Herzen Österreichs gelegen, passen sich die Bahnen des Golfclubs Ausseerland ideal der natürlichen Landschaft an – einem Hochplateau inmitten der prachtvollen Bergwelt des Salzkammerguts. Die Spielbahnen wechseln von geraden Fairways zu Doglegs, teils hügelig, teils eben. Mit jedem neuen Abschlag eröffnet sich eine neue Bergkulisse: Dachstein, Sarstein, Loser, Trisselwand, Totes Gebirge und Zinken. Das neunte Loch belohnt Golfer mit einem einzigartigen Blick auf den Dachsteingletscher. Nach dem Spiel kann man auf der Terrasse des Restaurants den herrlichen Panoramablick auf die Berge genießen. Das Restaurant im Clubhaus bietet für jeden kulinarische Gusto-Stückchen und feine Weine.

Strüver-Fazit: Die Anlage in atemberaubender Berglandschaft überrascht den Spieler mit so einigen Tücken.

Anfahrt: A1 (Salzburg–Wien), Ausfahrt Thalgau, Richtung Fuschl/St. Gilgen/Wolfgangsee nach Bad Ischl, B145 Richtung Bad Aussee, nach Abfahrt Bad Aussee/Zentrum bei Klinik rechts Richtung Sommersbergsee.

Österreich

Name:	Golfclub Gut Brandlhof
Adresse:	Hohlwegen 4 A-5760 Saalfelden
Telefon, Fax:	+43-(0)6582-74875, +43-(0)6582-74875-529
E-Mail:	golfclub@brandlhof.com
Internet:	www.brandlhof.com
Öffnungszeiten:	April–Oktober
Spielbahnen:	18
Green Fee:	67,00 € – 84,00 €
Handicap:	-54
Teilnahmebed.:	Voucher gelten ab 13.00 Uhr

Golfclub Gut Brandlhof

Gut Brandlhof
HOTEL & GOLFCLUB

Das Golfjuwel an der Saalach.

230

Eingebettet in die faszinierende Landschaft des Pinzgauer Saalachtales liegt der 18-Loch Championship Course. Immer wieder quert die Saalach den Kurs und garantiert so für ausreichend Spannung auf der Runde. Charakteristisch sind die schmalen Bahnen, die bissigen Roughs und die strategisch gut platzierten Bunker und Grüns. Als perfekte Ergänzung bietet die Golfanlage direkt am Hotel Gut Brandlhof eine weitläufige Driving Range, einen Family Course mit verkürzten Abschlägen sowie ein Übungsgelände für das kurze Spiel. John Seymour, Advanced Fellow PGA Professional, bietet maßgeschneiderte Kurse für alle Könnerstufen. Auch Hunde sind auf dem Golfplatz herzlich willkommen.

Strüver-Fazit: Tolles Panorama und die mehrfache Überquerung der Saalach erwarten Sie hier.

Anfahrt: Von München: A8 Ausfahrt Siegsdorf, Richtung Zell/See, 5 km vor Saalfelden links.
Von Wien, Linz: Ausfahrt Salzburg/Wals, Richtung Bad Reichenhall, weiter Richtung Zell/See, 5 km vor Saalfelden links.
Von Innsbruck: Ausfahrt Wörgl Ost, über St. Johann, Richtung Zell/See.

Name:	Golfclub Lungau/Katschberg
Adresse:	Feldnergasse 165 A-5582 St. Michael
Telefon, Fax:	+43-(0)6477 7448, +43-(0)6477 74484
E-Mail:	gclungau@golf.at
Internet:	www.golfclub-lungau.com
Ansprechpartner:	Christa Pfeffer
Öffnungszeiten:	April–Oktober
Spielbahnen:	18 + 9 Loch Par 3-Platz
Green Fee:	79,00 €
Handicap:	-54
Teilnahmebed.:	Voucher gelten Mo–So (nicht für Turniere)
Sonstiges:	Hunde an der Leine willkommen

Golfclub Lungau / Katschberg

30
1

231

Kleiner Ball. Großes Spiel.
Golfen im Salzburger Lungau.

Golf im Salzburger Lungau verspricht Golferlebnisse der besonderen Art. Eingebettet in traumhafte Landschaft, präsentiert sich ein wunderschöner, bestens gepflegter 18 Loch-Platz. Ebene Fairways mit natürlichen Hindernissen eröffnen Ihnen pures Golfvergnügen auf 1.050 m Seehöhe. Großzügige Übungsanlagen und der charmante Lungau9-Platz schaffen Raum für Einsteiger und Fortgeschrittene und sind mit geringen Vorkenntnissen zu bespielen. Von der PGA geprüften Golfschule mit erstklassigem Shop über zahlreiche Top-Hotels und romantischen Pensionen bis zum Golfrestaurant sind alle um Ihr Wohlergehen rund ums Golfen bemüht.

Strüver-Fazit: Der Platz in der sonnenreichsten Region Österreichs eröffnet für Golfer jeder Spielstärke eine sportliche Herausforderung.

Anfahrt: Von Wien: Semmering, Knoten St. Michael in der Obersteiermark, Judenburg, Tamsweg, St. Michael im Lungau. Von Graz: Knoten St. Michael in der Obersteiermark, Judenburg, Tamsweg, St. Michael im Lungau. Von München, Salzburg A10 Tauernautobahn, St. Michael im Lungau.

Name:	Golf Eichenheim
Adresse:	Eichenheim 5–8 A-6370 Kitzbühel
Telefon:	+43-(0)53 56-66 615-563
E-Mail:	rezeption@eichenheim.com
Internet:	www.eichenheim.com
Ansprechpartner:	Dominik Kremper
Öffnungszeiten:	Mai–November
Spielbahnen:	18
Green Fee:	je nach Saison: 64,00 €–99,00 €
Handicap:	-45
Teilnahmebed.:	Voucher gelten Mo–Mi ganztägig, Do–So bis 9.00 Uhr und ab 12.00 Uhr

Golf Eichenheim

232

Es gibt nur wenige Golfanlagen in Europa, die ein ähnlich reizvolles Ambiente bieten, wie der Golfplatz Eichenheim: Eingebettet in die malerische Kulisse der Kitzbüheler Alpen schaffen steile Felswände, naturbelassene Bäche, dichte Laubwälder und lange Pars eine einmalige Atmosphäre.

Vom renommierten Designer Kyle Phillips entworfen und im Jahr 2000 erbaut, bietet der 18 Loch-Championship-Course jedem Golfer eine Anlage auf höchstem Niveau. Im zugehörigen Golfbistro mit Sonnenterrasse können sich die Gäste kulinarisch verwöhnen lassen, während Sie die Künste der Golfspieler auf den naheliegenden Greens live verfolgen. Golf Lounge, Driving Range, Golfschule und Proshop vervollständigen den Rundum-Service.

Strüver-Fazit: Traumresort mit abwechslungsreichen Spielbahnen im hügeligen Gelände. Bahn 9 ist mit dem Inselgrün nicht so einfach zu bewältigen.

Anfahrt: Von Salzburg kommend fahren Sie die Bundesstrasse B178 in Richtung St. Johann nach Kitzbühel. Folgen Sie der B161 durch Kitzbühel Richtung Paß Thurn. Nach Kitzbühel fahren Sie ca. noch 1 km und biegen vor dem Einfahrtsschild zum Ort Aurach nach links direkt zum Resort und Golf Eichenheim ab.

Name: Tiroler Zugspitz Golf GmbH & Co. KG
Adresse: Am Rettensee 1
A-6632 Ehrwald
Telefon, Fax: +43-(0)5673-22366, +43-(0)5673-223664
E-Mail: info@tiroler-zugspitzgolf.at
Internet: www.tiroler-zugspitzgolf.at
Ansprechpartner: Daniel Ortner-Bauer
Öffnungszeiten: 9.00–17.00 Uhr
Spielbahnen: 9
Green Fee: 9 Loch: 39,00 €, 18 Loch: 59,00 €
Handicap: -54
Teilnahmebed.: –

Tiroler Zugspitz Golf

233

Anfahrt: siehe Homepage

Abschläge im Anblick der Zugspitze.

Am Fuße des Wettersteinmassivs begrüßt Sie der GC Tiroler Zugspitze mit einem der schönsten 9 Loch-Golfplätze Österreichs. Die auf ca. 1.000 m Seehöhe großzügig angelegten Spielbahnen sind idyllisch in das flache Talbecken eingebettet. Das Moos und die Teichanlagen in Kombination mit dem Bergpanorama ermöglichen Golfen vor traumhaften Kulissen. Die Spielbahnen, ein Mix aus Par 3, Par 4 und Par 5-Löchern, sind für Anfänger sowie Fortgeschrittene gleichermaßen fair und sportlich. Zum Platz gehören eine großzügige Driving Range, Putting-, Chipping- und Pitchinggreen sowie zwei Sandbunker. Das Clubhaus besticht durch seine moderne Architektur in Form eines Golfballes, in dem sich das Restaurant Golfino befindet. Es lädt mit seiner großzügig angelegten Sonnenterrasse nach einer Golfrunde zum Verweilen ein.

Strüver-Fazit: Traumhafte Golfbahnen auf einem Hochplateau in flachem Gelände. Genießen Sie den Ausblick auf Deutschlands höchsten Berg.

Name:	Golfclub Drautal/Berg
Adresse:	Berg 221 A-9771 Berg im Drautal
Telefon, Fax:	+43-(0)4712-82255, +43-(0)4712-822555
E-Mail:	office@drautalgolf.at
Internet:	www.drautalgolf.at
Ansprechpartner:	Sigrid Leitner
Öffnungszeiten:	April–Oktober
Spielbahnen:	9
Green Fee:	40,00 € (Tages-Green Fee)
Handicap:	PE
Teilnahmebed.:	Voucher gelten Mo–So

Golfclub Drautal / Berg

Golf Club DRAUTAL BERG

Golfen bei Freunden.

234

30
1

Die Golf-Perle im Kärntner Oberdrautal! Alle, die auf diesem top-gepflegten Platz, welcher sich entlang den kristallklaren Gewässern der Drau ausbreitet, schon einmal gespielt haben, wissen diesen zu schätzen. Die wohltuende Atmosphäre des Fichten- und Föhrenwaldes sorgt für entspannende Runden. Die Anlage ist nicht nur für Golfeinsteiger geeignet, sie ist auch sportlich durchaus abwechslungsreich. Gäste schätzen die familiäre Atmosphäre des Golfclubs, denn nicht die Menschen sind hier „abgehoben", sondern die wildromantische Schönheit der Landschaft, die erhabene Bergwelt und die Reinheit der Natur – ein Heilgarten der Sinne, mit einem für Österreich fast atypisch milden Klima.

Strüver-Fazit: Lochbezeichnungen wie „La Foresta" oder „The Monster" klingen vielversprechend. Loch „Adlerhorst" führt von einer Felswand entlang der Drau.

Anfahrt: Autobahn A10 Ausfahrt Knoten Spittal – B100 Richtung Lienz – nach Greifenburg der Beschilderung folgen nach Berg im Drautal.

Name:	Nassfeld Golf
Adresse:	Waidegg 66 A-9631 Jenig
Telefon:	+43-(0) 4284-20111
E-Mail:	office@nassfeld.golf
Internet:	www.nassfeld.golf
Ansprechpartner:	Ferdinand Kühne
Öffnungszeiten:	8.00–17.00 Uhr
Spielbahnen:	18 Loch-Championship Course/ 6 Loch Panoramakurs
Green Fee:	siehe Homepage
Handicap:	-54
Teilnahmebed.:	-

NASSFELDGOLF

Nassfeld Golf

30
1

235

Anfahrt: Von Villach: Richtung Italien, Ausfahrt Gailtal, B 111 Gailtalbundesstraße, Hermagor, Waidegg im Gailtal.
Von Westen: Lienz, Oberdrauburg, Gailberg, Kötschach-Mauthen, B 111 Richtung Hermagor, Waidegg im Gailtal.

„Nassfeld Golf“: Abschlag ins Bergpanorama

Die „Nassfeld Golf“-Anlage bietet einen 18-Loch Championship-Course und einen 6-Loch Panorama-Course. Golfen inmitten der faszinierenden Bergwelt der Karnischen Alpen: Wer meint, hier müsse man auch am Golfplatz bergauf und bergab spielen, wird von der „Nassfeld Golf“-Anlage im Südwesten Kärntens überrascht sein: flache Spielbahnen, abwechslungsreiche Kursarchitektur und spannende Wasserhindernisse laden zum Abschlag im Urlaub ein. Die 70 Hektar große Golfanlage liegt eingebettet im Gailtal, umgeben von einer imposanten Bergkulisse und dem „Hausberg“ Gartnerkofel. Hier lassen sich sportliche Ambitionen und Aussicht genießen perfekt kombinieren. Auf den Runden beeindruckt neben der abwechslungsreichen Kursarchitektur vor allem das Flair der Kärntner Urlaubsdestination Nassfeld-Pressegger See.

Strüver-Fazit: Sehr schöner Platz, der mit seinen vielen Wasserflächen und Brücken eine absolute Besonderheit mit unverfälschter Naturnähe darstellt.

Name: Kärntner Golfclub Dellach
Adresse: Golfstraße 3
A-9082 Maria Wörth
Telefon, Fax: +43-(0) 4273-2515, +43-(0) 4273-2515-20
E-Mail: office@kgcdellach.at
Internet: www.kgcdellach.at
Ansprechpartner: Gerd Eiper, Christina Gaggl, Irina Wiegele
Öffnungszeiten: März–Oktober
Spielbahnen: 18
Green Fee: 80,00 €
Handicap: -36
Teilnahmebed.: Voucher gelten Mo–Fr im März–Juni und September–November (nicht am Wochenende)

Kärntner Golfclub Dellach

Direkt am Südufer des Wörthersees gelegen, zeichnet sich der Platz durch seine leicht gewellte Struktur mit mäßigen Steigungen aus.

236

Anfahrt: A2, Ausfahrt Klagenfurt West – Wörthersee Südufer – der Platz befindet sich direkt in Dellach am Wörthersee

Der Kurs des Kärntner Golfclubs wurde in den 20er Jahren des vorigen Jahrhunderts von einem französischen Golfplatzarchitekten als 9 Loch-Anlage angelegt. 1964 wurde der Platz zu einer 18 Loch-Anlage ausgebaut.
Er gehört sicher zu den spielerisch anspruchsvollsten Golfplätzen Österreichs und war schon oftmals Austragungsort von internationalen und österreichischen Golfmeisterschaften. Das Gelände und seine großräumige, waldige Umgebung bietet seinen Gästen außergewöhnliche landschaftliche Reize. Am Ende einer tollen Runde können Sie Ihr Spiel am hervorragenden „19-ten Loch" ausklingen lassen.

Strüver-Fazit: Ein traditionsreicher Club aus dem Jahre 1927 mit schönem Blick auf den Wörther See.

Name:	Golfanlage Moosburg-Pörtschach GesmbH
Adresse:	Golfstraße 2 A-9062 Moosburg
Telefon, Fax:	+43-(0) 4272-83486-13, +43-(0) 4272-83486-20
E-Mail:	office@golfmoosburg.at
Internet:	www.golfmoosburg.at
Ansprechpartner:	Ernst Tscherteu
Öffnungszeiten:	März–November
Spielbahnen:	18 + 9
Green Fee:	78,00 €
Handicap:	-54
Teilnahmebed.:	–

Golfanlage Moosburg-Pörtschach

237

Anfahrt: A2 von Salzburg/Villach: Abfahrt Pörtschach, links Richtung Pörtschach. In Pörtschach an der „Fischskulptur“ (vor OMV-Tankstelle) links Richtung Moosburg, dem Straßenverlauf für ca. 4 km folgen. A2 Südautobahn von Wien/Graz Richtung Villach, Abfahrt Pörtschach, durch Pörtschach fahren, nach der OMV Tankstelle rechts Richtung Moosburg für weitere 3 km.

Golfanlagen Moosburg-Pörtschach – Natur pur!

Einen Katzensprung von Pörtschach am Wörthersee entfernt liegen auf einem Hochplateau die Golfanlagen Moosburg-Pörtschach. Der landschaftlich wunderschön angelegte 18 Loch-Platz ist sehr fair und gibt dem Durchschnittsspieler durchaus seine Chance. Die Hindernisse sind strategisch so platziert, dass sich die Topspieler sehr genau überlegen müssen, wie sie das eine oder andere Loch anspielen sollen. Einzigartig im Golf-Europa wird den Spielern exklusiv am 1. Abschlag ein „FOTO-POINT“ kostenlos angeboten. Ein auf Knopfdruck rasch gemachtes Foto kann anschließend mittels Smartphone, Tablet oder PC in die „Web-Welt“ versandt werden. Die Golfakademie (9-Loch), die inmitten des Naturjuwel „Schwarzes Moos“ liegt, wurde in dieses Gebiet ganz natürlich, jedoch spieltechnisch anspruchsvoll eingebettet und wird deswegen von den Spielern sehr geschätzt.

Strüver-Fazit: Mit 6.116 Metern einer der längsten Plätze Kärntens, aber ein Naturerlebnis.

Italien

- 238 Golf Senza Confini Tarvisio
- 239 Dolomiti Golf Club
- 240 Golf Club Petersberg
- 241 Golf Club Folgaria
- 242 Asolo Golf Club
- 243 A.S.D. Golf Club Ca' Amata
- 244 Golf Ca' della Nave
- 245 Golf della Montecchia
- 246 Golf Club Terme di Galzignano
- 247 Golf Club Padova
- 248 Golf Club Frassanelle
- 249 Golf Club Villa Condulmer
- 250 Golf Jesolo
- 251 Circolo Golf Venezia
- 252 Pra' delle Torri Golf Caorle
- 253 Albarella Golf Club
- 254 Golf Club Colli Berici
- 255 Golf Club „Le Vigne“ Villafranca
- 256 Gardagolf Country Club
- 257 Chervò Golf Hotel Spa & Resort San Vigilio
- 258 Arzaga Golf Club
- 259 A.S.D. Franciacorta Golf Club
- 260 Royal Park I Roveri
- 261 A.S.D. Golf Club Biella „Le Betulle“
- 262 Golf Club Cavaglia
- 263 Golf Club Villa Carolina
- 264 Modena Golf & Country Club
- 265 Rimini Verucchio Golf Club

Name:	Golf Senza Confini Tarvisio
Adresse:	Via Priesnig 5 I-33018 Tarvisio (UD)
Telefon:	+39-0428-2047
E-Mail:	office@golfsenzaconfini.com
Internet:	www.golfsenzaconfini.com
Öffnungszeiten:	8.00–18.00 Uhr
Spielbahnen:	18
Green Fee:	65,00 € (18 Loch) 38,00 € (9 Loch)
Handicap:	-54
Teilnahmebed.:	Voucher gelten Mo–So

Golf Senza Confini Tarvisio

30
1

238

Anfahrt: Aus Salzburg/München: A10 Tauernautobahn Richt. Villach, Knoten Villach weiter auf A2, A23 Alpe Adria Autobahn. 1. Ausfahrt nach der Grenze Österreich/Italien „Tarvisio", 1. Kreuzung links, der Beschilderung folgen.
Aus Süden: A23 Richt. Österreich, Ausfahrt Tarvisio, Landesstraße SS13, Richt. Ortszentrum Tarvisio, kurz vor Ortszentrum rechts, der Beschilderung folgen.

Golf Senza Confini – Golf & Gourmet mit italienischem Flair im Dreiländereck.

Der Golfplatz „Golf Senza Confini" liegt auf einem wunderschönen Plateau oberhalb von Tarvis und bietet ein eindrucksvolles Bergpanorama rund um den Mangart. Der Golfplatz, der nur 20 Fahrminuten von Villach entfernt ist, wurde 2013 komplett umgebaut, auch die mit GPS-Technologie ausgestatteten Golfcarts garantieren perfekten Komfort. Ein absolutes Highlight ist das „Ristorante Ilija" – der golfende Chefkoch bietet mediterrane Köstlichkeiten und Fischspezialitäten, die Gäste aus Nah und Fern magisch anziehen. Spezial: Teetimes werden im 12-Minuten-Abstand vergeben, um absolut stressfreies Golfen zu garantieren. Golf Senza Confini Tarvisio liegt mitten in der Alpe Adria Golf Region – die Golfplätze vom Wörthersee sind in 40 min zu erreichen, Udine erreicht man in 45 min und Bled ist auch nur 45 min von Tarvisio entfernt.

Strüver-Fazit: Der Platz „ohne Grenzen" im Dreiländereck bietet 9 ebene Spielbahnen und 9 „alpine" Bahnen mit Panoramablick.

Italien

Name: Dolomiti Golf Club
Adresse: Loc. Centro Sport Verde 1
I-38011 Sarnonico (TN)
Telefon: +39-0463-832698
E-Mail: info@dolomitigolf.it
Internet: www.dolomitigolf.it
Ansprechpartner: Nicola Dalpiaz
Öffnungszeiten: März–November
Spielbahnen: 18 + 4
Green Fee: 67,00 € (werktags)
77,00 € (Wochenende und Feiertage)
Handicap: -54
Teilnahmebed.: 06.07. bis 11.09.2020 (Hochsaison) gilt Feiertagstarif; Voucher gelten Mo, Mi und Fr. Pro Guide for Free Golf kann pro Tag nur ein Voucher verwendet werden.
Sonstiges: Gäste der Partnerhotels erhalten Green Fee-Ermässigung

Dolomiti Golf Club

239

Im Sommer 2004 wurde der neue Golfplatz mit einem 18 Loch-Parcours eröffnet.

Die technisch sehr anspruchsvolle Anlage liegt auf einer Hochebene und bietet einen großartigen Ausblick auf das atemberaubende Bergpanorama. Die Fairways sind relativ breit, fein modellierte Greens werden von Bunkern und glitzernden Seen geschützt. Es ist ein schwieriger und abwechslungsreicher Parcours entstanden. Mit dem Golfspiel wurde ein historisch-kulturelles Erbe wiederbelebt: Noch bis Ende des letzten Jahrhunderts spielten die Habsburger an den Hängen des Mendelpasses Golf.

Strüver-Fazit: Technisch anspruchsvolle Spielbahnen erfordern vom Spieler alle Arten von Schlägen. Ein außergewöhnlicher Turnierplatz auf dem auch Profi-Turniere zur Austragung kommen. Tolle Anfahrt über den Mendelpass – nehmen Sie sich Zeit!

Anfahrt: A22 (Brenner-Verona), Ausfahrt Bozen-Süd, SS42 über den Mendelpass bis Sarnonico, dort Richtung Seio, der Beschilderung folgen.

Name:	Golf Club Petersberg
Adresse:	Petersberg – Unterwinkl 5 I-39050 Deutschnofen / Nova Ponente (BZ) Südtirol – Italien
Telefon:	+39-0471-615122
E-Mail:	info@golfclubpetersberg.it
Internet:	www.golfclubpetersberg.it
Ansprechpartner:	Hans-Peter Thaler
Öffnungszeiten:	8.00–22.00 Uhr
Spielbahnen:	18
Green Fee:	76,00 € (werktags) 80,00 € (Wochenende und Feiertage)
Handicap:	–
Teilnahmebed.:	Voucher gelten bei Startzeiten bis 9.00 Uhr und ab 13.00 Uhr, max. 1 Voucher pro Buch und Tag

Golf Club Petersberg

30
1

240

Anfahrt: A22 (Brenner–Verona), Ausfahrt Ora-Auer, SS48 Richtung Cavalese, Richtung Aldein, Richtung Petersberg–Monte San Pietro, vor Petersberg links zum Golfplatz.

Petersberg, ein Genuss vom 1. bis zum 19. Loch.

Wenn man Südtirol mit Golfspielen verbindet, ist dieser Platz sozusagen ein Muss. Der Golf Club Petersberg liegt am Südhang der Dolomiten, umgeben von malerischen Berggipfeln und ist nicht nur wegen der wunderschönen Anlage inmitten von Wäldern und Wiesen und dem hervorragenden Clubrestaurant bekannt, sondern vor allem wegen der Gastfreundschaft und Freundlichkeit aller Mitarbeiter am Platz und im Clubhaus. Der Platz liegt auf einem Hochplateau in ca. 1.200 m Seehöhe. Man kann den Platz gut zu Fuß spielen, es stehen aber auch Golf Cars zur Verfügung. Golf Digest hat den Platz in die Liste der 10 schönsten Golfplätze in Europa über 1.000 m eingefügt. Die Saison geht von Mitte April bis Anfang November.

Strüver-Fazit: Spieler mit niedrigem Handicap müssen sehr präzise und defensiv spielen. Vorsicht auf Bahn 2, 3, 5, 11 und 17.

Italien

Name: Golf Club Folgaria
Adresse: Località Costa - Maso Spilzi
I-38064 Folgaria (TN)
Telefon, Mobil: +39-0464-720480; +39 3334998644
E-Mail: segreteria@golfclubfolgaria.it
Internet: www.golfclubfolgaria.it
Ansprechpartner: Daniele Binda
Öffnungszeiten: Mai–Oktober
Spielbahnen: 18
Green Fee: 40,00 € (werktags)
55,00 € (Wochenende und Feiertage)
Handicap: –
Teilnahmebed.: Voucher gelten Mo–So

Golf Club Folgaria

Golf Club Folgaria

241

30
1

Die Hochebenen von Folgaria, Lavarone und Luserna sind ein ideales Ziel für jegliche Art von sportlichen Aktivitäten, welche in erster Linie unter freiem Himmel stattfinden. Der Golfplatz ist das Herzstück – eine kleine Perle, eingebettet in die Schönheit der Natur.

Der 18 Loch-Golfplatz befindet sich im Becken von Costa auf einer Höhe von 1.200 Metern und hat eine Länge von 5.457 Metern. Neben der Golf-Strecke befindet sich ein Weg für Spaziergänger, der zum bekannten Biotop von Ecchen führt. Ausgestattet mit einem sicherlich etwas eigenartigen und besonderen Charakter, wird der Aufenthalt auf dem Golfplatz für jeden Besucher zu einem besonderen Erlebnis. Dies auch schon deswegen, weil sich das Panorama auf seinem Gelände mehrmals verändert und der Besucher sowohl Wiesen als auch Waldgebiete und Biotope genießen kann.

Strüver-Fazit: Angelegt in einem Skigebiet wechseln sich offene Bahnen mit Bahnen im Wald ab.

Anfahrt: A22 Brennerautobahn, Ausfahrt Rovereto Nord, der Beschilderung nach Trento auf der SS12 folgen – in Calliano auf die SS350 Richtung Folgaria abbiegen – in Costa rechts abbiegen auf die Via Negheli.

Name:	Asolo Golf Club
Adresse:	Via del Borghi 1 I-31034 Cavaso del Tomba (TV)
Telefon, Fax:	+39-0423-942211, +39-0423-543226
E-Mail:	info@asologolf.it
Ansprechpartner:	Marco Rustaggia
Öffnungszeiten:	April–Oktober: 8.30–18.30 Uhr, November–März: 9.00–18.00 Uhr Dienstags geöffnet (Juni bis August)
Spielbahnen:	27
Green Fee:	18 Loch: 80,00 € (werktags) 18 Loch: 100,00 € (Wochenende und Feiertage)
Handicap:	-54
Teilnahmebed.:	Voucher gelten Mi–Mo (Dienstag Ruhetag)

ASOLO GOLF CLUB

Asolo Golf Club

242

Anfahrt: von Treviso: SS 348, Ausfahrt Possagno, dann Cavaso del Tomba. Von Bassano del Grappa: SP 26, Pedemontana del Grappa, dann Ausfahrt Cavaso del Tomba. Von Trient: Richtung Padova/Venedig über Feltre, Richtung Treviso, Ausfahrt Possagno, Cavaso del Tomba.

Eingebettet in eine wunderschöne Landschaft liegt der Golf Club rund um die Hügel von Asolo.

Umgeben wird der Club im Norden von den venezianischen Voralpen unter dem majestätischen Monte Grappa. Im Osten zieht sich die älteste Weinstraße Italiens, die Strada del Prosecco, durch die Region. In einer herzlichen Atmosphäre entdecken die Gäste und Mitglieder 27 anspruchsvolle Golflöcher sowie ein sagenhaftes Clubhaus, das von dem berühmten Architekten Luigi Vietti entworfen wurde. Außerdem bietet der Asolo Golf Club neben dem Restaurant „das 28. Loch" eine großzügige Driving Range, Putting und Pitching Grüns. Nach dem Golftag können Sie sich in den neu eingerichteten Zimmern im Gästehaus oder in einem der vielen Apartments nur wenige Meter vom Platz entspannen.

Strüver-Fazit: Die Anlage befindet sich im Besitz der Familie Benetton und wurde als eine der Top-Anlagen Italiens ausgebaut.

Name:	A.S.D. Golf Club Ca' Amata
Adresse:	Via Loreggia di Salvarosa, 44 I-31033 Castelfranco-Veneto (TV)
Telefon:	+39-0423-493537
E-Mail:	info@golfcaamata.it
Internet:	www.golfcaamata.it
Ansprechpartner:	Gianni Bregolin
Öffnungszeiten:	Sommer: 8.30–19.00 Uhr Winter: 9.00–17.00 Uhr Der Club ist von März bis Oktober auch montags geöffnet und schließt am 15. August für eine Woche
Spielbahnen:	18
Green Fee:	siehe Homepage 70,00 € (werktags) 80,00 € (Wochenende und Feiertage)
Handicap:	–
Teilnahmebed.:	–

Italien

A.S.D. Golf Club Ca' Amata

Golf Club Ca' Amata
CASTELFRANCO - RIESE PIO X

243

30
1

Golf in der romantischen Atmosphäre des 18. Jahrhunderts.

Der Golfplatz befindet sich innerhalb der Parkanlage der Villa Ca' Amata. Die Villa ist eines der schönsten Beispiele der venezianischen Architektur des 18. Jahrhunderts und steht – ebenso wie der gesamte Parkbereich – unter Denkmalschutz. Besondere Sorgfalt bei der Anlage des Platzes galt der Bepflanzung, die den bezaubernden Gesamteindruck der Villa unterstützt. Der große Wasserreichtum der Region erlaubte der Anlage ein reizvolles Teich- und Kanalsystem, in das 11 der 18 Löcher einbezogen sind. Großzügige Fairways, Grüns, die zum Teil sehr groß und mit erheblichen Höhenunterschieden sehr technisch sind, machen den Parcours zu einem anspruchsvollen Platz auch für die besten Golfspieler.

Strüver-Fazit: Auf dieser Anlage stechen besonders die langen Par 4 Bahnen hervor. Einige Wasserhindernisse sind ziemlich trickreich angelegt.

Anfahrt: A4 Mailand–Venedig, Ausfahrt Vicenza Nord, folgen Sie Richtung Castelfranco
A22 Brennerautobahn, Ausfahrt Trento Nord folgen Sie Richtung Padova – Bassano Del Grappa – Castelfranco Veneto

Name: Golf Ca' della Nave
Adresse: Piazza della Vittoria, 14
I-30030 Martellago (VE)
Telefon: +39-041-5401555
E-Mail: segreteria@cadellanave.com
Internet: www.cadellanave.com
Ansprechpartner: Conti Luigino
Öffnungszeiten: 8.30–18.30 Uhr
November–Ende März dienstags geschlossen
Spielbahnen: 18 + 9
Green Fee: 65,00 € (werktags)
80,00 € (Wochenende und Feiertage)
Handicap: –
Teilnahmebed.: Voucher gelten Mo–So

Golf Ca' della Nave

244

Anfahrt: Autobahn Trieste–Milano (A4), Ausfahrt Martellago – Scorzè

Der Golf Club Ca' delle Nave befindet sich, eingebettet in eine wunderschöne Landschaft, nur ca. 12 km von Venedig entfernt.

Strategisch gelegene künstliche Weiher, riesige Bunker und zahlreiche Wasserhindernisse charakterisieren diesen 6.350 m langen Platz, der von Arnold Palmer geschaffen und 1988 mit den „Italien Ladies Open" eröffnet wurde. Er fügt sich harmonisch in die venezianische Landschaft ein und ist aus technischer und ästhetischer Sicht besonders gelungen. Auf 75 ha wurden zwei Parcours angelegt: ein klassischer 18 Loch-Parcours mit Par 72 und ein „Executive"-Parcours mit 9 Löchern. Das edle Clubhaus ist in einer majestätischen Villa – genannt „Ca' della Nave"– untergebracht, die dem Club auch seinen Namen verlieh. Am Ende der 18 Löcher finden Sie die Bar, die Pizzeria, den Pool und das Restaurant mit ausgezeichneten traditionellen Gerichten.

Strüver-Fazit: Das Wasser sowie Erhebungen und Wellen stellen auch geübte Golfer vor eine sportliche Herausforderung.

Italien

Name:	Golf della Montecchia
Adresse:	Via Montecchia, 12 I-35030 Selvazzano Dentro (PD)
Telefon:	+39-049- 8055550
E-Mail:	info@golfmontecchia.it
Internet:	www.golfmontecchia.it
Ansprechpartner:	Chiara Cappon
Öffnungszeiten:	Rezeption 8.30–17.30 Uhr
Spielbahnen:	27
Green Fee:	65,00 € (Nebensaison) 75,00 € (Hauptsaison)
Handicap:	–
Teilnahmebed.:	Voucher gelten Mo–Fr (nicht an Feiertagen) ab 12.00 Uhr nur nach Voranmeldung in den Monaten: Januar, Februar, März, Mai, Juni, Juli, August, September, November, Dezember (nicht im April, nicht im Oktober)

Golf della Montecchia

245

Golf della Montecchia ist einer der wenigen 27 Loch-Plätze des Triveneto und liegt nur wenige Kilometer von Padua entfernt.

Der überwiegend flache Kurs fordert Geschick und Konzentration aufgrund der unterschiedlichen Hindernisse – darunter einige knifflige Wasserhindernisse. Eine weitere Besonderheit des Platzes ist das innovative Bewässerungssystem, das ermöglicht, den Platz ganzjährig zu bespielen. Für diejenigen, die ihr Spiel verbessern möchten, bietet Montecchia eine Golfakademie mit SAM PuttLab und TrackMan. Im Clubhaus finden Sie neben Pro Shop, Sauna, Pool und Solarium auch das Michelin-Stern-Restaurant „La Montecchia“, das von der berühmten Familie Alajmo geführt wird und deren Küche bekannt ist für ihre qualitativ hochwertigen Zutaten und leckeren Gewürzen.

Strüver-Fazit: Sehr großzügige Anlage, nur leicht onduliert – auch für Anfänger geeignet. Lange Wege und Bahnen, viele Wasserhindernisse und ein fantastisches Clubhaus!

Anfahrt: GPS: 11°45°50° Ost, 45°23°15° Nord

Name:	Golf Club Terme di Galzignano
Adresse:	Viale delle Terme, 82 I-35030 Galzignano Terme
Telefon:	+39-049-9195100
E-Mail:	termegolf@galzignano.it
Internet:	www.galzignano.it
Ansprechpartner:	Matteo Turetta
Öffnungszeiten:	8.30–19.30 Uhr (Sommer), 9.00–17.00 Uhr (Winte
Spielbahnen:	9
Green Fee:	18 Loch werktags: 50,00 € (Nebensaison), 55,00 € (Hauptsaison) 18 Loch Wochenende und Feiertage: 55,00 € (Nebensaison), 60,00 € (Hauptsaison)
Handicap:	–
Teilnahmebed.:	Voucher gelten Mo–Fr (nicht an Feiertagen) in den Monaten: Januar, Februar, März, Mai, Juni, Juli, August, September, November, Dezember (nicht im April, nicht im Oktober)

TERME DI GALZIGNANO
Golf Club

Golf Club Terme di Galzignano

Radisson BLU
RESORT
TERME DI GALZIGNANO

246

Ein Park wird Golfplatz: In unserem einzigartigen 9 Loch-Parcours inmitten einer weichen, hügeligen Landschaft herrscht absolute Ruhe.

Eine natürliche Komfort- und Entspannungsoase im Herzen des Veneto. Das Hotel Radisson Blu Resort liegt nur wenige Kilometer von Venedig entfernt, zu dem der Golfclub Terme di Galzignano gehört. Der Golfplatz – der vierte in den bezaubernden Euganeischen Hügeln – wurde 1999 eröffnet und von Architekten Marco Croze entworfen.

Seine 9 Löcher erstrecken sich über 2.048 m Länge und weisen ein ungewöhnliches Design auf. Die Wasserhindernisse begeistern und machen diesen Parcours zur spannenden Erfahrung, wie zum Beispiel Loch 4, wo sich der Abschlag mitten im Teich befindet.

Strüver-Fazit: Das Radisson Blu Hotel ist idealer Ausgangspunkt für Golftouren in der Region. Schön zu gehender Platz. Entspannung pur!

Anfahrt: A13 (Padova–Bologna), Ausfahrt Terme Euganee, der Straße folgen bis zu Galzignano Terme innerhalb des Radisson Blu Spa & Golf Resort Padova.

Name: Golf Club Padova A.S.D.
Adresse: Via Noiera 57
I-35030 Galzignano Terme (PO)
Telefon: +39-04991 30078
E-Mail: info@golfpadova.it
Internet: www.golfclubpadova.it
Ansprechpartner: Wilma Sturaro
Öffnungszeiten: 8.00–18.00 Uhr
Spielbahnen: 27
Green Fee: 65,00–77,00 € (werktags),
77,00–89,00 € (Wochenende und Feiertage)
Teilnahmebed.: –

Golf Club Padova A.S.D.

Golf Club Padova

247

30
1

Der 27 Loch-Platz, der vom englischen Architekten John D. Harris entworfen wurde, liegt am Fuße der Euganeischen Hügel und grenzt an die Villa Barbarigo aus dem 17. Jahrhundert.

Die ersten 18 Löcher vermitteln auf den ersten Blick technische und landschaftliche Harmonie. Der Platz ist ein wahrer botanischer Garten mit 8.000 Bäumen und Sträuchern, die nach landschaftlichen und technischen Kriterien ausgewählt wurden. Auf diese Weise wird ein einzigartiger Pfad sichtbar, der sich zwischen Wasser- und strategisch verteilten Sandhindernissen windet. 2003 wurde der Platz um weitere 9 Löcher erweitert. In den letzten dreißig Jahren hat der Verein die wichtigsten Profi- und Amateurmeisterschaften sowie die International Open ausgerichtet und damit seine Wettbewerbsfähigkeit unter Beweis gestellt. Der Golf Club Padova zählt ständig zu den Top 20 der italienischen Golfplätze.

Strüver-Fazit: Ein schöner und ebener 27-Loch Parkland Course, der mit sehr schönem Baumbestand aufwartet.

Anfahrt: A13 Padova–Bologna, Ausfahrt Terme Euganee, 7 km auf der Provinzstraße in Richtung Galzignano Terme

Name:	Golf Club Frassanelle
Adresse:	Via Rialto, 5A I-35030 Rovolon (PD)
Telefon, Fax:	+39-049-991 07 22, +39-049-991 06 91
E-Mail:	info@golffrassanelle.it
Internet:	www.golffrassanelle.it
Ansprechpartner:	Chiara Cappon
Öffnungszeiten:	Rezeption 8.30–17.30 Uhr
Spielbahnen:	18
Green Fee:	Nebensaison 65,00 € (werktags) Hauptsaison 75,00 € (werktags)
Teilnahmebed.:	Voucher gelten Mo–Fr (nicht an Feiertagen) ab 12.00 Uhr nur nach Voranmeldung in den Monaten: Januar, Februar, März, Mai, Juni, Juli, August, September, November, Dezember (nicht im April, nicht im Oktober)

GOLF CLUB FRASSANELLE

Golf Club Frassanelle

248

Anfahrt: Frassanelle liegt 20 km von Padua entfernt. A4 (Mailand–Venezia) bis Ausfahrt Grisignano, dann in Richtung Montegalda, Cervarese und Fossona. Weiter in Richtung Bastia und kurz vor Bastia links zum Golf Club abbiegen. A13 (Bologna–Venezia) bis Ausfahrt Terme Euganee, dann in Richtung Abano Terme, Bresseo. Weiter in Richtung Montemerlo und kurz vor Montemerlo links Richtung Golf Club halten.

Der einzige Golfplatz Italiens mit einem computergesteuerten automatischen Bewässerungssystem.

Die Bahnen des 18 Loch-Platzes des Golf Clubs Frassanelle schlängeln sich durch eine traumhafte Parkanlage, die im 19. Jahrhundert angelegt wurde. Der von Marco Croze geplante Kurs hält jede Menge Abwechslungen bereit: Die Greens ziehen sich durch offene Flächen und Wälder vorbei an Seen, Bächen und Lichtungen.
Der englische Charakter prägt aber nicht nur die Umgebung, sondern auch das Clubhaus. Hier finden Sie neben einem Restaurant und Proshop auch Saunen, Solarium und allen Komfort für einen erholsamen Aufenthalt.

Strüver-Fazit: Das Signature Hole ist Loch 15, ein Par 3 das frontal über einen großen See angespielt wird. Es wurde bereits mit dem italienischen Golf „Oscar" ausgezeichnet.

Italien

Name: Golf Club Villa Condulmer
Associazione Sportiva Dilettantistica
Adresse: Via delle Croce 3
I-31021 Zerman di Mogliano V.to (TV)
Telefon, Fax: +39-041-457062, +39-041-457202
E-Mail: info@golfvillacondulmer.com
Internet: www.golfvillacondulmer.com
Ansprechpartner: Andrea Aurighi
Öffnungszeiten: 9.00–18.30 Uhr
Spielbahnen: 18 + 9
Green Fee: 70,00 € (werktags)
80,00 € (Wochenende und Feiertage)
Handicap:
Teilnahmebed.: Voucher gelten von Di–So nur mit vorheriger Reservierung

Golf Club Villa Condulmer

GOLF CLUB
VILLA CONDULMER

249

Der 18 Loch-Platz befindet sich im Park einer herrlichen Villa aus dem 18. Jahrhundert und wurde auf einem flachen Gelände im venetischen Hinterland angelegt.

Er besticht mit seinem perfekten, sachkundig angelegten Parcours in herrschaftlicher Atmosphäre. Die ersten neun Löcher wurden von John Harris entworfen und 1960 zum Spielen freigegeben. Die benötigte Länge wurde durch die Fähigkeiten des Architekten Marco Croze erreicht und 1970 eingeweiht. Viele Wasserhindernisse beeinflussen das Spiel und fordern selbst erfahrene Golfer. Außerdem steht ein Executive-Course Par 29 zur Verfügung. Das Restaurant im Clubhaus lädt nach einem Tag auf dem Platz mit hervorragender venezianischer Küche und lokalen Weinen zum Entspannen ein.

Strüver-Fazit: Sehr eleganter Club mit einem abwechslungsreichen Parkland Course.

Anfahrt: A4, Ausfahrt Preganziol (TV), Richtung Mogliano Veneto, nach 3 km Golfplatz.
Nahegelegene Flughäfen: Treviso 14 km, Venedig 15 km

Italien

Name:	Golf Jesolo
Adresse:	Via St. Andrews, 2 (Eingang durch Via Grassetto) I-30016 Lido di Jesolo (VE)
Telefon, Fax:	+39-0421-372862, +39-0421-377498
E-Mail:	segreteria@golfclubjesolo.it
Internet:	www.golfjesolo.it
Ansprechpartner:	Chiara Bardella
Öffnungszeiten:	7.30–19.00 Uhr Sommer 9.00–17.00 Uhr Winter
Spielbahnen:	18 + 2
Green Fee:	65,00 € (werktags) 80,00 € (Wochenende und Feiertage)
Handicap:	–
Teilnahmebed.:	Voucher gelten Mo–Fr (nicht an Feiertagen und nicht in der Zeit vom 13.5. bis 15.9.)
Sonstiges:	Unter www.golfjesolo.it finden Sie unsere kooperierenden Hotels mit ermäßigten Preisen

Golf JESOLO

Golf Jesolo

250

Anfahrt: Von Mailand oder Brenner: A4, danach auf die Umgehungsstraße Mestre, Abfahrt Flughafen Tessera-Jesolo, dann Richtung Lido West. Von Tarvisio, Udine, Trieste: A4, Abfahrt Noventa di Piave, Richtung Lido West.

Das Areal von Golf Jesolo ist ein wahres Naturparadies und nur wenige Schritte vom Strand Lido di Jesolo entfernt, zu dem ein Radweg führt.

Auf ca. 900.000 qm wurde ein Course erschaffen, der dem Club einen Spitzenplatz unter den Golfanlagen in Italien garantiert. Der 18 Loch-Platz eignet sich mit seinen großzügigen Greens und sehr weiten Fairways für erfahrene Golfer wie für weniger erfahrene Sportler gleichermaßen. Zahlreiche Wasserhindernisse und Sanddünen bereichern die wundervolle, weitläufige Naturlandschaft. Putting Green, Pitching Green und eine Driving Range mit überdachten Buchten runden das Angebot ab.

Strüver-Fazit: Gut gepflegter Platz, der ganzjährig bespielbar ist aufgrund des sandigen Bodens.

Italien

Name:	Circolo Golf Venezia
Adresse:	Strada Vecchia 1, Alberoni I-30126 Venezia
Telefon:	+39-041 731333
E-Mail:	info@circologolfvenezia.it
Internet:	www.circologolfvenezia.it
Ansprechpartner:	Mariapaola Prosdocimi
Öffnungszeiten:	Sommer 8.00–20.00 Uhr Winter 8.00–18.00 Uhr
Spielbahnen:	18
Green Fee:	80,00 € (werktags), 95,00 € (Wochenende und Feiertage)
Teilnahmebed.:	Voucher gelten von Februar bis Dezember Di–So (Do geschlossen). Reservierung erforderlich.

Circolo Golf Venezia

251

Der 1928 gegründete Platz liegt auf der Lido Insel nur wenige Minuten von Venedig entfernt und verläuft zwischen der Adria und der Lagune von Venedig durch Pinienhaine und Sanddünen in unmittelbarer Nähe zu den weltberühmten Stränden, dem Markusplatz und dem Dogenpalast.

Der Venedig Golf Club wurde vom schottischen Golfplatzarchitekten Cruikshank entworfen und ähnelt in Teilen den schottischen Linksplätzen, auf denen Sand und Wind großen Einfluß haben. Einige der Abschläge befinden sich auf historischen Wällen und bieten faszinierende Aussichten.
Der Circolo Golf Venezia war Gastgeber zahlreicher großer Turniere wie zum Beispiel der International Open of Italy in 1955, 1960 und 1974, der Vagliano Trophy in den Jahren 1989 und 2004 sowie der International Italian Senior Open in 2004, 2005, 2006 und 2007.

Strüver-Fazit: Alt ehrwürdiger Parklandcourse auf einer vorgelagerten Insel von Venedig. Spannende Anreise, aber ein „Muss" für Italienreisende.

Anfahrt: siehe Homepage

Name:	Pra' delle Torri Golf Caorle
Adresse:	Viale Altanea 201 I-30021 Caorle (VE)
Telefon:	+39-0421-299570
E-Mail:	info@golfcaorle.it
Internet:	www.golfcaorle.it
Ansprechpartner:	Sekretariat
Öffnungszeiten:	Oktober–März: 9.00–17.00 Uhr April–September: 8.00–19.00 Uhr
Spielbahnen:	18
Green Fee:	Nebensaison: 60,00 € (werktags) 70,00 € (Sa, So und Feiertage) Hauptsaison: 70,00 € (Mo–So und Feiertage)
Handicap:	–
Teilnahmebed.:	Voucher gelten Mo–So
Sonstiges:	Softspikes erforderlich. Hunde nicht erlaubt.

Pra' delle Torri Golf Caorle

252

Anfahrt: A4 Venedig-Trieste, Ausfahrt San Stino di Livenza und der Beschilderung nach Caorle folgen. Vor der Einfahrtsbrücke nach Caorle, rechts abbiegen in Richtung Porto Santa Margherita/Duna Verde/Venezia und immer weiter nach Duna Verde – Pra' delle Torri für etwa 8 km weiterfahren. Der Golfclub befindet sich auf der linken Seite der Straße.

Der Golf Club Pra' delle Torri liegt nur 7 Kilometer von Caorle und 15 Kilometer von Jesolo Lido Venedig entfernt.

Es handelt sich um eine traumhaften 18-Loch-Sea-Course. Die ersten 9 Löcher grenzen direkt an den Strand und faszinieren mit einem bezaubernden Par 3 mit Blick aufs Meer. Es ist eine entspannende Golfbahn, die bei einer Brise Wind zu einem äußerst technischen und spannenden Spiel führen kann. Die Anlage ist für Anfänger sehr geeignet, jedoch kann sie bei Wind und aufgrund der gut ausgelegten Flaggenstöcke auch für die Experten unter den Golfspielern schwierig werden. Der Platz liegt direkt am Ferienzentrum von Pra' delle Torri und bietet ein touristisches Umfeld.

Strüver-Fazit: Die Spielbahnen des Sea-Courses sind eng und anspruchsvoll, variables Design erschwert vor allem an windigen Tagen ein präzises Spiel.

Italien

Name: Albarella Golf Club
Adresse: Via Po di Levante 4
I-45010 Isola di Albarella (RO)
Telefon, Fax: +39-0426-330124, +39-0426-330830
E-Mail: golf@albarella.it
Internet: www.albarella.it
Ansprechpartner: Gabriele Marangon
Öffnungszeiten: 8.30–17.30 Uhr
Spielbahnen: 18
Green Fee: 64,00 € (werktags)
74,00 € (Sa, So und Feiertage)
Handicap: -54/Mitgliedschaft in einem Golfclub erforderlich
Teilnahmebed.: Voucher gelten Mo–Fr (nicht an Feiertagen) nur nach vorheriger Reservierung

Albarella Golf Club

ALBARELLA GOLF CLUB

MARCEGAGLIA Hotels&Resorts

253

30
1

Der Stil eines klassischen britischen Linksplatzes mit der einzigartigen Kulisse der Lagune von Venedig.

Der Golfplatz von Albarella ist der einzige, der diese beiden Eigenschaften zusammenbringt. Der von dem englischen Architekten Harris erbaute Links-Course schlängelt sich mit seinen 18 Löchern durch eine atemberaubende Umgebung und ist zu einem festen Reiseziel anspruchsvoller Gäste aus aller Welt geworden.
Die Anlage mit einer Fläche von 70 ha erstreckt sich auf eine Länge von insgesamt 6.130 Metern. Darauf befindet sich eine Reihe von Wasser- und Sandhindernissen, die die Spieler mit Dünen, Seen und wilden Olivenhainen herausfordern.

Strüver-Fazit: Der auf einer Ferieninsel gelegene Golfplatz spielt sich flach, gelegentlich mit Wind, aber Blick auf die Lagune Venedigs.

Anfahrt: A4 von Mailand und A22 vom Brenner, Ausfahrt Verona Sud (empfohlen), dann die Transpolesana Superstrada bis nach Rovigo, weiter nach Adria, Loreo, Rosolina, 12 km der Straße bis Albarella folgen. Alternative Route: Ausfahrt Padova Est, SS Romea Richtung Ravenna, Chioggia, Rosolina, dann wie oben. Bologna: A13 Ausfahrt Rovigo, weiter nach Adria, Loreo, Rosolina, dann wie oben.

Name: Golf Club Colli Berici SRL SSD
Adresse: Strada Monti Comunali
I-36040 Brendola (VI)
Telefon: +39-0444-60 17 80
E-Mail: info@golfclubcolliberici.it
Internet: www.golfclubcolliberici.it
Ansprechpartner: Simona Passamonti
Öffnungszeiten: Hauptsaison: 8.30–20.30 Uhr
Nebensaison: 8.30–17.30 Uhr
Spielbahnen: 18
Green Fee: 65,00 € (werktags)
75,00 € (Wochenende und Feiertage)
Handicap: –
Teilnahmebed.: Voucher gelten Di–Fr (auch an Feiertagen)
Sonstiges: Kooperierende Hotels finden Sie auf unser Homepage: www.golfclubcolliberici.it

GOLF CLUB
COLLI BERICI

Golf Club Colli Berici

30
1

254

Anfahrt: Navigationsgerät: über Selva Alta, Altavilla Vicentina

In zauberhafter Natur mitten in den Hügeln von Berici.

Der vom Architekten Marco Croze entworfene und 1988 eröffnete 18 Loch-Kurs befindet sich auf einer durchschnittlichen Höhe von etwa 300 m und ist über die Autobahnausfahrt Montecchio Maggiore und von der Altstadt von Vicenza in wenigen Minuten mit dem Auto zu erreichen. Die ersten neun Löcher befinden sich auf einer natürlichen Terrasse mit herrlichem Blick über die Ebene rund um Vicenza. Genießen Sie die Aussicht auf die Dolomiten, während Sie mit Präzision und Strategie der Distanz des technisch anspruchsvollen Kurses mit seinen lebendigen Höhenunterschieden folgen.

Strüver-Fazit: Sehr spannende Anfahrt, aber dann spielen Sie über den Dächern von Vicenza. Das neue und moderne Clubhaus mit Pool bildet den Mittelpunkt der Golfanlage.

Name: Golf Club „Le Vigne" Villafranca
Adresse: Loc. Casella 34 – Fraz. Pozzomoretto
I-37069 Villafranca (VR)
Telefon: +39-045-63 05 572
E-Mail: info@golfvillafranca.it
Internet: www.golfvillafranca.it
Ansprechpartner: Luca Adami
Öffnungszeiten: 8.00–20.00 Uhr
Spielbahnen: 18
Green Fee: 60,00 € (werktags)
80,00 € (Wochenende und Feiertage)
Handicap: –
Teilnahmebed.: –
Sonstiges: Golf Car bei 18 Loch: 20,00 €

Golf Club „Le Vigne" Villafranca

255

Der Golf Club „Le Vigne" Villafranca entstand Anfang der 90er Jahre am Fuße des Custoza Hügels, einem Schauplatz historischer Schlachten.

In dieser wunderschönen Natur erfreut sich dieser Golfplatz einer stets wachsenden Zahl von Mitgliedern, die von der überaus familiären Atmosphäre des Clubs fasziniert sind. Der Parcours, vom Präsidenten des Clubs Ferruccio Corrado Bertolini geplant, zählt zur Zeit 18 Löcher. Weitere 9 geplante Spielbahnen werden ihn zu einem der wichtigsten Golfplätze der Veroneser Gegend machen. Die Nähe des Gardasees und das milde Klima garantieren das ganze Jahr hindurch die Bespielbarkeit des Platzes. Das neue Restaurant und die kürzlich gestalteten Gästezimmer gewähren Ihnen den Genuss echter und erlesener Entspannung.

Strüver-Fazit: Hoher, alter Baumbestand umsäumt die einzelnen Bahnen. Das Gutshaus lädt nach der Golfrunde ein.

Anfahrt: A4 Richtung Venedig, Ausfahrt Sommacampagna, fahren Sie in Richtung Villafranca. Nach 3 km Richtung Pozzomoretto fahren.

Name: Gardagolf Country Club
Adresse: Via Angelo Omodeo 2
I-25080 Soiano del Lago (BS)
Telefon, Fax: +39-0365-674707, +39-0365-674788
E-Mail: booking@gardagolf.it
Internet: www.gardagolf.it
Ansprechpartner: Chiara
Öffnungszeiten: Hauptsaison: 8.00–18.30 Uhr
Nebensaison: 8.00–17.30 Uhr
Spielbahnen: 27
Green Fee: siehe Homepage
Teilnahmebed.: Voucher gelten November bis Februar, im Juli und August ab 13.00 Uhr

SUSTAINABILITY AWARD 2019 RESOURCE EFFICIENCY

GARDAGOLF COUNTRY CLUB

Gardagolf Country Club

256

27 Loch-Meisterschaftsplatz direkt am Gardasee.

Anfahrt: A4, Ausfahrt Desenzano D/G, im Kreisverkehr Richtung Manerba del Garda, folgen Sie den Schildern bis Soiano.

Experten halten den Gardagolf Country Club für einen der besten Golfplätze, der in den letzten dreißig Jahren gebaut wurde. Der 110 Hektar große Golfplatz wurde von britischen Architekten Cotton, Pennick, Stahl & Partners entworfen und verfügt über 27 Löcher. Bei dem außergewöhnlich schönen Panorama zwischen Zypressen, Olivenbäumen, jahrhundertealten Eichen, Pinien und Steineichen gerät man schnell in Versuchung, die Landschaft zu bewundern. Aber Vorsicht, der Kurs ist sehr anspruchsvoll und erfordert volle Konzentration.
Unter anderem finden Sie hier eines der „500 schönsten Löcher der Welt" (Golf Magazine): Loch 2 auf dem Red Course. Ein Par 3, welches von erhöhter Postition beginnt und dessen Grün von einem See und großen Blumenbeeten verteidigt wird.

Strüver-Fazit: Technisch anspruchsvoller Platz, auf dem bereits drei Italian Open, das letzte Mal 2018, ausgetragen wurden.

Italien

Name:	Chervò Golf Hotel Spa & Resort San Vigilio
Adresse:	Località San Vigilio, 1 I-25010 Pozzolengo (BS)
Telefon, Fax:	+39-030-91 801, +39-030-91 80999
E-Mail:	hotel@chervogolfsanvigilio.it
Internet:	www.chervogolfsanvigilio.it
Ansprechpartner:	Sekretariat Golf
Öffnungszeiten:	8.00–19.30 Uhr
Spielbahnen:	36
Green Fee:	18 Loch: 58,00 €–78,00 € (werktags) 18 Loch: 68,00 €–98,00 € (Wochenende und Feiertage)
Teilnahmebed.:	Voucher gelten 15.03.–30.06. und 01.09.–05.11. täglich ab 13 Uhr. 06.11.–14.03. sowie Juli und August täglich.
Sonstiges:	10% Rabatt in ProShop auf Marke Chervò 10% Rabatt bei Hotel-Direktbuchung

Chervò Golf Hotel Spa & Resort San Vigilio

CHERVÒ GOLF HOTEL SPA&RESORT SAN VIGILIO POZZOLENGO LAGO DI GARDA ITALY

257

30
1

Zwischen den Provinzen Brescia und Verona liegt südlich des Gardasees das Chervò Golf Hotel Spa & Resort San Vigilio inmitten wunderschöner Landschaften.

Die Spieler erwartet eine gepflegte 27 Loch-Golfanlage sowie weitere 9 Executive-Löcher, die eigens für Anfänger angelegt wurden. Mit einer maximalen Länge von 6.775 m von den Tees „Gold Championship" und einer Länge von 5.070 m von den Tees „Ladies" stellt dieser Parcours eine echte Herausforderung für erfahrene Golfer dar, bietet aber auch Anfängern höchstes Vergnügen. Verschiedene Wasserhindernisse, strategisch platzierte Bunker, gepflegte Fairways, breite Roughs und die Möglichkeit, die 18 Loch-Runde variabel zu kombinieren, sorgen für stets neue Unterhaltung. Außerdem bietet die großzügige Driving Range mit 26 Abschlagplätzen perfekte Übungsmöglichkeiten.

Strüver-Fazit: Toller Resort Golfplatz, der an das Kloster von San Vigilio angrenzt. Sehr üppig gestaltetes Clubhaus, Hotel und Apartments.

Anfahrt: A4, Ausfahrt Sirmione (B 5), Richtung Pozzolengo, nach 3,5 km dann links abbiegen.

Italien

Name: Arzaga Golf Club
Adresse: Via Arzaga, 1
I-25080 Calvagese della Riviera – Lago di Garda
Telefon: +39-030-6806266
E-Mail: golf@arzagagolf.it
Internet: www.arzagagolf.it
Ansprechpartner: Sekretariat
Öffnungszeiten: saisonabhängig siehe Homepage
Spielbahnen: 27
Green Fee: 78,00 € (werktags)
98,00 € (Wochenende und Feiertage)
Die aktuellen Preise finden Sie auf der Homepage
Teilnahmebed.: Voucher gelten Mo–Fr nach Anmeldung (ausgenommen Bankfeiertag)

ARZAGA GOLF

Arzaga Golf Club

258

Anfahrt: A4 Mailand–Venedig, Abfahrt Desenzano del Garda, Kreisverkehr Richtung Brescia für 3 km folgen, vor dem Tunnel rechts Richtung Padenghe/Brescia, nach ca. 5 km im Kreisverkehr Richtung Brescia-Bedizzole, nach 2 km rechts Wegweiser „Palazzo Arzaga".
GPS: N45° 30.660′ E010° 28.711′

Der Arzaga Golf Club befindet sich nur wenige Minuten vom Gardasee, 30 Minuten von Verona, der Franciacorta Weinregion und den Alpen entfernt. Das milde Klima des Gardasees ermöglicht das Golfspielen fast das ganze Jahr über.

Der 18 Loch-Golfplatz „Jack Nicklaus II" ist ein wahrer Hinderniskurs geprägt von breiten Fairways – ideal für lange Schläge mit Teichen, tiefen Grasbunkern und Bäumen sowie großen Greens. Unvergesslich ist Loch 18 – das „Signature Hole". Auf dem 9 Loch-Platz „Gary Player" erwarten Sie höher gelegene Greens, tiefe Bunker und eine Heidelandschaft, wie sie in Schottland und England anzutreffen sind und erfordern dadurch eine strategische Spielweise.
Sowohl Anfänger als auch ehrgeizige Golfspieler geniessen hier „ein schönes Spiel!"

Strüver-Fazit: Loch 1 des Gary Player-Platzes ist eines der spektakulärsten Löcher Europas mit Schloss Drugolo als Ziellinie.

Italien

Name: A.S.D. Franciacorta Golf Club
Adresse: Via Provinciale, 34/B
I-25040 Nigoline di Corte Franca (BS)
Telefon: +39-030-984167
E-Mail: segreteria@franciacortagolfclub.it
Internet: www.franciacortagolfclub.it
Ansprechpartner: Sekretariat
Öffnungszeiten: Sommer: 8.00–19.00 Uhr
Winter: 8.30–18.00 Uhr
Spielbahnen: 27
Green Fee: 9 Loch: 30,00 €
18 Loch: 60,00 €
Handicap: 27
Teilnahmebed.: Voucher gelten Mo–Fr nach 13.00 Uhr. Nicht gültig an Wochenenden und Feiertagen

A.S.D. Franciacorta Golf Club

259

Der Wein-Golf-Kurs.

Der Golfplatz liegt ca. 35 Minuten vom Gardasee und ca. 5 Minuten vom Iseosee entfernt und besticht durch seine wunderbar in das hügelige Gelände eingebetteten Fairways. Inmitten eines ehemaligen Weinbaugebietes umgeben von kleinen Seen, Bächen und alten Bauernhöfen wird Golfspielen zum Naturerlebnis. Optimale Spielbedingungen bietet der 27 Loch-Golfplatz mit seinen drei 9 Loch-Golf Courses „Brut", „Saten" und „Rosé". Wer einen Golfurlaub am Gardasee plant, sollte den Franciacorta Golf Club unbedingt mit einbeziehen. Die Region Franciacorta ist berühmt für tolle Weine und vor allem für die nach Champagnerart hergestellten „Frizzanti". Nach der Golfrunde kann man im Clubrestaurant einen guten Wein aus dem hauseigenen Weinkeller genießen.

Strüver-Fazit: Zahlreiche Wasserhindernisse und Bunker sowie einmalig schöne alte Bäume entlang einzelner Bahnen kennzeichnen diesen designten Golfplatz der „Wein"-liebhaber.

Anfahrt: A4 (Mailand–Venezia), E35: Ausfahrt Rovato. Weiter in Richtung Valcamonica und Lago d'Iseo, nach ca. 7 km links in die Via Provinciale SP49.

Italien

Name: Royal Park Golf & Country Club I Roveri S.S.D. a R.
Adresse: Rotta Cerbiatta, 24
I-10070 Fiano (TO)
Telefon: +39-011-9235500
E-Mail: booking@royalparkgolf.it
Internet: www.royalparkgolf.it
Ansprechpartner: Elisa Caracchi
Öffnungszeiten: 8.30–18.00 Uhr
Spielbahnen: 36
Green Fee: Hauptsaison: 110,00 € (werktags), 160,00 € (Wochenende und Feiertage)
Nebensaison: 90,00 € (werktags), 130,00 € (Wochenende und Feiertage)
Stand: 2019, Änderungen vorbehalten
Teilnahmebed.: Voucher gelten nicht an Aktionstagen

Royal Park I Roveri

260

Anfahrt: Aus Norden kommend: A5, A55, Ausfahrt Borgaro Richtung Borgaro/Torino/Venaria Reale Nord, der Strada Provinciale 501 Richtung Lanzo, der Beschilderung Robassomero folgen.
Vom Flughafen Caselle kommend: SP02 Richtung Ciriè, nach 5,5 km 4. Ausfahrt Richtung Robassomero auf SP18, nach 5 km, SP01 über Lanzo) Richtung Torino, nach 50 m rechts abbiegen auf Via Lanzo 1.

Royal Park I Roveri ist die prestigeträchtige Golfanlage, die sich mit ihren 36 Löchern über dem Regionalpark von „La Mandria" (ursprünglich ein königliches Anwesen) ausbreitet, nur wenige Schritte von der spektakulären königlichen „Reggia" und 15 Kilometer von Turin entfernt liegt.

Das von Turiner Alpen umgebene Gelände wurde von der Familie Agnelli gegründet und ist heute eine renommierte Spitzengolfanlage. Der Originalkurs ALLIANZ BY TRENT JONES wurde 1971 vom berühmten Architekt Robert Trent Jones Senior entworfen. Kürzlich wurde von Michael Hurdzan und Dana Fry der zweite Kurs ALLIANZ BANK BY HURDZAN FRY mit 18 Löchern präsentiert. Die Anlage war Austragungsort für nationale und internationale Turniere, u. a. schon viermal die „Italien Open", die „European Amateur Championship" und die „Challenge Tour".

Strüver-Fazit: Unbedingt spielen. Ausgezeichnetes Layout. Durch die verschiedenen Tees ist der Platz für jedermann spielbar, von den Championship Tees jedoch eine richtige „Challenge".

Name: A. S. D. Golf Club Biella „Le Betulle"
Adresse: Regione Valcarrozza 2
I-13887 Magnano (BI)
Telefon, Fax: +39-015-679151, +39-015-679276
E-Mail: reservations@golfclubbiella.it
Internet: www.golfclubbiella.it
Ansprechpartner: Riccardo Valzorio
Öffnungszeiten: 8.30–18.30 Uhr
Spielbahnen: 18
Green Fee: 80,00 € (werktags),
120,00 € (Wochenende und Feiertage)
Teilnahmebed.: –

A. S. D. Golf Club Biella „Le Betulle"

261

Einer der traditionsreichsten Clubs Italiens wurde bereits im Jahr 1958 erbaut und gilt als „Geheimtipp".

Die Weite des Piemont, der Blick auf die im Norden liegenden Berge und die großzügige Konzeption der Fairways garantieren unvergessliche Runden auf dem Platz. Die erfahrenen Golfer sind sich einig, dass dieser anspruchsvolle Championship Course zu den schönsten Europas gehört. 6.497 m, Par 73. Angrenzend an das Clubhaus befinden sich die sechzehn Gästezimmer, alle mit Balkon oder Gartensitzplatz und Blick auf das 9. Green. Die vielen Stammgäste schätzen die ausgezeichnete Küche, die erlesenen Weine und die Gemütlichkeit am Cheminée. Des öfteren wird erwähnt, dass nur wenige Clubs eine so freundliche und familiäre Atmosphäre bieten können.

Strüver-Fazit: Regelmäßig unter den Top 5 Plätzen Italiens, ist dieser Parklandcourse ein Muss für Piemont Urlauber.

Anfahrt: A4 aus Mailand/Turin kommend, nach Mautstelle Santhià Richtung Aosta bis Mautstelle Albiano. A5 aus Aosta/Turin kommend, Abzweigung Ivrea – Santhià, dem Straßenverlauf bis zur Mautstelle Albiano folgen. Nach Mautstelle der Landstraße 80 bis Kreisverkehr in Bollengo folgen, Nationalstraße 338 Richtung Magnano-Biella, weiter auf 338 Richtung Biella, diese führt zur Einfahrt des Golfclubs.

Name: Golf Club Cavaglià
Adresse: Via Santhià 75
I-13881 Cavaglià (BI)
Telefon, Fax: +39-0161-966771, +39-0161-966620
E-Mail: segreteria@golfclubcavaglia.it
Internet: www.golfclubcavaglia.it
Ansprechpartner: Roberto Lanza
Öffnungszeiten: 8.00–18.00 Uhr
Spielbahnen: 18
Green Fee: 50,00 € (werktags),
70,00 € (Wochenende und Feiertage)
Teilnahmebed.: Voucher gelten täglich. Nicht kombinierbar mit Promotionangeboten.

Golf Club Cavaglià

262

Anfahrt: Autobahn A4 Turin – Milano, Ausfahrt Santhià, 1 km Richtung Biella-Iurea

UNAHotels Cavaglià ist ein leicht erreichbares, golffreundliches Ressort, das in der Nähe der Autobahn Turin-Mailand und Genua-Aosta gelegen ist.

Die 18 Loch-Golfanlage, die direkt an das Hotel angrenzt, wurde 2015 fertigstellt. Der italienische Golfplatz-Designer Giorgio Ferraris hat einen fabelhaften Kurs auf dem leicht hügeligen Gelände mit toller Fernsicht auf die Monte Rosa Gebirgskette platziert. Die Driving Range verfügt über 9 überdachte Abschläge sowie Pitching Green und 10 weitere auf Gras spielende Abschläge sowie einen MIZUNO Proberaum. Die 4 Sterne Hotelanlage liegt auf der antiken Via Francigena und hat 37 sehr komfortable eingerichtete Zimmer, eine Außenpoolanlage, Kongresszentrum, Fitness-Räume und einen neuen Wellnessbereich. Tennisplätze, eine Rossocuoco Steak Restaurant, e-Bike Verleih und 8 Tesla Supercharger runden das Angebot ab.

Strüver-Fazit: Seit 2015 spielt man hier auf 18 Loch. Der Parklandcourse hat gut verteidigte Grüns und das großzügige Clubhaus wartet nach der Runde.

Italien

Name: Golf Club Villa Carolina
Adresse: Localita Villa Carolina 32
I-15060 Capriata d'Orba
Telefon, Fax: +39-0143467355
E-Mail: info@golfclubvillacarolina.com
Internet: www.golfclubvillacarolina.com
Ansprechpartner: Tataru Dragos
Öffnungszeiten: 8.30–18.00 Uhr (Nov–März montags Ruhetag)
Spielbahnen: 36
Green Fee: 45,00 € (werktags)
80,00 € (Wochenende und Feiertage)
Teilnahmebed.: Voucher gelten Mo–So

Golf Club Villa Carolina

GOLF CLUB

263

30
1

Zwischen den Hügeln von Monferrato befindet sich die Villa Carolina inmitten eines alten Parks, der seit zweihundert Jahren seinen Charme und die magischen Farben der Natur bewahrt.

Der Golfplatz La Marchesa wurde von Cornish & Silva Golfcourse Architects Inc., USA, entworfen und befindet sich auf einer Fläche von über 110 Hektar inmitten der spektakulären grünen Wälder und des Flusses Albedosa. Die 18 Bahnen befinden sich auf ebenen Fläche und die Löcher 10, 11, 12 bilden das Amen Corner des Platzes.
Der Paradise Course wurde vom Architekten Graham Cooke entworfen. Die ersten 9 Löcher wurden 2006 eingeweiht und 2014 die zweiten 9 Löchern fertiggestellt. Der Platz erfordert große Genauigkeit. Beide Kurse waren 2017 und 2018 die Heimat von European Tour Pro-Am.

Strüver-Fazit: Zwei sehr interessante 18 Loch-Plätze mit gediegenem Clubhaus. 2016 fand die italienische PGA Championship hier statt.

Anfahrt: A7 Mailand–Genua, Ausfahrt Serravalle, Richtung Ovada
A26 Voltri–Sempione, Ausfahrt Ovada, Richtung Novi Ligure

Name:	Modena Golf & Country Club Associazione Sportiva Dilettantistica
Adresse:	Via Castelnuovo Rangone, 4 I-41043 Colombaro di Formigine (MO)
Telefon, Fax:	+39-059-553482, +39-059-553696
E-Mail:	segreteria@modenagolf.it
Internet:	www.modenagolf.it
Ansprechpartner:	Davide Colombarini
Öffnungszeiten:	ab 8.00 Uhr bis Sonnenuntergang, dienstags geschlossen (ausgenommen Feiertage)
Spielbahnen:	18
Green Fee:	100,00 € (werktags) 110,00 € (Wochenende und Feiertage)
Teilnahmebed.:	Voucher gelten nur mit vorheriger Reservierung

MODENA GOLF & COUNTRY CLUB

Modena Golf & Country Club

264

Anfahrt: A1 (Mailand–Bologna), Ausfahrt Modena Süd, nach rechts abbiegen, dann bis zur ersten Ampel, nach links abbiegen, dann immer geradeaus bis Colombaro (den Schildern folgen).

Der Modena Golf & Country Club liegt strategisch günstig, um ihn aus allen Richtungen schnell und einfach zu erreichen: Modena, Sassuolo, Vignola, Carpi sowie andere wichtige Städte befinden sich in der Umgebung.

Das Gelände ist über 100 ha groß und wurde auf Entwurf des deutschen Meisters Bernard Langer angelegt. Aufgrund seiner Baueigenschaften gehört der Platz zu den besten Italiens. Die großen Greens und Tees, die Länge der Fairways und die fünf Kunstseen ergeben einen geeigneten Parcours für ein Spiel mit Freunden aber auch für Wettspiele auf hohem Niveau, wie zum Beispiel die Italian Open. Der Executive Parcours, die große Driving Range und zwei Tennisplätze vervollständigen die Sportanlage.

Strüver-Fazit: Typisches Design aus Bernhard Langers Feder. Die Open d'Italia feierte ihr 50-jähriges Jubiläum auf diesem Platz.

Name: Rimini Verucchio Golf Club
Adresse: Via Molino Bianco 109
I-47826 Villa Verucchio (RN)
Telefon: +39-0541-678122
E-Mail: info@riminiverucchiogolf.com
Internet: www.riminiverucchiogolf.com
Ansprechpartner: Lamberto Di Giacinto
Öffnungszeiten: Sommer: 8.00–19.00 Uhr, Winter: 8.30–18.30 Uhr
Mitte Oktober–Mitte März montags (an Werktagen) geschlossen
Spielbahnen: 18 + 7 Executive
Green Fee: 65,00 € (werktags)
75,00 € (Wochenende und Feiertage)
Handicap: –
Teilnahmebed.: Voucher gelten Mo–So. Nicht mit anderen Rabatten/Aktionen kombinierbar.
Sonstiges: Unter www.riminiverucchiogolf.com finden Sie unsere kooperierenden Hotels

Italien

Rimini Verucchio Golf Club

Rimini - Verucchio Golf Club

265

Der von dem berühmten amerikanischen Architekten Brian M. Silva entworfene Golfplatz erstreckt sich über den grünen Park des Marecchia-Tals.

Ringsherum bietet sich eine atemberaubende Sicht auf die historischen Mittelalter-Orte Verucchio, Torriana und San Leo sowie im Hintergrund auf die Burgen von San Marino und der Berg Carpegna. Der wundervolle von amerikanischen Modellen inspirierte Park ist nur wenige Kilometer von Rimini und dem internationalen Flughafen entfernt. Mit 18 Meisterschafts- und 7 Executive-Löchern für Anfänger eignet sich der Platz für Spieler aller Klassen. Die sanft welligen Fairways sind mit Bunkern und zahlreichen kleinen Seen überstreut, was das Spiel noch interessanter und anspruchsvoller macht. Allen Golfern steht die einzigartige Golf Academy, ein fast vollständig bewässerter und gut beleuchteter Übungsplatz mit 100 Anschlagplätzen (davon 25 überdacht) und Richtungs-Greens zur Verfügung.

Strüver-Fazit: Sehr schnelle und ondulierte Grüns. Hoher Spaßfaktor.

Anfahrt: A14 Bologna–Ancona, Ausf. Rimini Nord, Richtung Santarcangelo, nach Überführung über das Rondell Hinweisen nach Verucchio folgen. Nach der Brücke über den Marecchia-Fluss nach ca. 1 km an der Ampel rechts abbiegen. Im Ort Villa Verucchio am ersten Rondell nach rechts in Via Tenuta; am Ende der Straße finden Sie den Golfclub (etwa 10 Minuten von der Autobahnausfahrt entfernt).

Voucher System

Mit dem Guide for Free Golf haben Sie die Möglichkeit, mit den Vouchern im Anhang zu zweit für ein Green Fee zu spielen. Sie können pro Golfclub im Guide for Free Golf zweimal zu zweit „2 for 1" oder einmal zu viert „4 for 2" spielen. Neu ist, dass Sie bei ausgewählten Clubs jeweils auch einen Voucher als Einzelspieler mit 30% Nachlass auf das Green Fee einlösen können. Diese Clubs haben das Logo im Eintrag.

Mit dieser Ausgabe erhalten Sie 80 durchnummerierte Voucher, die Sie einfach von 1 beginnend bei den jeweiligen Golfclubs abgeben. Die Golfclubs kontrollieren dann, ob Sie bereits Ihr Kontingent im jeweiligen Golfclub verspielt haben. Bitte füllen Sie die Voucher gut leserlich aus. Sie haben die Möglichkeit sich online bei uns unter www.leisurebreaks.de unter „My Guide" selbst zu registrieren. Dann erhalten Sie von den Golfclubs eine Bestätigung per E-Mail mit Auflistung Ihrer bisherigen Spielhistorie, sofern diese die Voucher online entwerten.

Um sich online registrieren zu können, benötigen Sie Ihre Seriennummer von der Titelseite sowie einen Registrierungscode, den Sie beim Check-In bei den Golfclubs oder direkt bei LeisureBREAKS erfragen können, solange Sie noch nicht registriert sind.

Sollten Sie in der glücklichen Lage sein, dass Sie alle 80 Voucher verspielt haben, dann können Sie natürlich weiter mit dem Guide for Free Golf spielen! Sie erhalten dann zusätzliche Voucher bei den teilnehmenden Golfclubs.

Wir wünschen Ihnen ein schönes Spiel!

Ihr LeisureBREAKS Team

1

17. Guide for Free Golf

LeisureBREAKS GmbH

Name, Vorname

Straße, Hausnummer

PLZ, Ort

Heimatclub | Handicap

E-Mail

Guide-Nummer

Mit der Anmeldung erkenne ich die umseitigen Teilnahmebedingungen an.

Datum

Unterschrift

2

17. Guide for Free Golf

LeisureBREAKS GmbH

Name, Vorname

Straße, Hausnummer

PLZ, Ort

Heimatclub | Handicap

E-Mail

Guide-Nummer

Mit der Anmeldung erkenne ich die umseitigen Teilnahmebedingungen an.

Datum

Unterschrift

3

17. Guide for Free Golf

LeisureBREAKS GmbH

Name, Vorname

Straße, Hausnummer

PLZ, Ort

Heimatclub | Handicap

E-Mail

Guide-Nummer

Mit der Anmeldung erkenne ich die umseitigen Teilnahmebedingungen an.

Datum

Unterschrift

4

17. Guide for Free Golf

LeisureBREAKS GmbH

Name, Vorname

Straße, Hausnummer

PLZ, Ort

Heimatclub | Handicap

E-Mail

Guide-Nummer

Mit der Anmeldung erkenne ich die umseitigen Teilnahmebedingungen an.

Datum

Unterschrift

Teilnahmebedingungen

- Free-Golf-Voucher können nur von mindestens zwei Personen genutzt werden. Es gibt keine Ermäßigung für Einzelspieler, außer dies ist explizit durch das Logo 30/1 im Eintrag des Clubs vermerkt. Die Voucher gelten nur für 18 Loch. Pro Golfanlage dürfen Sie maximal 2 Voucher einlösen.
- Free-Golf-Voucher können ausschließlich von Personen mit Green Fee-Berechtigung eingelöst werden. I. d. R. ist dazu ein Mindesthandicap (variiert nach Platz bzw. Anlage) sowie eine Mitgliedschaft bei einem Golfclub erforderlich.
- Bitte weisen Sie bei Ihrer Anmeldung darauf hin, dass Sie mit dem Guide for Free Golf spielen möchten und bringen Sie das Buch beim Einchecken am Golfplatz mit. Nur dann kann Ihnen das zweite, kostenfreie Green Fee oder der 30% Nachlass für Einzelspieler gewährt werden.
- Die beteiligten Golfanlagen gewähren Ihnen pro Voucher den Erlass des 2. Green Fees. Es können also pro Voucher jeweils 2 Personen für 1 Green Fee spielen (4 Personen benötigen 2 Voucher) oder eine Person mit 30% Nachlass. Bezahlt wird der normale Green Fee-Preis eines Erwachsenen am entsprechenden Spieltag.
- Bereits herausgetrennte bzw. lose Voucher sind nicht veräußerbar bzw. übertragbar; sie berechtigen insbesondere nicht zum Erlass des zweiten Green Fees. Zuwiderhandlungen werden zivilrechtlich verfolgt.
- Haben Sie bitte Verständnis, dass die Voucher bei Sonderveranstaltungen (Turniertagen, Tagen der offenen Tür oder sonstigen Promotion-Aktionen) nicht eingelöst werden können. Bitte erkundigen Sie sich vorab bei Ihrer Anmeldung bei den jeweiligen Golfanlagen. Die Barauszahlung des zweiten Green Fees ist nicht möglich.
- Es gelten die Teilnahme- und Spielbedingungen, die Hausordnung der angeschlossenen Golfclubs sowie die vor Ort ausgewiesenen aktuellen Green Fee-Preise.
- Das Kombinieren mit anderen Rabatten (z. B. Golf Fee Card etc.) oder gegenseitiges Einladen mit zwei oder mehreren Free-Golf-Voucher ist nicht möglich. Bei unterschiedlichen Green Fee-Gebühren (z. B. bei Ermäßigung von Jugendlichen) ist immer der günstigere Tarif kostenfrei.
- Alle Inserenten haben sich dem Herausgeber gegenüber verpflichtet, die Free-Golf-Voucher zu den jeweils angegebenen Teilnahmebedingungen einzulösen. Der Herausgeber übernimmt jedoch keine Haftung dafür, wenn ein Free-Golf-Voucher vom Inserenten nicht eingelöst wird oder nicht eingelöst werden kann. Dies gilt insbesondere bei Insolvenz oder Besitzerwechsel.
- Es haftet ausschließlich der Inserent (= Golfanlage bzw. Betreiber der Golfanlage) für evtl. Meinungsunterschiede und Schadensersatzansprüche.
- Der Herausgeber gibt sich große Mühe bei der Umsetzung der Inserate. Er haftet aber nicht für Satz-, Druck- oder Produktionsfehler. Die Daten für den LeisureBREAKS Guide for Free Golf wurden nach bestem Wissen erarbeitet. Der Herausgeber übernimmt keine Gewähr für deren Vollständigkeit und Richtigkeit. Alle Rechte, insbesondere das Recht der Vervielfältigung und Verbreitung sowie der Übersetzung vorbehalten. Kein Teil des Werkes darf in irgendeiner Form (durch Fotokopie, Mikrofilm oder ein anderes Verfahren) ohne schriftliche Genehmigung des Herausgebers reproduziert oder unter Verwendung elektronischer Systeme gespeichert, verarbeitet, vervielfältigt oder verbreitet werden.
- Die Bearbeitung der Anmeldung erfolgt mittels EDV. Mit Ihrer Unterschrift geben Sie Ihre Einwilligung, dass wir Sie kontaktieren und auch über weitere Aktionen informieren. Die Einwilligung kann jederzeit widerrufen werden.

Gültig bis 30.06.2021

Teilnahmebedingungen

- Free-Golf-Voucher können nur von mindestens zwei Personen genutzt werden. Es gibt keine Ermäßigung für Einzelspieler, außer dies ist explizit durch das Logo 30/1 im Eintrag des Clubs vermerkt. Die Voucher gelten nur für 18 Loch. Pro Golfanlage dürfen Sie maximal 2 Voucher einlösen.
- Free-Golf-Voucher können ausschließlich von Personen mit Green Fee-Berechtigung eingelöst werden. I. d. R. ist dazu ein Mindesthandicap (variiert nach Platz bzw. Anlage) sowie eine Mitgliedschaft bei einem Golfclub erforderlich.
- Bitte weisen Sie bei Ihrer Anmeldung darauf hin, dass Sie mit dem Guide for Free Golf spielen möchten und bringen Sie das Buch beim Einchecken am Golfplatz mit. Nur dann kann Ihnen das zweite, kostenfreie Green Fee oder der 30% Nachlass für Einzelspieler gewährt werden.
- Die beteiligten Golfanlagen gewähren Ihnen pro Voucher den Erlass des 2. Green Fees. Es können also pro Voucher jeweils 2 Personen für 1 Green Fee spielen (4 Personen benötigen 2 Voucher) oder eine Person mit 30% Nachlass. Bezahlt wird der normale Green Fee-Preis eines Erwachsenen am entsprechenden Spieltag.
- Bereits herausgetrennte bzw. lose Voucher sind nicht veräußerbar bzw. übertragbar; sie berechtigen insbesondere nicht zum Erlass des zweiten Green Fees. Zuwiderhandlungen werden zivilrechtlich verfolgt.
- Haben Sie bitte Verständnis, dass die Voucher bei Sonderveranstaltungen (Turniertagen, Tagen der offenen Tür oder sonstigen Promotion-Aktionen) nicht eingelöst werden können. Bitte erkundigen Sie sich vorab bei Ihrer Anmeldung bei den jeweiligen Golfanlagen. Die Barauszahlung des zweiten Green Fees ist nicht möglich.
- Es gelten die Teilnahme- und Spielbedingungen, die Hausordnung der angeschlossenen Golfclubs sowie die vor Ort ausgewiesenen aktuellen Green Fee-Preise.
- Das Kombinieren mit anderen Rabatten (z. B. Golf Fee Card etc.) oder gegenseitiges Einladen mit zwei oder mehreren Free-Golf-Voucher ist nicht möglich. Bei unterschiedlichen Green Fee-Gebühren (z. B. bei Ermäßigung von Jugendlichen) ist immer der günstigere Tarif kostenfrei.
- Alle Inserenten haben sich dem Herausgeber gegenüber verpflichtet, die Free-Golf-Voucher zu den jeweils angegebenen Teilnahmebedingungen einzulösen. Der Herausgeber übernimmt jedoch keine Haftung dafür, wenn ein Free-Golf-Voucher vom Inserenten nicht eingelöst wird oder nicht eingelöst werden kann. Dies gilt insbesondere bei Insolvenz oder Besitzerwechsel.
- Es haftet ausschließlich der Inserent (= Golfanlage bzw. Betreiber der Golfanlage) für evtl. Meinungsunterschiede und Schadensersatzansprüche.
- Der Herausgeber gibt sich große Mühe bei der Umsetzung der Inserate. Er haftet aber nicht für Satz-, Druck- oder Produktionsfehler. Die Daten für den LeisureBREAKS Guide for Free Golf wurden nach bestem Wissen erarbeitet. Der Herausgeber übernimmt keine Gewähr für deren Vollständigkeit und Richtigkeit. Alle Rechte, insbesondere das Recht der Vervielfältigung und Verbreitung sowie der Übersetzung vorbehalten. Kein Teil des Werkes darf in irgendeiner Form (durch Fotokopie, Mikrofilm oder ein anderes Verfahren) ohne schriftliche Genehmigung des Herausgebers reproduziert oder unter Verwendung elektronischer Systeme gespeichert, verarbeitet, vervielfältigt oder verbreitet werden.
- Die Bearbeitung der Anmeldung erfolgt mittels EDV. Mit Ihrer Unterschrift geben Sie Ihre Einwilligung, dass wir Sie kontaktieren und auch über weitere Aktionen informieren. Die Einwilligung kann jederzeit widerrufen werden.

Gültig bis 30.06.2021

Teilnahmebedingungen

- Free-Golf-Voucher können nur von mindestens zwei Personen genutzt werden. Es gibt keine Ermäßigung für Einzelspieler, außer dies ist explizit durch das Logo 30/1 im Eintrag des Clubs vermerkt. Die Voucher gelten nur für 18 Loch. Pro Golfanlage dürfen Sie maximal 2 Voucher einlösen.
- Free-Golf-Voucher können ausschließlich von Personen mit Green Fee-Berechtigung eingelöst werden. I. d. R. ist dazu ein Mindesthandicap (variiert nach Platz bzw. Anlage) sowie eine Mitgliedschaft bei einem Golfclub erforderlich.
- Bitte weisen Sie bei Ihrer Anmeldung darauf hin, dass Sie mit dem Guide for Free Golf spielen möchten und bringen Sie das Buch beim Einchecken am Golfplatz mit. Nur dann kann Ihnen das zweite, kostenfreie Green Fee oder der 30% Nachlass für Einzelspieler gewährt werden.
- Die beteiligten Golfanlagen gewähren Ihnen pro Voucher den Erlass des 2. Green Fees. Es können also pro Voucher jeweils 2 Personen für 1 Green Fee spielen (4 Personen benötigen 2 Voucher) oder eine Person mit 30% Nachlass. Bezahlt wird der normale Green Fee-Preis eines Erwachsenen am entsprechenden Spieltag.
- Bereits herausgetrennte bzw. lose Voucher sind nicht veräußerbar bzw. übertragbar; sie berechtigen insbesondere nicht zum Erlass des zweiten Green Fees. Zuwiderhandlungen werden zivilrechtlich verfolgt.
- Haben Sie bitte Verständnis, dass die Voucher bei Sonderveranstaltungen (Turniertagen, Tagen der offenen Tür oder sonstigen Promotion-Aktionen) nicht eingelöst werden können. Bitte erkundigen Sie sich vorab bei Ihrer Anmeldung bei den jeweiligen Golfanlagen. Die Barauszahlung des zweiten Green Fees ist nicht möglich.
- Es gelten die Teilnahme- und Spielbedingungen, die Hausordnung der angeschlossenen Golfclubs sowie die vor Ort ausgewiesenen aktuellen Green Fee-Preise.
- Das Kombinieren mit anderen Rabatten (z. B. Golf Fee Card etc.) oder gegenseitiges Einladen mit zwei oder mehreren Free-Golf-Voucher ist nicht möglich. Bei unterschiedlichen Green Fee-Gebühren (z. B. bei Ermäßigung von Jugendlichen) ist immer der günstigere Tarif kostenfrei.
- Alle Inserenten haben sich dem Herausgeber gegenüber verpflichtet, die Free-Golf-Voucher zu den jeweils angegebenen Teilnahmebedingungen einzulösen. Der Herausgeber übernimmt jedoch keine Haftung dafür, wenn ein Free-Golf-Voucher vom Inserenten nicht eingelöst wird oder nicht eingelöst werden kann. Dies gilt insbesondere bei Insolvenz oder Besitzerwechsel.
- Es haftet ausschließlich der Inserent (= Golfanlage bzw. Betreiber der Golfanlage) für evtl. Meinungsunterschiede und Schadensersatzansprüche.
- Der Herausgeber gibt sich große Mühe bei der Umsetzung der Inserate. Er haftet aber nicht für Satz-, Druck- oder Produktionsfehler. Die Daten für den LeisureBREAKS Guide for Free Golf wurden nach bestem Wissen erarbeitet. Der Herausgeber übernimmt keine Gewähr für deren Vollständigkeit und Richtigkeit. Alle Rechte, insbesondere das Recht der Vervielfältigung und Verbreitung sowie der Übersetzung vorbehalten. Kein Teil des Werkes darf in irgendeiner Form (durch Fotokopie, Mikrofilm oder ein anderes Verfahren) ohne schriftliche Genehmigung des Herausgebers reproduziert oder unter Verwendung elektronischer Systeme gespeichert, verarbeitet, vervielfältigt oder verbreitet werden.
- Die Bearbeitung der Anmeldung erfolgt mittels EDV. Mit Ihrer Unterschrift geben Sie Ihre Einwilligung, dass wir Sie kontaktieren und auch über weitere Aktionen informieren. Die Einwilligung kann jederzeit widerrufen werden.

Gültig bis 30.06.2021

Teilnahmebedingungen

- Free-Golf-Voucher können nur von mindestens zwei Personen genutzt werden. Es gibt keine Ermäßigung für Einzelspieler, außer dies ist explizit durch das Logo 30/1 im Eintrag des Clubs vermerkt. Die Voucher gelten nur für 18 Loch. Pro Golfanlage dürfen Sie maximal 2 Voucher einlösen.
- Free-Golf-Voucher können ausschließlich von Personen mit Green Fee-Berechtigung eingelöst werden. I. d. R. ist dazu ein Mindesthandicap (variiert nach Platz bzw. Anlage) sowie eine Mitgliedschaft bei einem Golfclub erforderlich.
- Bitte weisen Sie bei Ihrer Anmeldung darauf hin, dass Sie mit dem Guide for Free Golf spielen möchten und bringen Sie das Buch beim Einchecken am Golfplatz mit. Nur dann kann Ihnen das zweite, kostenfreie Green Fee oder der 30% Nachlass für Einzelspieler gewährt werden.
- Die beteiligten Golfanlagen gewähren Ihnen pro Voucher den Erlass des 2. Green Fees. Es können also pro Voucher jeweils 2 Personen für 1 Green Fee spielen (4 Personen benötigen 2 Voucher) oder eine Person mit 30% Nachlass. Bezahlt wird der normale Green Fee-Preis eines Erwachsenen am entsprechenden Spieltag.
- Bereits herausgetrennte bzw. lose Voucher sind nicht veräußerbar bzw. übertragbar; sie berechtigen insbesondere nicht zum Erlass des zweiten Green Fees. Zuwiderhandlungen werden zivilrechtlich verfolgt.
- Haben Sie bitte Verständnis, dass die Voucher bei Sonderveranstaltungen (Turniertagen, Tagen der offenen Tür oder sonstigen Promotion-Aktionen) nicht eingelöst werden können. Bitte erkundigen Sie sich vorab bei Ihrer Anmeldung bei den jeweiligen Golfanlagen. Die Barauszahlung des zweiten Green Fees ist nicht möglich.
- Es gelten die Teilnahme- und Spielbedingungen, die Hausordnung der angeschlossenen Golfclubs sowie die vor Ort ausgewiesenen aktuellen Green Fee-Preise.
- Das Kombinieren mit anderen Rabatten (z. B. Golf Fee Card etc.) oder gegenseitiges Einladen mit zwei oder mehreren Free-Golf-Voucher ist nicht möglich. Bei unterschiedlichen Green Fee-Gebühren (z. B. bei Ermäßigung von Jugendlichen) ist immer der günstigere Tarif kostenfrei.
- Alle Inserenten haben sich dem Herausgeber gegenüber verpflichtet, die Free-Golf-Voucher zu den jeweils angegebenen Teilnahmebedingungen einzulösen. Der Herausgeber übernimmt jedoch keine Haftung dafür, wenn ein Free-Golf-Voucher vom Inserenten nicht eingelöst wird oder nicht eingelöst werden kann. Dies gilt insbesondere bei Insolvenz oder Besitzerwechsel.
- Es haftet ausschließlich der Inserent (= Golfanlage bzw. Betreiber der Golfanlage) für evtl. Meinungsunterschiede und Schadensersatzansprüche.
- Der Herausgeber gibt sich große Mühe bei der Umsetzung der Inserate. Er haftet aber nicht für Satz-, Druck- oder Produktionsfehler. Die Daten für den LeisureBREAKS Guide for Free Golf wurden nach bestem Wissen erarbeitet. Der Herausgeber übernimmt keine Gewähr für deren Vollständigkeit und Richtigkeit. Alle Rechte, insbesondere das Recht der Vervielfältigung und Verbreitung sowie der Übersetzung vorbehalten. Kein Teil des Werkes darf in irgendeiner Form (durch Fotokopie, Mikrofilm oder ein anderes Verfahren) ohne schriftliche Genehmigung des Herausgebers reproduziert oder unter Verwendung elektronischer Systeme gespeichert, verarbeitet, vervielfältigt oder verbreitet werden.
- Die Bearbeitung der Anmeldung erfolgt mittels EDV. Mit Ihrer Unterschrift geben Sie Ihre Einwilligung, dass wir Sie kontaktieren und auch über weitere Aktionen informieren. Die Einwilligung kann jederzeit widerrufen werden.

Gültig bis 30.06.2021

5

17. Guide for Free Golf

LeisureBREAKS GmbH

Name, Vorname

Straße, Hausnummer

PLZ, Ort

Heimatclub

Handicap

E-Mail

Guide-Nummer

Mit der Anmeldung erkenne ich die umseitigen Teilnahmebedingungen an.

Datum

Unterschrift

6

17. Guide for Free Golf

LeisureBREAKS GmbH

Name, Vorname

Straße, Hausnummer

PLZ, Ort

Heimatclub

Handicap

E-Mail

Guide-Nummer

Mit der Anmeldung erkenne ich die umseitigen Teilnahmebedingungen an.

Datum

Unterschrift

7

17. Guide for Free Golf

LeisureBREAKS GmbH

Name, Vorname

Straße, Hausnummer

PLZ, Ort

Heimatclub

Handicap

E-Mail

Guide-Nummer

Mit der Anmeldung erkenne ich die umseitigen Teilnahmebedingungen an.

Datum

Unterschrift

8

17. Guide for Free Golf

LeisureBREAKS GmbH

Name, Vorname

Straße, Hausnummer

PLZ, Ort

Heimatclub

Handicap

E-Mail

Guide-Nummer

Mit der Anmeldung erkenne ich die umseitigen Teilnahmebedingungen an.

Datum

Unterschrift

Teilnahmebedingungen

- Free-Golf-Voucher können nur von mindestens zwei Personen genutzt werden. Es gibt keine Ermäßigung für Einzelspieler, außer dies ist explizit durch das Logo 30/1 im Eintrag des Clubs vermerkt. Die Voucher gelten nur für 18 Loch. Pro Golfanlage dürfen Sie maximal 2 Voucher einlösen.
- Free-Golf-Voucher können ausschließlich von Personen mit Green Fee-Berechtigung eingelöst werden. I. d. R. ist dazu ein Mindesthandicap (variiert nach Platz bzw. Anlage) sowie eine Mitgliedschaft bei einem Golfclub erforderlich.
- Bitte weisen Sie bei Ihrer Anmeldung darauf hin, dass Sie mit dem Guide for Free Golf spielen möchten und bringen Sie das Buch beim Einchecken am Golfplatz mit. Nur dann kann Ihnen das zweite, kostenfreie Green Fee oder der 30% Nachlass für Einzelspieler gewährt werden.
- Die beteiligten Golfanlagen gewähren Ihnen pro Voucher den Erlass des 2. Green Fees. Es können also pro Voucher jeweils 2 Personen für 1 Green Fee spielen (4 Personen benötigen 2 Voucher) oder eine Person mit 30% Nachlass. Bezahlt wird der normale Green Fee-Preis eines Erwachsenen am entsprechenden Spieltag.
- Bereits herausgetrennte bzw. lose Voucher sind nicht veräußerbar bzw. übertragbar; sie berechtigen insbesondere nicht zum Erlass des zweiten Green Fees. Zuwiderhandlungen werden zivilrechtlich verfolgt.
- Haben Sie bitte Verständnis, dass die Voucher bei Sonderveranstaltungen (Turniertagen, Tagen der offenen Tür oder sonstigen Promotion-Aktionen) nicht eingelöst werden können. Bitte erkundigen Sie sich vorab bei Ihrer Anmeldung bei den jeweiligen Golfanlagen. Die Barauszahlung des zweiten Green Fees ist nicht möglich.
- Es gelten die Teilnahme- und Spielbedingungen, die Hausordnung der angeschlossenen Golfclubs sowie die vor Ort ausgewiesenen aktuellen Green Fee-Preise.
- Das Kombinieren mit anderen Rabatten (z. B. Golf Fee Card etc.) oder gegenseitiges Einladen mit zwei oder mehreren Free-Golf-Voucher ist nicht möglich. Bei unterschiedlichen Green Fee-Gebühren (z. B. bei Ermäßigung von Jugendlichen) ist immer der günstigere Tarif kostenfrei.
- Alle Inserenten haben sich dem Herausgeber gegenüber verpflichtet, die Free-Golf-Voucher zu den jeweils angegebenen Teilnahmebedingungen einzulösen. Der Herausgeber übernimmt jedoch keine Haftung dafür, wenn ein Free-Golf-Voucher vom Inserenten nicht eingelöst wird oder nicht eingelöst werden kann. Dies gilt insbesondere bei Insolvenz oder Besitzerwechsel.
- Es haftet ausschließlich der Inserent (= Golfanlage bzw. Betreiber der Golfanlage) für evtl. Meinungsunterschiede und Schadensersatzansprüche.
- Der Herausgeber gibt sich große Mühe bei der Umsetzung der Inserate. Er haftet aber nicht für Satz-, Druck- oder Produktionsfehler. Die Daten für den LeisureBREAKS Guide for Free Golf wurden nach bestem Wissen erarbeitet. Der Herausgeber übernimmt keine Gewähr für deren Vollständigkeit und Richtigkeit. Alle Rechte, insbesondere das Recht der Vervielfältigung und Verbreitung sowie der Übersetzung vorbehalten. Kein Teil des Werkes darf in irgendeiner Form (durch Fotokopie, Mikrofilm oder ein anderes Verfahren) ohne schriftliche Genehmigung des Herausgebers reproduziert oder unter Verwendung elektronischer Systeme gespeichert, verarbeitet, vervielfältigt oder verbreitet werden.
- Die Bearbeitung der Anmeldung erfolgt mittels EDV. Mit Ihrer Unterschrift geben Sie Ihre Einwilligung, dass wir Sie kontaktieren und auch über weitere Aktionen informieren.
Die Einwilligung kann jederzeit widerrufen werden.

Gültig bis 30.06.2021

Teilnahmebedingungen

- Free-Golf-Voucher können nur von mindestens zwei Personen genutzt werden. Es gibt keine Ermäßigung für Einzelspieler, außer dies ist explizit durch das Logo 30/1 im Eintrag des Clubs vermerkt. Die Voucher gelten nur für 18 Loch. Pro Golfanlage dürfen Sie maximal 2 Voucher einlösen.
- Free-Golf-Voucher können ausschließlich von Personen mit Green Fee-Berechtigung eingelöst werden. I. d. R. ist dazu ein Mindesthandicap (variiert nach Platz bzw. Anlage) sowie eine Mitgliedschaft bei einem Golfclub erforderlich.
- Bitte weisen Sie bei Ihrer Anmeldung darauf hin, dass Sie mit dem Guide for Free Golf spielen möchten und bringen Sie das Buch beim Einchecken am Golfplatz mit. Nur dann kann Ihnen das zweite, kostenfreie Green Fee oder der 30% Nachlass für Einzelspieler gewährt werden.
- Die beteiligten Golfanlagen gewähren Ihnen pro Voucher den Erlass des 2. Green Fees. Es können also pro Voucher jeweils 2 Personen für 1 Green Fee spielen (4 Personen benötigen 2 Voucher) oder eine Person mit 30% Nachlass. Bezahlt wird der normale Green Fee-Preis eines Erwachsenen am entsprechenden Spieltag.
- Bereits herausgetrennte bzw. lose Voucher sind nicht veräußerbar bzw. übertragbar; sie berechtigen insbesondere nicht zum Erlass des zweiten Green Fees. Zuwiderhandlungen werden zivilrechtlich verfolgt.
- Haben Sie bitte Verständnis, dass die Voucher bei Sonderveranstaltungen (Turniertagen, Tagen der offenen Tür oder sonstigen Promotion-Aktionen) nicht eingelöst werden können. Bitte erkundigen Sie sich vorab bei Ihrer Anmeldung bei den jeweiligen Golfanlagen. Die Barauszahlung des zweiten Green Fees ist nicht möglich.
- Es gelten die Teilnahme- und Spielbedingungen, die Hausordnung der angeschlossenen Golfclubs sowie die vor Ort ausgewiesenen aktuellen Green Fee-Preise.
- Das Kombinieren mit anderen Rabatten (z. B. Golf Fee Card etc.) oder gegenseitiges Einladen mit zwei oder mehreren Free-Golf-Voucher ist nicht möglich. Bei unterschiedlichen Green Fee-Gebühren (z. B. bei Ermäßigung von Jugendlichen) ist immer der günstigere Tarif kostenfrei.
- Alle Inserenten haben sich dem Herausgeber gegenüber verpflichtet, die Free-Golf-Voucher zu den jeweils angegebenen Teilnahmebedingungen einzulösen. Der Herausgeber übernimmt jedoch keine Haftung dafür, wenn ein Free-Golf-Voucher vom Inserenten nicht eingelöst wird oder nicht eingelöst werden kann. Dies gilt insbesondere bei Insolvenz oder Besitzerwechsel.
- Es haftet ausschließlich der Inserent (= Golfanlage bzw. Betreiber der Golfanlage) für evtl. Meinungsunterschiede und Schadensersatzansprüche.
- Der Herausgeber gibt sich große Mühe bei der Umsetzung der Inserate. Er haftet aber nicht für Satz-, Druck- oder Produktionsfehler. Die Daten für den LeisureBREAKS Guide for Free Golf wurden nach bestem Wissen erarbeitet. Der Herausgeber übernimmt keine Gewähr für deren Vollständigkeit und Richtigkeit. Alle Rechte, insbesondere das Recht der Vervielfältigung und Verbreitung sowie der Übersetzung vorbehalten. Kein Teil des Werkes darf in irgendeiner Form (durch Fotokopie, Mikrofilm oder ein anderes Verfahren) ohne schriftliche Genehmigung des Herausgebers reproduziert oder unter Verwendung elektronischer Systeme gespeichert, verarbeitet, vervielfältigt oder verbreitet werden.
- Die Bearbeitung der Anmeldung erfolgt mittels EDV. Mit Ihrer Unterschrift geben Sie Ihre Einwilligung, dass wir Sie kontaktieren und auch über weitere Aktionen informieren.
Die Einwilligung kann jederzeit widerrufen werden.

Gültig bis 30.06.2021

Teilnahmebedingungen

- Free-Golf-Voucher können nur von mindestens zwei Personen genutzt werden. Es gibt keine Ermäßigung für Einzelspieler, außer dies ist explizit durch das Logo 30/1 im Eintrag des Clubs vermerkt. Die Voucher gelten nur für 18 Loch. Pro Golfanlage dürfen Sie maximal 2 Voucher einlösen.
- Free-Golf-Voucher können ausschließlich von Personen mit Green Fee-Berechtigung eingelöst werden. I. d. R. ist dazu ein Mindesthandicap (variiert nach Platz bzw. Anlage) sowie eine Mitgliedschaft bei einem Golfclub erforderlich.
- Bitte weisen Sie bei Ihrer Anmeldung darauf hin, dass Sie mit dem Guide for Free Golf spielen möchten und bringen Sie das Buch beim Einchecken am Golfplatz mit. Nur dann kann Ihnen das zweite, kostenfreie Green Fee oder der 30% Nachlass für Einzelspieler gewährt werden.
- Die beteiligten Golfanlagen gewähren Ihnen pro Voucher den Erlass des 2. Green Fees. Es können also pro Voucher jeweils 2 Personen für 1 Green Fee spielen (4 Personen benötigen 2 Voucher) oder eine Person mit 30% Nachlass. Bezahlt wird der normale Green Fee-Preis eines Erwachsenen am entsprechenden Spieltag.
- Bereits herausgetrennte bzw. lose Voucher sind nicht veräußerbar bzw. übertragbar; sie berechtigen insbesondere nicht zum Erlass des zweiten Green Fees. Zuwiderhandlungen werden zivilrechtlich verfolgt.
- Haben Sie bitte Verständnis, dass die Voucher bei Sonderveranstaltungen (Turniertagen, Tagen der offenen Tür oder sonstigen Promotion-Aktionen) nicht eingelöst werden können. Bitte erkundigen Sie sich vorab bei Ihrer Anmeldung bei den jeweiligen Golfanlagen. Die Barauszahlung des zweiten Green Fees ist nicht möglich.
- Es gelten die Teilnahme- und Spielbedingungen, die Hausordnung der angeschlossenen Golfclubs sowie die vor Ort ausgewiesenen aktuellen Green Fee-Preise.
- Das Kombinieren mit anderen Rabatten (z. B. Golf Fee Card etc.) oder gegenseitiges Einladen mit zwei oder mehreren Free-Golf-Voucher ist nicht möglich. Bei unterschiedlichen Green Fee-Gebühren (z. B. bei Ermäßigung von Jugendlichen) ist immer der günstigere Tarif kostenfrei.
- Alle Inserenten haben sich dem Herausgeber gegenüber verpflichtet, die Free-Golf-Voucher zu den jeweils angegebenen Teilnahmebedingungen einzulösen. Der Herausgeber übernimmt jedoch keine Haftung dafür, wenn ein Free-Golf-Voucher vom Inserenten nicht eingelöst wird oder nicht eingelöst werden kann. Dies gilt insbesondere bei Insolvenz oder Besitzerwechsel.
- Es haftet ausschließlich der Inserent (= Golfanlage bzw. Betreiber der Golfanlage) für evtl. Meinungsunterschiede und Schadensersatzansprüche.
- Der Herausgeber gibt sich große Mühe bei der Umsetzung der Inserate. Er haftet aber nicht für Satz-, Druck- oder Produktionsfehler. Die Daten für den LeisureBREAKS Guide for Free Golf wurden nach bestem Wissen erarbeitet. Der Herausgeber übernimmt keine Gewähr für deren Vollständigkeit und Richtigkeit. Alle Rechte, insbesondere das Recht der Vervielfältigung und Verbreitung sowie der Übersetzung vorbehalten. Kein Teil des Werkes darf in irgendeiner Form (durch Fotokopie, Mikrofilm oder ein anderes Verfahren) ohne schriftliche Genehmigung des Herausgebers reproduziert oder unter Verwendung elektronischer Systeme gespeichert, verarbeitet, vervielfältigt oder verbreitet werden.
- Die Bearbeitung der Anmeldung erfolgt mittels EDV. Mit Ihrer Unterschrift geben Sie Ihre Einwilligung, dass wir Sie kontaktieren und auch über weitere Aktionen informieren.
Die Einwilligung kann jederzeit widerrufen werden.

Gültig bis 30.06.2021

Teilnahmebedingungen

- Free-Golf-Voucher können nur von mindestens zwei Personen genutzt werden. Es gibt keine Ermäßigung für Einzelspieler, außer dies ist explizit durch das Logo 30/1 im Eintrag des Clubs vermerkt. Die Voucher gelten nur für 18 Loch. Pro Golfanlage dürfen Sie maximal 2 Voucher einlösen.
- Free-Golf-Voucher können ausschließlich von Personen mit Green Fee-Berechtigung eingelöst werden. I. d. R. ist dazu ein Mindesthandicap (variiert nach Platz bzw. Anlage) sowie eine Mitgliedschaft bei einem Golfclub erforderlich.
- Bitte weisen Sie bei Ihrer Anmeldung darauf hin, dass Sie mit dem Guide for Free Golf spielen möchten und bringen Sie das Buch beim Einchecken am Golfplatz mit. Nur dann kann Ihnen das zweite, kostenfreie Green Fee oder der 30% Nachlass für Einzelspieler gewährt werden.
- Die beteiligten Golfanlagen gewähren Ihnen pro Voucher den Erlass des 2. Green Fees. Es können also pro Voucher jeweils 2 Personen für 1 Green Fee spielen (4 Personen benötigen 2 Voucher) oder eine Person mit 30% Nachlass. Bezahlt wird der normale Green Fee-Preis eines Erwachsenen am entsprechenden Spieltag.
- Bereits herausgetrennte bzw. lose Voucher sind nicht veräußerbar bzw. übertragbar; sie berechtigen insbesondere nicht zum Erlass des zweiten Green Fees. Zuwiderhandlungen werden zivilrechtlich verfolgt.
- Haben Sie bitte Verständnis, dass die Voucher bei Sonderveranstaltungen (Turniertagen, Tagen der offenen Tür oder sonstigen Promotion-Aktionen) nicht eingelöst werden können. Bitte erkundigen Sie sich vorab bei Ihrer Anmeldung bei den jeweiligen Golfanlagen. Die Barauszahlung des zweiten Green Fees ist nicht möglich.
- Es gelten die Teilnahme- und Spielbedingungen, die Hausordnung der angeschlossenen Golfclubs sowie die vor Ort ausgewiesenen aktuellen Green Fee-Preise.
- Das Kombinieren mit anderen Rabatten (z. B. Golf Fee Card etc.) oder gegenseitiges Einladen mit zwei oder mehreren Free-Golf-Voucher ist nicht möglich. Bei unterschiedlichen Green Fee-Gebühren (z. B. bei Ermäßigung von Jugendlichen) ist immer der günstigere Tarif kostenfrei.
- Alle Inserenten haben sich dem Herausgeber gegenüber verpflichtet, die Free-Golf-Voucher zu den jeweils angegebenen Teilnahmebedingungen einzulösen. Der Herausgeber übernimmt jedoch keine Haftung dafür, wenn ein Free-Golf-Voucher vom Inserenten nicht eingelöst wird oder nicht eingelöst werden kann. Dies gilt insbesondere bei Insolvenz oder Besitzerwechsel.
- Es haftet ausschließlich der Inserent (= Golfanlage bzw. Betreiber der Golfanlage) für evtl. Meinungsunterschiede und Schadensersatzansprüche.
- Der Herausgeber gibt sich große Mühe bei der Umsetzung der Inserate. Er haftet aber nicht für Satz-, Druck- oder Produktionsfehler. Die Daten für den LeisureBREAKS Guide for Free Golf wurden nach bestem Wissen erarbeitet. Der Herausgeber übernimmt keine Gewähr für deren Vollständigkeit und Richtigkeit. Alle Rechte, insbesondere das Recht der Vervielfältigung und Verbreitung sowie der Übersetzung vorbehalten. Kein Teil des Werkes darf in irgendeiner Form (durch Fotokopie, Mikrofilm oder ein anderes Verfahren) ohne schriftliche Genehmigung des Herausgebers reproduziert oder unter Verwendung elektronischer Systeme gespeichert, verarbeitet, vervielfältigt oder verbreitet werden.
- Die Bearbeitung der Anmeldung erfolgt mittels EDV. Mit Ihrer Unterschrift geben Sie Ihre Einwilligung, dass wir Sie kontaktieren und auch über weitere Aktionen informieren.
Die Einwilligung kann jederzeit widerrufen werden.

Gültig bis 30.06.2021

9

17. Guide for Free Golf

LeisureBREAKS GmbH

Name, Vorname

Straße, Hausnummer

PLZ, Ort

Heimatclub

Handicap

E-Mail

Guide-Nummer

Mit der Anmeldung erkenne ich die umseitigen Teilnahmebedingungen an.

Datum

Unterschrift

10

17. Guide for Free Golf

LeisureBREAKS GmbH

Name, Vorname

Straße, Hausnummer

PLZ, Ort

Heimatclub

Handicap

E-Mail

Guide-Nummer

Mit der Anmeldung erkenne ich die umseitigen Teilnahmebedingungen an.

Datum

Unterschrift

11

17. Guide for Free Golf

LeisureBREAKS GmbH

Name, Vorname

Straße, Hausnummer

PLZ, Ort

Heimatclub

Handicap

E-Mail

Guide-Nummer

Mit der Anmeldung erkenne ich die umseitigen Teilnahmebedingungen an.

Datum

Unterschrift

12

17. Guide for Free Golf

LeisureBREAKS GmbH

Name, Vorname

Straße, Hausnummer

PLZ, Ort

Heimatclub

Handicap

E-Mail

Guide-Nummer

Mit der Anmeldung erkenne ich die umseitigen Teilnahmebedingungen an.

Datum

Unterschrift

Teilnahmebedingungen

- Free-Golf-Voucher können nur von mindestens zwei Personen genutzt werden. Es gibt keine Ermäßigung für Einzelspieler, außer dies ist explizit durch das Logo 30/1 im Eintrag des Clubs vermerkt. Die Voucher gelten nur für 18 Loch. Pro Golfanlage dürfen Sie maximal 2 Voucher einlösen.
- Free-Golf-Voucher können ausschließlich von Personen mit Green Fee-Berechtigung eingelöst werden. I. d. R. ist dazu ein Mindesthandicap (variiert nach Platz bzw. Anlage) sowie eine Mitgliedschaft bei einem Golfclub erforderlich.
- Bitte weisen Sie bei Ihrer Anmeldung darauf hin, dass Sie mit dem Guide for Free Golf spielen möchten und bringen Sie das Buch beim Einchecken am Golfplatz mit. Nur dann kann Ihnen das zweite, kostenfreie Green Fee oder der 30% Nachlass für Einzelspieler gewährt werden.
- Die beteiligten Golfanlagen gewähren Ihnen pro Voucher den Erlass des 2. Green Fees. Es können also pro Voucher jeweils 2 Personen für 1 Green Fee spielen (4 Personen benötigen 2 Voucher) oder eine Person mit 30% Nachlass. Bezahlt wird der normale Green Fee-Preis eines Erwachsenen am entsprechenden Spieltag.
- Bereits herausgetrennte bzw. lose Voucher sind nicht veräußerbar bzw. übertragbar; sie berechtigen insbesondere nicht zum Erlass des zweiten Green Fees. Zuwiderhandlungen werden zivilrechtlich verfolgt.
- Haben Sie bitte Verständnis, dass die Voucher bei Sonderveranstaltungen (Turniertagen, Tagen der offenen Tür oder sonstigen Promotion-Aktionen) nicht eingelöst werden können. Bitte erkundigen Sie sich vorab bei Ihrer Anmeldung bei den jeweiligen Golfanlagen. Die Barauszahlung des zweiten Green Fees ist nicht möglich.
- Es gelten die Teilnahme- und Spielbedingungen, die Hausordnung der angeschlossenen Golfclubs sowie die vor Ort ausgewiesenen aktuellen Green Fee-Preise.
- Das Kombinieren mit anderen Rabatten (z. B. Golf Fee Card etc.) oder gegenseitiges Einladen mit zwei oder mehreren Free-Golf-Voucher ist nicht möglich. Bei unterschiedlichen Green Fee-Gebühren (z. B. bei Ermäßigung von Jugendlichen) ist immer der günstigere Tarif kostenfrei.
- Alle Inserenten haben sich dem Herausgeber gegenüber verpflichtet, die Free-Golf-Voucher zu den jeweils angegebenen Teilnahmebedingungen einzulösen. Der Herausgeber übernimmt jedoch keine Haftung dafür, wenn ein Free-Golf-Voucher vom Inserenten nicht eingelöst wird oder nicht eingelöst werden kann. Dies gilt insbesondere bei Insolvenz oder Besitzerwechsel.
- Es haftet ausschließlich der Inserent (= Golfanlage bzw. Betreiber der Golfanlage) für evtl. Meinungsunterschiede und Schadensersatzansprüche.
- Der Herausgeber gibt sich große Mühe bei der Umsetzung der Inserate. Er haftet aber nicht für Satz-, Druck- oder Produktionsfehler. Die Daten für den LeisureBREAKS Guide for Free Golf wurden nach bestem Wissen erarbeitet. Der Herausgeber übernimmt keine Gewähr für deren Vollständigkeit und Richtigkeit. Alle Rechte, insbesondere das Recht der Vervielfältigung und Verbreitung sowie der Übersetzung vorbehalten. Kein Teil des Werkes darf in irgendeiner Form (durch Fotokopie, Mikrofilm oder ein anderes Verfahren) ohne schriftliche Genehmigung des Herausgebers reproduziert oder unter Verwendung elektronischer Systeme gespeichert, verarbeitet, vervielfältigt oder verbreitet werden.
- Die Bearbeitung der Anmeldung erfolgt mittels EDV. Mit Ihrer Unterschrift geben Sie Ihre Einwilligung, dass wir Sie kontaktieren und auch über weitere Aktionen informieren. Die Einwilligung kann jederzeit widerrufen werden.

Gültig bis 30.06.2021

Teilnahmebedingungen

- Free-Golf-Voucher können nur von mindestens zwei Personen genutzt werden. Es gibt keine Ermäßigung für Einzelspieler, außer dies ist explizit durch das Logo 30/1 im Eintrag des Clubs vermerkt. Die Voucher gelten nur für 18 Loch. Pro Golfanlage dürfen Sie maximal 2 Voucher einlösen.
- Free-Golf-Voucher können ausschließlich von Personen mit Green Fee-Berechtigung eingelöst werden. I. d. R. ist dazu ein Mindesthandicap (variiert nach Platz bzw. Anlage) sowie eine Mitgliedschaft bei einem Golfclub erforderlich.
- Bitte weisen Sie bei Ihrer Anmeldung darauf hin, dass Sie mit dem Guide for Free Golf spielen möchten und bringen Sie das Buch beim Einchecken am Golfplatz mit. Nur dann kann Ihnen das zweite, kostenfreie Green Fee oder der 30% Nachlass für Einzelspieler gewährt werden.
- Die beteiligten Golfanlagen gewähren Ihnen pro Voucher den Erlass des 2. Green Fees. Es können also pro Voucher jeweils 2 Personen für 1 Green Fee spielen (4 Personen benötigen 2 Voucher) oder eine Person mit 30% Nachlass. Bezahlt wird der normale Green Fee-Preis eines Erwachsenen am entsprechenden Spieltag.
- Bereits herausgetrennte bzw. lose Voucher sind nicht veräußerbar bzw. übertragbar; sie berechtigen insbesondere nicht zum Erlass des zweiten Green Fees. Zuwiderhandlungen werden zivilrechtlich verfolgt.
- Haben Sie bitte Verständnis, dass die Voucher bei Sonderveranstaltungen (Turniertagen, Tagen der offenen Tür oder sonstigen Promotion-Aktionen) nicht eingelöst werden können. Bitte erkundigen Sie sich vorab bei Ihrer Anmeldung bei den jeweiligen Golfanlagen. Die Barauszahlung des zweiten Green Fees ist nicht möglich.
- Es gelten die Teilnahme- und Spielbedingungen, die Hausordnung der angeschlossenen Golfclubs sowie die vor Ort ausgewiesenen aktuellen Green Fee-Preise.
- Das Kombinieren mit anderen Rabatten (z. B. Golf Fee Card etc.) oder gegenseitiges Einladen mit zwei oder mehreren Free-Golf-Voucher ist nicht möglich. Bei unterschiedlichen Green Fee-Gebühren (z. B. bei Ermäßigung von Jugendlichen) ist immer der günstigere Tarif kostenfrei.
- Alle Inserenten haben sich dem Herausgeber gegenüber verpflichtet, die Free-Golf-Voucher zu den jeweils angegebenen Teilnahmebedingungen einzulösen. Der Herausgeber übernimmt jedoch keine Haftung dafür, wenn ein Free-Golf-Voucher vom Inserenten nicht eingelöst wird oder nicht eingelöst werden kann. Dies gilt insbesondere bei Insolvenz oder Besitzerwechsel.
- Es haftet ausschließlich der Inserent (= Golfanlage bzw. Betreiber der Golfanlage) für evtl. Meinungsunterschiede und Schadensersatzansprüche.
- Der Herausgeber gibt sich große Mühe bei der Umsetzung der Inserate. Er haftet aber nicht für Satz-, Druck- oder Produktionsfehler. Die Daten für den LeisureBREAKS Guide for Free Golf wurden nach bestem Wissen erarbeitet. Der Herausgeber übernimmt keine Gewähr für deren Vollständigkeit und Richtigkeit. Alle Rechte, insbesondere das Recht der Vervielfältigung und Verbreitung sowie der Übersetzung vorbehalten. Kein Teil des Werkes darf in irgendeiner Form (durch Fotokopie, Mikrofilm oder ein anderes Verfahren) ohne schriftliche Genehmigung des Herausgebers reproduziert oder unter Verwendung elektronischer Systeme gespeichert, verarbeitet, vervielfältigt oder verbreitet werden.
- Die Bearbeitung der Anmeldung erfolgt mittels EDV. Mit Ihrer Unterschrift geben Sie Ihre Einwilligung, dass wir Sie kontaktieren und auch über weitere Aktionen informieren. Die Einwilligung kann jederzeit widerrufen werden.

Gültig bis 30.06.2021

Teilnahmebedingungen

- Free-Golf-Voucher können nur von mindestens zwei Personen genutzt werden. Es gibt keine Ermäßigung für Einzelspieler, außer dies ist explizit durch das Logo 30/1 im Eintrag des Clubs vermerkt. Die Voucher gelten nur für 18 Loch. Pro Golfanlage dürfen Sie maximal 2 Voucher einlösen.
- Free-Golf-Voucher können ausschließlich von Personen mit Green Fee-Berechtigung eingelöst werden. I. d. R. ist dazu ein Mindesthandicap (variiert nach Platz bzw. Anlage) sowie eine Mitgliedschaft bei einem Golfclub erforderlich.
- Bitte weisen Sie bei Ihrer Anmeldung darauf hin, dass Sie mit dem Guide for Free Golf spielen möchten und bringen Sie das Buch beim Einchecken am Golfplatz mit. Nur dann kann Ihnen das zweite, kostenfreie Green Fee oder der 30% Nachlass für Einzelspieler gewährt werden.
- Die beteiligten Golfanlagen gewähren Ihnen pro Voucher den Erlass des 2. Green Fees. Es können also pro Voucher jeweils 2 Personen für 1 Green Fee spielen (4 Personen benötigen 2 Voucher) oder eine Person mit 30% Nachlass. Bezahlt wird der normale Green Fee-Preis eines Erwachsenen am entsprechenden Spieltag.
- Bereits herausgetrennte bzw. lose Voucher sind nicht veräußerbar bzw. übertragbar; sie berechtigen insbesondere nicht zum Erlass des zweiten Green Fees. Zuwiderhandlungen werden zivilrechtlich verfolgt.
- Haben Sie bitte Verständnis, dass die Voucher bei Sonderveranstaltungen (Turniertagen, Tagen der offenen Tür oder sonstigen Promotion-Aktionen) nicht eingelöst werden können. Bitte erkundigen Sie sich vorab bei Ihrer Anmeldung bei den jeweiligen Golfanlagen. Die Barauszahlung des zweiten Green Fees ist nicht möglich.
- Es gelten die Teilnahme- und Spielbedingungen, die Hausordnung der angeschlossenen Golfclubs sowie die vor Ort ausgewiesenen aktuellen Green Fee-Preise.
- Das Kombinieren mit anderen Rabatten (z. B. Golf Fee Card etc.) oder gegenseitiges Einladen mit zwei oder mehreren Free-Golf-Voucher ist nicht möglich. Bei unterschiedlichen Green Fee-Gebühren (z. B. bei Ermäßigung von Jugendlichen) ist immer der günstigere Tarif kostenfrei.
- Alle Inserenten haben sich dem Herausgeber gegenüber verpflichtet, die Free-Golf-Voucher zu den jeweils angegebenen Teilnahmebedingungen einzulösen. Der Herausgeber übernimmt jedoch keine Haftung dafür, wenn ein Free-Golf-Voucher vom Inserenten nicht eingelöst wird oder nicht eingelöst werden kann. Dies gilt insbesondere bei Insolvenz oder Besitzerwechsel.
- Es haftet ausschließlich der Inserent (= Golfanlage bzw. Betreiber der Golfanlage) für evtl. Meinungsunterschiede und Schadensersatzansprüche.
- Der Herausgeber gibt sich große Mühe bei der Umsetzung der Inserate. Er haftet aber nicht für Satz-, Druck- oder Produktionsfehler. Die Daten für den LeisureBREAKS Guide for Free Golf wurden nach bestem Wissen erarbeitet. Der Herausgeber übernimmt keine Gewähr für deren Vollständigkeit und Richtigkeit. Alle Rechte, insbesondere das Recht der Vervielfältigung und Verbreitung sowie der Übersetzung vorbehalten. Kein Teil des Werkes darf in irgendeiner Form (durch Fotokopie, Mikrofilm oder ein anderes Verfahren) ohne schriftliche Genehmigung des Herausgebers reproduziert oder unter Verwendung elektronischer Systeme gespeichert, verarbeitet, vervielfältigt oder verbreitet werden.
- Die Bearbeitung der Anmeldung erfolgt mittels EDV. Mit Ihrer Unterschrift geben Sie Ihre Einwilligung, dass wir Sie kontaktieren und auch über weitere Aktionen informieren. Die Einwilligung kann jederzeit widerrufen werden.

Gültig bis 30.06.2021

Teilnahmebedingungen

- Free-Golf-Voucher können nur von mindestens zwei Personen genutzt werden. Es gibt keine Ermäßigung für Einzelspieler, außer dies ist explizit durch das Logo 30/1 im Eintrag des Clubs vermerkt. Die Voucher gelten nur für 18 Loch. Pro Golfanlage dürfen Sie maximal 2 Voucher einlösen.
- Free-Golf-Voucher können ausschließlich von Personen mit Green Fee-Berechtigung eingelöst werden. I. d. R. ist dazu ein Mindesthandicap (variiert nach Platz bzw. Anlage) sowie eine Mitgliedschaft bei einem Golfclub erforderlich.
- Bitte weisen Sie bei Ihrer Anmeldung darauf hin, dass Sie mit dem Guide for Free Golf spielen möchten und bringen Sie das Buch beim Einchecken am Golfplatz mit. Nur dann kann Ihnen das zweite, kostenfreie Green Fee oder der 30% Nachlass für Einzelspieler gewährt werden.
- Die beteiligten Golfanlagen gewähren Ihnen pro Voucher den Erlass des 2. Green Fees. Es können also pro Voucher jeweils 2 Personen für 1 Green Fee spielen (4 Personen benötigen 2 Voucher) oder eine Person mit 30% Nachlass. Bezahlt wird der normale Green Fee-Preis eines Erwachsenen am entsprechenden Spieltag.
- Bereits herausgetrennte bzw. lose Voucher sind nicht veräußerbar bzw. übertragbar; sie berechtigen insbesondere nicht zum Erlass des zweiten Green Fees. Zuwiderhandlungen werden zivilrechtlich verfolgt.
- Haben Sie bitte Verständnis, dass die Voucher bei Sonderveranstaltungen (Turniertagen, Tagen der offenen Tür oder sonstigen Promotion-Aktionen) nicht eingelöst werden können. Bitte erkundigen Sie sich vorab bei Ihrer Anmeldung bei den jeweiligen Golfanlagen. Die Barauszahlung des zweiten Green Fees ist nicht möglich.
- Es gelten die Teilnahme- und Spielbedingungen, die Hausordnung der angeschlossenen Golfclubs sowie die vor Ort ausgewiesenen aktuellen Green Fee-Preise.
- Das Kombinieren mit anderen Rabatten (z. B. Golf Fee Card etc.) oder gegenseitiges Einladen mit zwei oder mehreren Free-Golf-Voucher ist nicht möglich. Bei unterschiedlichen Green Fee-Gebühren (z. B. bei Ermäßigung von Jugendlichen) ist immer der günstigere Tarif kostenfrei.
- Alle Inserenten haben sich dem Herausgeber gegenüber verpflichtet, die Free-Golf-Voucher zu den jeweils angegebenen Teilnahmebedingungen einzulösen. Der Herausgeber übernimmt jedoch keine Haftung dafür, wenn ein Free-Golf-Voucher vom Inserenten nicht eingelöst wird oder nicht eingelöst werden kann. Dies gilt insbesondere bei Insolvenz oder Besitzerwechsel.
- Es haftet ausschließlich der Inserent (= Golfanlage bzw. Betreiber der Golfanlage) für evtl. Meinungsunterschiede und Schadensersatzansprüche.
- Der Herausgeber gibt sich große Mühe bei der Umsetzung der Inserate. Er haftet aber nicht für Satz-, Druck- oder Produktionsfehler. Die Daten für den LeisureBREAKS Guide for Free Golf wurden nach bestem Wissen erarbeitet. Der Herausgeber übernimmt keine Gewähr für deren Vollständigkeit und Richtigkeit. Alle Rechte, insbesondere das Recht der Vervielfältigung und Verbreitung sowie der Übersetzung vorbehalten. Kein Teil des Werkes darf in irgendeiner Form (durch Fotokopie, Mikrofilm oder ein anderes Verfahren) ohne schriftliche Genehmigung des Herausgebers reproduziert oder unter Verwendung elektronischer Systeme gespeichert, verarbeitet, vervielfältigt oder verbreitet werden.
- Die Bearbeitung der Anmeldung erfolgt mittels EDV. Mit Ihrer Unterschrift geben Sie Ihre Einwilligung, dass wir Sie kontaktieren und auch über weitere Aktionen informieren. Die Einwilligung kann jederzeit widerrufen werden.

Gültig bis 30.06.2021

13

17. Guide for Free Golf

LeisureBREAKS GmbH

Name, Vorname

Straße, Hausnummer

PLZ, Ort

Heimatclub

Handicap

E-Mail

Guide-Nummer

Mit der Anmeldung erkenne ich die umseitigen Teilnahmebedingungen an.

Datum

Unterschrift

14

17. Guide for Free Golf

LeisureBREAKS GmbH

Name, Vorname

Straße, Hausnummer

PLZ, Ort

Heimatclub

Handicap

E-Mail

Guide-Nummer

Mit der Anmeldung erkenne ich die umseitigen Teilnahmebedingungen an.

Datum

Unterschrift

15

17. Guide for Free Golf

LeisureBREAKS GmbH

Name, Vorname

Straße, Hausnummer

PLZ, Ort

Heimatclub

Handicap

E-Mail

Guide-Nummer

Mit der Anmeldung erkenne ich die umseitigen Teilnahmebedingungen an.

Datum

Unterschrift

16

17. Guide for Free Golf

LeisureBREAKS GmbH

Name, Vorname

Straße, Hausnummer

PLZ, Ort

Heimatclub

Handicap

E-Mail

Guide-Nummer

Mit der Anmeldung erkenne ich die umseitigen Teilnahmebedingungen an.

Datum

Unterschrift

Teilnahmebedingungen

- Free-Golf-Voucher können nur von mindestens zwei Personen genutzt werden. Es gibt keine Ermäßigung für Einzelspieler, außer dies ist explizit durch das Logo 30/1 im Eintrag des Clubs vermerkt. Die Voucher gelten nur für 18 Loch. Pro Golfanlage dürfen Sie maximal 2 Voucher einlösen.
- Free-Golf-Voucher können ausschließlich von Personen mit Green Fee-Berechtigung eingelöst werden. I. d. R. ist dazu ein Mindesthandicap (variiert nach Platz bzw. Anlage) sowie eine Mitgliedschaft bei einem Golfclub erforderlich.
- Bitte weisen Sie bei Ihrer Anmeldung darauf hin, dass Sie mit dem Guide for Free Golf spielen möchten und bringen Sie das Buch beim Einchecken am Golfplatz mit. Nur dann kann Ihnen das zweite, kostenfreie Green Fee oder der 30% Nachlass für Einzelspieler gewährt werden.
- Die beteiligten Golfanlagen gewähren Ihnen pro Voucher den Erlass des 2. Green Fees. Es können also pro Voucher jeweils 2 Personen für 1 Green Fee spielen (4 Personen benötigen 2 Voucher) oder eine Person mit 30% Nachlass. Bezahlt wird der normale Green Fee-Preis eines Erwachsenen am entsprechenden Spieltag.
- Bereits herausgetrennte bzw. lose Voucher sind nicht veräußerbar bzw. übertragbar; sie berechtigen insbesondere nicht zum Erlass des zweiten Green Fees. Zuwiderhandlungen werden zivilrechtlich verfolgt.
- Haben Sie bitte Verständnis, dass die Voucher bei Sonderveranstaltungen (Turniertagen, Tagen der offenen Tür oder sonstigen Promotion-Aktionen) nicht eingelöst werden können. Bitte erkundigen Sie sich vorab bei Ihrer Anmeldung bei den jeweiligen Golfanlagen. Die Barauszahlung des zweiten Green Fees ist nicht möglich.
- Es gelten die Teilnahme- und Spielbedingungen, die Hausordnung der angeschlossenen Golfclubs sowie die vor Ort ausgewiesenen aktuellen Green Fee-Preise.
- Das Kombinieren mit anderen Rabatten (z. B. Golf Fee Card etc.) oder gegenseitiges Einladen mit zwei oder mehreren Free-Golf-Voucher ist nicht möglich. Bei unterschiedlichen Green Fee-Gebühren (z. B. bei Ermäßigung von Jugendlichen) ist immer der günstigere Tarif kostenfrei.
- Alle Inserenten haben sich dem Herausgeber gegenüber verpflichtet, die Free-Golf-Voucher zu den jeweils angegebenen Teilnahmebedingungen einzulösen. Der Herausgeber übernimmt jedoch keine Haftung dafür, wenn ein Free-Golf-Voucher vom Inserenten nicht eingelöst wird oder nicht eingelöst werden kann. Dies gilt insbesondere bei Insolvenz oder Besitzerwechsel.
- Es haftet ausschließlich der Inserent (= Golfanlage bzw. Betreiber der Golfanlage) für evtl. Meinungsunterschiede und Schadensersatzansprüche.
- Der Herausgeber gibt sich große Mühe bei der Umsetzung der Inserate. Er haftet aber nicht für Satz-, Druck- oder Produktionsfehler. Die Daten für den LeisureBREAKS Guide for Free Golf wurden nach bestem Wissen erarbeitet. Der Herausgeber übernimmt keine Gewähr für deren Vollständigkeit und Richtigkeit. Alle Rechte, insbesondere das Recht der Vervielfältigung und Verbreitung sowie der Übersetzung vorbehalten. Kein Teil des Werkes darf in irgendeiner Form (durch Fotokopie, Mikrofilm oder ein anderes Verfahren) ohne schriftliche Genehmigung des Herausgebers reproduziert oder unter Verwendung elektronischer Systeme gespeichert, verarbeitet, vervielfältigt oder verbreitet werden.
- Die Bearbeitung der Anmeldung erfolgt mittels EDV. Mit Ihrer Unterschrift geben Sie Ihre Einwilligung, dass wir Sie kontaktieren und auch über weitere Aktionen informieren. Die Einwilligung kann jederzeit widerrufen werden.

Gültig bis 30.06.2021

Teilnahmebedingungen

- Free-Golf-Voucher können nur von mindestens zwei Personen genutzt werden. Es gibt keine Ermäßigung für Einzelspieler, außer dies ist explizit durch das Logo 30/1 im Eintrag des Clubs vermerkt. Die Voucher gelten nur für 18 Loch. Pro Golfanlage dürfen Sie maximal 2 Voucher einlösen.
- Free-Golf-Voucher können ausschließlich von Personen mit Green Fee-Berechtigung eingelöst werden. I. d. R. ist dazu ein Mindesthandicap (variiert nach Platz bzw. Anlage) sowie eine Mitgliedschaft bei einem Golfclub erforderlich.
- Bitte weisen Sie bei Ihrer Anmeldung darauf hin, dass Sie mit dem Guide for Free Golf spielen möchten und bringen Sie das Buch beim Einchecken am Golfplatz mit. Nur dann kann Ihnen das zweite, kostenfreie Green Fee oder der 30% Nachlass für Einzelspieler gewährt werden.
- Die beteiligten Golfanlagen gewähren Ihnen pro Voucher den Erlass des 2. Green Fees. Es können also pro Voucher jeweils 2 Personen für 1 Green Fee spielen (4 Personen benötigen 2 Voucher) oder eine Person mit 30% Nachlass. Bezahlt wird der normale Green Fee-Preis eines Erwachsenen am entsprechenden Spieltag.
- Bereits herausgetrennte bzw. lose Voucher sind nicht veräußerbar bzw. übertragbar; sie berechtigen insbesondere nicht zum Erlass des zweiten Green Fees. Zuwiderhandlungen werden zivilrechtlich verfolgt.
- Haben Sie bitte Verständnis, dass die Voucher bei Sonderveranstaltungen (Turniertagen, Tagen der offenen Tür oder sonstigen Promotion-Aktionen) nicht eingelöst werden können. Bitte erkundigen Sie sich vorab bei Ihrer Anmeldung bei den jeweiligen Golfanlagen. Die Barauszahlung des zweiten Green Fees ist nicht möglich.
- Es gelten die Teilnahme- und Spielbedingungen, die Hausordnung der angeschlossenen Golfclubs sowie die vor Ort ausgewiesenen aktuellen Green Fee-Preise.
- Das Kombinieren mit anderen Rabatten (z. B. Golf Fee Card etc.) oder gegenseitiges Einladen mit zwei oder mehreren Free-Golf-Voucher ist nicht möglich. Bei unterschiedlichen Green Fee-Gebühren (z. B. bei Ermäßigung von Jugendlichen) ist immer der günstigere Tarif kostenfrei.
- Alle Inserenten haben sich dem Herausgeber gegenüber verpflichtet, die Free-Golf-Voucher zu den jeweils angegebenen Teilnahmebedingungen einzulösen. Der Herausgeber übernimmt jedoch keine Haftung dafür, wenn ein Free-Golf-Voucher vom Inserenten nicht eingelöst wird oder nicht eingelöst werden kann. Dies gilt insbesondere bei Insolvenz oder Besitzerwechsel.
- Es haftet ausschließlich der Inserent (= Golfanlage bzw. Betreiber der Golfanlage) für evtl. Meinungsunterschiede und Schadensersatzansprüche.
- Der Herausgeber gibt sich große Mühe bei der Umsetzung der Inserate. Er haftet aber nicht für Satz-, Druck- oder Produktionsfehler. Die Daten für den LeisureBREAKS Guide for Free Golf wurden nach bestem Wissen erarbeitet. Der Herausgeber übernimmt keine Gewähr für deren Vollständigkeit und Richtigkeit. Alle Rechte, insbesondere das Recht der Vervielfältigung und Verbreitung sowie der Übersetzung vorbehalten. Kein Teil des Werkes darf in irgendeiner Form (durch Fotokopie, Mikrofilm oder ein anderes Verfahren) ohne schriftliche Genehmigung des Herausgebers reproduziert oder unter Verwendung elektronischer Systeme gespeichert, verarbeitet, vervielfältigt oder verbreitet werden.
- Die Bearbeitung der Anmeldung erfolgt mittels EDV. Mit Ihrer Unterschrift geben Sie Ihre Einwilligung, dass wir Sie kontaktieren und auch über weitere Aktionen informieren. Die Einwilligung kann jederzeit widerrufen werden.

Gültig bis 30.06.2021

Teilnahmebedingungen

- Free-Golf-Voucher können nur von mindestens zwei Personen genutzt werden. Es gibt keine Ermäßigung für Einzelspieler, außer dies ist explizit durch das Logo 30/1 im Eintrag des Clubs vermerkt. Die Voucher gelten nur für 18 Loch. Pro Golfanlage dürfen Sie maximal 2 Voucher einlösen.
- Free-Golf-Voucher können ausschließlich von Personen mit Green Fee-Berechtigung eingelöst werden. I. d. R. ist dazu ein Mindesthandicap (variiert nach Platz bzw. Anlage) sowie eine Mitgliedschaft bei einem Golfclub erforderlich.
- Bitte weisen Sie bei Ihrer Anmeldung darauf hin, dass Sie mit dem Guide for Free Golf spielen möchten und bringen Sie das Buch beim Einchecken am Golfplatz mit. Nur dann kann Ihnen das zweite, kostenfreie Green Fee oder der 30% Nachlass für Einzelspieler gewährt werden.
- Die beteiligten Golfanlagen gewähren Ihnen pro Voucher den Erlass des 2. Green Fees. Es können also pro Voucher jeweils 2 Personen für 1 Green Fee spielen (4 Personen benötigen 2 Voucher) oder eine Person mit 30% Nachlass. Bezahlt wird der normale Green Fee-Preis eines Erwachsenen am entsprechenden Spieltag.
- Bereits herausgetrennte bzw. lose Voucher sind nicht veräußerbar bzw. übertragbar; sie berechtigen insbesondere nicht zum Erlass des zweiten Green Fees. Zuwiderhandlungen werden zivilrechtlich verfolgt.
- Haben Sie bitte Verständnis, dass die Voucher bei Sonderveranstaltungen (Turniertagen, Tagen der offenen Tür oder sonstigen Promotion-Aktionen) nicht eingelöst werden können. Bitte erkundigen Sie sich vorab bei Ihrer Anmeldung bei den jeweiligen Golfanlagen. Die Barauszahlung des zweiten Green Fees ist nicht möglich.
- Es gelten die Teilnahme- und Spielbedingungen, die Hausordnung der angeschlossenen Golfclubs sowie die vor Ort ausgewiesenen aktuellen Green Fee-Preise.
- Das Kombinieren mit anderen Rabatten (z. B. Golf Fee Card etc.) oder gegenseitiges Einladen mit zwei oder mehreren Free-Golf-Voucher ist nicht möglich. Bei unterschiedlichen Green Fee-Gebühren (z. B. bei Ermäßigung von Jugendlichen) ist immer der günstigere Tarif kostenfrei.
- Alle Inserenten haben sich dem Herausgeber gegenüber verpflichtet, die Free-Golf-Voucher zu den jeweils angegebenen Teilnahmebedingungen einzulösen. Der Herausgeber übernimmt jedoch keine Haftung dafür, wenn ein Free-Golf-Voucher vom Inserenten nicht eingelöst wird oder nicht eingelöst werden kann. Dies gilt insbesondere bei Insolvenz oder Besitzerwechsel.
- Es haftet ausschließlich der Inserent (= Golfanlage bzw. Betreiber der Golfanlage) für evtl. Meinungsunterschiede und Schadensersatzansprüche.
- Der Herausgeber gibt sich große Mühe bei der Umsetzung der Inserate. Er haftet aber nicht für Satz-, Druck- oder Produktionsfehler. Die Daten für den LeisureBREAKS Guide for Free Golf wurden nach bestem Wissen erarbeitet. Der Herausgeber übernimmt keine Gewähr für deren Vollständigkeit und Richtigkeit. Alle Rechte, insbesondere das Recht der Vervielfältigung und Verbreitung sowie der Übersetzung vorbehalten. Kein Teil des Werkes darf in irgendeiner Form (durch Fotokopie, Mikrofilm oder ein anderes Verfahren) ohne schriftliche Genehmigung des Herausgebers reproduziert oder unter Verwendung elektronischer Systeme gespeichert, verarbeitet, vervielfältigt oder verbreitet werden.
- Die Bearbeitung der Anmeldung erfolgt mittels EDV. Mit Ihrer Unterschrift geben Sie Ihre Einwilligung, dass wir Sie kontaktieren und auch über weitere Aktionen informieren. Die Einwilligung kann jederzeit widerrufen werden.

Gültig bis 30.06.2021

Teilnahmebedingungen

- Free-Golf-Voucher können nur von mindestens zwei Personen genutzt werden. Es gibt keine Ermäßigung für Einzelspieler, außer dies ist explizit durch das Logo 30/1 im Eintrag des Clubs vermerkt. Die Voucher gelten nur für 18 Loch. Pro Golfanlage dürfen Sie maximal 2 Voucher einlösen.
- Free-Golf-Voucher können ausschließlich von Personen mit Green Fee-Berechtigung eingelöst werden. I. d. R. ist dazu ein Mindesthandicap (variiert nach Platz bzw. Anlage) sowie eine Mitgliedschaft bei einem Golfclub erforderlich.
- Bitte weisen Sie bei Ihrer Anmeldung darauf hin, dass Sie mit dem Guide for Free Golf spielen möchten und bringen Sie das Buch beim Einchecken am Golfplatz mit. Nur dann kann Ihnen das zweite, kostenfreie Green Fee oder der 30% Nachlass für Einzelspieler gewährt werden.
- Die beteiligten Golfanlagen gewähren Ihnen pro Voucher den Erlass des 2. Green Fees. Es können also pro Voucher jeweils 2 Personen für 1 Green Fee spielen (4 Personen benötigen 2 Voucher) oder eine Person mit 30% Nachlass. Bezahlt wird der normale Green Fee-Preis eines Erwachsenen am entsprechenden Spieltag.
- Bereits herausgetrennte bzw. lose Voucher sind nicht veräußerbar bzw. übertragbar; sie berechtigen insbesondere nicht zum Erlass des zweiten Green Fees. Zuwiderhandlungen werden zivilrechtlich verfolgt.
- Haben Sie bitte Verständnis, dass die Voucher bei Sonderveranstaltungen (Turniertagen, Tagen der offenen Tür oder sonstigen Promotion-Aktionen) nicht eingelöst werden können. Bitte erkundigen Sie sich vorab bei Ihrer Anmeldung bei den jeweiligen Golfanlagen. Die Barauszahlung des zweiten Green Fees ist nicht möglich.
- Es gelten die Teilnahme- und Spielbedingungen, die Hausordnung der angeschlossenen Golfclubs sowie die vor Ort ausgewiesenen aktuellen Green Fee-Preise.
- Das Kombinieren mit anderen Rabatten (z. B. Golf Fee Card etc.) oder gegenseitiges Einladen mit zwei oder mehreren Free-Golf-Voucher ist nicht möglich. Bei unterschiedlichen Green Fee-Gebühren (z. B. bei Ermäßigung von Jugendlichen) ist immer der günstigere Tarif kostenfrei.
- Alle Inserenten haben sich dem Herausgeber gegenüber verpflichtet, die Free-Golf-Voucher zu den jeweils angegebenen Teilnahmebedingungen einzulösen. Der Herausgeber übernimmt jedoch keine Haftung dafür, wenn ein Free-Golf-Voucher vom Inserenten nicht eingelöst wird oder nicht eingelöst werden kann. Dies gilt insbesondere bei Insolvenz oder Besitzerwechsel.
- Es haftet ausschließlich der Inserent (= Golfanlage bzw. Betreiber der Golfanlage) für evtl. Meinungsunterschiede und Schadensersatzansprüche.
- Der Herausgeber gibt sich große Mühe bei der Umsetzung der Inserate. Er haftet aber nicht für Satz-, Druck- oder Produktionsfehler. Die Daten für den LeisureBREAKS Guide for Free Golf wurden nach bestem Wissen erarbeitet. Der Herausgeber übernimmt keine Gewähr für deren Vollständigkeit und Richtigkeit. Alle Rechte, insbesondere das Recht der Vervielfältigung und Verbreitung sowie der Übersetzung vorbehalten. Kein Teil des Werkes darf in irgendeiner Form (durch Fotokopie, Mikrofilm oder ein anderes Verfahren) ohne schriftliche Genehmigung des Herausgebers reproduziert oder unter Verwendung elektronischer Systeme gespeichert, verarbeitet, vervielfältigt oder verbreitet werden.
- Die Bearbeitung der Anmeldung erfolgt mittels EDV. Mit Ihrer Unterschrift geben Sie Ihre Einwilligung, dass wir Sie kontaktieren und auch über weitere Aktionen informieren. Die Einwilligung kann jederzeit widerrufen werden.

Gültig bis 30.06.2021

17

17. Guide for Free Golf

LeisureBREAKS GmbH

Name, Vorname

Straße, Hausnummer

PLZ, Ort

Heimatclub

Handicap

E-Mail

Guide-Nummer

Mit der Anmeldung erkenne ich die umseitigen Teilnahmebedingungen an.

Datum

Unterschrift

18

17. Guide for Free Golf

LeisureBREAKS GmbH

Name, Vorname

Straße, Hausnummer

PLZ, Ort

Heimatclub

Handicap

E-Mail

Guide-Nummer

Mit der Anmeldung erkenne ich die umseitigen Teilnahmebedingungen an.

Datum

Unterschrift

19

17. Guide for Free Golf

LeisureBREAKS GmbH

Name, Vorname

Straße, Hausnummer

PLZ, Ort

Heimatclub

Handicap

E-Mail

Guide-Nummer

Mit der Anmeldung erkenne ich die umseitigen Teilnahmebedingungen an.

Datum

Unterschrift

20

17. Guide for Free Golf

LeisureBREAKS GmbH

Name, Vorname

Straße, Hausnummer

PLZ, Ort

Heimatclub

Handicap

E-Mail

Guide-Nummer

Mit der Anmeldung erkenne ich die umseitigen Teilnahmebedingungen an.

Datum

Unterschrift

Teilnahmebedingungen

- Free-Golf-Voucher können nur von mindestens zwei Personen genutzt werden. Es gibt keine Ermäßigung für Einzelspieler, außer dies ist explizit durch das Logo 30/1 im Eintrag des Clubs vermerkt. Die Voucher gelten nur für 18 Loch. Pro Golfanlage dürfen Sie maximal 2 Voucher einlösen.
- Free-Golf-Voucher können ausschließlich von Personen mit Green Fee-Berechtigung eingelöst werden. I. d. R. ist dazu ein Mindesthandicap (variiert nach Platz bzw. Anlage) sowie eine Mitgliedschaft bei einem Golfclub erforderlich.
- Bitte weisen Sie bei Ihrer Anmeldung darauf hin, dass Sie mit dem Guide for Free Golf spielen möchten und bringen Sie das Buch beim Einchecken am Golfplatz mit. Nur dann kann Ihnen das zweite, kostenfreie Green Fee oder der 30% Nachlass für Einzelspieler gewährt werden.
- Die beteiligten Golfanlagen gewähren Ihnen pro Voucher den Erlass des 2. Green Fees. Es können also pro Voucher jeweils 2 Personen für 1 Green Fee spielen (4 Personen benötigen 2 Voucher) oder eine Person mit 30% Nachlass. Bezahlt wird der normale Green Fee-Preis eines Erwachsenen am entsprechenden Spieltag.
- Bereits herausgetrennte bzw. lose Voucher sind nicht veräußerbar bzw. übertragbar; sie berechtigen insbesondere nicht zum Erlass des zweiten Green Fees. Zuwiderhandlungen werden zivilrechtlich verfolgt.
- Haben Sie bitte Verständnis, dass die Voucher bei Sonderveranstaltungen (Turniertagen, Tagen der offenen Tür oder sonstigen Promotion-Aktionen) nicht eingelöst werden können. Bitte erkundigen Sie sich vorab bei Ihrer Anmeldung bei den jeweiligen Golfanlagen. Die Barauszahlung des zweiten Green Fees ist nicht möglich.
- Es gelten die Teilnahme- und Spielbedingungen, die Hausordnung der angeschlossenen Golfclubs sowie die vor Ort ausgewiesenen aktuellen Green Fee-Preise.
- Das Kombinieren mit anderen Rabatten (z. B. Golf Fee Card etc.) oder gegenseitiges Einladen mit zwei oder mehreren Free-Golf-Voucher ist nicht möglich. Bei unterschiedlichen Green Fee-Gebühren (z. B. bei Ermäßigung von Jugendlichen) ist immer der günstigere Tarif kostenfrei.
- Alle Inserenten haben sich dem Herausgeber gegenüber verpflichtet, die Free-Golf-Voucher zu den jeweils angegebenen Teilnahmebedingungen einzulösen. Der Herausgeber übernimmt jedoch keine Haftung dafür, wenn ein Free-Golf-Voucher vom Inserenten nicht eingelöst wird oder nicht eingelöst werden kann. Dies gilt insbesondere bei Insolvenz oder Besitzerwechsel.
- Es haftet ausschließlich der Inserent (= Golfanlage bzw. Betreiber der Golfanlage) für evtl. Meinungsunterschiede und Schadensersatzansprüche.
- Der Herausgeber gibt sich große Mühe bei der Umsetzung der Inserate. Er haftet aber nicht für Satz-, Druck- oder Produktionsfehler. Die Daten für den LeisureBREAKS Guide for Free Golf wurden nach bestem Wissen erarbeitet. Der Herausgeber übernimmt keine Gewähr für deren Vollständigkeit und Richtigkeit. Alle Rechte, insbesondere das Recht der Vervielfältigung und Verbreitung sowie der Übersetzung vorbehalten. Kein Teil des Werkes darf in irgendeiner Form (durch Fotokopie, Mikrofilm oder ein anderes Verfahren) ohne schriftliche Genehmigung des Herausgebers reproduziert oder unter Verwendung elektronischer Systeme gespeichert, verarbeitet, vervielfältigt oder verbreitet werden.
- Die Bearbeitung der Anmeldung erfolgt mittels EDV. Mit Ihrer Unterschrift geben Sie Ihre Einwilligung, dass wir Sie kontaktieren und auch über weitere Aktionen informieren.
  Die Einwilligung kann jederzeit widerrufen werden.

Gültig bis 30.06.2021

Teilnahmebedingungen

- Free-Golf-Voucher können nur von mindestens zwei Personen genutzt werden. Es gibt keine Ermäßigung für Einzelspieler, außer dies ist explizit durch das Logo 30/1 im Eintrag des Clubs vermerkt. Die Voucher gelten nur für 18 Loch. Pro Golfanlage dürfen Sie maximal 2 Voucher einlösen.
- Free-Golf-Voucher können ausschließlich von Personen mit Green Fee-Berechtigung eingelöst werden. I. d. R. ist dazu ein Mindesthandicap (variiert nach Platz bzw. Anlage) sowie eine Mitgliedschaft bei einem Golfclub erforderlich.
- Bitte weisen Sie bei Ihrer Anmeldung darauf hin, dass Sie mit dem Guide for Free Golf spielen möchten und bringen Sie das Buch beim Einchecken am Golfplatz mit. Nur dann kann Ihnen das zweite, kostenfreie Green Fee oder der 30% Nachlass für Einzelspieler gewährt werden.
- Die beteiligten Golfanlagen gewähren Ihnen pro Voucher den Erlass des 2. Green Fees. Es können also pro Voucher jeweils 2 Personen für 1 Green Fee spielen (4 Personen benötigen 2 Voucher) oder eine Person mit 30% Nachlass. Bezahlt wird der normale Green Fee-Preis eines Erwachsenen am entsprechenden Spieltag.
- Bereits herausgetrennte bzw. lose Voucher sind nicht veräußerbar bzw. übertragbar; sie berechtigen insbesondere nicht zum Erlass des zweiten Green Fees. Zuwiderhandlungen werden zivilrechtlich verfolgt.
- Haben Sie bitte Verständnis, dass die Voucher bei Sonderveranstaltungen (Turniertagen, Tagen der offenen Tür oder sonstigen Promotion-Aktionen) nicht eingelöst werden können. Bitte erkundigen Sie sich vorab bei Ihrer Anmeldung bei den jeweiligen Golfanlagen. Die Barauszahlung des zweiten Green Fees ist nicht möglich.
- Es gelten die Teilnahme- und Spielbedingungen, die Hausordnung der angeschlossenen Golfclubs sowie die vor Ort ausgewiesenen aktuellen Green Fee-Preise.
- Das Kombinieren mit anderen Rabatten (z. B. Golf Fee Card etc.) oder gegenseitiges Einladen mit zwei oder mehreren Free-Golf-Voucher ist nicht möglich. Bei unterschiedlichen Green Fee-Gebühren (z. B. bei Ermäßigung von Jugendlichen) ist immer der günstigere Tarif kostenfrei.
- Alle Inserenten haben sich dem Herausgeber gegenüber verpflichtet, die Free-Golf-Voucher zu den jeweils angegebenen Teilnahmebedingungen einzulösen. Der Herausgeber übernimmt jedoch keine Haftung dafür, wenn ein Free-Golf-Voucher vom Inserenten nicht eingelöst wird oder nicht eingelöst werden kann. Dies gilt insbesondere bei Insolvenz oder Besitzerwechsel.
- Es haftet ausschließlich der Inserent (= Golfanlage bzw. Betreiber der Golfanlage) für evtl. Meinungsunterschiede und Schadensersatzansprüche.
- Der Herausgeber gibt sich große Mühe bei der Umsetzung der Inserate. Er haftet aber nicht für Satz-, Druck- oder Produktionsfehler. Die Daten für den LeisureBREAKS Guide for Free Golf wurden nach bestem Wissen erarbeitet. Der Herausgeber übernimmt keine Gewähr für deren Vollständigkeit und Richtigkeit. Alle Rechte, insbesondere das Recht der Vervielfältigung und Verbreitung sowie der Übersetzung vorbehalten. Kein Teil des Werkes darf in irgendeiner Form (durch Fotokopie, Mikrofilm oder ein anderes Verfahren) ohne schriftliche Genehmigung des Herausgebers reproduziert oder unter Verwendung elektronischer Systeme gespeichert, verarbeitet, vervielfältigt oder verbreitet werden.
- Die Bearbeitung der Anmeldung erfolgt mittels EDV. Mit Ihrer Unterschrift geben Sie Ihre Einwilligung, dass wir Sie kontaktieren und auch über weitere Aktionen informieren.
  Die Einwilligung kann jederzeit widerrufen werden.

Gültig bis 30.06.2021

Teilnahmebedingungen

- Free-Golf-Voucher können nur von mindestens zwei Personen genutzt werden. Es gibt keine Ermäßigung für Einzelspieler, außer dies ist explizit durch das Logo 30/1 im Eintrag des Clubs vermerkt. Die Voucher gelten nur für 18 Loch. Pro Golfanlage dürfen Sie maximal 2 Voucher einlösen.
- Free-Golf-Voucher können ausschließlich von Personen mit Green Fee-Berechtigung eingelöst werden. I. d. R. ist dazu ein Mindesthandicap (variiert nach Platz bzw. Anlage) sowie eine Mitgliedschaft bei einem Golfclub erforderlich.
- Bitte weisen Sie bei Ihrer Anmeldung darauf hin, dass Sie mit dem Guide for Free Golf spielen möchten und bringen Sie das Buch beim Einchecken am Golfplatz mit. Nur dann kann Ihnen das zweite, kostenfreie Green Fee oder der 30% Nachlass für Einzelspieler gewährt werden.
- Die beteiligten Golfanlagen gewähren Ihnen pro Voucher den Erlass des 2. Green Fees. Es können also pro Voucher jeweils 2 Personen für 1 Green Fee spielen (4 Personen benötigen 2 Voucher) oder eine Person mit 30% Nachlass. Bezahlt wird der normale Green Fee-Preis eines Erwachsenen am entsprechenden Spieltag.
- Bereits herausgetrennte bzw. lose Voucher sind nicht veräußerbar bzw. übertragbar; sie berechtigen insbesondere nicht zum Erlass des zweiten Green Fees. Zuwiderhandlungen werden zivilrechtlich verfolgt.
- Haben Sie bitte Verständnis, dass die Voucher bei Sonderveranstaltungen (Turniertagen, Tagen der offenen Tür oder sonstigen Promotion-Aktionen) nicht eingelöst werden können. Bitte erkundigen Sie sich vorab bei Ihrer Anmeldung bei den jeweiligen Golfanlagen. Die Barauszahlung des zweiten Green Fees ist nicht möglich.
- Es gelten die Teilnahme- und Spielbedingungen, die Hausordnung der angeschlossenen Golfclubs sowie die vor Ort ausgewiesenen aktuellen Green Fee-Preise.
- Das Kombinieren mit anderen Rabatten (z. B. Golf Fee Card etc.) oder gegenseitiges Einladen mit zwei oder mehreren Free-Golf-Voucher ist nicht möglich. Bei unterschiedlichen Green Fee-Gebühren (z. B. bei Ermäßigung von Jugendlichen) ist immer der günstigere Tarif kostenfrei.
- Alle Inserenten haben sich dem Herausgeber gegenüber verpflichtet, die Free-Golf-Voucher zu den jeweils angegebenen Teilnahmebedingungen einzulösen. Der Herausgeber übernimmt jedoch keine Haftung dafür, wenn ein Free-Golf-Voucher vom Inserenten nicht eingelöst wird oder nicht eingelöst werden kann. Dies gilt insbesondere bei Insolvenz oder Besitzerwechsel.
- Es haftet ausschließlich der Inserent (= Golfanlage bzw. Betreiber der Golfanlage) für evtl. Meinungsunterschiede und Schadensersatzansprüche.
- Der Herausgeber gibt sich große Mühe bei der Umsetzung der Inserate. Er haftet aber nicht für Satz-, Druck- oder Produktionsfehler. Die Daten für den LeisureBREAKS Guide for Free Golf wurden nach bestem Wissen erarbeitet. Der Herausgeber übernimmt keine Gewähr für deren Vollständigkeit und Richtigkeit. Alle Rechte, insbesondere das Recht der Vervielfältigung und Verbreitung sowie der Übersetzung vorbehalten. Kein Teil des Werkes darf in irgendeiner Form (durch Fotokopie, Mikrofilm oder ein anderes Verfahren) ohne schriftliche Genehmigung des Herausgebers reproduziert oder unter Verwendung elektronischer Systeme gespeichert, verarbeitet, vervielfältigt oder verbreitet werden.
- Die Bearbeitung der Anmeldung erfolgt mittels EDV. Mit Ihrer Unterschrift geben Sie Ihre Einwilligung, dass wir Sie kontaktieren und auch über weitere Aktionen informieren.
  Die Einwilligung kann jederzeit widerrufen werden.

Gültig bis 30.06.2021

Teilnahmebedingungen

- Free-Golf-Voucher können nur von mindestens zwei Personen genutzt werden. Es gibt keine Ermäßigung für Einzelspieler, außer dies ist explizit durch das Logo 30/1 im Eintrag des Clubs vermerkt. Die Voucher gelten nur für 18 Loch. Pro Golfanlage dürfen Sie maximal 2 Voucher einlösen.
- Free-Golf-Voucher können ausschließlich von Personen mit Green Fee-Berechtigung eingelöst werden. I. d. R. ist dazu ein Mindesthandicap (variiert nach Platz bzw. Anlage) sowie eine Mitgliedschaft bei einem Golfclub erforderlich.
- Bitte weisen Sie bei Ihrer Anmeldung darauf hin, dass Sie mit dem Guide for Free Golf spielen möchten und bringen Sie das Buch beim Einchecken am Golfplatz mit. Nur dann kann Ihnen das zweite, kostenfreie Green Fee oder der 30% Nachlass für Einzelspieler gewährt werden.
- Die beteiligten Golfanlagen gewähren Ihnen pro Voucher den Erlass des 2. Green Fees. Es können also pro Voucher jeweils 2 Personen für 1 Green Fee spielen (4 Personen benötigen 2 Voucher) oder eine Person mit 30% Nachlass. Bezahlt wird der normale Green Fee-Preis eines Erwachsenen am entsprechenden Spieltag.
- Bereits herausgetrennte bzw. lose Voucher sind nicht veräußerbar bzw. übertragbar; sie berechtigen insbesondere nicht zum Erlass des zweiten Green Fees. Zuwiderhandlungen werden zivilrechtlich verfolgt.
- Haben Sie bitte Verständnis, dass die Voucher bei Sonderveranstaltungen (Turniertagen, Tagen der offenen Tür oder sonstigen Promotion-Aktionen) nicht eingelöst werden können. Bitte erkundigen Sie sich vorab bei Ihrer Anmeldung bei den jeweiligen Golfanlagen. Die Barauszahlung des zweiten Green Fees ist nicht möglich.
- Es gelten die Teilnahme- und Spielbedingungen, die Hausordnung der angeschlossenen Golfclubs sowie die vor Ort ausgewiesenen aktuellen Green Fee-Preise.
- Das Kombinieren mit anderen Rabatten (z. B. Golf Fee Card etc.) oder gegenseitiges Einladen mit zwei oder mehreren Free-Golf-Voucher ist nicht möglich. Bei unterschiedlichen Green Fee-Gebühren (z. B. bei Ermäßigung von Jugendlichen) ist immer der günstigere Tarif kostenfrei.
- Alle Inserenten haben sich dem Herausgeber gegenüber verpflichtet, die Free-Golf-Voucher zu den jeweils angegebenen Teilnahmebedingungen einzulösen. Der Herausgeber übernimmt jedoch keine Haftung dafür, wenn ein Free-Golf-Voucher vom Inserenten nicht eingelöst wird oder nicht eingelöst werden kann. Dies gilt insbesondere bei Insolvenz oder Besitzerwechsel.
- Es haftet ausschließlich der Inserent (= Golfanlage bzw. Betreiber der Golfanlage) für evtl. Meinungsunterschiede und Schadensersatzansprüche.
- Der Herausgeber gibt sich große Mühe bei der Umsetzung der Inserate. Er haftet aber nicht für Satz-, Druck- oder Produktionsfehler. Die Daten für den LeisureBREAKS Guide for Free Golf wurden nach bestem Wissen erarbeitet. Der Herausgeber übernimmt keine Gewähr für deren Vollständigkeit und Richtigkeit. Alle Rechte, insbesondere das Recht der Vervielfältigung und Verbreitung sowie der Übersetzung vorbehalten. Kein Teil des Werkes darf in irgendeiner Form (durch Fotokopie, Mikrofilm oder ein anderes Verfahren) ohne schriftliche Genehmigung des Herausgebers reproduziert oder unter Verwendung elektronischer Systeme gespeichert, verarbeitet, vervielfältigt oder verbreitet werden.
- Die Bearbeitung der Anmeldung erfolgt mittels EDV. Mit Ihrer Unterschrift geben Sie Ihre Einwilligung, dass wir Sie kontaktieren und auch über weitere Aktionen informieren.
  Die Einwilligung kann jederzeit widerrufen werden.

Gültig bis 30.06.2021

21

17. Guide for Free Golf

LeisureBREAKS GmbH

Name, Vorname

Straße, Hausnummer

PLZ, Ort

Heimatclub

Handicap

E-Mail

Guide-Nummer

Mit der Anmeldung erkenne ich die umseitigen Teilnahmebedingungen an.

Datum

Unterschrift

22

17. Guide for Free Golf

LeisureBREAKS GmbH

Name, Vorname

Straße, Hausnummer

PLZ, Ort

Heimatclub

Handicap

E-Mail

Guide-Nummer

Mit der Anmeldung erkenne ich die umseitigen Teilnahmebedingungen an.

Datum

Unterschrift

23

17. Guide for Free Golf

LeisureBREAKS GmbH

Name, Vorname

Straße, Hausnummer

PLZ, Ort

Heimatclub

Handicap

E-Mail

Guide-Nummer

Mit der Anmeldung erkenne ich die umseitigen Teilnahmebedingungen an.

Datum

Unterschrift

24

17. Guide for Free Golf

LeisureBREAKS GmbH

Name, Vorname

Straße, Hausnummer

PLZ, Ort

Heimatclub

Handicap

E-Mail

Guide-Nummer

Mit der Anmeldung erkenne ich die umseitigen Teilnahmebedingungen an.

Datum

Unterschrift

Teilnahmebedingungen

- Free-Golf-Voucher können nur von mindestens zwei Personen genutzt werden. Es gibt keine Ermäßigung für Einzelspieler, außer dies ist explizit durch das Logo 30/1 im Eintrag des Clubs vermerkt. Die Voucher gelten nur für 18 Loch. Pro Golfanlage dürfen Sie maximal 2 Voucher einlösen.
- Free-Golf-Voucher können ausschließlich von Personen mit Green Fee-Berechtigung eingelöst werden. I. d. R. ist dazu ein Mindesthandicap (variiert nach Platz bzw. Anlage) sowie eine Mitgliedschaft bei einem Golfclub erforderlich.
- Bitte weisen Sie bei Ihrer Anmeldung darauf hin, dass Sie mit dem Guide for Free Golf spielen möchten und bringen Sie das Buch beim Einchecken am Golfplatz mit. Nur dann kann Ihnen das zweite, kostenfreie Green Fee oder der 30% Nachlass für Einzelspieler gewährt werden.
- Die beteiligten Golfanlagen gewähren Ihnen pro Voucher den Erlass des 2. Green Fees. Es können also pro Voucher jeweils 2 Personen für 1 Green Fee spielen (4 Personen benötigen 2 Voucher) oder eine Person mit 30% Nachlass. Bezahlt wird der normale Green Fee-Preis eines Erwachsenen am entsprechenden Spieltag.
- Bereits herausgetrennte bzw. lose Voucher sind nicht veräußerbar bzw. übertragbar; sie berechtigen insbesondere nicht zum Erlass des zweiten Green Fees. Zuwiderhandlungen werden zivilrechtlich verfolgt.
- Haben Sie bitte Verständnis, dass die Voucher bei Sonderveranstaltungen (Turniertagen, Tagen der offenen Tür oder sonstigen Promotion-Aktionen) nicht eingelöst werden können. Bitte erkundigen Sie sich vorab bei Ihrer Anmeldung bei den jeweiligen Golfanlagen. Die Barauszahlung des zweiten Green Fees ist nicht möglich.
- Es gelten die Teilnahme- und Spielbedingungen, die Hausordnung der angeschlossenen Golfclubs sowie die vor Ort ausgewiesenen aktuellen Green Fee-Preise.
- Das Kombinieren mit anderen Rabatten (z. B. Golf Fee Card etc.) oder gegenseitiges Einladen mit zwei oder mehreren Free-Golf-Voucher ist nicht möglich. Bei unterschiedlichen Green Fee-Gebühren (z. B. bei Ermäßigung von Jugendlichen) ist immer der günstigere Tarif kostenfrei.
- Alle Inserenten haben sich dem Herausgeber gegenüber verpflichtet, die Free-Golf-Voucher zu den jeweils angegebenen Teilnahmebedingungen einzulösen. Der Herausgeber übernimmt jedoch keine Haftung dafür, wenn ein Free-Golf-Voucher vom Inserenten nicht eingelöst wird oder nicht eingelöst werden kann. Dies gilt insbesondere bei Insolvenz oder Besitzerwechsel.
- Es haftet ausschließlich der Inserent (= Golfanlage bzw. Betreiber der Golfanlage) für evtl. Meinungsunterschiede und Schadensersatzansprüche.
- Der Herausgeber gibt sich große Mühe bei der Umsetzung der Inserate. Er haftet aber nicht für Satz-, Druck- oder Produktionsfehler. Die Daten für den LeisureBREAKS Guide for Free Golf wurden nach bestem Wissen erarbeitet. Der Herausgeber übernimmt keine Gewähr für deren Vollständigkeit und Richtigkeit. Alle Rechte, insbesondere das Recht der Vervielfältigung und Verbreitung sowie der Übersetzung vorbehalten. Kein Teil des Werkes darf in irgendeiner Form (durch Fotokopie, Mikrofilm oder ein anderes Verfahren) ohne schriftliche Genehmigung des Herausgebers reproduziert oder unter Verwendung elektronischer Systeme gespeichert, verarbeitet, vervielfältigt oder verbreitet werden.
- Die Bearbeitung der Anmeldung erfolgt mittels EDV. Mit Ihrer Unterschrift geben Sie Ihre Einwilligung, dass wir Sie kontaktieren und auch über weitere Aktionen informieren. Die Einwilligung kann jederzeit widerrufen werden.

Gültig bis 30.06.2021

Teilnahmebedingungen

- Free-Golf-Voucher können nur von mindestens zwei Personen genutzt werden. Es gibt keine Ermäßigung für Einzelspieler, außer dies ist explizit durch das Logo 30/1 im Eintrag des Clubs vermerkt. Die Voucher gelten nur für 18 Loch. Pro Golfanlage dürfen Sie maximal 2 Voucher einlösen.
- Free-Golf-Voucher können ausschließlich von Personen mit Green Fee-Berechtigung eingelöst werden. I. d. R. ist dazu ein Mindesthandicap (variiert nach Platz bzw. Anlage) sowie eine Mitgliedschaft bei einem Golfclub erforderlich.
- Bitte weisen Sie bei Ihrer Anmeldung darauf hin, dass Sie mit dem Guide for Free Golf spielen möchten und bringen Sie das Buch beim Einchecken am Golfplatz mit. Nur dann kann Ihnen das zweite, kostenfreie Green Fee oder der 30% Nachlass für Einzelspieler gewährt werden.
- Die beteiligten Golfanlagen gewähren Ihnen pro Voucher den Erlass des 2. Green Fees. Es können also pro Voucher jeweils 2 Personen für 1 Green Fee spielen (4 Personen benötigen 2 Voucher) oder eine Person mit 30% Nachlass. Bezahlt wird der normale Green Fee-Preis eines Erwachsenen am entsprechenden Spieltag.
- Bereits herausgetrennte bzw. lose Voucher sind nicht veräußerbar bzw. übertragbar; sie berechtigen insbesondere nicht zum Erlass des zweiten Green Fees. Zuwiderhandlungen werden zivilrechtlich verfolgt.
- Haben Sie bitte Verständnis, dass die Voucher bei Sonderveranstaltungen (Turniertagen, Tagen der offenen Tür oder sonstigen Promotion-Aktionen) nicht eingelöst werden können. Bitte erkundigen Sie sich vorab bei Ihrer Anmeldung bei den jeweiligen Golfanlagen. Die Barauszahlung des zweiten Green Fees ist nicht möglich.
- Es gelten die Teilnahme- und Spielbedingungen, die Hausordnung der angeschlossenen Golfclubs sowie die vor Ort ausgewiesenen aktuellen Green Fee-Preise.
- Das Kombinieren mit anderen Rabatten (z. B. Golf Fee Card etc.) oder gegenseitiges Einladen mit zwei oder mehreren Free-Golf-Voucher ist nicht möglich. Bei unterschiedlichen Green Fee-Gebühren (z. B. bei Ermäßigung von Jugendlichen) ist immer der günstigere Tarif kostenfrei.
- Alle Inserenten haben sich dem Herausgeber gegenüber verpflichtet, die Free-Golf-Voucher zu den jeweils angegebenen Teilnahmebedingungen einzulösen. Der Herausgeber übernimmt jedoch keine Haftung dafür, wenn ein Free-Golf-Voucher vom Inserenten nicht eingelöst wird oder nicht eingelöst werden kann. Dies gilt insbesondere bei Insolvenz oder Besitzerwechsel.
- Es haftet ausschließlich der Inserent (= Golfanlage bzw. Betreiber der Golfanlage) für evtl. Meinungsunterschiede und Schadensersatzansprüche.
- Der Herausgeber gibt sich große Mühe bei der Umsetzung der Inserate. Er haftet aber nicht für Satz-, Druck- oder Produktionsfehler. Die Daten für den LeisureBREAKS Guide for Free Golf wurden nach bestem Wissen erarbeitet. Der Herausgeber übernimmt keine Gewähr für deren Vollständigkeit und Richtigkeit. Alle Rechte, insbesondere das Recht der Vervielfältigung und Verbreitung sowie der Übersetzung vorbehalten. Kein Teil des Werkes darf in irgendeiner Form (durch Fotokopie, Mikrofilm oder ein anderes Verfahren) ohne schriftliche Genehmigung des Herausgebers reproduziert oder unter Verwendung elektronischer Systeme gespeichert, verarbeitet, vervielfältigt oder verbreitet werden.
- Die Bearbeitung der Anmeldung erfolgt mittels EDV. Mit Ihrer Unterschrift geben Sie Ihre Einwilligung, dass wir Sie kontaktieren und auch über weitere Aktionen informieren. Die Einwilligung kann jederzeit widerrufen werden.

Gültig bis 30.06.2021

Teilnahmebedingungen

- Free-Golf-Voucher können nur von mindestens zwei Personen genutzt werden. Es gibt keine Ermäßigung für Einzelspieler, außer dies ist explizit durch das Logo 30/1 im Eintrag des Clubs vermerkt. Die Voucher gelten nur für 18 Loch. Pro Golfanlage dürfen Sie maximal 2 Voucher einlösen.
- Free-Golf-Voucher können ausschließlich von Personen mit Green Fee-Berechtigung eingelöst werden. I. d. R. ist dazu ein Mindesthandicap (variiert nach Platz bzw. Anlage) sowie eine Mitgliedschaft bei einem Golfclub erforderlich.
- Bitte weisen Sie bei Ihrer Anmeldung darauf hin, dass Sie mit dem Guide for Free Golf spielen möchten und bringen Sie das Buch beim Einchecken am Golfplatz mit. Nur dann kann Ihnen das zweite, kostenfreie Green Fee oder der 30% Nachlass für Einzelspieler gewährt werden.
- Die beteiligten Golfanlagen gewähren Ihnen pro Voucher den Erlass des 2. Green Fees. Es können also pro Voucher jeweils 2 Personen für 1 Green Fee spielen (4 Personen benötigen 2 Voucher) oder eine Person mit 30% Nachlass. Bezahlt wird der normale Green Fee-Preis eines Erwachsenen am entsprechenden Spieltag.
- Bereits herausgetrennte bzw. lose Voucher sind nicht veräußerbar bzw. übertragbar; sie berechtigen insbesondere nicht zum Erlass des zweiten Green Fees. Zuwiderhandlungen werden zivilrechtlich verfolgt.
- Haben Sie bitte Verständnis, dass die Voucher bei Sonderveranstaltungen (Turniertagen, Tagen der offenen Tür oder sonstigen Promotion-Aktionen) nicht eingelöst werden können. Bitte erkundigen Sie sich vorab bei Ihrer Anmeldung bei den jeweiligen Golfanlagen. Die Barauszahlung des zweiten Green Fees ist nicht möglich.
- Es gelten die Teilnahme- und Spielbedingungen, die Hausordnung der angeschlossenen Golfclubs sowie die vor Ort ausgewiesenen aktuellen Green Fee-Preise.
- Das Kombinieren mit anderen Rabatten (z. B. Golf Fee Card etc.) oder gegenseitiges Einladen mit zwei oder mehreren Free-Golf-Voucher ist nicht möglich. Bei unterschiedlichen Green Fee-Gebühren (z. B. bei Ermäßigung von Jugendlichen) ist immer der günstigere Tarif kostenfrei.
- Alle Inserenten haben sich dem Herausgeber gegenüber verpflichtet, die Free-Golf-Voucher zu den jeweils angegebenen Teilnahmebedingungen einzulösen. Der Herausgeber übernimmt jedoch keine Haftung dafür, wenn ein Free-Golf-Voucher vom Inserenten nicht eingelöst wird oder nicht eingelöst werden kann. Dies gilt insbesondere bei Insolvenz oder Besitzerwechsel.
- Es haftet ausschließlich der Inserent (= Golfanlage bzw. Betreiber der Golfanlage) für evtl. Meinungsunterschiede und Schadensersatzansprüche.
- Der Herausgeber gibt sich große Mühe bei der Umsetzung der Inserate. Er haftet aber nicht für Satz-, Druck- oder Produktionsfehler. Die Daten für den LeisureBREAKS Guide for Free Golf wurden nach bestem Wissen erarbeitet. Der Herausgeber übernimmt keine Gewähr für deren Vollständigkeit und Richtigkeit. Alle Rechte, insbesondere das Recht der Vervielfältigung und Verbreitung sowie der Übersetzung vorbehalten. Kein Teil des Werkes darf in irgendeiner Form (durch Fotokopie, Mikrofilm oder ein anderes Verfahren) ohne schriftliche Genehmigung des Herausgebers reproduziert oder unter Verwendung elektronischer Systeme gespeichert, verarbeitet, vervielfältigt oder verbreitet werden.
- Die Bearbeitung der Anmeldung erfolgt mittels EDV. Mit Ihrer Unterschrift geben Sie Ihre Einwilligung, dass wir Sie kontaktieren und auch über weitere Aktionen informieren. Die Einwilligung kann jederzeit widerrufen werden.

Gültig bis 30.06.2021

Teilnahmebedingungen

- Free-Golf-Voucher können nur von mindestens zwei Personen genutzt werden. Es gibt keine Ermäßigung für Einzelspieler, außer dies ist explizit durch das Logo 30/1 im Eintrag des Clubs vermerkt. Die Voucher gelten nur für 18 Loch. Pro Golfanlage dürfen Sie maximal 2 Voucher einlösen.
- Free-Golf-Voucher können ausschließlich von Personen mit Green Fee-Berechtigung eingelöst werden. I. d. R. ist dazu ein Mindesthandicap (variiert nach Platz bzw. Anlage) sowie eine Mitgliedschaft bei einem Golfclub erforderlich.
- Bitte weisen Sie bei Ihrer Anmeldung darauf hin, dass Sie mit dem Guide for Free Golf spielen möchten und bringen Sie das Buch beim Einchecken am Golfplatz mit. Nur dann kann Ihnen das zweite, kostenfreie Green Fee oder der 30% Nachlass für Einzelspieler gewährt werden.
- Die beteiligten Golfanlagen gewähren Ihnen pro Voucher den Erlass des 2. Green Fees. Es können also pro Voucher jeweils 2 Personen für 1 Green Fee spielen (4 Personen benötigen 2 Voucher) oder eine Person mit 30% Nachlass. Bezahlt wird der normale Green Fee-Preis eines Erwachsenen am entsprechenden Spieltag.
- Bereits herausgetrennte bzw. lose Voucher sind nicht veräußerbar bzw. übertragbar; sie berechtigen insbesondere nicht zum Erlass des zweiten Green Fees. Zuwiderhandlungen werden zivilrechtlich verfolgt.
- Haben Sie bitte Verständnis, dass die Voucher bei Sonderveranstaltungen (Turniertagen, Tagen der offenen Tür oder sonstigen Promotion-Aktionen) nicht eingelöst werden können. Bitte erkundigen Sie sich vorab bei Ihrer Anmeldung bei den jeweiligen Golfanlagen. Die Barauszahlung des zweiten Green Fees ist nicht möglich.
- Es gelten die Teilnahme- und Spielbedingungen, die Hausordnung der angeschlossenen Golfclubs sowie die vor Ort ausgewiesenen aktuellen Green Fee-Preise.
- Das Kombinieren mit anderen Rabatten (z. B. Golf Fee Card etc.) oder gegenseitiges Einladen mit zwei oder mehreren Free-Golf-Voucher ist nicht möglich. Bei unterschiedlichen Green Fee-Gebühren (z. B. bei Ermäßigung von Jugendlichen) ist immer der günstigere Tarif kostenfrei.
- Alle Inserenten haben sich dem Herausgeber gegenüber verpflichtet, die Free-Golf-Voucher zu den jeweils angegebenen Teilnahmebedingungen einzulösen. Der Herausgeber übernimmt jedoch keine Haftung dafür, wenn ein Free-Golf-Voucher vom Inserenten nicht eingelöst wird oder nicht eingelöst werden kann. Dies gilt insbesondere bei Insolvenz oder Besitzerwechsel.
- Es haftet ausschließlich der Inserent (= Golfanlage bzw. Betreiber der Golfanlage) für evtl. Meinungsunterschiede und Schadensersatzansprüche.
- Der Herausgeber gibt sich große Mühe bei der Umsetzung der Inserate. Er haftet aber nicht für Satz-, Druck- oder Produktionsfehler. Die Daten für den LeisureBREAKS Guide for Free Golf wurden nach bestem Wissen erarbeitet. Der Herausgeber übernimmt keine Gewähr für deren Vollständigkeit und Richtigkeit. Alle Rechte, insbesondere das Recht der Vervielfältigung und Verbreitung sowie der Übersetzung vorbehalten. Kein Teil des Werkes darf in irgendeiner Form (durch Fotokopie, Mikrofilm oder ein anderes Verfahren) ohne schriftliche Genehmigung des Herausgebers reproduziert oder unter Verwendung elektronischer Systeme gespeichert, verarbeitet, vervielfältigt oder verbreitet werden.
- Die Bearbeitung der Anmeldung erfolgt mittels EDV. Mit Ihrer Unterschrift geben Sie Ihre Einwilligung, dass wir Sie kontaktieren und auch über weitere Aktionen informieren. Die Einwilligung kann jederzeit widerrufen werden.

Gültig bis 30.06.2021

25

17. Guide for Free Golf

LeisureBREAKS GmbH

Name, Vorname

Straße, Hausnummer

PLZ, Ort

Heimatclub

Handicap

E-Mail

Guide-Nummer

Mit der Anmeldung erkenne ich die umseitigen Teilnahmebedingungen an.

Datum

Unterschrift

26

17. Guide for Free Golf

LeisureBREAKS GmbH

Name, Vorname

Straße, Hausnummer

PLZ, Ort

Heimatclub

Handicap

E-Mail

Guide-Nummer

Mit der Anmeldung erkenne ich die umseitigen Teilnahmebedingungen an.

Datum

Unterschrift

27

17. Guide for Free Golf

LeisureBREAKS GmbH

Name, Vorname

Straße, Hausnummer

PLZ, Ort

Heimatclub

Handicap

E-Mail

Guide-Nummer

Mit der Anmeldung erkenne ich die umseitigen Teilnahmebedingungen an.

Datum

Unterschrift

28

17. Guide for Free Golf

LeisureBREAKS GmbH

Name, Vorname

Straße, Hausnummer

PLZ, Ort

Heimatclub

Handicap

E-Mail

Guide-Nummer

Mit der Anmeldung erkenne ich die umseitigen Teilnahmebedingungen an.

Datum

Unterschrift

Teilnahmebedingungen

- Free-Golf-Voucher können nur von mindestens zwei Personen genutzt werden. Es gibt keine Ermäßigung für Einzelspieler, außer dies ist explizit durch das Logo 30/1 im Eintrag des Clubs vermerkt. Die Voucher gelten nur für 18 Loch. Pro Golfanlage dürfen Sie maximal 2 Voucher einlösen.
- Free-Golf-Voucher können ausschließlich von Personen mit Green Fee-Berechtigung eingelöst werden. I. d. R. ist dazu ein Mindesthandicap (variiert nach Platz bzw. Anlage) sowie eine Mitgliedschaft bei einem Golfclub erforderlich.
- Bitte weisen Sie bei Ihrer Anmeldung darauf hin, dass Sie mit dem Guide for Free Golf spielen möchten und bringen Sie das Buch beim Einchecken am Golfplatz mit. Nur dann kann Ihnen das zweite, kostenfreie Green Fee oder der 30% Nachlass für Einzelspieler gewährt werden.
- Die beteiligten Golfanlagen gewähren Ihnen pro Voucher den Erlass des 2. Green Fees. Es können also pro Voucher jeweils 2 Personen für 1 Green Fee spielen (4 Personen benötigen 2 Voucher) oder eine Person mit 30% Nachlass. Bezahlt wird der normale Green Fee-Preis eines Erwachsenen am entsprechenden Spieltag.
- Bereits herausgetrennte bzw. lose Voucher sind nicht veräußerbar bzw. übertragbar; sie berechtigen insbesondere nicht zum Erlass des zweiten Green Fees. Zuwiderhandlungen werden zivilrechtlich verfolgt.
- Haben Sie bitte Verständnis, dass die Voucher bei Sonderveranstaltungen (Turniertagen, Tagen der offenen Tür oder sonstigen Promotion-Aktionen) nicht eingelöst werden können. Bitte erkundigen Sie sich vorab bei Ihrer Anmeldung bei den jeweiligen Golfanlagen. Die Barauszahlung des zweiten Green Fees ist nicht möglich.
- Es gelten die Teilnahme- und Spielbedingungen, die Hausordnung der angeschlossenen Golfclubs sowie die vor Ort ausgewiesenen aktuellen Green Fee-Preise.
- Das Kombinieren mit anderen Rabatten (z. B. Golf Fee Card etc.) oder gegenseitiges Einladen mit zwei oder mehreren Free-Golf-Voucher ist nicht möglich. Bei unterschiedlichen Green Fee-Gebühren (z. B. bei Ermäßigung von Jugendlichen) ist immer der günstigere Tarif kostenfrei.
- Alle Inserenten haben sich dem Herausgeber gegenüber verpflichtet, die Free-Golf-Voucher zu den jeweils angegebenen Teilnahmebedingungen einzulösen. Der Herausgeber übernimmt jedoch keine Haftung dafür, wenn ein Free-Golf-Voucher vom Inserenten nicht eingelöst wird oder nicht eingelöst werden kann. Dies gilt insbesondere bei Insolvenz oder Besitzerwechsel.
- Es haftet ausschließlich der Inserent (= Golfanlage bzw. Betreiber der Golfanlage) für evtl. Meinungsunterschiede und Schadensersatzansprüche.
- Der Herausgeber gibt sich große Mühe bei der Umsetzung der Inserate. Er haftet aber nicht für Satz-, Druck- oder Produktionsfehler. Die Daten für den LeisureBREAKS Guide for Free Golf wurden nach bestem Wissen erarbeitet. Der Herausgeber übernimmt keine Gewähr für deren Vollständigkeit und Richtigkeit. Alle Rechte, insbesondere das Recht der Vervielfältigung und Verbreitung sowie der Übersetzung vorbehalten. Kein Teil des Werkes darf in irgendeiner Form (durch Fotokopie, Mikrofilm oder ein anderes Verfahren) ohne schriftliche Genehmigung des Herausgebers reproduziert oder unter Verwendung elektronischer Systeme gespeichert, verarbeitet, vervielfältigt oder verbreitet werden.
- Die Bearbeitung der Anmeldung erfolgt mittels EDV. Mit Ihrer Unterschrift geben Sie Ihre Einwilligung, dass wir Sie kontaktieren und auch über weitere Aktionen informieren.
  Die Einwilligung kann jederzeit widerrufen werden.

Gültig bis 30.06.2021

Teilnahmebedingungen

- Free-Golf-Voucher können nur von mindestens zwei Personen genutzt werden. Es gibt keine Ermäßigung für Einzelspieler, außer dies ist explizit durch das Logo 30/1 im Eintrag des Clubs vermerkt. Die Voucher gelten nur für 18 Loch. Pro Golfanlage dürfen Sie maximal 2 Voucher einlösen.
- Free-Golf-Voucher können ausschließlich von Personen mit Green Fee-Berechtigung eingelöst werden. I. d. R. ist dazu ein Mindesthandicap (variiert nach Platz bzw. Anlage) sowie eine Mitgliedschaft bei einem Golfclub erforderlich.
- Bitte weisen Sie bei Ihrer Anmeldung darauf hin, dass Sie mit dem Guide for Free Golf spielen möchten und bringen Sie das Buch beim Einchecken am Golfplatz mit. Nur dann kann Ihnen das zweite, kostenfreie Green Fee oder der 30% Nachlass für Einzelspieler gewährt werden.
- Die beteiligten Golfanlagen gewähren Ihnen pro Voucher den Erlass des 2. Green Fees. Es können also pro Voucher jeweils 2 Personen für 1 Green Fee spielen (4 Personen benötigen 2 Voucher) oder eine Person mit 30% Nachlass. Bezahlt wird der normale Green Fee-Preis eines Erwachsenen am entsprechenden Spieltag.
- Bereits herausgetrennte bzw. lose Voucher sind nicht veräußerbar bzw. übertragbar; sie berechtigen insbesondere nicht zum Erlass des zweiten Green Fees. Zuwiderhandlungen werden zivilrechtlich verfolgt.
- Haben Sie bitte Verständnis, dass die Voucher bei Sonderveranstaltungen (Turniertagen, Tagen der offenen Tür oder sonstigen Promotion-Aktionen) nicht eingelöst werden können. Bitte erkundigen Sie sich vorab bei Ihrer Anmeldung bei den jeweiligen Golfanlagen. Die Barauszahlung des zweiten Green Fees ist nicht möglich.
- Es gelten die Teilnahme- und Spielbedingungen, die Hausordnung der angeschlossenen Golfclubs sowie die vor Ort ausgewiesenen aktuellen Green Fee-Preise.
- Das Kombinieren mit anderen Rabatten (z. B. Golf Fee Card etc.) oder gegenseitiges Einladen mit zwei oder mehreren Free-Golf-Voucher ist nicht möglich. Bei unterschiedlichen Green Fee-Gebühren (z. B. bei Ermäßigung von Jugendlichen) ist immer der günstigere Tarif kostenfrei.
- Alle Inserenten haben sich dem Herausgeber gegenüber verpflichtet, die Free-Golf-Voucher zu den jeweils angegebenen Teilnahmebedingungen einzulösen. Der Herausgeber übernimmt jedoch keine Haftung dafür, wenn ein Free-Golf-Voucher vom Inserenten nicht eingelöst wird oder nicht eingelöst werden kann. Dies gilt insbesondere bei Insolvenz oder Besitzerwechsel.
- Es haftet ausschließlich der Inserent (= Golfanlage bzw. Betreiber der Golfanlage) für evtl. Meinungsunterschiede und Schadensersatzansprüche.
- Der Herausgeber gibt sich große Mühe bei der Umsetzung der Inserate. Er haftet aber nicht für Satz-, Druck- oder Produktionsfehler. Die Daten für den LeisureBREAKS Guide for Free Golf wurden nach bestem Wissen erarbeitet. Der Herausgeber übernimmt keine Gewähr für deren Vollständigkeit und Richtigkeit. Alle Rechte, insbesondere das Recht der Vervielfältigung und Verbreitung sowie der Übersetzung vorbehalten. Kein Teil des Werkes darf in irgendeiner Form (durch Fotokopie, Mikrofilm oder ein anderes Verfahren) ohne schriftliche Genehmigung des Herausgebers reproduziert oder unter Verwendung elektronischer Systeme gespeichert, verarbeitet, vervielfältigt oder verbreitet werden.
- Die Bearbeitung der Anmeldung erfolgt mittels EDV. Mit Ihrer Unterschrift geben Sie Ihre Einwilligung, dass wir Sie kontaktieren und auch über weitere Aktionen informieren.
  Die Einwilligung kann jederzeit widerrufen werden.

Gültig bis 30.06.2021

Teilnahmebedingungen

- Free-Golf-Voucher können nur von mindestens zwei Personen genutzt werden. Es gibt keine Ermäßigung für Einzelspieler, außer dies ist explizit durch das Logo 30/1 im Eintrag des Clubs vermerkt. Die Voucher gelten nur für 18 Loch. Pro Golfanlage dürfen Sie maximal 2 Voucher einlösen.
- Free-Golf-Voucher können ausschließlich von Personen mit Green Fee-Berechtigung eingelöst werden. I. d. R. ist dazu ein Mindesthandicap (variiert nach Platz bzw. Anlage) sowie eine Mitgliedschaft bei einem Golfclub erforderlich.
- Bitte weisen Sie bei Ihrer Anmeldung darauf hin, dass Sie mit dem Guide for Free Golf spielen möchten und bringen Sie das Buch beim Einchecken am Golfplatz mit. Nur dann kann Ihnen das zweite, kostenfreie Green Fee oder der 30% Nachlass für Einzelspieler gewährt werden.
- Die beteiligten Golfanlagen gewähren Ihnen pro Voucher den Erlass des 2. Green Fees. Es können also pro Voucher jeweils 2 Personen für 1 Green Fee spielen (4 Personen benötigen 2 Voucher) oder eine Person mit 30% Nachlass. Bezahlt wird der normale Green Fee-Preis eines Erwachsenen am entsprechenden Spieltag.
- Bereits herausgetrennte bzw. lose Voucher sind nicht veräußerbar bzw. übertragbar; sie berechtigen insbesondere nicht zum Erlass des zweiten Green Fees. Zuwiderhandlungen werden zivilrechtlich verfolgt.
- Haben Sie bitte Verständnis, dass die Voucher bei Sonderveranstaltungen (Turniertagen, Tagen der offenen Tür oder sonstigen Promotion-Aktionen) nicht eingelöst werden können. Bitte erkundigen Sie sich vorab bei Ihrer Anmeldung bei den jeweiligen Golfanlagen. Die Barauszahlung des zweiten Green Fees ist nicht möglich.
- Es gelten die Teilnahme- und Spielbedingungen, die Hausordnung der angeschlossenen Golfclubs sowie die vor Ort ausgewiesenen aktuellen Green Fee-Preise.
- Das Kombinieren mit anderen Rabatten (z. B. Golf Fee Card etc.) oder gegenseitiges Einladen mit zwei oder mehreren Free-Golf-Voucher ist nicht möglich. Bei unterschiedlichen Green Fee-Gebühren (z. B. bei Ermäßigung von Jugendlichen) ist immer der günstigere Tarif kostenfrei.
- Alle Inserenten haben sich dem Herausgeber gegenüber verpflichtet, die Free-Golf-Voucher zu den jeweils angegebenen Teilnahmebedingungen einzulösen. Der Herausgeber übernimmt jedoch keine Haftung dafür, wenn ein Free-Golf-Voucher vom Inserenten nicht eingelöst wird oder nicht eingelöst werden kann. Dies gilt insbesondere bei Insolvenz oder Besitzerwechsel.
- Es haftet ausschließlich der Inserent (= Golfanlage bzw. Betreiber der Golfanlage) für evtl. Meinungsunterschiede und Schadensersatzansprüche.
- Der Herausgeber gibt sich große Mühe bei der Umsetzung der Inserate. Er haftet aber nicht für Satz-, Druck- oder Produktionsfehler. Die Daten für den LeisureBREAKS Guide for Free Golf wurden nach bestem Wissen erarbeitet. Der Herausgeber übernimmt keine Gewähr für deren Vollständigkeit und Richtigkeit. Alle Rechte, insbesondere das Recht der Vervielfältigung und Verbreitung sowie der Übersetzung vorbehalten. Kein Teil des Werkes darf in irgendeiner Form (durch Fotokopie, Mikrofilm oder ein anderes Verfahren) ohne schriftliche Genehmigung des Herausgebers reproduziert oder unter Verwendung elektronischer Systeme gespeichert, verarbeitet, vervielfältigt oder verbreitet werden.
- Die Bearbeitung der Anmeldung erfolgt mittels EDV. Mit Ihrer Unterschrift geben Sie Ihre Einwilligung, dass wir Sie kontaktieren und auch über weitere Aktionen informieren.
  Die Einwilligung kann jederzeit widerrufen werden.

Gültig bis 30.06.2021

Teilnahmebedingungen

- Free-Golf-Voucher können nur von mindestens zwei Personen genutzt werden. Es gibt keine Ermäßigung für Einzelspieler, außer dies ist explizit durch das Logo 30/1 im Eintrag des Clubs vermerkt. Die Voucher gelten nur für 18 Loch. Pro Golfanlage dürfen Sie maximal 2 Voucher einlösen.
- Free-Golf-Voucher können ausschließlich von Personen mit Green Fee-Berechtigung eingelöst werden. I. d. R. ist dazu ein Mindesthandicap (variiert nach Platz bzw. Anlage) sowie eine Mitgliedschaft bei einem Golfclub erforderlich.
- Bitte weisen Sie bei Ihrer Anmeldung darauf hin, dass Sie mit dem Guide for Free Golf spielen möchten und bringen Sie das Buch beim Einchecken am Golfplatz mit. Nur dann kann Ihnen das zweite, kostenfreie Green Fee oder der 30% Nachlass für Einzelspieler gewährt werden.
- Die beteiligten Golfanlagen gewähren Ihnen pro Voucher den Erlass des 2. Green Fees. Es können also pro Voucher jeweils 2 Personen für 1 Green Fee spielen (4 Personen benötigen 2 Voucher) oder eine Person mit 30% Nachlass. Bezahlt wird der normale Green Fee-Preis eines Erwachsenen am entsprechenden Spieltag.
- Bereits herausgetrennte bzw. lose Voucher sind nicht veräußerbar bzw. übertragbar; sie berechtigen insbesondere nicht zum Erlass des zweiten Green Fees. Zuwiderhandlungen werden zivilrechtlich verfolgt.
- Haben Sie bitte Verständnis, dass die Voucher bei Sonderveranstaltungen (Turniertagen, Tagen der offenen Tür oder sonstigen Promotion-Aktionen) nicht eingelöst werden können. Bitte erkundigen Sie sich vorab bei Ihrer Anmeldung bei den jeweiligen Golfanlagen. Die Barauszahlung des zweiten Green Fees ist nicht möglich.
- Es gelten die Teilnahme- und Spielbedingungen, die Hausordnung der angeschlossenen Golfclubs sowie die vor Ort ausgewiesenen aktuellen Green Fee-Preise.
- Das Kombinieren mit anderen Rabatten (z. B. Golf Fee Card etc.) oder gegenseitiges Einladen mit zwei oder mehreren Free-Golf-Voucher ist nicht möglich. Bei unterschiedlichen Green Fee-Gebühren (z. B. bei Ermäßigung von Jugendlichen) ist immer der günstigere Tarif kostenfrei.
- Alle Inserenten haben sich dem Herausgeber gegenüber verpflichtet, die Free-Golf-Voucher zu den jeweils angegebenen Teilnahmebedingungen einzulösen. Der Herausgeber übernimmt jedoch keine Haftung dafür, wenn ein Free-Golf-Voucher vom Inserenten nicht eingelöst wird oder nicht eingelöst werden kann. Dies gilt insbesondere bei Insolvenz oder Besitzerwechsel.
- Es haftet ausschließlich der Inserent (= Golfanlage bzw. Betreiber der Golfanlage) für evtl. Meinungsunterschiede und Schadensersatzansprüche.
- Der Herausgeber gibt sich große Mühe bei der Umsetzung der Inserate. Er haftet aber nicht für Satz-, Druck- oder Produktionsfehler. Die Daten für den LeisureBREAKS Guide for Free Golf wurden nach bestem Wissen erarbeitet. Der Herausgeber übernimmt keine Gewähr für deren Vollständigkeit und Richtigkeit. Alle Rechte, insbesondere das Recht der Vervielfältigung und Verbreitung sowie der Übersetzung vorbehalten. Kein Teil des Werkes darf in irgendeiner Form (durch Fotokopie, Mikrofilm oder ein anderes Verfahren) ohne schriftliche Genehmigung des Herausgebers reproduziert oder unter Verwendung elektronischer Systeme gespeichert, verarbeitet, vervielfältigt oder verbreitet werden.
- Die Bearbeitung der Anmeldung erfolgt mittels EDV. Mit Ihrer Unterschrift geben Sie Ihre Einwilligung, dass wir Sie kontaktieren und auch über weitere Aktionen informieren.
  Die Einwilligung kann jederzeit widerrufen werden.

Gültig bis 30.06.2021

29

17. Guide for Free Golf

LeisureBREAKS GmbH

Name, Vorname

Straße, Hausnummer

PLZ, Ort

Heimatclub

Handicap

E-Mail

Guide-Nummer

Mit der Anmeldung erkenne ich die umseitigen Teilnahmebedingungen an.

Datum

Unterschrift

30

17. Guide for Free Golf

LeisureBREAKS GmbH

Name, Vorname

Straße, Hausnummer

PLZ, Ort

Heimatclub

Handicap

E-Mail

Guide-Nummer

Mit der Anmeldung erkenne ich die umseitigen Teilnahmebedingungen an.

Datum

Unterschrift

31

17. Guide for Free Golf

LeisureBREAKS GmbH

Name, Vorname

Straße, Hausnummer

PLZ, Ort

Heimatclub

Handicap

E-Mail

Guide-Nummer

Mit der Anmeldung erkenne ich die umseitigen Teilnahmebedingungen an.

Datum

Unterschrift

32

17. Guide for Free Golf

LeisureBREAKS GmbH

Name, Vorname

Straße, Hausnummer

PLZ, Ort

Heimatclub

Handicap

E-Mail

Guide-Nummer

Mit der Anmeldung erkenne ich die umseitigen Teilnahmebedingungen an.

Datum

Unterschrift

Teilnahmebedingungen

- Free-Golf-Voucher können nur von mindestens zwei Personen genutzt werden. Es gibt keine Ermäßigung für Einzelspieler, außer dies ist explizit durch das Logo 30/1 im Eintrag des Clubs vermerkt. Die Voucher gelten nur für 18 Loch. Pro Golfanlage dürfen Sie maximal 2 Voucher einlösen.
- Free-Golf-Voucher können ausschließlich von Personen mit Green Fee-Berechtigung eingelöst werden. I. d. R. ist dazu ein Mindesthandicap (variiert nach Platz bzw. Anlage) sowie eine Mitgliedschaft bei einem Golfclub erforderlich.
- Bitte weisen Sie bei Ihrer Anmeldung darauf hin, dass Sie mit dem Guide for Free Golf spielen möchten und bringen Sie das Buch beim Einchecken am Golfplatz mit. Nur dann kann Ihnen das zweite, kostenfreie Green Fee oder der 30% Nachlass für Einzelspieler gewährt werden.
- Die beteiligten Golfanlagen gewähren Ihnen pro Voucher den Erlass des 2. Green Fees. Es können also pro Voucher jeweils 2 Personen für 1 Green Fee spielen (4 Personen benötigen 2 Voucher) oder eine Person mit 30% Nachlass. Bezahlt wird der normale Green Fee-Preis eines Erwachsenen am entsprechenden Spieltag.
- Bereits herausgetrennte bzw. lose Voucher sind nicht veräußerbar bzw. übertragbar; sie berechtigen insbesondere nicht zum Erlass des zweiten Green Fees. Zuwiderhandlungen werden zivilrechtlich verfolgt.
- Haben Sie bitte Verständnis, dass die Voucher bei Sonderveranstaltungen (Turniertagen, Tagen der offenen Tür oder sonstigen Promotion-Aktionen) nicht eingelöst werden können. Bitte erkundigen Sie sich vorab bei Ihrer Anmeldung bei den jeweiligen Golfanlagen. Die Barauszahlung des zweiten Green Fees ist nicht möglich.
- Es gelten die Teilnahme- und Spielbedingungen, die Hausordnung der angeschlossenen Golfclubs sowie die vor Ort ausgewiesenen aktuellen Green Fee-Preise.
- Das Kombinieren mit anderen Rabatten (z. B. Golf Fee Card etc.) oder gegenseitiges Einladen mit zwei oder mehreren Free-Golf-Voucher ist nicht möglich. Bei unterschiedlichen Green Fee-Gebühren (z. B. bei Ermäßigung von Jugendlichen) ist immer der günstigere Tarif kostenfrei.
- Alle Inserenten haben sich dem Herausgeber gegenüber verpflichtet, die Free-Golf-Voucher zu den jeweils angegebenen Teilnahmebedingungen einzulösen. Der Herausgeber übernimmt jedoch keine Haftung dafür, wenn ein Free-Golf-Voucher vom Inserenten nicht eingelöst wird oder nicht eingelöst werden kann. Dies gilt insbesondere bei Insolvenz oder Besitzerwechsel.
- Es haftet ausschließlich der Inserent (= Golfanlage bzw. Betreiber der Golfanlage) für evtl. Meinungsunterschiede und Schadensersatzansprüche.
- Der Herausgeber gibt sich große Mühe bei der Umsetzung der Inserate. Er haftet aber nicht für Satz-, Druck- oder Produktionsfehler. Die Daten für den LeisureBREAKS Guide for Free Golf wurden nach bestem Wissen erarbeitet. Der Herausgeber übernimmt keine Gewähr für deren Vollständigkeit und Richtigkeit. Alle Rechte, insbesondere das Recht der Vervielfältigung und Verbreitung sowie der Übersetzung vorbehalten. Kein Teil des Werkes darf in irgendeiner Form (durch Fotokopie, Mikrofilm oder ein anderes Verfahren) ohne schriftliche Genehmigung des Herausgebers reproduziert oder unter Verwendung elektronischer Systeme gespeichert, verarbeitet, vervielfältigt oder verbreitet werden.
- Die Bearbeitung der Anmeldung erfolgt mittels EDV. Mit Ihrer Unterschrift geben Sie Ihre Einwilligung, dass wir Sie kontaktieren und auch über weitere Aktionen informieren.
Die Einwilligung kann jederzeit widerrufen werden.

Gültig bis 30.06.2021

Teilnahmebedingungen

- Free-Golf-Voucher können nur von mindestens zwei Personen genutzt werden. Es gibt keine Ermäßigung für Einzelspieler, außer dies ist explizit durch das Logo 30/1 im Eintrag des Clubs vermerkt. Die Voucher gelten nur für 18 Loch. Pro Golfanlage dürfen Sie maximal 2 Voucher einlösen.
- Free-Golf-Voucher können ausschließlich von Personen mit Green Fee-Berechtigung eingelöst werden. I. d. R. ist dazu ein Mindesthandicap (variiert nach Platz bzw. Anlage) sowie eine Mitgliedschaft bei einem Golfclub erforderlich.
- Bitte weisen Sie bei Ihrer Anmeldung darauf hin, dass Sie mit dem Guide for Free Golf spielen möchten und bringen Sie das Buch beim Einchecken am Golfplatz mit. Nur dann kann Ihnen das zweite, kostenfreie Green Fee oder der 30% Nachlass für Einzelspieler gewährt werden.
- Die beteiligten Golfanlagen gewähren Ihnen pro Voucher den Erlass des 2. Green Fees. Es können also pro Voucher jeweils 2 Personen für 1 Green Fee spielen (4 Personen benötigen 2 Voucher) oder eine Person mit 30% Nachlass. Bezahlt wird der normale Green Fee-Preis eines Erwachsenen am entsprechenden Spieltag.
- Bereits herausgetrennte bzw. lose Voucher sind nicht veräußerbar bzw. übertragbar; sie berechtigen insbesondere nicht zum Erlass des zweiten Green Fees. Zuwiderhandlungen werden zivilrechtlich verfolgt.
- Haben Sie bitte Verständnis, dass die Voucher bei Sonderveranstaltungen (Turniertagen, Tagen der offenen Tür oder sonstigen Promotion-Aktionen) nicht eingelöst werden können. Bitte erkundigen Sie sich vorab bei Ihrer Anmeldung bei den jeweiligen Golfanlagen. Die Barauszahlung des zweiten Green Fees ist nicht möglich.
- Es gelten die Teilnahme- und Spielbedingungen, die Hausordnung der angeschlossenen Golfclubs sowie die vor Ort ausgewiesenen aktuellen Green Fee-Preise.
- Das Kombinieren mit anderen Rabatten (z. B. Golf Fee Card etc.) oder gegenseitiges Einladen mit zwei oder mehreren Free-Golf-Voucher ist nicht möglich. Bei unterschiedlichen Green Fee-Gebühren (z. B. bei Ermäßigung von Jugendlichen) ist immer der günstigere Tarif kostenfrei.
- Alle Inserenten haben sich dem Herausgeber gegenüber verpflichtet, die Free-Golf-Voucher zu den jeweils angegebenen Teilnahmebedingungen einzulösen. Der Herausgeber übernimmt jedoch keine Haftung dafür, wenn ein Free-Golf-Voucher vom Inserenten nicht eingelöst wird oder nicht eingelöst werden kann. Dies gilt insbesondere bei Insolvenz oder Besitzerwechsel.
- Es haftet ausschließlich der Inserent (= Golfanlage bzw. Betreiber der Golfanlage) für evtl. Meinungsunterschiede und Schadensersatzansprüche.
- Der Herausgeber gibt sich große Mühe bei der Umsetzung der Inserate. Er haftet aber nicht für Satz-, Druck- oder Produktionsfehler. Die Daten für den LeisureBREAKS Guide for Free Golf wurden nach bestem Wissen erarbeitet. Der Herausgeber übernimmt keine Gewähr für deren Vollständigkeit und Richtigkeit. Alle Rechte, insbesondere das Recht der Vervielfältigung und Verbreitung sowie der Übersetzung vorbehalten. Kein Teil des Werkes darf in irgendeiner Form (durch Fotokopie, Mikrofilm oder ein anderes Verfahren) ohne schriftliche Genehmigung des Herausgebers reproduziert oder unter Verwendung elektronischer Systeme gespeichert, verarbeitet, vervielfältigt oder verbreitet werden.
- Die Bearbeitung der Anmeldung erfolgt mittels EDV. Mit Ihrer Unterschrift geben Sie Ihre Einwilligung, dass wir Sie kontaktieren und auch über weitere Aktionen informieren.
Die Einwilligung kann jederzeit widerrufen werden.

Gültig bis 30.06.2021

Teilnahmebedingungen

- Free-Golf-Voucher können nur von mindestens zwei Personen genutzt werden. Es gibt keine Ermäßigung für Einzelspieler, außer dies ist explizit durch das Logo 30/1 im Eintrag des Clubs vermerkt. Die Voucher gelten nur für 18 Loch. Pro Golfanlage dürfen Sie maximal 2 Voucher einlösen.
- Free-Golf-Voucher können ausschließlich von Personen mit Green Fee-Berechtigung eingelöst werden. I. d. R. ist dazu ein Mindesthandicap (variiert nach Platz bzw. Anlage) sowie eine Mitgliedschaft bei einem Golfclub erforderlich.
- Bitte weisen Sie bei Ihrer Anmeldung darauf hin, dass Sie mit dem Guide for Free Golf spielen möchten und bringen Sie das Buch beim Einchecken am Golfplatz mit. Nur dann kann Ihnen das zweite, kostenfreie Green Fee oder der 30% Nachlass für Einzelspieler gewährt werden.
- Die beteiligten Golfanlagen gewähren Ihnen pro Voucher den Erlass des 2. Green Fees. Es können also pro Voucher jeweils 2 Personen für 1 Green Fee spielen (4 Personen benötigen 2 Voucher) oder eine Person mit 30% Nachlass. Bezahlt wird der normale Green Fee-Preis eines Erwachsenen am entsprechenden Spieltag.
- Bereits herausgetrennte bzw. lose Voucher sind nicht veräußerbar bzw. übertragbar; sie berechtigen insbesondere nicht zum Erlass des zweiten Green Fees. Zuwiderhandlungen werden zivilrechtlich verfolgt.
- Haben Sie bitte Verständnis, dass die Voucher bei Sonderveranstaltungen (Turniertagen, Tagen der offenen Tür oder sonstigen Promotion-Aktionen) nicht eingelöst werden können. Bitte erkundigen Sie sich vorab bei Ihrer Anmeldung bei den jeweiligen Golfanlagen. Die Barauszahlung des zweiten Green Fees ist nicht möglich.
- Es gelten die Teilnahme- und Spielbedingungen, die Hausordnung der angeschlossenen Golfclubs sowie die vor Ort ausgewiesenen aktuellen Green Fee-Preise.
- Das Kombinieren mit anderen Rabatten (z. B. Golf Fee Card etc.) oder gegenseitiges Einladen mit zwei oder mehreren Free-Golf-Voucher ist nicht möglich. Bei unterschiedlichen Green Fee-Gebühren (z. B. bei Ermäßigung von Jugendlichen) ist immer der günstigere Tarif kostenfrei.
- Alle Inserenten haben sich dem Herausgeber gegenüber verpflichtet, die Free-Golf-Voucher zu den jeweils angegebenen Teilnahmebedingungen einzulösen. Der Herausgeber übernimmt jedoch keine Haftung dafür, wenn ein Free-Golf-Voucher vom Inserenten nicht eingelöst wird oder nicht eingelöst werden kann. Dies gilt insbesondere bei Insolvenz oder Besitzerwechsel.
- Es haftet ausschließlich der Inserent (= Golfanlage bzw. Betreiber der Golfanlage) für evtl. Meinungsunterschiede und Schadensersatzansprüche.
- Der Herausgeber gibt sich große Mühe bei der Umsetzung der Inserate. Er haftet aber nicht für Satz-, Druck- oder Produktionsfehler. Die Daten für den LeisureBREAKS Guide for Free Golf wurden nach bestem Wissen erarbeitet. Der Herausgeber übernimmt keine Gewähr für deren Vollständigkeit und Richtigkeit. Alle Rechte, insbesondere das Recht der Vervielfältigung und Verbreitung sowie der Übersetzung vorbehalten. Kein Teil des Werkes darf in irgendeiner Form (durch Fotokopie, Mikrofilm oder ein anderes Verfahren) ohne schriftliche Genehmigung des Herausgebers reproduziert oder unter Verwendung elektronischer Systeme gespeichert, verarbeitet, vervielfältigt oder verbreitet werden.
- Die Bearbeitung der Anmeldung erfolgt mittels EDV. Mit Ihrer Unterschrift geben Sie Ihre Einwilligung, dass wir Sie kontaktieren und auch über weitere Aktionen informieren.
Die Einwilligung kann jederzeit widerrufen werden.

Gültig bis 30.06.2021

Teilnahmebedingungen

- Free-Golf-Voucher können nur von mindestens zwei Personen genutzt werden. Es gibt keine Ermäßigung für Einzelspieler, außer dies ist explizit durch das Logo 30/1 im Eintrag des Clubs vermerkt. Die Voucher gelten nur für 18 Loch. Pro Golfanlage dürfen Sie maximal 2 Voucher einlösen.
- Free-Golf-Voucher können ausschließlich von Personen mit Green Fee-Berechtigung eingelöst werden. I. d. R. ist dazu ein Mindesthandicap (variiert nach Platz bzw. Anlage) sowie eine Mitgliedschaft bei einem Golfclub erforderlich.
- Bitte weisen Sie bei Ihrer Anmeldung darauf hin, dass Sie mit dem Guide for Free Golf spielen möchten und bringen Sie das Buch beim Einchecken am Golfplatz mit. Nur dann kann Ihnen das zweite, kostenfreie Green Fee oder der 30% Nachlass für Einzelspieler gewährt werden.
- Die beteiligten Golfanlagen gewähren Ihnen pro Voucher den Erlass des 2. Green Fees. Es können also pro Voucher jeweils 2 Personen für 1 Green Fee spielen (4 Personen benötigen 2 Voucher) oder eine Person mit 30% Nachlass. Bezahlt wird der normale Green Fee-Preis eines Erwachsenen am entsprechenden Spieltag.
- Bereits herausgetrennte bzw. lose Voucher sind nicht veräußerbar bzw. übertragbar; sie berechtigen insbesondere nicht zum Erlass des zweiten Green Fees. Zuwiderhandlungen werden zivilrechtlich verfolgt.
- Haben Sie bitte Verständnis, dass die Voucher bei Sonderveranstaltungen (Turniertagen, Tagen der offenen Tür oder sonstigen Promotion-Aktionen) nicht eingelöst werden können. Bitte erkundigen Sie sich vorab bei Ihrer Anmeldung bei den jeweiligen Golfanlagen. Die Barauszahlung des zweiten Green Fees ist nicht möglich.
- Es gelten die Teilnahme- und Spielbedingungen, die Hausordnung der angeschlossenen Golfclubs sowie die vor Ort ausgewiesenen aktuellen Green Fee-Preise.
- Das Kombinieren mit anderen Rabatten (z. B. Golf Fee Card etc.) oder gegenseitiges Einladen mit zwei oder mehreren Free-Golf-Voucher ist nicht möglich. Bei unterschiedlichen Green Fee-Gebühren (z. B. bei Ermäßigung von Jugendlichen) ist immer der günstigere Tarif kostenfrei.
- Alle Inserenten haben sich dem Herausgeber gegenüber verpflichtet, die Free-Golf-Voucher zu den jeweils angegebenen Teilnahmebedingungen einzulösen. Der Herausgeber übernimmt jedoch keine Haftung dafür, wenn ein Free-Golf-Voucher vom Inserenten nicht eingelöst wird oder nicht eingelöst werden kann. Dies gilt insbesondere bei Insolvenz oder Besitzerwechsel.
- Es haftet ausschließlich der Inserent (= Golfanlage bzw. Betreiber der Golfanlage) für evtl. Meinungsunterschiede und Schadensersatzansprüche.
- Der Herausgeber gibt sich große Mühe bei der Umsetzung der Inserate. Er haftet aber nicht für Satz-, Druck- oder Produktionsfehler. Die Daten für den LeisureBREAKS Guide for Free Golf wurden nach bestem Wissen erarbeitet. Der Herausgeber übernimmt keine Gewähr für deren Vollständigkeit und Richtigkeit. Alle Rechte, insbesondere das Recht der Vervielfältigung und Verbreitung sowie der Übersetzung vorbehalten. Kein Teil des Werkes darf in irgendeiner Form (durch Fotokopie, Mikrofilm oder ein anderes Verfahren) ohne schriftliche Genehmigung des Herausgebers reproduziert oder unter Verwendung elektronischer Systeme gespeichert, verarbeitet, vervielfältigt oder verbreitet werden.
- Die Bearbeitung der Anmeldung erfolgt mittels EDV. Mit Ihrer Unterschrift geben Sie Ihre Einwilligung, dass wir Sie kontaktieren und auch über weitere Aktionen informieren.
Die Einwilligung kann jederzeit widerrufen werden.

Gültig bis 30.06.2021

33

17. Guide for Free Golf

LeisureBREAKS GmbH

Name, Vorname

Straße, Hausnummer

PLZ, Ort

Heimatclub | Handicap

E-Mail

Guide-Nummer

Mit der Anmeldung erkenne ich die umseitigen Teilnahmebedingungen an.

Datum

Unterschrift

34

17. Guide for Free Golf

LeisureBREAKS GmbH

Name, Vorname

Straße, Hausnummer

PLZ, Ort

Heimatclub | Handicap

E-Mail

Guide-Nummer

Mit der Anmeldung erkenne ich die umseitigen Teilnahmebedingungen an.

Datum

Unterschrift

35

17. Guide for Free Golf

LeisureBREAKS GmbH

Name, Vorname

Straße, Hausnummer

PLZ, Ort

Heimatclub | Handicap

E-Mail

Guide-Nummer

Mit der Anmeldung erkenne ich die umseitigen Teilnahmebedingungen an.

Datum

Unterschrift

36

17. Guide for Free Golf

LeisureBREAKS GmbH

Name, Vorname

Straße, Hausnummer

PLZ, Ort

Heimatclub | Handicap

E-Mail

Guide-Nummer

Mit der Anmeldung erkenne ich die umseitigen Teilnahmebedingungen an.

Datum

Unterschrift

Teilnahmebedingungen

- Free-Golf-Voucher können nur von mindestens zwei Personen genutzt werden. Es gibt keine Ermäßigung für Einzelspieler, außer dies ist explizit durch das Logo 30/1 im Eintrag des Clubs vermerkt. Die Voucher gelten nur für 18 Loch. Pro Golfanlage dürfen Sie maximal 2 Voucher einlösen.
- Free-Golf-Voucher können ausschließlich von Personen mit Green Fee-Berechtigung eingelöst werden. I. d. R. ist dazu ein Mindesthandicap (variiert nach Platz bzw. Anlage) sowie eine Mitgliedschaft bei einem Golfclub erforderlich.
- Bitte weisen Sie bei Ihrer Anmeldung darauf hin, dass Sie mit dem Guide for Free Golf spielen möchten und bringen Sie das Buch beim Einchecken am Golfplatz mit. Nur dann kann Ihnen das zweite, kostenfreie Green Fee oder der 30% Nachlass für Einzelspieler gewährt werden.
- Die beteiligten Golfanlagen gewähren Ihnen pro Voucher den Erlass des 2. Green Fees. Es können also pro Voucher jeweils 2 Personen für 1 Green Fee spielen (4 Personen benötigen 2 Voucher) oder eine Person mit 30% Nachlass. Bezahlt wird der normale Green Fee-Preis eines Erwachsenen am entsprechenden Spieltag.
- Bereits herausgetrennte bzw. lose Voucher sind nicht veräußerbar bzw. übertragbar; sie berechtigen insbesondere nicht zum Erlass des zweiten Green Fees. Zuwiderhandlungen werden zivilrechtlich verfolgt.
- Haben Sie bitte Verständnis, dass die Voucher bei Sonderveranstaltungen (Turniertagen, Tagen der offenen Tür oder sonstigen Promotion-Aktionen) nicht eingelöst werden können. Bitte erkundigen Sie sich vorab bei Ihrer Anmeldung bei den jeweiligen Golfanlagen. Die Barauszahlung des zweiten Green Fees ist nicht möglich.
- Es gelten die Teilnahme- und Spielbedingungen, die Hausordnung der angeschlossenen Golfclubs sowie die vor Ort ausgewiesenen aktuellen Green Fee-Preise.
- Das Kombinieren mit anderen Rabatten (z. B. Golf Fee Card etc.) oder gegenseitiges Einladen mit zwei oder mehreren Free-Golf-Voucher ist nicht möglich. Bei unterschiedlichen Green Fee-Gebühren (z. B. bei Ermäßigung von Jugendlichen) ist immer der günstigere Tarif kostenfrei.
- Alle Inserenten haben sich dem Herausgeber gegenüber verpflichtet, die Free-Golf-Voucher zu den jeweils angegebenen Teilnahmebedingungen einzulösen. Der Herausgeber übernimmt jedoch keine Haftung dafür, wenn ein Free-Golf-Voucher vom Inserenten nicht eingelöst wird oder nicht eingelöst werden kann. Dies gilt insbesondere bei Insolvenz oder Besitzerwechsel.
- Es haftet ausschließlich der Inserent (= Golfanlage bzw. Betreiber der Golfanlage) für evtl. Meinungsunterschiede und Schadensersatzansprüche.
- Der Herausgeber gibt sich große Mühe bei der Umsetzung der Inserate. Er haftet aber nicht für Satz-, Druck- oder Produktionsfehler. Die Daten für den LeisureBREAKS Guide for Free Golf wurden nach bestem Wissen erarbeitet. Der Herausgeber übernimmt keine Gewähr für deren Vollständigkeit und Richtigkeit. Alle Rechte, insbesondere das Recht der Vervielfältigung und Verbreitung sowie der Übersetzung vorbehalten. Kein Teil des Werkes darf in irgendeiner Form (durch Fotokopie, Mikrofilm oder ein anderes Verfahren) ohne schriftliche Genehmigung des Herausgebers reproduziert oder unter Verwendung elektronischer Systeme gespeichert, verarbeitet, vervielfältigt oder verbreitet werden.
- Die Bearbeitung der Anmeldung erfolgt mittels EDV. Mit Ihrer Unterschrift geben Sie Ihre Einwilligung, dass wir Sie kontaktieren und auch über weitere Aktionen informieren. Die Einwilligung kann jederzeit widerrufen werden.

Gültig bis 30.06.2021

Teilnahmebedingungen

- Free-Golf-Voucher können nur von mindestens zwei Personen genutzt werden. Es gibt keine Ermäßigung für Einzelspieler, außer dies ist explizit durch das Logo 30/1 im Eintrag des Clubs vermerkt. Die Voucher gelten nur für 18 Loch. Pro Golfanlage dürfen Sie maximal 2 Voucher einlösen.
- Free-Golf-Voucher können ausschließlich von Personen mit Green Fee-Berechtigung eingelöst werden. I. d. R. ist dazu ein Mindesthandicap (variiert nach Platz bzw. Anlage) sowie eine Mitgliedschaft bei einem Golfclub erforderlich.
- Bitte weisen Sie bei Ihrer Anmeldung darauf hin, dass Sie mit dem Guide for Free Golf spielen möchten und bringen Sie das Buch beim Einchecken am Golfplatz mit. Nur dann kann Ihnen das zweite, kostenfreie Green Fee oder der 30% Nachlass für Einzelspieler gewährt werden.
- Die beteiligten Golfanlagen gewähren Ihnen pro Voucher den Erlass des 2. Green Fees. Es können also pro Voucher jeweils 2 Personen für 1 Green Fee spielen (4 Personen benötigen 2 Voucher) oder eine Person mit 30% Nachlass. Bezahlt wird der normale Green Fee-Preis eines Erwachsenen am entsprechenden Spieltag.
- Bereits herausgetrennte bzw. lose Voucher sind nicht veräußerbar bzw. übertragbar; sie berechtigen insbesondere nicht zum Erlass des zweiten Green Fees. Zuwiderhandlungen werden zivilrechtlich verfolgt.
- Haben Sie bitte Verständnis, dass die Voucher bei Sonderveranstaltungen (Turniertagen, Tagen der offenen Tür oder sonstigen Promotion-Aktionen) nicht eingelöst werden können. Bitte erkundigen Sie sich vorab bei Ihrer Anmeldung bei den jeweiligen Golfanlagen. Die Barauszahlung des zweiten Green Fees ist nicht möglich.
- Es gelten die Teilnahme- und Spielbedingungen, die Hausordnung der angeschlossenen Golfclubs sowie die vor Ort ausgewiesenen aktuellen Green Fee-Preise.
- Das Kombinieren mit anderen Rabatten (z. B. Golf Fee Card etc.) oder gegenseitiges Einladen mit zwei oder mehreren Free-Golf-Voucher ist nicht möglich. Bei unterschiedlichen Green Fee-Gebühren (z. B. bei Ermäßigung von Jugendlichen) ist immer der günstigere Tarif kostenfrei.
- Alle Inserenten haben sich dem Herausgeber gegenüber verpflichtet, die Free-Golf-Voucher zu den jeweils angegebenen Teilnahmebedingungen einzulösen. Der Herausgeber übernimmt jedoch keine Haftung dafür, wenn ein Free-Golf-Voucher vom Inserenten nicht eingelöst wird oder nicht eingelöst werden kann. Dies gilt insbesondere bei Insolvenz oder Besitzerwechsel.
- Es haftet ausschließlich der Inserent (= Golfanlage bzw. Betreiber der Golfanlage) für evtl. Meinungsunterschiede und Schadensersatzansprüche.
- Der Herausgeber gibt sich große Mühe bei der Umsetzung der Inserate. Er haftet aber nicht für Satz-, Druck- oder Produktionsfehler. Die Daten für den LeisureBREAKS Guide for Free Golf wurden nach bestem Wissen erarbeitet. Der Herausgeber übernimmt keine Gewähr für deren Vollständigkeit und Richtigkeit. Alle Rechte, insbesondere das Recht der Vervielfältigung und Verbreitung sowie der Übersetzung vorbehalten. Kein Teil des Werkes darf in irgendeiner Form (durch Fotokopie, Mikrofilm oder ein anderes Verfahren) ohne schriftliche Genehmigung des Herausgebers reproduziert oder unter Verwendung elektronischer Systeme gespeichert, verarbeitet, vervielfältigt oder verbreitet werden.
- Die Bearbeitung der Anmeldung erfolgt mittels EDV. Mit Ihrer Unterschrift geben Sie Ihre Einwilligung, dass wir Sie kontaktieren und auch über weitere Aktionen informieren. Die Einwilligung kann jederzeit widerrufen werden.

Gültig bis 30.06.2021

Teilnahmebedingungen

- Free-Golf-Voucher können nur von mindestens zwei Personen genutzt werden. Es gibt keine Ermäßigung für Einzelspieler, außer dies ist explizit durch das Logo 30/1 im Eintrag des Clubs vermerkt. Die Voucher gelten nur für 18 Loch. Pro Golfanlage dürfen Sie maximal 2 Voucher einlösen.
- Free-Golf-Voucher können ausschließlich von Personen mit Green Fee-Berechtigung eingelöst werden. I. d. R. ist dazu ein Mindesthandicap (variiert nach Platz bzw. Anlage) sowie eine Mitgliedschaft bei einem Golfclub erforderlich.
- Bitte weisen Sie bei Ihrer Anmeldung darauf hin, dass Sie mit dem Guide for Free Golf spielen möchten und bringen Sie das Buch beim Einchecken am Golfplatz mit. Nur dann kann Ihnen das zweite, kostenfreie Green Fee oder der 30% Nachlass für Einzelspieler gewährt werden.
- Die beteiligten Golfanlagen gewähren Ihnen pro Voucher den Erlass des 2. Green Fees. Es können also pro Voucher jeweils 2 Personen für 1 Green Fee spielen (4 Personen benötigen 2 Voucher) oder eine Person mit 30% Nachlass. Bezahlt wird der normale Green Fee-Preis eines Erwachsenen am entsprechenden Spieltag.
- Bereits herausgetrennte bzw. lose Voucher sind nicht veräußerbar bzw. übertragbar; sie berechtigen insbesondere nicht zum Erlass des zweiten Green Fees. Zuwiderhandlungen werden zivilrechtlich verfolgt.
- Haben Sie bitte Verständnis, dass die Voucher bei Sonderveranstaltungen (Turniertagen, Tagen der offenen Tür oder sonstigen Promotion-Aktionen) nicht eingelöst werden können. Bitte erkundigen Sie sich vorab bei Ihrer Anmeldung bei den jeweiligen Golfanlagen. Die Barauszahlung des zweiten Green Fees ist nicht möglich.
- Es gelten die Teilnahme- und Spielbedingungen, die Hausordnung der angeschlossenen Golfclubs sowie die vor Ort ausgewiesenen aktuellen Green Fee-Preise.
- Das Kombinieren mit anderen Rabatten (z. B. Golf Fee Card etc.) oder gegenseitiges Einladen mit zwei oder mehreren Free-Golf-Voucher ist nicht möglich. Bei unterschiedlichen Green Fee-Gebühren (z. B. bei Ermäßigung von Jugendlichen) ist immer der günstigere Tarif kostenfrei.
- Alle Inserenten haben sich dem Herausgeber gegenüber verpflichtet, die Free-Golf-Voucher zu den jeweils angegebenen Teilnahmebedingungen einzulösen. Der Herausgeber übernimmt jedoch keine Haftung dafür, wenn ein Free-Golf-Voucher vom Inserenten nicht eingelöst wird oder nicht eingelöst werden kann. Dies gilt insbesondere bei Insolvenz oder Besitzerwechsel.
- Es haftet ausschließlich der Inserent (= Golfanlage bzw. Betreiber der Golfanlage) für evtl. Meinungsunterschiede und Schadensersatzansprüche.
- Der Herausgeber gibt sich große Mühe bei der Umsetzung der Inserate. Er haftet aber nicht für Satz-, Druck- oder Produktionsfehler. Die Daten für den LeisureBREAKS Guide for Free Golf wurden nach bestem Wissen erarbeitet. Der Herausgeber übernimmt keine Gewähr für deren Vollständigkeit und Richtigkeit. Alle Rechte, insbesondere das Recht der Vervielfältigung und Verbreitung sowie der Übersetzung vorbehalten. Kein Teil des Werkes darf in irgendeiner Form (durch Fotokopie, Mikrofilm oder ein anderes Verfahren) ohne schriftliche Genehmigung des Herausgebers reproduziert oder unter Verwendung elektronischer Systeme gespeichert, verarbeitet, vervielfältigt oder verbreitet werden.
- Die Bearbeitung der Anmeldung erfolgt mittels EDV. Mit Ihrer Unterschrift geben Sie Ihre Einwilligung, dass wir Sie kontaktieren und auch über weitere Aktionen informieren. Die Einwilligung kann jederzeit widerrufen werden.

Gültig bis 30.06.2021

Teilnahmebedingungen

- Free-Golf-Voucher können nur von mindestens zwei Personen genutzt werden. Es gibt keine Ermäßigung für Einzelspieler, außer dies ist explizit durch das Logo 30/1 im Eintrag des Clubs vermerkt. Die Voucher gelten nur für 18 Loch. Pro Golfanlage dürfen Sie maximal 2 Voucher einlösen.
- Free-Golf-Voucher können ausschließlich von Personen mit Green Fee-Berechtigung eingelöst werden. I. d. R. ist dazu ein Mindesthandicap (variiert nach Platz bzw. Anlage) sowie eine Mitgliedschaft bei einem Golfclub erforderlich.
- Bitte weisen Sie bei Ihrer Anmeldung darauf hin, dass Sie mit dem Guide for Free Golf spielen möchten und bringen Sie das Buch beim Einchecken am Golfplatz mit. Nur dann kann Ihnen das zweite, kostenfreie Green Fee oder der 30% Nachlass für Einzelspieler gewährt werden.
- Die beteiligten Golfanlagen gewähren Ihnen pro Voucher den Erlass des 2. Green Fees. Es können also pro Voucher jeweils 2 Personen für 1 Green Fee spielen (4 Personen benötigen 2 Voucher) oder eine Person mit 30% Nachlass. Bezahlt wird der normale Green Fee-Preis eines Erwachsenen am entsprechenden Spieltag.
- Bereits herausgetrennte bzw. lose Voucher sind nicht veräußerbar bzw. übertragbar; sie berechtigen insbesondere nicht zum Erlass des zweiten Green Fees. Zuwiderhandlungen werden zivilrechtlich verfolgt.
- Haben Sie bitte Verständnis, dass die Voucher bei Sonderveranstaltungen (Turniertagen, Tagen der offenen Tür oder sonstigen Promotion-Aktionen) nicht eingelöst werden können. Bitte erkundigen Sie sich vorab bei Ihrer Anmeldung bei den jeweiligen Golfanlagen. Die Barauszahlung des zweiten Green Fees ist nicht möglich.
- Es gelten die Teilnahme- und Spielbedingungen, die Hausordnung der angeschlossenen Golfclubs sowie die vor Ort ausgewiesenen aktuellen Green Fee-Preise.
- Das Kombinieren mit anderen Rabatten (z. B. Golf Fee Card etc.) oder gegenseitiges Einladen mit zwei oder mehreren Free-Golf-Voucher ist nicht möglich. Bei unterschiedlichen Green Fee-Gebühren (z. B. bei Ermäßigung von Jugendlichen) ist immer der günstigere Tarif kostenfrei.
- Alle Inserenten haben sich dem Herausgeber gegenüber verpflichtet, die Free-Golf-Voucher zu den jeweils angegebenen Teilnahmebedingungen einzulösen. Der Herausgeber übernimmt jedoch keine Haftung dafür, wenn ein Free-Golf-Voucher vom Inserenten nicht eingelöst wird oder nicht eingelöst werden kann. Dies gilt insbesondere bei Insolvenz oder Besitzerwechsel.
- Es haftet ausschließlich der Inserent (= Golfanlage bzw. Betreiber der Golfanlage) für evtl. Meinungsunterschiede und Schadensersatzansprüche.
- Der Herausgeber gibt sich große Mühe bei der Umsetzung der Inserate. Er haftet aber nicht für Satz-, Druck- oder Produktionsfehler. Die Daten für den LeisureBREAKS Guide for Free Golf wurden nach bestem Wissen erarbeitet. Der Herausgeber übernimmt keine Gewähr für deren Vollständigkeit und Richtigkeit. Alle Rechte, insbesondere das Recht der Vervielfältigung und Verbreitung sowie der Übersetzung vorbehalten. Kein Teil des Werkes darf in irgendeiner Form (durch Fotokopie, Mikrofilm oder ein anderes Verfahren) ohne schriftliche Genehmigung des Herausgebers reproduziert oder unter Verwendung elektronischer Systeme gespeichert, verarbeitet, vervielfältigt oder verbreitet werden.
- Die Bearbeitung der Anmeldung erfolgt mittels EDV. Mit Ihrer Unterschrift geben Sie Ihre Einwilligung, dass wir Sie kontaktieren und auch über weitere Aktionen informieren. Die Einwilligung kann jederzeit widerrufen werden.

Gültig bis 30.06.2021

37

17. Guide for Free Golf

LeisureBREAKS GmbH

Name, Vorname

Straße, Hausnummer

PLZ, Ort

Heimatclub

Handicap

E-Mail

Guide-Nummer

Mit der Anmeldung erkenne ich die umseitigen Teilnahmebedingungen an.

Datum

Unterschrift

38

17. Guide for Free Golf

LeisureBREAKS GmbH

Name, Vorname

Straße, Hausnummer

PLZ, Ort

Heimatclub

Handicap

E-Mail

Guide-Nummer

Mit der Anmeldung erkenne ich die umseitigen Teilnahmebedingungen an.

Datum

Unterschrift

39

17. Guide for Free Golf

LeisureBREAKS GmbH

Name, Vorname

Straße, Hausnummer

PLZ, Ort

Heimatclub

Handicap

E-Mail

Guide-Nummer

Mit der Anmeldung erkenne ich die umseitigen Teilnahmebedingungen an.

Datum

Unterschrift

40

17. Guide for Free Golf

LeisureBREAKS GmbH

Name, Vorname

Straße, Hausnummer

PLZ, Ort

Heimatclub

Handicap

E-Mail

Guide-Nummer

Mit der Anmeldung erkenne ich die umseitigen Teilnahmebedingungen an.

Datum

Unterschrift

Teilnahmebedingungen

- Free-Golf-Voucher können nur von mindestens zwei Personen genutzt werden. Es gibt keine Ermäßigung für Einzelspieler, außer dies ist explizit durch das Logo 30/1 im Eintrag des Clubs vermerkt. Die Voucher gelten nur für 18 Loch. Pro Golfanlage dürfen Sie maximal 2 Voucher einlösen.
- Free-Golf-Voucher können ausschließlich von Personen mit Green Fee-Berechtigung eingelöst werden. I. d. R. ist dazu ein Mindesthandicap (variiert nach Platz bzw. Anlage) sowie eine Mitgliedschaft bei einem Golfclub erforderlich.
- Bitte weisen Sie bei Ihrer Anmeldung darauf hin, dass Sie mit dem Guide for Free Golf spielen möchten und bringen Sie das Buch beim Einchecken am Golfplatz mit. Nur dann kann Ihnen das zweite, kostenfreie Green Fee oder der 30% Nachlass für Einzelspieler gewährt werden.
- Die beteiligten Golfanlagen gewähren Ihnen pro Voucher den Erlass des 2. Green Fees. Es können also pro Voucher jeweils 2 Personen für 1 Green Fee spielen (4 Personen benötigen 2 Voucher) oder eine Person mit 30% Nachlass. Bezahlt wird der normale Green Fee-Preis eines Erwachsenen am entsprechenden Spieltag.
- Bereits herausgetrennte bzw. lose Voucher sind nicht veräußerbar bzw. übertragbar; sie berechtigen insbesondere nicht zum Erlass des zweiten Green Fees. Zuwiderhandlungen werden zivilrechtlich verfolgt.
- Haben Sie bitte Verständnis, dass die Voucher bei Sonderveranstaltungen (Turniertagen, Tagen der offenen Tür oder sonstigen Promotion-Aktionen) nicht eingelöst werden können. Bitte erkundigen Sie sich vorab bei Ihrer Anmeldung bei den jeweiligen Golfanlagen. Die Barauszahlung des zweiten Green Fees ist nicht möglich.
- Es gelten die Teilnahme- und Spielbedingungen, die Hausordnung der angeschlossenen Golfclubs sowie die vor Ort ausgewiesenen aktuellen Green Fee-Preise.
- Das Kombinieren mit anderen Rabatten (z. B. Golf Fee Card etc.) oder gegenseitiges Einladen mit zwei oder mehreren Free-Golf-Voucher ist nicht möglich. Bei unterschiedlichen Green Fee-Gebühren (z. B. bei Ermäßigung von Jugendlichen) ist immer der günstigere Tarif kostenfrei.
- Alle Inserenten haben sich dem Herausgeber gegenüber verpflichtet, die Free-Golf-Voucher zu den jeweils angegebenen Teilnahmebedingungen einzulösen. Der Herausgeber übernimmt jedoch keine Haftung dafür, wenn ein Free-Golf-Voucher vom Inserenten nicht eingelöst wird oder nicht eingelöst werden kann. Dies gilt insbesondere bei Insolvenz oder Besitzerwechsel.
- Es haftet ausschließlich der Inserent (= Golfanlage bzw. Betreiber der Golfanlage) für evtl. Meinungsunterschiede und Schadensersatzansprüche.
- Der Herausgeber gibt sich große Mühe bei der Umsetzung der Inserate. Er haftet aber nicht für Satz-, Druck- oder Produktionsfehler. Die Daten für den LeisureBREAKS Guide for Free Golf wurden nach bestem Wissen erarbeitet. Der Herausgeber übernimmt keine Gewähr für deren Vollständigkeit und Richtigkeit. Alle Rechte, insbesondere das Recht der Vervielfältigung und Verbreitung sowie der Übersetzung vorbehalten. Kein Teil des Werkes darf in irgendeiner Form (durch Fotokopie, Mikrofilm oder ein anderes Verfahren) ohne schriftliche Genehmigung des Herausgebers reproduziert oder unter Verwendung elektronischer Systeme gespeichert, verarbeitet, vervielfältigt oder verbreitet werden.
- Die Bearbeitung der Anmeldung erfolgt mittels EDV. Mit Ihrer Unterschrift geben Sie Ihre Einwilligung, dass wir Sie kontaktieren und auch über weitere Aktionen informieren. Die Einwilligung kann jederzeit widerrufen werden.

Gültig bis 30.06.2021

Teilnahmebedingungen

- Free-Golf-Voucher können nur von mindestens zwei Personen genutzt werden. Es gibt keine Ermäßigung für Einzelspieler, außer dies ist explizit durch das Logo 30/1 im Eintrag des Clubs vermerkt. Die Voucher gelten nur für 18 Loch. Pro Golfanlage dürfen Sie maximal 2 Voucher einlösen.
- Free-Golf-Voucher können ausschließlich von Personen mit Green Fee-Berechtigung eingelöst werden. I. d. R. ist dazu ein Mindesthandicap (variiert nach Platz bzw. Anlage) sowie eine Mitgliedschaft bei einem Golfclub erforderlich.
- Bitte weisen Sie bei Ihrer Anmeldung darauf hin, dass Sie mit dem Guide for Free Golf spielen möchten und bringen Sie das Buch beim Einchecken am Golfplatz mit. Nur dann kann Ihnen das zweite, kostenfreie Green Fee oder der 30% Nachlass für Einzelspieler gewährt werden.
- Die beteiligten Golfanlagen gewähren Ihnen pro Voucher den Erlass des 2. Green Fees. Es können also pro Voucher jeweils 2 Personen für 1 Green Fee spielen (4 Personen benötigen 2 Voucher) oder eine Person mit 30% Nachlass. Bezahlt wird der normale Green Fee-Preis eines Erwachsenen am entsprechenden Spieltag.
- Bereits herausgetrennte bzw. lose Voucher sind nicht veräußerbar bzw. übertragbar; sie berechtigen insbesondere nicht zum Erlass des zweiten Green Fees. Zuwiderhandlungen werden zivilrechtlich verfolgt.
- Haben Sie bitte Verständnis, dass die Voucher bei Sonderveranstaltungen (Turniertagen, Tagen der offenen Tür oder sonstigen Promotion-Aktionen) nicht eingelöst werden können. Bitte erkundigen Sie sich vorab bei Ihrer Anmeldung bei den jeweiligen Golfanlagen. Die Barauszahlung des zweiten Green Fees ist nicht möglich.
- Es gelten die Teilnahme- und Spielbedingungen, die Hausordnung der angeschlossenen Golfclubs sowie die vor Ort ausgewiesenen aktuellen Green Fee-Preise.
- Das Kombinieren mit anderen Rabatten (z. B. Golf Fee Card etc.) oder gegenseitiges Einladen mit zwei oder mehreren Free-Golf-Voucher ist nicht möglich. Bei unterschiedlichen Green Fee-Gebühren (z. B. bei Ermäßigung von Jugendlichen) ist immer der günstigere Tarif kostenfrei.
- Alle Inserenten haben sich dem Herausgeber gegenüber verpflichtet, die Free-Golf-Voucher zu den jeweils angegebenen Teilnahmebedingungen einzulösen. Der Herausgeber übernimmt jedoch keine Haftung dafür, wenn ein Free-Golf-Voucher vom Inserenten nicht eingelöst wird oder nicht eingelöst werden kann. Dies gilt insbesondere bei Insolvenz oder Besitzerwechsel.
- Es haftet ausschließlich der Inserent (= Golfanlage bzw. Betreiber der Golfanlage) für evtl. Meinungsunterschiede und Schadensersatzansprüche.
- Der Herausgeber gibt sich große Mühe bei der Umsetzung der Inserate. Er haftet aber nicht für Satz-, Druck- oder Produktionsfehler. Die Daten für den LeisureBREAKS Guide for Free Golf wurden nach bestem Wissen erarbeitet. Der Herausgeber übernimmt keine Gewähr für deren Vollständigkeit und Richtigkeit. Alle Rechte, insbesondere das Recht der Vervielfältigung und Verbreitung sowie der Übersetzung vorbehalten. Kein Teil des Werkes darf in irgendeiner Form (durch Fotokopie, Mikrofilm oder ein anderes Verfahren) ohne schriftliche Genehmigung des Herausgebers reproduziert oder unter Verwendung elektronischer Systeme gespeichert, verarbeitet, vervielfältigt oder verbreitet werden.
- Die Bearbeitung der Anmeldung erfolgt mittels EDV. Mit Ihrer Unterschrift geben Sie Ihre Einwilligung, dass wir Sie kontaktieren und auch über weitere Aktionen informieren. Die Einwilligung kann jederzeit widerrufen werden.

Gültig bis 30.06.2021

Teilnahmebedingungen

- Free-Golf-Voucher können nur von mindestens zwei Personen genutzt werden. Es gibt keine Ermäßigung für Einzelspieler, außer dies ist explizit durch das Logo 30/1 im Eintrag des Clubs vermerkt. Die Voucher gelten nur für 18 Loch. Pro Golfanlage dürfen Sie maximal 2 Voucher einlösen.
- Free-Golf-Voucher können ausschließlich von Personen mit Green Fee-Berechtigung eingelöst werden. I. d. R. ist dazu ein Mindesthandicap (variiert nach Platz bzw. Anlage) sowie eine Mitgliedschaft bei einem Golfclub erforderlich.
- Bitte weisen Sie bei Ihrer Anmeldung darauf hin, dass Sie mit dem Guide for Free Golf spielen möchten und bringen Sie das Buch beim Einchecken am Golfplatz mit. Nur dann kann Ihnen das zweite, kostenfreie Green Fee oder der 30% Nachlass für Einzelspieler gewährt werden.
- Die beteiligten Golfanlagen gewähren Ihnen pro Voucher den Erlass des 2. Green Fees. Es können also pro Voucher jeweils 2 Personen für 1 Green Fee spielen (4 Personen benötigen 2 Voucher) oder eine Person mit 30% Nachlass. Bezahlt wird der normale Green Fee-Preis eines Erwachsenen am entsprechenden Spieltag.
- Bereits herausgetrennte bzw. lose Voucher sind nicht veräußerbar bzw. übertragbar; sie berechtigen insbesondere nicht zum Erlass des zweiten Green Fees. Zuwiderhandlungen werden zivilrechtlich verfolgt.
- Haben Sie bitte Verständnis, dass die Voucher bei Sonderveranstaltungen (Turniertagen, Tagen der offenen Tür oder sonstigen Promotion-Aktionen) nicht eingelöst werden können. Bitte erkundigen Sie sich vorab bei Ihrer Anmeldung bei den jeweiligen Golfanlagen. Die Barauszahlung des zweiten Green Fees ist nicht möglich.
- Es gelten die Teilnahme- und Spielbedingungen, die Hausordnung der angeschlossenen Golfclubs sowie die vor Ort ausgewiesenen aktuellen Green Fee-Preise.
- Das Kombinieren mit anderen Rabatten (z. B. Golf Fee Card etc.) oder gegenseitiges Einladen mit zwei oder mehreren Free-Golf-Voucher ist nicht möglich. Bei unterschiedlichen Green Fee-Gebühren (z. B. bei Ermäßigung von Jugendlichen) ist immer der günstigere Tarif kostenfrei.
- Alle Inserenten haben sich dem Herausgeber gegenüber verpflichtet, die Free-Golf-Voucher zu den jeweils angegebenen Teilnahmebedingungen einzulösen. Der Herausgeber übernimmt jedoch keine Haftung dafür, wenn ein Free-Golf-Voucher vom Inserenten nicht eingelöst wird oder nicht eingelöst werden kann. Dies gilt insbesondere bei Insolvenz oder Besitzerwechsel.
- Es haftet ausschließlich der Inserent (= Golfanlage bzw. Betreiber der Golfanlage) für evtl. Meinungsunterschiede und Schadensersatzansprüche.
- Der Herausgeber gibt sich große Mühe bei der Umsetzung der Inserate. Er haftet aber nicht für Satz-, Druck- oder Produktionsfehler. Die Daten für den LeisureBREAKS Guide for Free Golf wurden nach bestem Wissen erarbeitet. Der Herausgeber übernimmt keine Gewähr für deren Vollständigkeit und Richtigkeit. Alle Rechte, insbesondere das Recht der Vervielfältigung und Verbreitung sowie der Übersetzung vorbehalten. Kein Teil des Werkes darf in irgendeiner Form (durch Fotokopie, Mikrofilm oder ein anderes Verfahren) ohne schriftliche Genehmigung des Herausgebers reproduziert oder unter Verwendung elektronischer Systeme gespeichert, verarbeitet, vervielfältigt oder verbreitet werden.
- Die Bearbeitung der Anmeldung erfolgt mittels EDV. Mit Ihrer Unterschrift geben Sie Ihre Einwilligung, dass wir Sie kontaktieren und auch über weitere Aktionen informieren. Die Einwilligung kann jederzeit widerrufen werden.

Gültig bis 30.06.2021

Teilnahmebedingungen

- Free-Golf-Voucher können nur von mindestens zwei Personen genutzt werden. Es gibt keine Ermäßigung für Einzelspieler, außer dies ist explizit durch das Logo 30/1 im Eintrag des Clubs vermerkt. Die Voucher gelten nur für 18 Loch. Pro Golfanlage dürfen Sie maximal 2 Voucher einlösen.
- Free-Golf-Voucher können ausschließlich von Personen mit Green Fee-Berechtigung eingelöst werden. I. d. R. ist dazu ein Mindesthandicap (variiert nach Platz bzw. Anlage) sowie eine Mitgliedschaft bei einem Golfclub erforderlich.
- Bitte weisen Sie bei Ihrer Anmeldung darauf hin, dass Sie mit dem Guide for Free Golf spielen möchten und bringen Sie das Buch beim Einchecken am Golfplatz mit. Nur dann kann Ihnen das zweite, kostenfreie Green Fee oder der 30% Nachlass für Einzelspieler gewährt werden.
- Die beteiligten Golfanlagen gewähren Ihnen pro Voucher den Erlass des 2. Green Fees. Es können also pro Voucher jeweils 2 Personen für 1 Green Fee spielen (4 Personen benötigen 2 Voucher) oder eine Person mit 30% Nachlass. Bezahlt wird der normale Green Fee-Preis eines Erwachsenen am entsprechenden Spieltag.
- Bereits herausgetrennte bzw. lose Voucher sind nicht veräußerbar bzw. übertragbar; sie berechtigen insbesondere nicht zum Erlass des zweiten Green Fees. Zuwiderhandlungen werden zivilrechtlich verfolgt.
- Haben Sie bitte Verständnis, dass die Voucher bei Sonderveranstaltungen (Turniertagen, Tagen der offenen Tür oder sonstigen Promotion-Aktionen) nicht eingelöst werden können. Bitte erkundigen Sie sich vorab bei Ihrer Anmeldung bei den jeweiligen Golfanlagen. Die Barauszahlung des zweiten Green Fees ist nicht möglich.
- Es gelten die Teilnahme- und Spielbedingungen, die Hausordnung der angeschlossenen Golfclubs sowie die vor Ort ausgewiesenen aktuellen Green Fee-Preise.
- Das Kombinieren mit anderen Rabatten (z. B. Golf Fee Card etc.) oder gegenseitiges Einladen mit zwei oder mehreren Free-Golf-Voucher ist nicht möglich. Bei unterschiedlichen Green Fee-Gebühren (z. B. bei Ermäßigung von Jugendlichen) ist immer der günstigere Tarif kostenfrei.
- Alle Inserenten haben sich dem Herausgeber gegenüber verpflichtet, die Free-Golf-Voucher zu den jeweils angegebenen Teilnahmebedingungen einzulösen. Der Herausgeber übernimmt jedoch keine Haftung dafür, wenn ein Free-Golf-Voucher vom Inserenten nicht eingelöst wird oder nicht eingelöst werden kann. Dies gilt insbesondere bei Insolvenz oder Besitzerwechsel.
- Es haftet ausschließlich der Inserent (= Golfanlage bzw. Betreiber der Golfanlage) für evtl. Meinungsunterschiede und Schadensersatzansprüche.
- Der Herausgeber gibt sich große Mühe bei der Umsetzung der Inserate. Er haftet aber nicht für Satz-, Druck- oder Produktionsfehler. Die Daten für den LeisureBREAKS Guide for Free Golf wurden nach bestem Wissen erarbeitet. Der Herausgeber übernimmt keine Gewähr für deren Vollständigkeit und Richtigkeit. Alle Rechte, insbesondere das Recht der Vervielfältigung und Verbreitung sowie der Übersetzung vorbehalten. Kein Teil des Werkes darf in irgendeiner Form (durch Fotokopie, Mikrofilm oder ein anderes Verfahren) ohne schriftliche Genehmigung des Herausgebers reproduziert oder unter Verwendung elektronischer Systeme gespeichert, verarbeitet, vervielfältigt oder verbreitet werden.
- Die Bearbeitung der Anmeldung erfolgt mittels EDV. Mit Ihrer Unterschrift geben Sie Ihre Einwilligung, dass wir Sie kontaktieren und auch über weitere Aktionen informieren. Die Einwilligung kann jederzeit widerrufen werden.

Gültig bis 30.06.2021

41

17. Guide for Free Golf

LeisureBREAKS GmbH

Name, Vorname

Straße, Hausnummer

PLZ, Ort

Heimatclub

Handicap

E-Mail

Guide-Nummer

Mit der Anmeldung erkenne ich die umseitigen Teilnahmebedingungen an.

Datum

Unterschrift

42

17. Guide for Free Golf

LeisureBREAKS GmbH

Name, Vorname

Straße, Hausnummer

PLZ, Ort

Heimatclub

Handicap

E-Mail

Guide-Nummer

Mit der Anmeldung erkenne ich die umseitigen Teilnahmebedingungen an.

Datum

Unterschrift

43

17. Guide for Free Golf

LeisureBREAKS GmbH

Name, Vorname

Straße, Hausnummer

PLZ, Ort

Heimatclub

Handicap

E-Mail

Guide-Nummer

Mit der Anmeldung erkenne ich die umseitigen Teilnahmebedingungen an.

Datum

Unterschrift

44

17. Guide for Free Golf

LeisureBREAKS GmbH

Name, Vorname

Straße, Hausnummer

PLZ, Ort

Heimatclub

Handicap

E-Mail

Guide-Nummer

Mit der Anmeldung erkenne ich die umseitigen Teilnahmebedingungen an.

Datum

Unterschrift

Teilnahmebedingungen

- Free-Golf-Voucher können nur von mindestens zwei Personen genutzt werden. Es gibt keine Ermäßigung für Einzelspieler, außer dies ist explizit durch das Logo 30/1 im Eintrag des Clubs vermerkt. Die Voucher gelten nur für 18 Loch. Pro Golfanlage dürfen Sie maximal 2 Voucher einlösen.
- Free-Golf-Voucher können ausschließlich von Personen mit Green Fee-Berechtigung eingelöst werden. I. d. R. ist dazu ein Mindesthandicap (variiert nach Platz bzw. Anlage) sowie eine Mitgliedschaft bei einem Golfclub erforderlich.
- Bitte weisen Sie bei Ihrer Anmeldung darauf hin, dass Sie mit dem Guide for Free Golf spielen möchten und bringen Sie das Buch beim Einchecken am Golfplatz mit. Nur dann kann Ihnen das zweite, kostenfreie Green Fee oder der 30% Nachlass für Einzelspieler gewährt werden.
- Die beteiligten Golfanlagen gewähren Ihnen pro Voucher den Erlass des 2. Green Fees. Es können also pro Voucher jeweils 2 Personen für 1 Green Fee spielen (4 Personen benötigen 2 Voucher) oder eine Person mit 30% Nachlass. Bezahlt wird der normale Green Fee-Preis eines Erwachsenen am entsprechenden Spieltag.
- Bereits herausgetrennte bzw. lose Voucher sind nicht veräußerbar bzw. übertragbar; sie berechtigen insbesondere nicht zum Erlass des zweiten Green Fees. Zuwiderhandlungen werden zivilrechtlich verfolgt.
- Haben Sie bitte Verständnis, dass die Voucher bei Sonderveranstaltungen (Turniertagen, Tagen der offenen Tür oder sonstigen Promotion-Aktionen) nicht eingelöst werden können. Bitte erkundigen Sie sich vorab bei Ihrer Anmeldung bei den jeweiligen Golfanlagen. Die Barauszahlung des zweiten Green Fees ist nicht möglich.
- Es gelten die Teilnahme- und Spielbedingungen, die Hausordnung der angeschlossenen Golfclubs sowie die vor Ort ausgewiesenen aktuellen Green Fee-Preise.
- Das Kombinieren mit anderen Rabatten (z. B. Golf Fee Card etc.) oder gegenseitiges Einladen mit zwei oder mehreren Free-Golf-Voucher ist nicht möglich. Bei unterschiedlichen Green Fee-Gebühren (z. B. bei Ermäßigung von Jugendlichen) ist immer der günstigere Tarif kostenfrei.
- Alle Inserenten haben sich dem Herausgeber gegenüber verpflichtet, die Free-Golf-Voucher zu den jeweils angegebenen Teilnahmebedingungen einzulösen. Der Herausgeber übernimmt jedoch keine Haftung dafür, wenn ein Free-Golf-Voucher vom Inserenten nicht eingelöst wird oder nicht eingelöst werden kann. Dies gilt insbesondere bei Insolvenz oder Besitzerwechsel.
- Es haftet ausschließlich der Inserent (= Golfanlage bzw. Betreiber der Golfanlage) für evtl. Meinungsunterschiede und Schadensersatzansprüche.
- Der Herausgeber gibt sich große Mühe bei der Umsetzung der Inserate. Er haftet aber nicht für Satz-, Druck- oder Produktionsfehler. Die Daten für den LeisureBREAKS Guide for Free Golf wurden nach bestem Wissen erarbeitet. Der Herausgeber übernimmt keine Gewähr für deren Vollständigkeit und Richtigkeit. Alle Rechte, insbesondere das Recht der Vervielfältigung und Verbreitung sowie der Übersetzung vorbehalten. Kein Teil des Werkes darf in irgendeiner Form (durch Fotokopie, Mikrofilm oder ein anderes Verfahren) ohne schriftliche Genehmigung des Herausgebers reproduziert oder unter Verwendung elektronischer Systeme gespeichert, verarbeitet, vervielfältigt oder verbreitet werden.
- Die Bearbeitung der Anmeldung erfolgt mittels EDV. Mit Ihrer Unterschrift geben Sie Ihre Einwilligung, dass wir Sie kontaktieren und auch über weitere Aktionen informieren. Die Einwilligung kann jederzeit widerrufen werden.

Gültig bis 30.06.2021

Teilnahmebedingungen

- Free-Golf-Voucher können nur von mindestens zwei Personen genutzt werden. Es gibt keine Ermäßigung für Einzelspieler, außer dies ist explizit durch das Logo 30/1 im Eintrag des Clubs vermerkt. Die Voucher gelten nur für 18 Loch. Pro Golfanlage dürfen Sie maximal 2 Voucher einlösen.
- Free-Golf-Voucher können ausschließlich von Personen mit Green Fee-Berechtigung eingelöst werden. I. d. R. ist dazu ein Mindesthandicap (variiert nach Platz bzw. Anlage) sowie eine Mitgliedschaft bei einem Golfclub erforderlich.
- Bitte weisen Sie bei Ihrer Anmeldung darauf hin, dass Sie mit dem Guide for Free Golf spielen möchten und bringen Sie das Buch beim Einchecken am Golfplatz mit. Nur dann kann Ihnen das zweite, kostenfreie Green Fee oder der 30% Nachlass für Einzelspieler gewährt werden.
- Die beteiligten Golfanlagen gewähren Ihnen pro Voucher den Erlass des 2. Green Fees. Es können also pro Voucher jeweils 2 Personen für 1 Green Fee spielen (4 Personen benötigen 2 Voucher) oder eine Person mit 30% Nachlass. Bezahlt wird der normale Green Fee-Preis eines Erwachsenen am entsprechenden Spieltag.
- Bereits herausgetrennte bzw. lose Voucher sind nicht veräußerbar bzw. übertragbar; sie berechtigen insbesondere nicht zum Erlass des zweiten Green Fees. Zuwiderhandlungen werden zivilrechtlich verfolgt.
- Haben Sie bitte Verständnis, dass die Voucher bei Sonderveranstaltungen (Turniertagen, Tagen der offenen Tür oder sonstigen Promotion-Aktionen) nicht eingelöst werden können. Bitte erkundigen Sie sich vorab bei Ihrer Anmeldung bei den jeweiligen Golfanlagen. Die Barauszahlung des zweiten Green Fees ist nicht möglich.
- Es gelten die Teilnahme- und Spielbedingungen, die Hausordnung der angeschlossenen Golfclubs sowie die vor Ort ausgewiesenen aktuellen Green Fee-Preise.
- Das Kombinieren mit anderen Rabatten (z. B. Golf Fee Card etc.) oder gegenseitiges Einladen mit zwei oder mehreren Free-Golf-Voucher ist nicht möglich. Bei unterschiedlichen Green Fee-Gebühren (z. B. bei Ermäßigung von Jugendlichen) ist immer der günstigere Tarif kostenfrei.
- Alle Inserenten haben sich dem Herausgeber gegenüber verpflichtet, die Free-Golf-Voucher zu den jeweils angegebenen Teilnahmebedingungen einzulösen. Der Herausgeber übernimmt jedoch keine Haftung dafür, wenn ein Free-Golf-Voucher vom Inserenten nicht eingelöst wird oder nicht eingelöst werden kann. Dies gilt insbesondere bei Insolvenz oder Besitzerwechsel.
- Es haftet ausschließlich der Inserent (= Golfanlage bzw. Betreiber der Golfanlage) für evtl. Meinungsunterschiede und Schadensersatzansprüche.
- Der Herausgeber gibt sich große Mühe bei der Umsetzung der Inserate. Er haftet aber nicht für Satz-, Druck- oder Produktionsfehler. Die Daten für den LeisureBREAKS Guide for Free Golf wurden nach bestem Wissen erarbeitet. Der Herausgeber übernimmt keine Gewähr für deren Vollständigkeit und Richtigkeit. Alle Rechte, insbesondere das Recht der Vervielfältigung und Verbreitung sowie der Übersetzung vorbehalten. Kein Teil des Werkes darf in irgendeiner Form (durch Fotokopie, Mikrofilm oder ein anderes Verfahren) ohne schriftliche Genehmigung des Herausgebers reproduziert oder unter Verwendung elektronischer Systeme gespeichert, verarbeitet, vervielfältigt oder verbreitet werden.
- Die Bearbeitung der Anmeldung erfolgt mittels EDV. Mit Ihrer Unterschrift geben Sie Ihre Einwilligung, dass wir Sie kontaktieren und auch über weitere Aktionen informieren. Die Einwilligung kann jederzeit widerrufen werden.

Gültig bis 30.06.2021

Teilnahmebedingungen

- Free-Golf-Voucher können nur von mindestens zwei Personen genutzt werden. Es gibt keine Ermäßigung für Einzelspieler, außer dies ist explizit durch das Logo 30/1 im Eintrag des Clubs vermerkt. Die Voucher gelten nur für 18 Loch. Pro Golfanlage dürfen Sie maximal 2 Voucher einlösen.
- Free-Golf-Voucher können ausschließlich von Personen mit Green Fee-Berechtigung eingelöst werden. I. d. R. ist dazu ein Mindesthandicap (variiert nach Platz bzw. Anlage) sowie eine Mitgliedschaft bei einem Golfclub erforderlich.
- Bitte weisen Sie bei Ihrer Anmeldung darauf hin, dass Sie mit dem Guide for Free Golf spielen möchten und bringen Sie das Buch beim Einchecken am Golfplatz mit. Nur dann kann Ihnen das zweite, kostenfreie Green Fee oder der 30% Nachlass für Einzelspieler gewährt werden.
- Die beteiligten Golfanlagen gewähren Ihnen pro Voucher den Erlass des 2. Green Fees. Es können also pro Voucher jeweils 2 Personen für 1 Green Fee spielen (4 Personen benötigen 2 Voucher) oder eine Person mit 30% Nachlass. Bezahlt wird der normale Green Fee-Preis eines Erwachsenen am entsprechenden Spieltag.
- Bereits herausgetrennte bzw. lose Voucher sind nicht veräußerbar bzw. übertragbar; sie berechtigen insbesondere nicht zum Erlass des zweiten Green Fees. Zuwiderhandlungen werden zivilrechtlich verfolgt.
- Haben Sie bitte Verständnis, dass die Voucher bei Sonderveranstaltungen (Turniertagen, Tagen der offenen Tür oder sonstigen Promotion-Aktionen) nicht eingelöst werden können. Bitte erkundigen Sie sich vorab bei Ihrer Anmeldung bei den jeweiligen Golfanlagen. Die Barauszahlung des zweiten Green Fees ist nicht möglich.
- Es gelten die Teilnahme- und Spielbedingungen, die Hausordnung der angeschlossenen Golfclubs sowie die vor Ort ausgewiesenen aktuellen Green Fee-Preise.
- Das Kombinieren mit anderen Rabatten (z. B. Golf Fee Card etc.) oder gegenseitiges Einladen mit zwei oder mehreren Free-Golf-Voucher ist nicht möglich. Bei unterschiedlichen Green Fee-Gebühren (z. B. bei Ermäßigung von Jugendlichen) ist immer der günstigere Tarif kostenfrei.
- Alle Inserenten haben sich dem Herausgeber gegenüber verpflichtet, die Free-Golf-Voucher zu den jeweils angegebenen Teilnahmebedingungen einzulösen. Der Herausgeber übernimmt jedoch keine Haftung dafür, wenn ein Free-Golf-Voucher vom Inserenten nicht eingelöst wird oder nicht eingelöst werden kann. Dies gilt insbesondere bei Insolvenz oder Besitzerwechsel.
- Es haftet ausschließlich der Inserent (= Golfanlage bzw. Betreiber der Golfanlage) für evtl. Meinungsunterschiede und Schadensersatzansprüche.
- Der Herausgeber gibt sich große Mühe bei der Umsetzung der Inserate. Er haftet aber nicht für Satz-, Druck- oder Produktionsfehler. Die Daten für den LeisureBREAKS Guide for Free Golf wurden nach bestem Wissen erarbeitet. Der Herausgeber übernimmt keine Gewähr für deren Vollständigkeit und Richtigkeit. Alle Rechte, insbesondere das Recht der Vervielfältigung und Verbreitung sowie der Übersetzung vorbehalten. Kein Teil des Werkes darf in irgendeiner Form (durch Fotokopie, Mikrofilm oder ein anderes Verfahren) ohne schriftliche Genehmigung des Herausgebers reproduziert oder unter Verwendung elektronischer Systeme gespeichert, verarbeitet, vervielfältigt oder verbreitet werden.
- Die Bearbeitung der Anmeldung erfolgt mittels EDV. Mit Ihrer Unterschrift geben Sie Ihre Einwilligung, dass wir Sie kontaktieren und auch über weitere Aktionen informieren. Die Einwilligung kann jederzeit widerrufen werden.

Gültig bis 30.06.2021

Teilnahmebedingungen

- Free-Golf-Voucher können nur von mindestens zwei Personen genutzt werden. Es gibt keine Ermäßigung für Einzelspieler, außer dies ist explizit durch das Logo 30/1 im Eintrag des Clubs vermerkt. Die Voucher gelten nur für 18 Loch. Pro Golfanlage dürfen Sie maximal 2 Voucher einlösen.
- Free-Golf-Voucher können ausschließlich von Personen mit Green Fee-Berechtigung eingelöst werden. I. d. R. ist dazu ein Mindesthandicap (variiert nach Platz bzw. Anlage) sowie eine Mitgliedschaft bei einem Golfclub erforderlich.
- Bitte weisen Sie bei Ihrer Anmeldung darauf hin, dass Sie mit dem Guide for Free Golf spielen möchten und bringen Sie das Buch beim Einchecken am Golfplatz mit. Nur dann kann Ihnen das zweite, kostenfreie Green Fee oder der 30% Nachlass für Einzelspieler gewährt werden.
- Die beteiligten Golfanlagen gewähren Ihnen pro Voucher den Erlass des 2. Green Fees. Es können also pro Voucher jeweils 2 Personen für 1 Green Fee spielen (4 Personen benötigen 2 Voucher) oder eine Person mit 30% Nachlass. Bezahlt wird der normale Green Fee-Preis eines Erwachsenen am entsprechenden Spieltag.
- Bereits herausgetrennte bzw. lose Voucher sind nicht veräußerbar bzw. übertragbar; sie berechtigen insbesondere nicht zum Erlass des zweiten Green Fees. Zuwiderhandlungen werden zivilrechtlich verfolgt.
- Haben Sie bitte Verständnis, dass die Voucher bei Sonderveranstaltungen (Turniertagen, Tagen der offenen Tür oder sonstigen Promotion-Aktionen) nicht eingelöst werden können. Bitte erkundigen Sie sich vorab bei Ihrer Anmeldung bei den jeweiligen Golfanlagen. Die Barauszahlung des zweiten Green Fees ist nicht möglich.
- Es gelten die Teilnahme- und Spielbedingungen, die Hausordnung der angeschlossenen Golfclubs sowie die vor Ort ausgewiesenen aktuellen Green Fee-Preise.
- Das Kombinieren mit anderen Rabatten (z. B. Golf Fee Card etc.) oder gegenseitiges Einladen mit zwei oder mehreren Free-Golf-Voucher ist nicht möglich. Bei unterschiedlichen Green Fee-Gebühren (z. B. bei Ermäßigung von Jugendlichen) ist immer der günstigere Tarif kostenfrei.
- Alle Inserenten haben sich dem Herausgeber gegenüber verpflichtet, die Free-Golf-Voucher zu den jeweils angegebenen Teilnahmebedingungen einzulösen. Der Herausgeber übernimmt jedoch keine Haftung dafür, wenn ein Free-Golf-Voucher vom Inserenten nicht eingelöst wird oder nicht eingelöst werden kann. Dies gilt insbesondere bei Insolvenz oder Besitzerwechsel.
- Es haftet ausschließlich der Inserent (= Golfanlage bzw. Betreiber der Golfanlage) für evtl. Meinungsunterschiede und Schadensersatzansprüche.
- Der Herausgeber gibt sich große Mühe bei der Umsetzung der Inserate. Er haftet aber nicht für Satz-, Druck- oder Produktionsfehler. Die Daten für den LeisureBREAKS Guide for Free Golf wurden nach bestem Wissen erarbeitet. Der Herausgeber übernimmt keine Gewähr für deren Vollständigkeit und Richtigkeit. Alle Rechte, insbesondere das Recht der Vervielfältigung und Verbreitung sowie der Übersetzung vorbehalten. Kein Teil des Werkes darf in irgendeiner Form (durch Fotokopie, Mikrofilm oder ein anderes Verfahren) ohne schriftliche Genehmigung des Herausgebers reproduziert oder unter Verwendung elektronischer Systeme gespeichert, verarbeitet, vervielfältigt oder verbreitet werden.
- Die Bearbeitung der Anmeldung erfolgt mittels EDV. Mit Ihrer Unterschrift geben Sie Ihre Einwilligung, dass wir Sie kontaktieren und auch über weitere Aktionen informieren. Die Einwilligung kann jederzeit widerrufen werden.

Gültig bis 30.06.2021

45

17. Guide for Free Golf

LeisureBREAKS GmbH

Name, Vorname

Straße, Hausnummer

PLZ, Ort

Heimatclub

Handicap

E-Mail

Guide-Nummer

Mit der Anmeldung erkenne ich die umseitigen Teilnahmebedingungen an.

Datum

Unterschrift

46

17. Guide for Free Golf

LeisureBREAKS GmbH

Name, Vorname

Straße, Hausnummer

PLZ, Ort

Heimatclub

Handicap

E-Mail

Guide-Nummer

Mit der Anmeldung erkenne ich die umseitigen Teilnahmebedingungen an.

Datum

Unterschrift

47

17. Guide for Free Golf

LeisureBREAKS GmbH

Name, Vorname

Straße, Hausnummer

PLZ, Ort

Heimatclub

Handicap

E-Mail

Guide-Nummer

Mit der Anmeldung erkenne ich die umseitigen Teilnahmebedingungen an.

Datum

Unterschrift

48

17. Guide for Free Golf

LeisureBREAKS GmbH

Name, Vorname

Straße, Hausnummer

PLZ, Ort

Heimatclub

Handicap

E-Mail

Guide-Nummer

Mit der Anmeldung erkenne ich die umseitigen Teilnahmebedingungen an.

Datum

Unterschrift

Teilnahmebedingungen

- Free-Golf-Voucher können nur von mindestens zwei Personen genutzt werden. Es gibt keine Ermäßigung für Einzelspieler, außer dies ist explizit durch das Logo 30/1 im Eintrag des Clubs vermerkt. Die Voucher gelten nur für 18 Loch. Pro Golfanlage dürfen Sie maximal 2 Voucher einlösen.
- Free-Golf-Voucher können ausschließlich von Personen mit Green Fee-Berechtigung eingelöst werden. I. d. R. ist dazu ein Mindesthandicap (variiert nach Platz bzw. Anlage) sowie eine Mitgliedschaft bei einem Golfclub erforderlich.
- Bitte weisen Sie bei Ihrer Anmeldung darauf hin, dass Sie mit dem Guide for Free Golf spielen möchten und bringen Sie das Buch beim Einchecken am Golfplatz mit. Nur dann kann Ihnen das zweite, kostenfreie Green Fee oder der 30% Nachlass für Einzelspieler gewährt werden.
- Die beteiligten Golfanlagen gewähren Ihnen pro Voucher den Erlass des 2. Green Fees. Es können also pro Voucher jeweils 2 Personen für 1 Green Fee spielen (4 Personen benötigen 2 Voucher) oder eine Person mit 30% Nachlass. Bezahlt wird der normale Green Fee-Preis eines Erwachsenen am entsprechenden Spieltag.
- Bereits herausgetrennte bzw. lose Voucher sind nicht veräußerbar bzw. übertragbar; sie berechtigen insbesondere nicht zum Erlass des zweiten Green Fees. Zuwiderhandlungen werden zivilrechtlich verfolgt.
- Haben Sie bitte Verständnis, dass die Voucher bei Sonderveranstaltungen (Turniertagen, Tagen der offenen Tür oder sonstigen Promotion-Aktionen) nicht eingelöst werden können. Bitte erkundigen Sie sich vorab bei Ihrer Anmeldung bei den jeweiligen Golfanlagen. Die Barauszahlung des zweiten Green Fees ist nicht möglich.
- Es gelten die Teilnahme- und Spielbedingungen, die Hausordnung der angeschlossenen Golfclubs sowie die vor Ort ausgewiesenen aktuellen Green Fee-Preise.
- Das Kombinieren mit anderen Rabatten (z. B. Golf Fee Card etc.) oder gegenseitiges Einladen mit zwei oder mehreren Free-Golf-Voucher ist nicht möglich. Bei unterschiedlichen Green Fee-Gebühren (z. B. bei Ermäßigung von Jugendlichen) ist immer der günstigere Tarif kostenfrei.
- Alle Inserenten haben sich dem Herausgeber gegenüber verpflichtet, die Free-Golf-Voucher zu den jeweils angegebenen Teilnahmebedingungen einzulösen. Der Herausgeber übernimmt jedoch keine Haftung dafür, wenn ein Free-Golf-Voucher vom Inserenten nicht eingelöst wird oder nicht eingelöst werden kann. Dies gilt insbesondere bei Insolvenz oder Besitzerwechsel.
- Es haftet ausschließlich der Inserent (= Golfanlage bzw. Betreiber der Golfanlage) für evtl. Meinungsunterschiede und Schadensersatzansprüche.
- Der Herausgeber gibt sich große Mühe bei der Umsetzung der Inserate. Er haftet aber nicht für Satz-, Druck- oder Produktionsfehler. Die Daten für den LeisureBREAKS Guide for Free Golf wurden nach bestem Wissen erarbeitet. Der Herausgeber übernimmt keine Gewähr für deren Vollständigkeit und Richtigkeit. Alle Rechte, insbesondere das Recht der Vervielfältigung und Verbreitung sowie der Übersetzung vorbehalten. Kein Teil des Werkes darf in irgendeiner Form (durch Fotokopie, Mikrofilm oder ein anderes Verfahren) ohne schriftliche Genehmigung des Herausgebers reproduziert oder unter Verwendung elektronischer Systeme gespeichert, verarbeitet, vervielfältigt oder verbreitet werden.
- Die Bearbeitung der Anmeldung erfolgt mittels EDV. Mit Ihrer Unterschrift geben Sie Ihre Einwilligung, dass wir Sie kontaktieren und auch über weitere Aktionen informieren. Die Einwilligung kann jederzeit widerrufen werden.

Gültig bis 30.06.2021

Teilnahmebedingungen

- Free-Golf-Voucher können nur von mindestens zwei Personen genutzt werden. Es gibt keine Ermäßigung für Einzelspieler, außer dies ist explizit durch das Logo 30/1 im Eintrag des Clubs vermerkt. Die Voucher gelten nur für 18 Loch. Pro Golfanlage dürfen Sie maximal 2 Voucher einlösen.
- Free-Golf-Voucher können ausschließlich von Personen mit Green Fee-Berechtigung eingelöst werden. I. d. R. ist dazu ein Mindesthandicap (variiert nach Platz bzw. Anlage) sowie eine Mitgliedschaft bei einem Golfclub erforderlich.
- Bitte weisen Sie bei Ihrer Anmeldung darauf hin, dass Sie mit dem Guide for Free Golf spielen möchten und bringen Sie das Buch beim Einchecken am Golfplatz mit. Nur dann kann Ihnen das zweite, kostenfreie Green Fee oder der 30% Nachlass für Einzelspieler gewährt werden.
- Die beteiligten Golfanlagen gewähren Ihnen pro Voucher den Erlass des 2. Green Fees. Es können also pro Voucher jeweils 2 Personen für 1 Green Fee spielen (4 Personen benötigen 2 Voucher) oder eine Person mit 30% Nachlass. Bezahlt wird der normale Green Fee-Preis eines Erwachsenen am entsprechenden Spieltag.
- Bereits herausgetrennte bzw. lose Voucher sind nicht veräußerbar bzw. übertragbar; sie berechtigen insbesondere nicht zum Erlass des zweiten Green Fees. Zuwiderhandlungen werden zivilrechtlich verfolgt.
- Haben Sie bitte Verständnis, dass die Voucher bei Sonderveranstaltungen (Turniertagen, Tagen der offenen Tür oder sonstigen Promotion-Aktionen) nicht eingelöst werden können. Bitte erkundigen Sie sich vorab bei Ihrer Anmeldung bei den jeweiligen Golfanlagen. Die Barauszahlung des zweiten Green Fees ist nicht möglich.
- Es gelten die Teilnahme- und Spielbedingungen, die Hausordnung der angeschlossenen Golfclubs sowie die vor Ort ausgewiesenen aktuellen Green Fee-Preise.
- Das Kombinieren mit anderen Rabatten (z. B. Golf Fee Card etc.) oder gegenseitiges Einladen mit zwei oder mehreren Free-Golf-Voucher ist nicht möglich. Bei unterschiedlichen Green Fee-Gebühren (z. B. bei Ermäßigung von Jugendlichen) ist immer der günstigere Tarif kostenfrei.
- Alle Inserenten haben sich dem Herausgeber gegenüber verpflichtet, die Free-Golf-Voucher zu den jeweils angegebenen Teilnahmebedingungen einzulösen. Der Herausgeber übernimmt jedoch keine Haftung dafür, wenn ein Free-Golf-Voucher vom Inserenten nicht eingelöst wird oder nicht eingelöst werden kann. Dies gilt insbesondere bei Insolvenz oder Besitzerwechsel.
- Es haftet ausschließlich der Inserent (= Golfanlage bzw. Betreiber der Golfanlage) für evtl. Meinungsunterschiede und Schadensersatzansprüche.
- Der Herausgeber gibt sich große Mühe bei der Umsetzung der Inserate. Er haftet aber nicht für Satz-, Druck- oder Produktionsfehler. Die Daten für den LeisureBREAKS Guide for Free Golf wurden nach bestem Wissen erarbeitet. Der Herausgeber übernimmt keine Gewähr für deren Vollständigkeit und Richtigkeit. Alle Rechte, insbesondere das Recht der Vervielfältigung und Verbreitung sowie der Übersetzung vorbehalten. Kein Teil des Werkes darf in irgendeiner Form (durch Fotokopie, Mikrofilm oder ein anderes Verfahren) ohne schriftliche Genehmigung des Herausgebers reproduziert oder unter Verwendung elektronischer Systeme gespeichert, verarbeitet, vervielfältigt oder verbreitet werden.
- Die Bearbeitung der Anmeldung erfolgt mittels EDV. Mit Ihrer Unterschrift geben Sie Ihre Einwilligung, dass wir Sie kontaktieren und auch über weitere Aktionen informieren. Die Einwilligung kann jederzeit widerrufen werden.

Gültig bis 30.06.2021

Teilnahmebedingungen

- Free-Golf-Voucher können nur von mindestens zwei Personen genutzt werden. Es gibt keine Ermäßigung für Einzelspieler, außer dies ist explizit durch das Logo 30/1 im Eintrag des Clubs vermerkt. Die Voucher gelten nur für 18 Loch. Pro Golfanlage dürfen Sie maximal 2 Voucher einlösen.
- Free-Golf-Voucher können ausschließlich von Personen mit Green Fee-Berechtigung eingelöst werden. I. d. R. ist dazu ein Mindesthandicap (variiert nach Platz bzw. Anlage) sowie eine Mitgliedschaft bei einem Golfclub erforderlich.
- Bitte weisen Sie bei Ihrer Anmeldung darauf hin, dass Sie mit dem Guide for Free Golf spielen möchten und bringen Sie das Buch beim Einchecken am Golfplatz mit. Nur dann kann Ihnen das zweite, kostenfreie Green Fee oder der 30% Nachlass für Einzelspieler gewährt werden.
- Die beteiligten Golfanlagen gewähren Ihnen pro Voucher den Erlass des 2. Green Fees. Es können also pro Voucher jeweils 2 Personen für 1 Green Fee spielen (4 Personen benötigen 2 Voucher) oder eine Person mit 30% Nachlass. Bezahlt wird der normale Green Fee-Preis eines Erwachsenen am entsprechenden Spieltag.
- Bereits herausgetrennte bzw. lose Voucher sind nicht veräußerbar bzw. übertragbar; sie berechtigen insbesondere nicht zum Erlass des zweiten Green Fees. Zuwiderhandlungen werden zivilrechtlich verfolgt.
- Haben Sie bitte Verständnis, dass die Voucher bei Sonderveranstaltungen (Turniertagen, Tagen der offenen Tür oder sonstigen Promotion-Aktionen) nicht eingelöst werden können. Bitte erkundigen Sie sich vorab bei Ihrer Anmeldung bei den jeweiligen Golfanlagen. Die Barauszahlung des zweiten Green Fees ist nicht möglich.
- Es gelten die Teilnahme- und Spielbedingungen, die Hausordnung der angeschlossenen Golfclubs sowie die vor Ort ausgewiesenen aktuellen Green Fee-Preise.
- Das Kombinieren mit anderen Rabatten (z. B. Golf Fee Card etc.) oder gegenseitiges Einladen mit zwei oder mehreren Free-Golf-Voucher ist nicht möglich. Bei unterschiedlichen Green Fee-Gebühren (z. B. bei Ermäßigung von Jugendlichen) ist immer der günstigere Tarif kostenfrei.
- Alle Inserenten haben sich dem Herausgeber gegenüber verpflichtet, die Free-Golf-Voucher zu den jeweils angegebenen Teilnahmebedingungen einzulösen. Der Herausgeber übernimmt jedoch keine Haftung dafür, wenn ein Free-Golf-Voucher vom Inserenten nicht eingelöst wird oder nicht eingelöst werden kann. Dies gilt insbesondere bei Insolvenz oder Besitzerwechsel.
- Es haftet ausschließlich der Inserent (= Golfanlage bzw. Betreiber der Golfanlage) für evtl. Meinungsunterschiede und Schadensersatzansprüche.
- Der Herausgeber gibt sich große Mühe bei der Umsetzung der Inserate. Er haftet aber nicht für Satz-, Druck- oder Produktionsfehler. Die Daten für den LeisureBREAKS Guide for Free Golf wurden nach bestem Wissen erarbeitet. Der Herausgeber übernimmt keine Gewähr für deren Vollständigkeit und Richtigkeit. Alle Rechte, insbesondere das Recht der Vervielfältigung und Verbreitung sowie der Übersetzung vorbehalten. Kein Teil des Werkes darf in irgendeiner Form (durch Fotokopie, Mikrofilm oder ein anderes Verfahren) ohne schriftliche Genehmigung des Herausgebers reproduziert oder unter Verwendung elektronischer Systeme gespeichert, verarbeitet, vervielfältigt oder verbreitet werden.
- Die Bearbeitung der Anmeldung erfolgt mittels EDV. Mit Ihrer Unterschrift geben Sie Ihre Einwilligung, dass wir Sie kontaktieren und auch über weitere Aktionen informieren. Die Einwilligung kann jederzeit widerrufen werden.

Gültig bis 30.06.2021

Teilnahmebedingungen

- Free-Golf-Voucher können nur von mindestens zwei Personen genutzt werden. Es gibt keine Ermäßigung für Einzelspieler, außer dies ist explizit durch das Logo 30/1 im Eintrag des Clubs vermerkt. Die Voucher gelten nur für 18 Loch. Pro Golfanlage dürfen Sie maximal 2 Voucher einlösen.
- Free-Golf-Voucher können ausschließlich von Personen mit Green Fee-Berechtigung eingelöst werden. I. d. R. ist dazu ein Mindesthandicap (variiert nach Platz bzw. Anlage) sowie eine Mitgliedschaft bei einem Golfclub erforderlich.
- Bitte weisen Sie bei Ihrer Anmeldung darauf hin, dass Sie mit dem Guide for Free Golf spielen möchten und bringen Sie das Buch beim Einchecken am Golfplatz mit. Nur dann kann Ihnen das zweite, kostenfreie Green Fee oder der 30% Nachlass für Einzelspieler gewährt werden.
- Die beteiligten Golfanlagen gewähren Ihnen pro Voucher den Erlass des 2. Green Fees. Es können also pro Voucher jeweils 2 Personen für 1 Green Fee spielen (4 Personen benötigen 2 Voucher) oder eine Person mit 30% Nachlass. Bezahlt wird der normale Green Fee-Preis eines Erwachsenen am entsprechenden Spieltag.
- Bereits herausgetrennte bzw. lose Voucher sind nicht veräußerbar bzw. übertragbar; sie berechtigen insbesondere nicht zum Erlass des zweiten Green Fees. Zuwiderhandlungen werden zivilrechtlich verfolgt.
- Haben Sie bitte Verständnis, dass die Voucher bei Sonderveranstaltungen (Turniertagen, Tagen der offenen Tür oder sonstigen Promotion-Aktionen) nicht eingelöst werden können. Bitte erkundigen Sie sich vorab bei Ihrer Anmeldung bei den jeweiligen Golfanlagen. Die Barauszahlung des zweiten Green Fees ist nicht möglich.
- Es gelten die Teilnahme- und Spielbedingungen, die Hausordnung der angeschlossenen Golfclubs sowie die vor Ort ausgewiesenen aktuellen Green Fee-Preise.
- Das Kombinieren mit anderen Rabatten (z. B. Golf Fee Card etc.) oder gegenseitiges Einladen mit zwei oder mehreren Free-Golf-Voucher ist nicht möglich. Bei unterschiedlichen Green Fee-Gebühren (z. B. bei Ermäßigung von Jugendlichen) ist immer der günstigere Tarif kostenfrei.
- Alle Inserenten haben sich dem Herausgeber gegenüber verpflichtet, die Free-Golf-Voucher zu den jeweils angegebenen Teilnahmebedingungen einzulösen. Der Herausgeber übernimmt jedoch keine Haftung dafür, wenn ein Free-Golf-Voucher vom Inserenten nicht eingelöst wird oder nicht eingelöst werden kann. Dies gilt insbesondere bei Insolvenz oder Besitzerwechsel.
- Es haftet ausschließlich der Inserent (= Golfanlage bzw. Betreiber der Golfanlage) für evtl. Meinungsunterschiede und Schadensersatzansprüche.
- Der Herausgeber gibt sich große Mühe bei der Umsetzung der Inserate. Er haftet aber nicht für Satz-, Druck- oder Produktionsfehler. Die Daten für den LeisureBREAKS Guide for Free Golf wurden nach bestem Wissen erarbeitet. Der Herausgeber übernimmt keine Gewähr für deren Vollständigkeit und Richtigkeit. Alle Rechte, insbesondere das Recht der Vervielfältigung und Verbreitung sowie der Übersetzung vorbehalten. Kein Teil des Werkes darf in irgendeiner Form (durch Fotokopie, Mikrofilm oder ein anderes Verfahren) ohne schriftliche Genehmigung des Herausgebers reproduziert oder unter Verwendung elektronischer Systeme gespeichert, verarbeitet, vervielfältigt oder verbreitet werden.
- Die Bearbeitung der Anmeldung erfolgt mittels EDV. Mit Ihrer Unterschrift geben Sie Ihre Einwilligung, dass wir Sie kontaktieren und auch über weitere Aktionen informieren. Die Einwilligung kann jederzeit widerrufen werden.

Gültig bis 30.06.2021

49

17. Guide for Free Golf

LeisureBREAKS GmbH

Name, Vorname

Straße, Hausnummer

PLZ, Ort

Heimatclub

Handicap

E-Mail

Guide-Nummer

Mit der Anmeldung erkenne ich die umseitigen Teilnahmebedingungen an.

Datum

Unterschrift

50

17. Guide for Free Golf

LeisureBREAKS GmbH

Name, Vorname

Straße, Hausnummer

PLZ, Ort

Heimatclub

Handicap

E-Mail

Guide-Nummer

Mit der Anmeldung erkenne ich die umseitigen Teilnahmebedingungen an.

Datum

Unterschrift

51

17. Guide for Free Golf

LeisureBREAKS GmbH

Name, Vorname

Straße, Hausnummer

PLZ, Ort

Heimatclub

Handicap

E-Mail

Guide-Nummer

Mit der Anmeldung erkenne ich die umseitigen Teilnahmebedingungen an.

Datum

Unterschrift

52

17. Guide for Free Golf

LeisureBREAKS GmbH

Name, Vorname

Straße, Hausnummer

PLZ, Ort

Heimatclub

Handicap

E-Mail

Guide-Nummer

Mit der Anmeldung erkenne ich die umseitigen Teilnahmebedingungen an.

Datum

Unterschrift

Teilnahmebedingungen

- Free-Golf-Voucher können nur von mindestens zwei Personen genutzt werden. Es gibt keine Ermäßigung für Einzelspieler, außer dies ist explizit durch das Logo 30/1 im Eintrag des Clubs vermerkt. Die Voucher gelten nur für 18 Loch. Pro Golfanlage dürfen Sie maximal 2 Voucher einlösen.
- Free-Golf-Voucher können ausschließlich von Personen mit Green Fee-Berechtigung eingelöst werden. I. d. R. ist dazu ein Mindesthandicap (variiert nach Platz bzw. Anlage) sowie eine Mitgliedschaft bei einem Golfclub erforderlich.
- Bitte weisen Sie bei Ihrer Anmeldung darauf hin, dass Sie mit dem Guide for Free Golf spielen möchten und bringen Sie das Buch beim Einchecken am Golfplatz mit. Nur dann kann Ihnen das zweite, kostenfreie Green Fee oder der 30% Nachlass für Einzelspieler gewährt werden.
- Die beteiligten Golfanlagen gewähren Ihnen pro Voucher den Erlass des 2. Green Fees. Es können also pro Voucher jeweils 2 Personen für 1 Green Fee spielen (4 Personen benötigen 2 Voucher) oder eine Person mit 30% Nachlass. Bezahlt wird der normale Green Fee-Preis eines Erwachsenen am entsprechenden Spieltag.
- Bereits herausgetrennte bzw. lose Voucher sind nicht veräußerbar bzw. übertragbar; sie berechtigen insbesondere nicht zum Erlass des zweiten Green Fees. Zuwiderhandlungen werden zivilrechtlich verfolgt.
- Haben Sie bitte Verständnis, dass die Voucher bei Sonderveranstaltungen (Turniertagen, Tagen der offenen Tür oder sonstigen Promotion-Aktionen) nicht eingelöst werden können. Bitte erkundigen Sie sich vorab bei Ihrer Anmeldung bei den jeweiligen Golfanlagen. Die Barauszahlung des zweiten Green Fees ist nicht möglich.
- Es gelten die Teilnahme- und Spielbedingungen, die Hausordnung der angeschlossenen Golfclubs sowie die vor Ort ausgewiesenen aktuellen Green Fee-Preise.
- Das Kombinieren mit anderen Rabatten (z. B. Golf Fee Card etc.) oder gegenseitiges Einladen mit zwei oder mehreren Free-Golf-Voucher ist nicht möglich. Bei unterschiedlichen Green Fee-Gebühren (z. B. bei Ermäßigung von Jugendlichen) ist immer der günstigere Tarif kostenfrei.
- Alle Inserenten haben sich dem Herausgeber gegenüber verpflichtet, die Free-Golf-Voucher zu den jeweils angegebenen Teilnahmebedingungen einzulösen. Der Herausgeber übernimmt jedoch keine Haftung dafür, wenn ein Free-Golf-Voucher vom Inserenten nicht eingelöst wird oder nicht eingelöst werden kann. Dies gilt insbesondere bei Insolvenz oder Besitzerwechsel.
- Es haftet ausschließlich der Inserent (= Golfanlage bzw. Betreiber der Golfanlage) für evtl. Meinungsunterschiede und Schadensersatzansprüche.
- Der Herausgeber gibt sich große Mühe bei der Umsetzung der Inserate. Er haftet aber nicht für Satz-, Druck- oder Produktionsfehler. Die Daten für den LeisureBREAKS Guide for Free Golf wurden nach bestem Wissen erarbeitet. Der Herausgeber übernimmt keine Gewähr für deren Vollständigkeit und Richtigkeit. Alle Rechte, insbesondere das Recht der Vervielfältigung und Verbreitung sowie der Übersetzung vorbehalten. Kein Teil des Werkes darf in irgendeiner Form (durch Fotokopie, Mikrofilm oder ein anderes Verfahren) ohne schriftliche Genehmigung des Herausgebers reproduziert oder unter Verwendung elektronischer Systeme gespeichert, verarbeitet, vervielfältigt oder verbreitet werden.
- Die Bearbeitung der Anmeldung erfolgt mittels EDV. Mit Ihrer Unterschrift geben Sie Ihre Einwilligung, dass wir Sie kontaktieren und auch über weitere Aktionen informieren. Die Einwilligung kann jederzeit widerrufen werden.

Gültig bis 30.06.2021

Teilnahmebedingungen

- Free-Golf-Voucher können nur von mindestens zwei Personen genutzt werden. Es gibt keine Ermäßigung für Einzelspieler, außer dies ist explizit durch das Logo 30/1 im Eintrag des Clubs vermerkt. Die Voucher gelten nur für 18 Loch. Pro Golfanlage dürfen Sie maximal 2 Voucher einlösen.
- Free-Golf-Voucher können ausschließlich von Personen mit Green Fee-Berechtigung eingelöst werden. I. d. R. ist dazu ein Mindesthandicap (variiert nach Platz bzw. Anlage) sowie eine Mitgliedschaft bei einem Golfclub erforderlich.
- Bitte weisen Sie bei Ihrer Anmeldung darauf hin, dass Sie mit dem Guide for Free Golf spielen möchten und bringen Sie das Buch beim Einchecken am Golfplatz mit. Nur dann kann Ihnen das zweite, kostenfreie Green Fee oder der 30% Nachlass für Einzelspieler gewährt werden.
- Die beteiligten Golfanlagen gewähren Ihnen pro Voucher den Erlass des 2. Green Fees. Es können also pro Voucher jeweils 2 Personen für 1 Green Fee spielen (4 Personen benötigen 2 Voucher) oder eine Person mit 30% Nachlass. Bezahlt wird der normale Green Fee-Preis eines Erwachsenen am entsprechenden Spieltag.
- Bereits herausgetrennte bzw. lose Voucher sind nicht veräußerbar bzw. übertragbar; sie berechtigen insbesondere nicht zum Erlass des zweiten Green Fees. Zuwiderhandlungen werden zivilrechtlich verfolgt.
- Haben Sie bitte Verständnis, dass die Voucher bei Sonderveranstaltungen (Turniertagen, Tagen der offenen Tür oder sonstigen Promotion-Aktionen) nicht eingelöst werden können. Bitte erkundigen Sie sich vorab bei Ihrer Anmeldung bei den jeweiligen Golfanlagen. Die Barauszahlung des zweiten Green Fees ist nicht möglich.
- Es gelten die Teilnahme- und Spielbedingungen, die Hausordnung der angeschlossenen Golfclubs sowie die vor Ort ausgewiesenen aktuellen Green Fee-Preise.
- Das Kombinieren mit anderen Rabatten (z. B. Golf Fee Card etc.) oder gegenseitiges Einladen mit zwei oder mehreren Free-Golf-Voucher ist nicht möglich. Bei unterschiedlichen Green Fee-Gebühren (z. B. bei Ermäßigung von Jugendlichen) ist immer der günstigere Tarif kostenfrei.
- Alle Inserenten haben sich dem Herausgeber gegenüber verpflichtet, die Free-Golf-Voucher zu den jeweils angegebenen Teilnahmebedingungen einzulösen. Der Herausgeber übernimmt jedoch keine Haftung dafür, wenn ein Free-Golf-Voucher vom Inserenten nicht eingelöst wird oder nicht eingelöst werden kann. Dies gilt insbesondere bei Insolvenz oder Besitzerwechsel.
- Es haftet ausschließlich der Inserent (= Golfanlage bzw. Betreiber der Golfanlage) für evtl. Meinungsunterschiede und Schadensersatzansprüche.
- Der Herausgeber gibt sich große Mühe bei der Umsetzung der Inserate. Er haftet aber nicht für Satz-, Druck- oder Produktionsfehler. Die Daten für den LeisureBREAKS Guide for Free Golf wurden nach bestem Wissen erarbeitet. Der Herausgeber übernimmt keine Gewähr für deren Vollständigkeit und Richtigkeit. Alle Rechte, insbesondere das Recht der Vervielfältigung und Verbreitung sowie der Übersetzung vorbehalten. Kein Teil des Werkes darf in irgendeiner Form (durch Fotokopie, Mikrofilm oder ein anderes Verfahren) ohne schriftliche Genehmigung des Herausgebers reproduziert oder unter Verwendung elektronischer Systeme gespeichert, verarbeitet, vervielfältigt oder verbreitet werden.
- Die Bearbeitung der Anmeldung erfolgt mittels EDV. Mit Ihrer Unterschrift geben Sie Ihre Einwilligung, dass wir Sie kontaktieren und auch über weitere Aktionen informieren. Die Einwilligung kann jederzeit widerrufen werden.

Gültig bis 30.06.2021

Teilnahmebedingungen

- Free-Golf-Voucher können nur von mindestens zwei Personen genutzt werden. Es gibt keine Ermäßigung für Einzelspieler, außer dies ist explizit durch das Logo 30/1 im Eintrag des Clubs vermerkt. Die Voucher gelten nur für 18 Loch. Pro Golfanlage dürfen Sie maximal 2 Voucher einlösen.
- Free-Golf-Voucher können ausschließlich von Personen mit Green Fee-Berechtigung eingelöst werden. I. d. R. ist dazu ein Mindesthandicap (variiert nach Platz bzw. Anlage) sowie eine Mitgliedschaft bei einem Golfclub erforderlich.
- Bitte weisen Sie bei Ihrer Anmeldung darauf hin, dass Sie mit dem Guide for Free Golf spielen möchten und bringen Sie das Buch beim Einchecken am Golfplatz mit. Nur dann kann Ihnen das zweite, kostenfreie Green Fee oder der 30% Nachlass für Einzelspieler gewährt werden.
- Die beteiligten Golfanlagen gewähren Ihnen pro Voucher den Erlass des 2. Green Fees. Es können also pro Voucher jeweils 2 Personen für 1 Green Fee spielen (4 Personen benötigen 2 Voucher) oder eine Person mit 30% Nachlass. Bezahlt wird der normale Green Fee-Preis eines Erwachsenen am entsprechenden Spieltag.
- Bereits herausgetrennte bzw. lose Voucher sind nicht veräußerbar bzw. übertragbar; sie berechtigen insbesondere nicht zum Erlass des zweiten Green Fees. Zuwiderhandlungen werden zivilrechtlich verfolgt.
- Haben Sie bitte Verständnis, dass die Voucher bei Sonderveranstaltungen (Turniertagen, Tagen der offenen Tür oder sonstigen Promotion-Aktionen) nicht eingelöst werden können. Bitte erkundigen Sie sich vorab bei Ihrer Anmeldung bei den jeweiligen Golfanlagen. Die Barauszahlung des zweiten Green Fees ist nicht möglich.
- Es gelten die Teilnahme- und Spielbedingungen, die Hausordnung der angeschlossenen Golfclubs sowie die vor Ort ausgewiesenen aktuellen Green Fee-Preise.
- Das Kombinieren mit anderen Rabatten (z. B. Golf Fee Card etc.) oder gegenseitiges Einladen mit zwei oder mehreren Free-Golf-Voucher ist nicht möglich. Bei unterschiedlichen Green Fee-Gebühren (z. B. bei Ermäßigung von Jugendlichen) ist immer der günstigere Tarif kostenfrei.
- Alle Inserenten haben sich dem Herausgeber gegenüber verpflichtet, die Free-Golf-Voucher zu den jeweils angegebenen Teilnahmebedingungen einzulösen. Der Herausgeber übernimmt jedoch keine Haftung dafür, wenn ein Free-Golf-Voucher vom Inserenten nicht eingelöst wird oder nicht eingelöst werden kann. Dies gilt insbesondere bei Insolvenz oder Besitzerwechsel.
- Es haftet ausschließlich der Inserent (= Golfanlage bzw. Betreiber der Golfanlage) für evtl. Meinungsunterschiede und Schadensersatzansprüche.
- Der Herausgeber gibt sich große Mühe bei der Umsetzung der Inserate. Er haftet aber nicht für Satz-, Druck- oder Produktionsfehler. Die Daten für den LeisureBREAKS Guide for Free Golf wurden nach bestem Wissen erarbeitet. Der Herausgeber übernimmt keine Gewähr für deren Vollständigkeit und Richtigkeit. Alle Rechte, insbesondere das Recht der Vervielfältigung und Verbreitung sowie der Übersetzung vorbehalten. Kein Teil des Werkes darf in irgendeiner Form (durch Fotokopie, Mikrofilm oder ein anderes Verfahren) ohne schriftliche Genehmigung des Herausgebers reproduziert oder unter Verwendung elektronischer Systeme gespeichert, verarbeitet, vervielfältigt oder verbreitet werden.
- Die Bearbeitung der Anmeldung erfolgt mittels EDV. Mit Ihrer Unterschrift geben Sie Ihre Einwilligung, dass wir Sie kontaktieren und auch über weitere Aktionen informieren. Die Einwilligung kann jederzeit widerrufen werden.

Gültig bis 30.06.2021

Teilnahmebedingungen

- Free-Golf-Voucher können nur von mindestens zwei Personen genutzt werden. Es gibt keine Ermäßigung für Einzelspieler, außer dies ist explizit durch das Logo 30/1 im Eintrag des Clubs vermerkt. Die Voucher gelten nur für 18 Loch. Pro Golfanlage dürfen Sie maximal 2 Voucher einlösen.
- Free-Golf-Voucher können ausschließlich von Personen mit Green Fee-Berechtigung eingelöst werden. I. d. R. ist dazu ein Mindesthandicap (variiert nach Platz bzw. Anlage) sowie eine Mitgliedschaft bei einem Golfclub erforderlich.
- Bitte weisen Sie bei Ihrer Anmeldung darauf hin, dass Sie mit dem Guide for Free Golf spielen möchten und bringen Sie das Buch beim Einchecken am Golfplatz mit. Nur dann kann Ihnen das zweite, kostenfreie Green Fee oder der 30% Nachlass für Einzelspieler gewährt werden.
- Die beteiligten Golfanlagen gewähren Ihnen pro Voucher den Erlass des 2. Green Fees. Es können also pro Voucher jeweils 2 Personen für 1 Green Fee spielen (4 Personen benötigen 2 Voucher) oder eine Person mit 30% Nachlass. Bezahlt wird der normale Green Fee-Preis eines Erwachsenen am entsprechenden Spieltag.
- Bereits herausgetrennte bzw. lose Voucher sind nicht veräußerbar bzw. übertragbar; sie berechtigen insbesondere nicht zum Erlass des zweiten Green Fees. Zuwiderhandlungen werden zivilrechtlich verfolgt.
- Haben Sie bitte Verständnis, dass die Voucher bei Sonderveranstaltungen (Turniertagen, Tagen der offenen Tür oder sonstigen Promotion-Aktionen) nicht eingelöst werden können. Bitte erkundigen Sie sich vorab bei Ihrer Anmeldung bei den jeweiligen Golfanlagen. Die Barauszahlung des zweiten Green Fees ist nicht möglich.
- Es gelten die Teilnahme- und Spielbedingungen, die Hausordnung der angeschlossenen Golfclubs sowie die vor Ort ausgewiesenen aktuellen Green Fee-Preise.
- Das Kombinieren mit anderen Rabatten (z. B. Golf Fee Card etc.) oder gegenseitiges Einladen mit zwei oder mehreren Free-Golf-Voucher ist nicht möglich. Bei unterschiedlichen Green Fee-Gebühren (z. B. bei Ermäßigung von Jugendlichen) ist immer der günstigere Tarif kostenfrei.
- Alle Inserenten haben sich dem Herausgeber gegenüber verpflichtet, die Free-Golf-Voucher zu den jeweils angegebenen Teilnahmebedingungen einzulösen. Der Herausgeber übernimmt jedoch keine Haftung dafür, wenn ein Free-Golf-Voucher vom Inserenten nicht eingelöst wird oder nicht eingelöst werden kann. Dies gilt insbesondere bei Insolvenz oder Besitzerwechsel.
- Es haftet ausschließlich der Inserent (= Golfanlage bzw. Betreiber der Golfanlage) für evtl. Meinungsunterschiede und Schadensersatzansprüche.
- Der Herausgeber gibt sich große Mühe bei der Umsetzung der Inserate. Er haftet aber nicht für Satz-, Druck- oder Produktionsfehler. Die Daten für den LeisureBREAKS Guide for Free Golf wurden nach bestem Wissen erarbeitet. Der Herausgeber übernimmt keine Gewähr für deren Vollständigkeit und Richtigkeit. Alle Rechte, insbesondere das Recht der Vervielfältigung und Verbreitung sowie der Übersetzung vorbehalten. Kein Teil des Werkes darf in irgendeiner Form (durch Fotokopie, Mikrofilm oder ein anderes Verfahren) ohne schriftliche Genehmigung des Herausgebers reproduziert oder unter Verwendung elektronischer Systeme gespeichert, verarbeitet, vervielfältigt oder verbreitet werden.
- Die Bearbeitung der Anmeldung erfolgt mittels EDV. Mit Ihrer Unterschrift geben Sie Ihre Einwilligung, dass wir Sie kontaktieren und auch über weitere Aktionen informieren. Die Einwilligung kann jederzeit widerrufen werden.

Gültig bis 30.06.2021

53

17. Guide for Free Golf

LeisureBREAKS GmbH

Name, Vorname

Straße, Hausnummer

PLZ, Ort

Heimatclub

Handicap

E-Mail

Guide-Nummer

Mit der Anmeldung erkenne ich die umseitigen Teilnahmebedingungen an.

Datum

Unterschrift

54

17. Guide for Free Golf

LeisureBREAKS GmbH

Name, Vorname

Straße, Hausnummer

PLZ, Ort

Heimatclub

Handicap

E-Mail

Guide-Nummer

Mit der Anmeldung erkenne ich die umseitigen Teilnahmebedingungen an.

Datum

Unterschrift

55

17. Guide for Free Golf

LeisureBREAKS GmbH

Name, Vorname

Straße, Hausnummer

PLZ, Ort

Heimatclub

Handicap

E-Mail

Guide-Nummer

Mit der Anmeldung erkenne ich die umseitigen Teilnahmebedingungen an.

Datum

Unterschrift

56

17. Guide for Free Golf

LeisureBREAKS GmbH

Name, Vorname

Straße, Hausnummer

PLZ, Ort

Heimatclub

Handicap

E-Mail

Guide-Nummer

Mit der Anmeldung erkenne ich die umseitigen Teilnahmebedingungen an.

Datum

Unterschrift

Teilnahmebedingungen

- Free-Golf-Voucher können nur von mindestens zwei Personen genutzt werden. Es gibt keine Ermäßigung für Einzelspieler, außer dies ist explizit durch das Logo 30/1 im Eintrag des Clubs vermerkt. Die Voucher gelten nur für 18 Loch. Pro Golfanlage dürfen Sie maximal 2 Voucher einlösen.
- Free-Golf-Voucher können ausschließlich von Personen mit Green Fee-Berechtigung eingelöst werden. I. d. R. ist dazu ein Mindesthandicap (variiert nach Platz bzw. Anlage) sowie eine Mitgliedschaft bei einem Golfclub erforderlich.
- Bitte weisen Sie bei Ihrer Anmeldung darauf hin, dass Sie mit dem Guide for Free Golf spielen möchten und bringen Sie das Buch beim Einchecken am Golfplatz mit. Nur dann kann Ihnen das zweite, kostenfreie Green Fee oder der 30% Nachlass für Einzelspieler gewährt werden.
- Die beteiligten Golfanlagen gewähren Ihnen pro Voucher den Erlass des 2. Green Fees. Es können also pro Voucher jeweils 2 Personen für 1 Green Fee spielen (4 Personen benötigen 2 Voucher) oder eine Person mit 30% Nachlass. Bezahlt wird der normale Green Fee-Preis eines Erwachsenen am entsprechenden Spieltag.
- Bereits herausgetrennte bzw. lose Voucher sind nicht veräußerbar bzw. übertragbar; sie berechtigen insbesondere nicht zum Erlass des zweiten Green Fees. Zuwiderhandlungen werden zivilrechtlich verfolgt.
- Haben Sie bitte Verständnis, dass die Voucher bei Sonderveranstaltungen (Turniertagen, Tagen der offenen Tür oder sonstigen Promotion-Aktionen) nicht eingelöst werden können. Bitte erkundigen Sie sich vorab bei Ihrer Anmeldung bei den jeweiligen Golfanlagen. Die Barauszahlung des zweiten Green Fees ist nicht möglich.
- Es gelten die Teilnahme- und Spielbedingungen, die Hausordnung der angeschlossenen Golfclubs sowie die vor Ort ausgewiesenen aktuellen Green Fee-Preise.
- Das Kombinieren mit anderen Rabatten (z. B. Golf Fee Card etc.) oder gegenseitiges Einladen mit zwei oder mehreren Free-Golf-Voucher ist nicht möglich. Bei unterschiedlichen Green Fee-Gebühren (z. B. bei Ermäßigung von Jugendlichen) ist immer der günstigere Tarif kostenfrei.
- Alle Inserenten haben sich dem Herausgeber gegenüber verpflichtet, die Free-Golf-Voucher zu den jeweils angegebenen Teilnahmebedingungen einzulösen. Der Herausgeber übernimmt jedoch keine Haftung dafür, wenn ein Free-Golf-Voucher vom Inserenten nicht eingelöst wird oder nicht eingelöst werden kann. Dies gilt insbesondere bei Insolvenz oder Besitzerwechsel.
- Es haftet ausschließlich der Inserent (= Golfanlage bzw. Betreiber der Golfanlage) für evtl. Meinungsunterschiede und Schadensersatzansprüche.
- Der Herausgeber gibt sich große Mühe bei der Umsetzung der Inserate. Er haftet aber nicht für Satz-, Druck- oder Produktionsfehler. Die Daten für den LeisureBREAKS Guide for Free Golf wurden nach bestem Wissen erarbeitet. Der Herausgeber übernimmt keine Gewähr für deren Vollständigkeit und Richtigkeit. Alle Rechte, insbesondere das Recht der Vervielfältigung und Verbreitung sowie der Übersetzung vorbehalten. Kein Teil des Werkes darf in irgendeiner Form (durch Fotokopie, Mikrofilm oder ein anderes Verfahren) ohne schriftliche Genehmigung des Herausgebers reproduziert oder unter Verwendung elektronischer Systeme gespeichert, verarbeitet, vervielfältigt oder verbreitet werden.
- Die Bearbeitung der Anmeldung erfolgt mittels EDV. Mit Ihrer Unterschrift geben Sie Ihre Einwilligung, dass wir Sie kontaktieren und auch über weitere Aktionen informieren. Die Einwilligung kann jederzeit widerrufen werden.

Gültig bis 30.06.2021

Teilnahmebedingungen

- Free-Golf-Voucher können nur von mindestens zwei Personen genutzt werden. Es gibt keine Ermäßigung für Einzelspieler, außer dies ist explizit durch das Logo 30/1 im Eintrag des Clubs vermerkt. Die Voucher gelten nur für 18 Loch. Pro Golfanlage dürfen Sie maximal 2 Voucher einlösen.
- Free-Golf-Voucher können ausschließlich von Personen mit Green Fee-Berechtigung eingelöst werden. I. d. R. ist dazu ein Mindesthandicap (variiert nach Platz bzw. Anlage) sowie eine Mitgliedschaft bei einem Golfclub erforderlich.
- Bitte weisen Sie bei Ihrer Anmeldung darauf hin, dass Sie mit dem Guide for Free Golf spielen möchten und bringen Sie das Buch beim Einchecken am Golfplatz mit. Nur dann kann Ihnen das zweite, kostenfreie Green Fee oder der 30% Nachlass für Einzelspieler gewährt werden.
- Die beteiligten Golfanlagen gewähren Ihnen pro Voucher den Erlass des 2. Green Fees. Es können also pro Voucher jeweils 2 Personen für 1 Green Fee spielen (4 Personen benötigen 2 Voucher) oder eine Person mit 30% Nachlass. Bezahlt wird der normale Green Fee-Preis eines Erwachsenen am entsprechenden Spieltag.
- Bereits herausgetrennte bzw. lose Voucher sind nicht veräußerbar bzw. übertragbar; sie berechtigen insbesondere nicht zum Erlass des zweiten Green Fees. Zuwiderhandlungen werden zivilrechtlich verfolgt.
- Haben Sie bitte Verständnis, dass die Voucher bei Sonderveranstaltungen (Turniertagen, Tagen der offenen Tür oder sonstigen Promotion-Aktionen) nicht eingelöst werden können. Bitte erkundigen Sie sich vorab bei Ihrer Anmeldung bei den jeweiligen Golfanlagen. Die Barauszahlung des zweiten Green Fees ist nicht möglich.
- Es gelten die Teilnahme- und Spielbedingungen, die Hausordnung der angeschlossenen Golfclubs sowie die vor Ort ausgewiesenen aktuellen Green Fee-Preise.
- Das Kombinieren mit anderen Rabatten (z. B. Golf Fee Card etc.) oder gegenseitiges Einladen mit zwei oder mehreren Free-Golf-Voucher ist nicht möglich. Bei unterschiedlichen Green Fee-Gebühren (z. B. bei Ermäßigung von Jugendlichen) ist immer der günstigere Tarif kostenfrei.
- Alle Inserenten haben sich dem Herausgeber gegenüber verpflichtet, die Free-Golf-Voucher zu den jeweils angegebenen Teilnahmebedingungen einzulösen. Der Herausgeber übernimmt jedoch keine Haftung dafür, wenn ein Free-Golf-Voucher vom Inserenten nicht eingelöst wird oder nicht eingelöst werden kann. Dies gilt insbesondere bei Insolvenz oder Besitzerwechsel.
- Es haftet ausschließlich der Inserent (= Golfanlage bzw. Betreiber der Golfanlage) für evtl. Meinungsunterschiede und Schadensersatzansprüche.
- Der Herausgeber gibt sich große Mühe bei der Umsetzung der Inserate. Er haftet aber nicht für Satz-, Druck- oder Produktionsfehler. Die Daten für den LeisureBREAKS Guide for Free Golf wurden nach bestem Wissen erarbeitet. Der Herausgeber übernimmt keine Gewähr für deren Vollständigkeit und Richtigkeit. Alle Rechte, insbesondere das Recht der Vervielfältigung und Verbreitung sowie der Übersetzung vorbehalten. Kein Teil des Werkes darf in irgendeiner Form (durch Fotokopie, Mikrofilm oder ein anderes Verfahren) ohne schriftliche Genehmigung des Herausgebers reproduziert oder unter Verwendung elektronischer Systeme gespeichert, verarbeitet, vervielfältigt oder verbreitet werden.
- Die Bearbeitung der Anmeldung erfolgt mittels EDV. Mit Ihrer Unterschrift geben Sie Ihre Einwilligung, dass wir Sie kontaktieren und auch über weitere Aktionen informieren. Die Einwilligung kann jederzeit widerrufen werden.

Gültig bis 30.06.2021

Teilnahmebedingungen

- Free-Golf-Voucher können nur von mindestens zwei Personen genutzt werden. Es gibt keine Ermäßigung für Einzelspieler, außer dies ist explizit durch das Logo 30/1 im Eintrag des Clubs vermerkt. Die Voucher gelten nur für 18 Loch. Pro Golfanlage dürfen Sie maximal 2 Voucher einlösen.
- Free-Golf-Voucher können ausschließlich von Personen mit Green Fee-Berechtigung eingelöst werden. I. d. R. ist dazu ein Mindesthandicap (variiert nach Platz bzw. Anlage) sowie eine Mitgliedschaft bei einem Golfclub erforderlich.
- Bitte weisen Sie bei Ihrer Anmeldung darauf hin, dass Sie mit dem Guide for Free Golf spielen möchten und bringen Sie das Buch beim Einchecken am Golfplatz mit. Nur dann kann Ihnen das zweite, kostenfreie Green Fee oder der 30% Nachlass für Einzelspieler gewährt werden.
- Die beteiligten Golfanlagen gewähren Ihnen pro Voucher den Erlass des 2. Green Fees. Es können also pro Voucher jeweils 2 Personen für 1 Green Fee spielen (4 Personen benötigen 2 Voucher) oder eine Person mit 30% Nachlass. Bezahlt wird der normale Green Fee-Preis eines Erwachsenen am entsprechenden Spieltag.
- Bereits herausgetrennte bzw. lose Voucher sind nicht veräußerbar bzw. übertragbar; sie berechtigen insbesondere nicht zum Erlass des zweiten Green Fees. Zuwiderhandlungen werden zivilrechtlich verfolgt.
- Haben Sie bitte Verständnis, dass die Voucher bei Sonderveranstaltungen (Turniertagen, Tagen der offenen Tür oder sonstigen Promotion-Aktionen) nicht eingelöst werden können. Bitte erkundigen Sie sich vorab bei Ihrer Anmeldung bei den jeweiligen Golfanlagen. Die Barauszahlung des zweiten Green Fees ist nicht möglich.
- Es gelten die Teilnahme- und Spielbedingungen, die Hausordnung der angeschlossenen Golfclubs sowie die vor Ort ausgewiesenen aktuellen Green Fee-Preise.
- Das Kombinieren mit anderen Rabatten (z. B. Golf Fee Card etc.) oder gegenseitiges Einladen mit zwei oder mehreren Free-Golf-Voucher ist nicht möglich. Bei unterschiedlichen Green Fee-Gebühren (z. B. bei Ermäßigung von Jugendlichen) ist immer der günstigere Tarif kostenfrei.
- Alle Inserenten haben sich dem Herausgeber gegenüber verpflichtet, die Free-Golf-Voucher zu den jeweils angegebenen Teilnahmebedingungen einzulösen. Der Herausgeber übernimmt jedoch keine Haftung dafür, wenn ein Free-Golf-Voucher vom Inserenten nicht eingelöst wird oder nicht eingelöst werden kann. Dies gilt insbesondere bei Insolvenz oder Besitzerwechsel.
- Es haftet ausschließlich der Inserent (= Golfanlage bzw. Betreiber der Golfanlage) für evtl. Meinungsunterschiede und Schadensersatzansprüche.
- Der Herausgeber gibt sich große Mühe bei der Umsetzung der Inserate. Er haftet aber nicht für Satz-, Druck- oder Produktionsfehler. Die Daten für den LeisureBREAKS Guide for Free Golf wurden nach bestem Wissen erarbeitet. Der Herausgeber übernimmt keine Gewähr für deren Vollständigkeit und Richtigkeit. Alle Rechte, insbesondere das Recht der Vervielfältigung und Verbreitung sowie der Übersetzung vorbehalten. Kein Teil des Werkes darf in irgendeiner Form (durch Fotokopie, Mikrofilm oder ein anderes Verfahren) ohne schriftliche Genehmigung des Herausgebers reproduziert oder unter Verwendung elektronischer Systeme gespeichert, verarbeitet, vervielfältigt oder verbreitet werden.
- Die Bearbeitung der Anmeldung erfolgt mittels EDV. Mit Ihrer Unterschrift geben Sie Ihre Einwilligung, dass wir Sie kontaktieren und auch über weitere Aktionen informieren. Die Einwilligung kann jederzeit widerrufen werden.

Gültig bis 30.06.2021

Teilnahmebedingungen

- Free-Golf-Voucher können nur von mindestens zwei Personen genutzt werden. Es gibt keine Ermäßigung für Einzelspieler, außer dies ist explizit durch das Logo 30/1 im Eintrag des Clubs vermerkt. Die Voucher gelten nur für 18 Loch. Pro Golfanlage dürfen Sie maximal 2 Voucher einlösen.
- Free-Golf-Voucher können ausschließlich von Personen mit Green Fee-Berechtigung eingelöst werden. I. d. R. ist dazu ein Mindesthandicap (variiert nach Platz bzw. Anlage) sowie eine Mitgliedschaft bei einem Golfclub erforderlich.
- Bitte weisen Sie bei Ihrer Anmeldung darauf hin, dass Sie mit dem Guide for Free Golf spielen möchten und bringen Sie das Buch beim Einchecken am Golfplatz mit. Nur dann kann Ihnen das zweite, kostenfreie Green Fee oder der 30% Nachlass für Einzelspieler gewährt werden.
- Die beteiligten Golfanlagen gewähren Ihnen pro Voucher den Erlass des 2. Green Fees. Es können also pro Voucher jeweils 2 Personen für 1 Green Fee spielen (4 Personen benötigen 2 Voucher) oder eine Person mit 30% Nachlass. Bezahlt wird der normale Green Fee-Preis eines Erwachsenen am entsprechenden Spieltag.
- Bereits herausgetrennte bzw. lose Voucher sind nicht veräußerbar bzw. übertragbar; sie berechtigen insbesondere nicht zum Erlass des zweiten Green Fees. Zuwiderhandlungen werden zivilrechtlich verfolgt.
- Haben Sie bitte Verständnis, dass die Voucher bei Sonderveranstaltungen (Turniertagen, Tagen der offenen Tür oder sonstigen Promotion-Aktionen) nicht eingelöst werden können. Bitte erkundigen Sie sich vorab bei Ihrer Anmeldung bei den jeweiligen Golfanlagen. Die Barauszahlung des zweiten Green Fees ist nicht möglich.
- Es gelten die Teilnahme- und Spielbedingungen, die Hausordnung der angeschlossenen Golfclubs sowie die vor Ort ausgewiesenen aktuellen Green Fee-Preise.
- Das Kombinieren mit anderen Rabatten (z. B. Golf Fee Card etc.) oder gegenseitiges Einladen mit zwei oder mehreren Free-Golf-Voucher ist nicht möglich. Bei unterschiedlichen Green Fee-Gebühren (z. B. bei Ermäßigung von Jugendlichen) ist immer der günstigere Tarif kostenfrei.
- Alle Inserenten haben sich dem Herausgeber gegenüber verpflichtet, die Free-Golf-Voucher zu den jeweils angegebenen Teilnahmebedingungen einzulösen. Der Herausgeber übernimmt jedoch keine Haftung dafür, wenn ein Free-Golf-Voucher vom Inserenten nicht eingelöst wird oder nicht eingelöst werden kann. Dies gilt insbesondere bei Insolvenz oder Besitzerwechsel.
- Es haftet ausschließlich der Inserent (= Golfanlage bzw. Betreiber der Golfanlage) für evtl. Meinungsunterschiede und Schadensersatzansprüche.
- Der Herausgeber gibt sich große Mühe bei der Umsetzung der Inserate. Er haftet aber nicht für Satz-, Druck- oder Produktionsfehler. Die Daten für den LeisureBREAKS Guide for Free Golf wurden nach bestem Wissen erarbeitet. Der Herausgeber übernimmt keine Gewähr für deren Vollständigkeit und Richtigkeit. Alle Rechte, insbesondere das Recht der Vervielfältigung und Verbreitung sowie der Übersetzung vorbehalten. Kein Teil des Werkes darf in irgendeiner Form (durch Fotokopie, Mikrofilm oder ein anderes Verfahren) ohne schriftliche Genehmigung des Herausgebers reproduziert oder unter Verwendung elektronischer Systeme gespeichert, verarbeitet, vervielfältigt oder verbreitet werden.
- Die Bearbeitung der Anmeldung erfolgt mittels EDV. Mit Ihrer Unterschrift geben Sie Ihre Einwilligung, dass wir Sie kontaktieren und auch über weitere Aktionen informieren. Die Einwilligung kann jederzeit widerrufen werden.

Gültig bis 30.06.2021

57

17. Guide for Free Golf

LeisureBREAKS GmbH

Name, Vorname

Straße, Hausnummer

PLZ, Ort

Heimatclub

Handicap

E-Mail

Guide-Nummer

Mit der Anmeldung erkenne ich die umseitigen Teilnahmebedingungen an.

Datum

Unterschrift

58

17. Guide for Free Golf

LeisureBREAKS GmbH

Name, Vorname

Straße, Hausnummer

PLZ, Ort

Heimatclub

Handicap

E-Mail

Guide-Nummer

Mit der Anmeldung erkenne ich die umseitigen Teilnahmebedingungen an.

Datum

Unterschrift

59

17. Guide for Free Golf

LeisureBREAKS GmbH

Name, Vorname

Straße, Hausnummer

PLZ, Ort

Heimatclub

Handicap

E-Mail

Guide-Nummer

Mit der Anmeldung erkenne ich die umseitigen Teilnahmebedingungen an.

Datum

Unterschrift

60

17. Guide for Free Golf

LeisureBREAKS GmbH

Name, Vorname

Straße, Hausnummer

PLZ, Ort

Heimatclub

Handicap

E-Mail

Guide-Nummer

Mit der Anmeldung erkenne ich die umseitigen Teilnahmebedingungen an.

Datum

Unterschrift

Teilnahmebedingungen

- Free-Golf-Voucher können nur von mindestens zwei Personen genutzt werden. Es gibt keine Ermäßigung für Einzelspieler, außer dies ist explizit durch das Logo 30/1 im Eintrag des Clubs vermerkt. Die Voucher gelten nur für 18 Loch. Pro Golfanlage dürfen Sie maximal 2 Voucher einlösen.
- Free-Golf-Voucher können ausschließlich von Personen mit Green Fee-Berechtigung eingelöst werden. I. d. R. ist dazu ein Mindesthandicap (variiert nach Platz bzw. Anlage) sowie eine Mitgliedschaft bei einem Golfclub erforderlich.
- Bitte weisen Sie bei Ihrer Anmeldung darauf hin, dass Sie mit dem Guide for Free Golf spielen möchten und bringen Sie das Buch beim Einchecken am Golfplatz mit. Nur dann kann Ihnen das zweite, kostenfreie Green Fee oder der 30% Nachlass für Einzelspieler gewährt werden.
- Die beteiligten Golfanlagen gewähren Ihnen pro Voucher den Erlass des 2. Green Fees. Es können also pro Voucher jeweils 2 Personen für 1 Green Fee spielen (4 Personen benötigen 2 Voucher) oder eine Person mit 30% Nachlass. Bezahlt wird der normale Green Fee-Preis eines Erwachsenen am entsprechenden Spieltag.
- Bereits herausgetrennte bzw. lose Voucher sind nicht veräußerbar bzw. übertragbar; sie berechtigen insbesondere nicht zum Erlass des zweiten Green Fees. Zuwiderhandlungen werden zivilrechtlich verfolgt.
- Haben Sie bitte Verständnis, dass die Voucher bei Sonderveranstaltungen (Turniertagen, Tagen der offenen Tür oder sonstigen Promotion-Aktionen) nicht eingelöst werden können. Bitte erkundigen Sie sich vorab bei Ihrer Anmeldung bei den jeweiligen Golfanlagen. Die Barauszahlung des zweiten Green Fees ist nicht möglich.
- Es gelten die Teilnahme- und Spielbedingungen, die Hausordnung der angeschlossenen Golfclubs sowie die vor Ort ausgewiesenen aktuellen Green Fee-Preise.
- Das Kombinieren mit anderen Rabatten (z. B. Golf Fee Card etc.) oder gegenseitiges Einladen mit zwei oder mehreren Free-Golf-Voucher ist nicht möglich. Bei unterschiedlichen Green Fee-Gebühren (z. B. bei Ermäßigung von Jugendlichen) ist immer der günstigere Tarif kostenfrei.
- Alle Inserenten haben sich dem Herausgeber gegenüber verpflichtet, die Free-Golf-Voucher zu den jeweils angegebenen Teilnahmebedingungen einzulösen. Der Herausgeber übernimmt jedoch keine Haftung dafür, wenn ein Free-Golf-Voucher vom Inserenten nicht eingelöst wird oder nicht eingelöst werden kann. Dies gilt insbesondere bei Insolvenz oder Besitzerwechsel.
- Es haftet ausschließlich der Inserent (= Golfanlage bzw. Betreiber der Golfanlage) für evtl. Meinungsunterschiede und Schadensersatzansprüche.
- Der Herausgeber gibt sich große Mühe bei der Umsetzung der Inserate. Er haftet aber nicht für Satz-, Druck- oder Produktionsfehler. Die Daten für den LeisureBREAKS Guide for Free Golf wurden nach bestem Wissen erarbeitet. Der Herausgeber übernimmt keine Gewähr für deren Vollständigkeit und Richtigkeit. Alle Rechte, insbesondere das Recht der Vervielfältigung und Verbreitung sowie der Übersetzung vorbehalten. Kein Teil des Werkes darf in irgendeiner Form (durch Fotokopie, Mikrofilm oder ein anderes Verfahren) ohne schriftliche Genehmigung des Herausgebers reproduziert oder unter Verwendung elektronischer Systeme gespeichert, verarbeitet, vervielfältigt oder verbreitet werden.
- Die Bearbeitung der Anmeldung erfolgt mittels EDV. Mit Ihrer Unterschrift geben Sie Ihre Einwilligung, dass wir Sie kontaktieren und auch über weitere Aktionen informieren. Die Einwilligung kann jederzeit widerrufen werden.

Gültig bis 30.06.2021

Teilnahmebedingungen

- Free-Golf-Voucher können nur von mindestens zwei Personen genutzt werden. Es gibt keine Ermäßigung für Einzelspieler, außer dies ist explizit durch das Logo 30/1 im Eintrag des Clubs vermerkt. Die Voucher gelten nur für 18 Loch. Pro Golfanlage dürfen Sie maximal 2 Voucher einlösen.
- Free-Golf-Voucher können ausschließlich von Personen mit Green Fee-Berechtigung eingelöst werden. I. d. R. ist dazu ein Mindesthandicap (variiert nach Platz bzw. Anlage) sowie eine Mitgliedschaft bei einem Golfclub erforderlich.
- Bitte weisen Sie bei Ihrer Anmeldung darauf hin, dass Sie mit dem Guide for Free Golf spielen möchten und bringen Sie das Buch beim Einchecken am Golfplatz mit. Nur dann kann Ihnen das zweite, kostenfreie Green Fee oder der 30% Nachlass für Einzelspieler gewährt werden.
- Die beteiligten Golfanlagen gewähren Ihnen pro Voucher den Erlass des 2. Green Fees. Es können also pro Voucher jeweils 2 Personen für 1 Green Fee spielen (4 Personen benötigen 2 Voucher) oder eine Person mit 30% Nachlass. Bezahlt wird der normale Green Fee-Preis eines Erwachsenen am entsprechenden Spieltag.
- Bereits herausgetrennte bzw. lose Voucher sind nicht veräußerbar bzw. übertragbar; sie berechtigen insbesondere nicht zum Erlass des zweiten Green Fees. Zuwiderhandlungen werden zivilrechtlich verfolgt.
- Haben Sie bitte Verständnis, dass die Voucher bei Sonderveranstaltungen (Turniertagen, Tagen der offenen Tür oder sonstigen Promotion-Aktionen) nicht eingelöst werden können. Bitte erkundigen Sie sich vorab bei Ihrer Anmeldung bei den jeweiligen Golfanlagen. Die Barauszahlung des zweiten Green Fees ist nicht möglich.
- Es gelten die Teilnahme- und Spielbedingungen, die Hausordnung der angeschlossenen Golfclubs sowie die vor Ort ausgewiesenen aktuellen Green Fee-Preise.
- Das Kombinieren mit anderen Rabatten (z. B. Golf Fee Card etc.) oder gegenseitiges Einladen mit zwei oder mehreren Free-Golf-Voucher ist nicht möglich. Bei unterschiedlichen Green Fee-Gebühren (z. B. bei Ermäßigung von Jugendlichen) ist immer der günstigere Tarif kostenfrei.
- Alle Inserenten haben sich dem Herausgeber gegenüber verpflichtet, die Free-Golf-Voucher zu den jeweils angegebenen Teilnahmebedingungen einzulösen. Der Herausgeber übernimmt jedoch keine Haftung dafür, wenn ein Free-Golf-Voucher vom Inserenten nicht eingelöst wird oder nicht eingelöst werden kann. Dies gilt insbesondere bei Insolvenz oder Besitzerwechsel.
- Es haftet ausschließlich der Inserent (= Golfanlage bzw. Betreiber der Golfanlage) für evtl. Meinungsunterschiede und Schadensersatzansprüche.
- Der Herausgeber gibt sich große Mühe bei der Umsetzung der Inserate. Er haftet aber nicht für Satz-, Druck- oder Produktionsfehler. Die Daten für den LeisureBREAKS Guide for Free Golf wurden nach bestem Wissen erarbeitet. Der Herausgeber übernimmt keine Gewähr für deren Vollständigkeit und Richtigkeit. Alle Rechte, insbesondere das Recht der Vervielfältigung und Verbreitung sowie der Übersetzung vorbehalten. Kein Teil des Werkes darf in irgendeiner Form (durch Fotokopie, Mikrofilm oder ein anderes Verfahren) ohne schriftliche Genehmigung des Herausgebers reproduziert oder unter Verwendung elektronischer Systeme gespeichert, verarbeitet, vervielfältigt oder verbreitet werden.
- Die Bearbeitung der Anmeldung erfolgt mittels EDV. Mit Ihrer Unterschrift geben Sie Ihre Einwilligung, dass wir Sie kontaktieren und auch über weitere Aktionen informieren. Die Einwilligung kann jederzeit widerrufen werden.

Gültig bis 30.06.2021

Teilnahmebedingungen

- Free-Golf-Voucher können nur von mindestens zwei Personen genutzt werden. Es gibt keine Ermäßigung für Einzelspieler, außer dies ist explizit durch das Logo 30/1 im Eintrag des Clubs vermerkt. Die Voucher gelten nur für 18 Loch. Pro Golfanlage dürfen Sie maximal 2 Voucher einlösen.
- Free-Golf-Voucher können ausschließlich von Personen mit Green Fee-Berechtigung eingelöst werden. I. d. R. ist dazu ein Mindesthandicap (variiert nach Platz bzw. Anlage) sowie eine Mitgliedschaft bei einem Golfclub erforderlich.
- Bitte weisen Sie bei Ihrer Anmeldung darauf hin, dass Sie mit dem Guide for Free Golf spielen möchten und bringen Sie das Buch beim Einchecken am Golfplatz mit. Nur dann kann Ihnen das zweite, kostenfreie Green Fee oder der 30% Nachlass für Einzelspieler gewährt werden.
- Die beteiligten Golfanlagen gewähren Ihnen pro Voucher den Erlass des 2. Green Fees. Es können also pro Voucher jeweils 2 Personen für 1 Green Fee spielen (4 Personen benötigen 2 Voucher) oder eine Person mit 30% Nachlass. Bezahlt wird der normale Green Fee-Preis eines Erwachsenen am entsprechenden Spieltag.
- Bereits herausgetrennte bzw. lose Voucher sind nicht veräußerbar bzw. übertragbar; sie berechtigen insbesondere nicht zum Erlass des zweiten Green Fees. Zuwiderhandlungen werden zivilrechtlich verfolgt.
- Haben Sie bitte Verständnis, dass die Voucher bei Sonderveranstaltungen (Turniertagen, Tagen der offenen Tür oder sonstigen Promotion-Aktionen) nicht eingelöst werden können. Bitte erkundigen Sie sich vorab bei Ihrer Anmeldung bei den jeweiligen Golfanlagen. Die Barauszahlung des zweiten Green Fees ist nicht möglich.
- Es gelten die Teilnahme- und Spielbedingungen, die Hausordnung der angeschlossenen Golfclubs sowie die vor Ort ausgewiesenen aktuellen Green Fee-Preise.
- Das Kombinieren mit anderen Rabatten (z. B. Golf Fee Card etc.) oder gegenseitiges Einladen mit zwei oder mehreren Free-Golf-Voucher ist nicht möglich. Bei unterschiedlichen Green Fee-Gebühren (z. B. bei Ermäßigung von Jugendlichen) ist immer der günstigere Tarif kostenfrei.
- Alle Inserenten haben sich dem Herausgeber gegenüber verpflichtet, die Free-Golf-Voucher zu den jeweils angegebenen Teilnahmebedingungen einzulösen. Der Herausgeber übernimmt jedoch keine Haftung dafür, wenn ein Free-Golf-Voucher vom Inserenten nicht eingelöst wird oder nicht eingelöst werden kann. Dies gilt insbesondere bei Insolvenz oder Besitzerwechsel.
- Es haftet ausschließlich der Inserent (= Golfanlage bzw. Betreiber der Golfanlage) für evtl. Meinungsunterschiede und Schadensersatzansprüche.
- Der Herausgeber gibt sich große Mühe bei der Umsetzung der Inserate. Er haftet aber nicht für Satz-, Druck- oder Produktionsfehler. Die Daten für den LeisureBREAKS Guide for Free Golf wurden nach bestem Wissen erarbeitet. Der Herausgeber übernimmt keine Gewähr für deren Vollständigkeit und Richtigkeit. Alle Rechte, insbesondere das Recht der Vervielfältigung und Verbreitung sowie der Übersetzung vorbehalten. Kein Teil des Werkes darf in irgendeiner Form (durch Fotokopie, Mikrofilm oder ein anderes Verfahren) ohne schriftliche Genehmigung des Herausgebers reproduziert oder unter Verwendung elektronischer Systeme gespeichert, verarbeitet, vervielfältigt oder verbreitet werden.
- Die Bearbeitung der Anmeldung erfolgt mittels EDV. Mit Ihrer Unterschrift geben Sie Ihre Einwilligung, dass wir Sie kontaktieren und auch über weitere Aktionen informieren. Die Einwilligung kann jederzeit widerrufen werden.

Gültig bis 30.06.2021

Teilnahmebedingungen

- Free-Golf-Voucher können nur von mindestens zwei Personen genutzt werden. Es gibt keine Ermäßigung für Einzelspieler, außer dies ist explizit durch das Logo 30/1 im Eintrag des Clubs vermerkt. Die Voucher gelten nur für 18 Loch. Pro Golfanlage dürfen Sie maximal 2 Voucher einlösen.
- Free-Golf-Voucher können ausschließlich von Personen mit Green Fee-Berechtigung eingelöst werden. I. d. R. ist dazu ein Mindesthandicap (variiert nach Platz bzw. Anlage) sowie eine Mitgliedschaft bei einem Golfclub erforderlich.
- Bitte weisen Sie bei Ihrer Anmeldung darauf hin, dass Sie mit dem Guide for Free Golf spielen möchten und bringen Sie das Buch beim Einchecken am Golfplatz mit. Nur dann kann Ihnen das zweite, kostenfreie Green Fee oder der 30% Nachlass für Einzelspieler gewährt werden.
- Die beteiligten Golfanlagen gewähren Ihnen pro Voucher den Erlass des 2. Green Fees. Es können also pro Voucher jeweils 2 Personen für 1 Green Fee spielen (4 Personen benötigen 2 Voucher) oder eine Person mit 30% Nachlass. Bezahlt wird der normale Green Fee-Preis eines Erwachsenen am entsprechenden Spieltag.
- Bereits herausgetrennte bzw. lose Voucher sind nicht veräußerbar bzw. übertragbar; sie berechtigen insbesondere nicht zum Erlass des zweiten Green Fees. Zuwiderhandlungen werden zivilrechtlich verfolgt.
- Haben Sie bitte Verständnis, dass die Voucher bei Sonderveranstaltungen (Turniertagen, Tagen der offenen Tür oder sonstigen Promotion-Aktionen) nicht eingelöst werden können. Bitte erkundigen Sie sich vorab bei Ihrer Anmeldung bei den jeweiligen Golfanlagen. Die Barauszahlung des zweiten Green Fees ist nicht möglich.
- Es gelten die Teilnahme- und Spielbedingungen, die Hausordnung der angeschlossenen Golfclubs sowie die vor Ort ausgewiesenen aktuellen Green Fee-Preise.
- Das Kombinieren mit anderen Rabatten (z. B. Golf Fee Card etc.) oder gegenseitiges Einladen mit zwei oder mehreren Free-Golf-Voucher ist nicht möglich. Bei unterschiedlichen Green Fee-Gebühren (z. B. bei Ermäßigung von Jugendlichen) ist immer der günstigere Tarif kostenfrei.
- Alle Inserenten haben sich dem Herausgeber gegenüber verpflichtet, die Free-Golf-Voucher zu den jeweils angegebenen Teilnahmebedingungen einzulösen. Der Herausgeber übernimmt jedoch keine Haftung dafür, wenn ein Free-Golf-Voucher vom Inserenten nicht eingelöst wird oder nicht eingelöst werden kann. Dies gilt insbesondere bei Insolvenz oder Besitzerwechsel.
- Es haftet ausschließlich der Inserent (= Golfanlage bzw. Betreiber der Golfanlage) für evtl. Meinungsunterschiede und Schadensersatzansprüche.
- Der Herausgeber gibt sich große Mühe bei der Umsetzung der Inserate. Er haftet aber nicht für Satz-, Druck- oder Produktionsfehler. Die Daten für den LeisureBREAKS Guide for Free Golf wurden nach bestem Wissen erarbeitet. Der Herausgeber übernimmt keine Gewähr für deren Vollständigkeit und Richtigkeit. Alle Rechte, insbesondere das Recht der Vervielfältigung und Verbreitung sowie der Übersetzung vorbehalten. Kein Teil des Werkes darf in irgendeiner Form (durch Fotokopie, Mikrofilm oder ein anderes Verfahren) ohne schriftliche Genehmigung des Herausgebers reproduziert oder unter Verwendung elektronischer Systeme gespeichert, verarbeitet, vervielfältigt oder verbreitet werden.
- Die Bearbeitung der Anmeldung erfolgt mittels EDV. Mit Ihrer Unterschrift geben Sie Ihre Einwilligung, dass wir Sie kontaktieren und auch über weitere Aktionen informieren. Die Einwilligung kann jederzeit widerrufen werden.

Gültig bis 30.06.2021

61

17. Guide for Free Golf

LeisureBREAKS GmbH

Name, Vorname

Straße, Hausnummer

PLZ, Ort

Heimatclub

Handicap

E-Mail

Guide-Nummer

Mit der Anmeldung erkenne ich die umseitigen Teilnahmebedingungen an.

Datum

Unterschrift

62

17. Guide for Free Golf

LeisureBREAKS GmbH

Name, Vorname

Straße, Hausnummer

PLZ, Ort

Heimatclub

Handicap

E-Mail

Guide-Nummer

Mit der Anmeldung erkenne ich die umseitigen Teilnahmebedingungen an.

Datum

Unterschrift

63

17. Guide for Free Golf

LeisureBREAKS GmbH

Name, Vorname

Straße, Hausnummer

PLZ, Ort

Heimatclub

Handicap

E-Mail

Guide-Nummer

Mit der Anmeldung erkenne ich die umseitigen Teilnahmebedingungen an.

Datum

Unterschrift

64

17. Guide for Free Golf

LeisureBREAKS GmbH

Name, Vorname

Straße, Hausnummer

PLZ, Ort

Heimatclub

Handicap

E-Mail

Guide-Nummer

Mit der Anmeldung erkenne ich die umseitigen Teilnahmebedingungen an.

Datum

Unterschrift

Teilnahmebedingungen

- Free-Golf-Voucher können nur von mindestens zwei Personen genutzt werden. Es gibt keine Ermäßigung für Einzelspieler, außer dies ist explizit durch das Logo 30/1 im Eintrag des Clubs vermerkt. Die Voucher gelten nur für 18 Loch. Pro Golfanlage dürfen Sie maximal 2 Voucher einlösen.
- Free-Golf-Voucher können ausschließlich von Personen mit Green Fee-Berechtigung eingelöst werden. I. d. R. ist dazu ein Mindesthandicap (variiert nach Platz bzw. Anlage) sowie eine Mitgliedschaft bei einem Golfclub erforderlich.
- Bitte weisen Sie bei Ihrer Anmeldung darauf hin, dass Sie mit dem Guide for Free Golf spielen möchten und bringen Sie das Buch beim Einchecken am Golfplatz mit. Nur dann kann Ihnen das zweite, kostenfreie Green Fee oder der 30% Nachlass für Einzelspieler gewährt werden.
- Die beteiligten Golfanlagen gewähren Ihnen pro Voucher den Erlass des 2. Green Fees. Es können also pro Voucher jeweils 2 Personen für 1 Green Fee spielen (4 Personen benötigen 2 Voucher) oder eine Person mit 30% Nachlass. Bezahlt wird der normale Green Fee-Preis eines Erwachsenen am entsprechenden Spieltag.
- Bereits herausgetrennte bzw. lose Voucher sind nicht veräußerbar bzw. übertragbar; sie berechtigen insbesondere nicht zum Erlass des zweiten Green Fees. Zuwiderhandlungen werden zivilrechtlich verfolgt.
- Haben Sie bitte Verständnis, dass die Voucher bei Sonderveranstaltungen (Turniertagen, Tagen der offenen Tür oder sonstigen Promotion-Aktionen) nicht eingelöst werden können. Bitte erkundigen Sie sich vorab bei Ihrer Anmeldung bei den jeweiligen Golfanlagen. Die Barauszahlung des zweiten Green Fees ist nicht möglich.
- Es gelten die Teilnahme- und Spielbedingungen, die Hausordnung der angeschlossenen Golfclubs sowie die vor Ort ausgewiesenen aktuellen Green Fee-Preise.
- Das Kombinieren mit anderen Rabatten (z. B. Golf Fee Card etc.) oder gegenseitiges Einladen mit zwei oder mehreren Free-Golf-Voucher ist nicht möglich. Bei unterschiedlichen Green Fee-Gebühren (z. B. bei Ermäßigung von Jugendlichen) ist immer der günstigere Tarif kostenfrei.
- Alle Inserenten haben sich dem Herausgeber gegenüber verpflichtet, die Free-Golf-Voucher zu den jeweils angegebenen Teilnahmebedingungen einzulösen. Der Herausgeber übernimmt jedoch keine Haftung dafür, wenn ein Free-Golf-Voucher vom Inserenten nicht eingelöst wird oder nicht eingelöst werden kann. Dies gilt insbesondere bei Insolvenz oder Besitzerwechsel.
- Es haftet ausschließlich der Inserent (= Golfanlage bzw. Betreiber der Golfanlage) für evtl. Meinungsunterschiede und Schadensersatzansprüche.
- Der Herausgeber gibt sich große Mühe bei der Umsetzung der Inserate. Er haftet aber nicht für Satz-, Druck- oder Produktionsfehler. Die Daten für den LeisureBREAKS Guide for Free Golf wurden nach bestem Wissen erarbeitet. Der Herausgeber übernimmt keine Gewähr für deren Vollständigkeit und Richtigkeit. Alle Rechte, insbesondere das Recht der Vervielfältigung und Verbreitung sowie der Übersetzung vorbehalten. Kein Teil des Werkes darf in irgendeiner Form (durch Fotokopie, Mikrofilm oder ein anderes Verfahren) ohne schriftliche Genehmigung des Herausgebers reproduziert oder unter Verwendung elektronischer Systeme gespeichert, verarbeitet, vervielfältigt oder verbreitet werden.
- Die Bearbeitung der Anmeldung erfolgt mittels EDV. Mit Ihrer Unterschrift geben Sie Ihre Einwilligung, dass wir Sie kontaktieren und auch über weitere Aktionen informieren. Die Einwilligung kann jederzeit widerrufen werden.

Gültig bis 30.06.2021

Teilnahmebedingungen

- Free-Golf-Voucher können nur von mindestens zwei Personen genutzt werden. Es gibt keine Ermäßigung für Einzelspieler, außer dies ist explizit durch das Logo 30/1 im Eintrag des Clubs vermerkt. Die Voucher gelten nur für 18 Loch. Pro Golfanlage dürfen Sie maximal 2 Voucher einlösen.
- Free-Golf-Voucher können ausschließlich von Personen mit Green Fee-Berechtigung eingelöst werden. I. d. R. ist dazu ein Mindesthandicap (variiert nach Platz bzw. Anlage) sowie eine Mitgliedschaft bei einem Golfclub erforderlich.
- Bitte weisen Sie bei Ihrer Anmeldung darauf hin, dass Sie mit dem Guide for Free Golf spielen möchten und bringen Sie das Buch beim Einchecken am Golfplatz mit. Nur dann kann Ihnen das zweite, kostenfreie Green Fee oder der 30% Nachlass für Einzelspieler gewährt werden.
- Die beteiligten Golfanlagen gewähren Ihnen pro Voucher den Erlass des 2. Green Fees. Es können also pro Voucher jeweils 2 Personen für 1 Green Fee spielen (4 Personen benötigen 2 Voucher) oder eine Person mit 30% Nachlass. Bezahlt wird der normale Green Fee-Preis eines Erwachsenen am entsprechenden Spieltag.
- Bereits herausgetrennte bzw. lose Voucher sind nicht veräußerbar bzw. übertragbar; sie berechtigen insbesondere nicht zum Erlass des zweiten Green Fees. Zuwiderhandlungen werden zivilrechtlich verfolgt.
- Haben Sie bitte Verständnis, dass die Voucher bei Sonderveranstaltungen (Turniertagen, Tagen der offenen Tür oder sonstigen Promotion-Aktionen) nicht eingelöst werden können. Bitte erkundigen Sie sich vorab bei Ihrer Anmeldung bei den jeweiligen Golfanlagen. Die Barauszahlung des zweiten Green Fees ist nicht möglich.
- Es gelten die Teilnahme- und Spielbedingungen, die Hausordnung der angeschlossenen Golfclubs sowie die vor Ort ausgewiesenen aktuellen Green Fee-Preise.
- Das Kombinieren mit anderen Rabatten (z. B. Golf Fee Card etc.) oder gegenseitiges Einladen mit zwei oder mehreren Free-Golf-Voucher ist nicht möglich. Bei unterschiedlichen Green Fee-Gebühren (z. B. bei Ermäßigung von Jugendlichen) ist immer der günstigere Tarif kostenfrei.
- Alle Inserenten haben sich dem Herausgeber gegenüber verpflichtet, die Free-Golf-Voucher zu den jeweils angegebenen Teilnahmebedingungen einzulösen. Der Herausgeber übernimmt jedoch keine Haftung dafür, wenn ein Free-Golf-Voucher vom Inserenten nicht eingelöst wird oder nicht eingelöst werden kann. Dies gilt insbesondere bei Insolvenz oder Besitzerwechsel.
- Es haftet ausschließlich der Inserent (= Golfanlage bzw. Betreiber der Golfanlage) für evtl. Meinungsunterschiede und Schadensersatzansprüche.
- Der Herausgeber gibt sich große Mühe bei der Umsetzung der Inserate. Er haftet aber nicht für Satz-, Druck- oder Produktionsfehler. Die Daten für den LeisureBREAKS Guide for Free Golf wurden nach bestem Wissen erarbeitet. Der Herausgeber übernimmt keine Gewähr für deren Vollständigkeit und Richtigkeit. Alle Rechte, insbesondere das Recht der Vervielfältigung und Verbreitung sowie der Übersetzung vorbehalten. Kein Teil des Werkes darf in irgendeiner Form (durch Fotokopie, Mikrofilm oder ein anderes Verfahren) ohne schriftliche Genehmigung des Herausgebers reproduziert oder unter Verwendung elektronischer Systeme gespeichert, verarbeitet, vervielfältigt oder verbreitet werden.
- Die Bearbeitung der Anmeldung erfolgt mittels EDV. Mit Ihrer Unterschrift geben Sie Ihre Einwilligung, dass wir Sie kontaktieren und auch über weitere Aktionen informieren. Die Einwilligung kann jederzeit widerrufen werden.

Gültig bis 30.06.2021

Teilnahmebedingungen

- Free-Golf-Voucher können nur von mindestens zwei Personen genutzt werden. Es gibt keine Ermäßigung für Einzelspieler, außer dies ist explizit durch das Logo 30/1 im Eintrag des Clubs vermerkt. Die Voucher gelten nur für 18 Loch. Pro Golfanlage dürfen Sie maximal 2 Voucher einlösen.
- Free-Golf-Voucher können ausschließlich von Personen mit Green Fee-Berechtigung eingelöst werden. I. d. R. ist dazu ein Mindesthandicap (variiert nach Platz bzw. Anlage) sowie eine Mitgliedschaft bei einem Golfclub erforderlich.
- Bitte weisen Sie bei Ihrer Anmeldung darauf hin, dass Sie mit dem Guide for Free Golf spielen möchten und bringen Sie das Buch beim Einchecken am Golfplatz mit. Nur dann kann Ihnen das zweite, kostenfreie Green Fee oder der 30% Nachlass für Einzelspieler gewährt werden.
- Die beteiligten Golfanlagen gewähren Ihnen pro Voucher den Erlass des 2. Green Fees. Es können also pro Voucher jeweils 2 Personen für 1 Green Fee spielen (4 Personen benötigen 2 Voucher) oder eine Person mit 30% Nachlass. Bezahlt wird der normale Green Fee-Preis eines Erwachsenen am entsprechenden Spieltag.
- Bereits herausgetrennte bzw. lose Voucher sind nicht veräußerbar bzw. übertragbar; sie berechtigen insbesondere nicht zum Erlass des zweiten Green Fees. Zuwiderhandlungen werden zivilrechtlich verfolgt.
- Haben Sie bitte Verständnis, dass die Voucher bei Sonderveranstaltungen (Turniertagen, Tagen der offenen Tür oder sonstigen Promotion-Aktionen) nicht eingelöst werden können. Bitte erkundigen Sie sich vorab bei Ihrer Anmeldung bei den jeweiligen Golfanlagen. Die Barauszahlung des zweiten Green Fees ist nicht möglich.
- Es gelten die Teilnahme- und Spielbedingungen, die Hausordnung der angeschlossenen Golfclubs sowie die vor Ort ausgewiesenen aktuellen Green Fee-Preise.
- Das Kombinieren mit anderen Rabatten (z. B. Golf Fee Card etc.) oder gegenseitiges Einladen mit zwei oder mehreren Free-Golf-Voucher ist nicht möglich. Bei unterschiedlichen Green Fee-Gebühren (z. B. bei Ermäßigung von Jugendlichen) ist immer der günstigere Tarif kostenfrei.
- Alle Inserenten haben sich dem Herausgeber gegenüber verpflichtet, die Free-Golf-Voucher zu den jeweils angegebenen Teilnahmebedingungen einzulösen. Der Herausgeber übernimmt jedoch keine Haftung dafür, wenn ein Free-Golf-Voucher vom Inserenten nicht eingelöst wird oder nicht eingelöst werden kann. Dies gilt insbesondere bei Insolvenz oder Besitzerwechsel.
- Es haftet ausschließlich der Inserent (= Golfanlage bzw. Betreiber der Golfanlage) für evtl. Meinungsunterschiede und Schadensersatzansprüche.
- Der Herausgeber gibt sich große Mühe bei der Umsetzung der Inserate. Er haftet aber nicht für Satz-, Druck- oder Produktionsfehler. Die Daten für den LeisureBREAKS Guide for Free Golf wurden nach bestem Wissen erarbeitet. Der Herausgeber übernimmt keine Gewähr für deren Vollständigkeit und Richtigkeit. Alle Rechte, insbesondere das Recht der Vervielfältigung und Verbreitung sowie der Übersetzung vorbehalten. Kein Teil des Werkes darf in irgendeiner Form (durch Fotokopie, Mikrofilm oder ein anderes Verfahren) ohne schriftliche Genehmigung des Herausgebers reproduziert oder unter Verwendung elektronischer Systeme gespeichert, verarbeitet, vervielfältigt oder verbreitet werden.
- Die Bearbeitung der Anmeldung erfolgt mittels EDV. Mit Ihrer Unterschrift geben Sie Ihre Einwilligung, dass wir Sie kontaktieren und auch über weitere Aktionen informieren. Die Einwilligung kann jederzeit widerrufen werden.

Gültig bis 30.06.2021

Teilnahmebedingungen

- Free-Golf-Voucher können nur von mindestens zwei Personen genutzt werden. Es gibt keine Ermäßigung für Einzelspieler, außer dies ist explizit durch das Logo 30/1 im Eintrag des Clubs vermerkt. Die Voucher gelten nur für 18 Loch. Pro Golfanlage dürfen Sie maximal 2 Voucher einlösen.
- Free-Golf-Voucher können ausschließlich von Personen mit Green Fee-Berechtigung eingelöst werden. I. d. R. ist dazu ein Mindesthandicap (variiert nach Platz bzw. Anlage) sowie eine Mitgliedschaft bei einem Golfclub erforderlich.
- Bitte weisen Sie bei Ihrer Anmeldung darauf hin, dass Sie mit dem Guide for Free Golf spielen möchten und bringen Sie das Buch beim Einchecken am Golfplatz mit. Nur dann kann Ihnen das zweite, kostenfreie Green Fee oder der 30% Nachlass für Einzelspieler gewährt werden.
- Die beteiligten Golfanlagen gewähren Ihnen pro Voucher den Erlass des 2. Green Fees. Es können also pro Voucher jeweils 2 Personen für 1 Green Fee spielen (4 Personen benötigen 2 Voucher) oder eine Person mit 30% Nachlass. Bezahlt wird der normale Green Fee-Preis eines Erwachsenen am entsprechenden Spieltag.
- Bereits herausgetrennte bzw. lose Voucher sind nicht veräußerbar bzw. übertragbar; sie berechtigen insbesondere nicht zum Erlass des zweiten Green Fees. Zuwiderhandlungen werden zivilrechtlich verfolgt.
- Haben Sie bitte Verständnis, dass die Voucher bei Sonderveranstaltungen (Turniertagen, Tagen der offenen Tür oder sonstigen Promotion-Aktionen) nicht eingelöst werden können. Bitte erkundigen Sie sich vorab bei Ihrer Anmeldung bei den jeweiligen Golfanlagen. Die Barauszahlung des zweiten Green Fees ist nicht möglich.
- Es gelten die Teilnahme- und Spielbedingungen, die Hausordnung der angeschlossenen Golfclubs sowie die vor Ort ausgewiesenen aktuellen Green Fee-Preise.
- Das Kombinieren mit anderen Rabatten (z. B. Golf Fee Card etc.) oder gegenseitiges Einladen mit zwei oder mehreren Free-Golf-Voucher ist nicht möglich. Bei unterschiedlichen Green Fee-Gebühren (z. B. bei Ermäßigung von Jugendlichen) ist immer der günstigere Tarif kostenfrei.
- Alle Inserenten haben sich dem Herausgeber gegenüber verpflichtet, die Free-Golf-Voucher zu den jeweils angegebenen Teilnahmebedingungen einzulösen. Der Herausgeber übernimmt jedoch keine Haftung dafür, wenn ein Free-Golf-Voucher vom Inserenten nicht eingelöst wird oder nicht eingelöst werden kann. Dies gilt insbesondere bei Insolvenz oder Besitzerwechsel.
- Es haftet ausschließlich der Inserent (= Golfanlage bzw. Betreiber der Golfanlage) für evtl. Meinungsunterschiede und Schadensersatzansprüche.
- Der Herausgeber gibt sich große Mühe bei der Umsetzung der Inserate. Er haftet aber nicht für Satz-, Druck- oder Produktionsfehler. Die Daten für den LeisureBREAKS Guide for Free Golf wurden nach bestem Wissen erarbeitet. Der Herausgeber übernimmt keine Gewähr für deren Vollständigkeit und Richtigkeit. Alle Rechte, insbesondere das Recht der Vervielfältigung und Verbreitung sowie der Übersetzung vorbehalten. Kein Teil des Werkes darf in irgendeiner Form (durch Fotokopie, Mikrofilm oder ein anderes Verfahren) ohne schriftliche Genehmigung des Herausgebers reproduziert oder unter Verwendung elektronischer Systeme gespeichert, verarbeitet, vervielfältigt oder verbreitet werden.
- Die Bearbeitung der Anmeldung erfolgt mittels EDV. Mit Ihrer Unterschrift geben Sie Ihre Einwilligung, dass wir Sie kontaktieren und auch über weitere Aktionen informieren. Die Einwilligung kann jederzeit widerrufen werden.

Gültig bis 30.06.2021

65

17. Guide for Free Golf

LeisureBREAKS GmbH

Name, Vorname

Straße, Hausnummer

PLZ, Ort

Heimatclub

Handicap

E-Mail

Guide-Nummer

Mit der Anmeldung erkenne ich die umseitigen Teilnahmebedingungen an.

Datum

Unterschrift

66

17. Guide for Free Golf

LeisureBREAKS GmbH

Name, Vorname

Straße, Hausnummer

PLZ, Ort

Heimatclub

Handicap

E-Mail

Guide-Nummer

Mit der Anmeldung erkenne ich die umseitigen Teilnahmebedingungen an.

Datum

Unterschrift

67

17. Guide for Free Golf

LeisureBREAKS GmbH

Name, Vorname

Straße, Hausnummer

PLZ, Ort

Heimatclub

Handicap

E-Mail

Guide-Nummer

Mit der Anmeldung erkenne ich die umseitigen Teilnahmebedingungen an.

Datum

Unterschrift

68

17. Guide for Free Golf

LeisureBREAKS GmbH

Name, Vorname

Straße, Hausnummer

PLZ, Ort

Heimatclub

Handicap

E-Mail

Guide-Nummer

Mit der Anmeldung erkenne ich die umseitigen Teilnahmebedingungen an.

Datum

Unterschrift

Teilnahmebedingungen

- Free-Golf-Voucher können nur von mindestens zwei Personen genutzt werden. Es gibt keine Ermäßigung für Einzelspieler, außer dies ist explizit durch das Logo 30/1 im Eintrag des Clubs vermerkt. Die Voucher gelten nur für 18 Loch. Pro Golfanlage dürfen Sie maximal 2 Voucher einlösen.
- Free-Golf-Voucher können ausschließlich von Personen mit Green Fee-Berechtigung eingelöst werden. I. d. R. ist dazu ein Mindesthandicap (variiert nach Platz bzw. Anlage) sowie eine Mitgliedschaft bei einem Golfclub erforderlich.
- Bitte weisen Sie bei Ihrer Anmeldung darauf hin, dass Sie mit dem Guide for Free Golf spielen möchten und bringen Sie das Buch beim Einchecken am Golfplatz mit. Nur dann kann Ihnen das zweite, kostenfreie Green Fee oder der 30% Nachlass für Einzelspieler gewährt werden.
- Die beteiligten Golfanlagen gewähren Ihnen pro Voucher den Erlass des 2. Green Fees. Es können also pro Voucher jeweils 2 Personen für 1 Green Fee spielen (4 Personen benötigen 2 Voucher) oder eine Person mit 30% Nachlass. Bezahlt wird der normale Green Fee-Preis eines Erwachsenen am entsprechenden Spieltag.
- Bereits herausgetrennte bzw. lose Voucher sind nicht veräußerbar bzw. übertragbar; sie berechtigen insbesondere nicht zum Erlass des zweiten Green Fees. Zuwiderhandlungen werden zivilrechtlich verfolgt.
- Haben Sie bitte Verständnis, dass die Voucher bei Sonderveranstaltungen (Turniertagen, Tagen der offenen Tür oder sonstigen Promotion-Aktionen) nicht eingelöst werden können. Bitte erkundigen Sie sich vorab bei Ihrer Anmeldung bei den jeweiligen Golfanlagen. Die Barauszahlung des zweiten Green Fees ist nicht möglich.
- Es gelten die Teilnahme- und Spielbedingungen, die Hausordnung der angeschlossenen Golfclubs sowie die vor Ort ausgewiesenen aktuellen Green Fee-Preise.
- Das Kombinieren mit anderen Rabatten (z. B. Golf Fee Card etc.) oder gegenseitiges Einladen mit zwei oder mehreren Free-Golf-Voucher ist nicht möglich. Bei unterschiedlichen Green Fee-Gebühren (z. B. bei Ermäßigung von Jugendlichen) ist immer der günstigere Tarif kostenfrei.
- Alle Inserenten haben sich dem Herausgeber gegenüber verpflichtet, die Free-Golf-Voucher zu den jeweils angegebenen Teilnahmebedingungen einzulösen. Der Herausgeber übernimmt jedoch keine Haftung dafür, wenn ein Free-Golf-Voucher vom Inserenten nicht eingelöst wird oder nicht eingelöst werden kann. Dies gilt insbesondere bei Insolvenz oder Besitzerwechsel.
- Es haftet ausschließlich der Inserent (= Golfanlage bzw. Betreiber der Golfanlage) für evtl. Meinungsunterschiede und Schadensersatzansprüche.
- Der Herausgeber gibt sich große Mühe bei der Umsetzung der Inserate. Er haftet aber nicht für Satz-, Druck- oder Produktionsfehler. Die Daten für den LeisureBREAKS Guide for Free Golf wurden nach bestem Wissen erarbeitet. Der Herausgeber übernimmt keine Gewähr für deren Vollständigkeit und Richtigkeit. Alle Rechte, insbesondere das Recht der Vervielfältigung und Verbreitung sowie der Übersetzung vorbehalten. Kein Teil des Werkes darf in irgendeiner Form (durch Fotokopie, Mikrofilm oder ein anderes Verfahren) ohne schriftliche Genehmigung des Herausgebers reproduziert oder unter Verwendung elektronischer Systeme gespeichert, verarbeitet, vervielfältigt oder verbreitet werden.
- Die Bearbeitung der Anmeldung erfolgt mittels EDV. Mit Ihrer Unterschrift geben Sie Ihre Einwilligung, dass wir Sie kontaktieren und auch über weitere Aktionen informieren. Die Einwilligung kann jederzeit widerrufen werden.

Gültig bis 30.06.2021

Teilnahmebedingungen

- Free-Golf-Voucher können nur von mindestens zwei Personen genutzt werden. Es gibt keine Ermäßigung für Einzelspieler, außer dies ist explizit durch das Logo 30/1 im Eintrag des Clubs vermerkt. Die Voucher gelten nur für 18 Loch. Pro Golfanlage dürfen Sie maximal 2 Voucher einlösen.
- Free-Golf-Voucher können ausschließlich von Personen mit Green Fee-Berechtigung eingelöst werden. I. d. R. ist dazu ein Mindesthandicap (variiert nach Platz bzw. Anlage) sowie eine Mitgliedschaft bei einem Golfclub erforderlich.
- Bitte weisen Sie bei Ihrer Anmeldung darauf hin, dass Sie mit dem Guide for Free Golf spielen möchten und bringen Sie das Buch beim Einchecken am Golfplatz mit. Nur dann kann Ihnen das zweite, kostenfreie Green Fee oder der 30% Nachlass für Einzelspieler gewährt werden.
- Die beteiligten Golfanlagen gewähren Ihnen pro Voucher den Erlass des 2. Green Fees. Es können also pro Voucher jeweils 2 Personen für 1 Green Fee spielen (4 Personen benötigen 2 Voucher) oder eine Person mit 30% Nachlass. Bezahlt wird der normale Green Fee-Preis eines Erwachsenen am entsprechenden Spieltag.
- Bereits herausgetrennte bzw. lose Voucher sind nicht veräußerbar bzw. übertragbar; sie berechtigen insbesondere nicht zum Erlass des zweiten Green Fees. Zuwiderhandlungen werden zivilrechtlich verfolgt.
- Haben Sie bitte Verständnis, dass die Voucher bei Sonderveranstaltungen (Turniertagen, Tagen der offenen Tür oder sonstigen Promotion-Aktionen) nicht eingelöst werden können. Bitte erkundigen Sie sich vorab bei Ihrer Anmeldung bei den jeweiligen Golfanlagen. Die Barauszahlung des zweiten Green Fees ist nicht möglich.
- Es gelten die Teilnahme- und Spielbedingungen, die Hausordnung der angeschlossenen Golfclubs sowie die vor Ort ausgewiesenen aktuellen Green Fee-Preise.
- Das Kombinieren mit anderen Rabatten (z. B. Golf Fee Card etc.) oder gegenseitiges Einladen mit zwei oder mehreren Free-Golf-Voucher ist nicht möglich. Bei unterschiedlichen Green Fee-Gebühren (z. B. bei Ermäßigung von Jugendlichen) ist immer der günstigere Tarif kostenfrei.
- Alle Inserenten haben sich dem Herausgeber gegenüber verpflichtet, die Free-Golf-Voucher zu den jeweils angegebenen Teilnahmebedingungen einzulösen. Der Herausgeber übernimmt jedoch keine Haftung dafür, wenn ein Free-Golf-Voucher vom Inserenten nicht eingelöst wird oder nicht eingelöst werden kann. Dies gilt insbesondere bei Insolvenz oder Besitzerwechsel.
- Es haftet ausschließlich der Inserent (= Golfanlage bzw. Betreiber der Golfanlage) für evtl. Meinungsunterschiede und Schadensersatzansprüche.
- Der Herausgeber gibt sich große Mühe bei der Umsetzung der Inserate. Er haftet aber nicht für Satz-, Druck- oder Produktionsfehler. Die Daten für den LeisureBREAKS Guide for Free Golf wurden nach bestem Wissen erarbeitet. Der Herausgeber übernimmt keine Gewähr für deren Vollständigkeit und Richtigkeit. Alle Rechte, insbesondere das Recht der Vervielfältigung und Verbreitung sowie der Übersetzung vorbehalten. Kein Teil des Werkes darf in irgendeiner Form (durch Fotokopie, Mikrofilm oder ein anderes Verfahren) ohne schriftliche Genehmigung des Herausgebers reproduziert oder unter Verwendung elektronischer Systeme gespeichert, verarbeitet, vervielfältigt oder verbreitet werden.
- Die Bearbeitung der Anmeldung erfolgt mittels EDV. Mit Ihrer Unterschrift geben Sie Ihre Einwilligung, dass wir Sie kontaktieren und auch über weitere Aktionen informieren. Die Einwilligung kann jederzeit widerrufen werden.

Gültig bis 30.06.2021

Teilnahmebedingungen

- Free-Golf-Voucher können nur von mindestens zwei Personen genutzt werden. Es gibt keine Ermäßigung für Einzelspieler, außer dies ist explizit durch das Logo 30/1 im Eintrag des Clubs vermerkt. Die Voucher gelten nur für 18 Loch. Pro Golfanlage dürfen Sie maximal 2 Voucher einlösen.
- Free-Golf-Voucher können ausschließlich von Personen mit Green Fee-Berechtigung eingelöst werden. I. d. R. ist dazu ein Mindesthandicap (variiert nach Platz bzw. Anlage) sowie eine Mitgliedschaft bei einem Golfclub erforderlich.
- Bitte weisen Sie bei Ihrer Anmeldung darauf hin, dass Sie mit dem Guide for Free Golf spielen möchten und bringen Sie das Buch beim Einchecken am Golfplatz mit. Nur dann kann Ihnen das zweite, kostenfreie Green Fee oder der 30% Nachlass für Einzelspieler gewährt werden.
- Die beteiligten Golfanlagen gewähren Ihnen pro Voucher den Erlass des 2. Green Fees. Es können also pro Voucher jeweils 2 Personen für 1 Green Fee spielen (4 Personen benötigen 2 Voucher) oder eine Person mit 30% Nachlass. Bezahlt wird der normale Green Fee-Preis eines Erwachsenen am entsprechenden Spieltag.
- Bereits herausgetrennte bzw. lose Voucher sind nicht veräußerbar bzw. übertragbar; sie berechtigen insbesondere nicht zum Erlass des zweiten Green Fees. Zuwiderhandlungen werden zivilrechtlich verfolgt.
- Haben Sie bitte Verständnis, dass die Voucher bei Sonderveranstaltungen (Turniertagen, Tagen der offenen Tür oder sonstigen Promotion-Aktionen) nicht eingelöst werden können. Bitte erkundigen Sie sich vorab bei Ihrer Anmeldung bei den jeweiligen Golfanlagen. Die Barauszahlung des zweiten Green Fees ist nicht möglich.
- Es gelten die Teilnahme- und Spielbedingungen, die Hausordnung der angeschlossenen Golfclubs sowie die vor Ort ausgewiesenen aktuellen Green Fee-Preise.
- Das Kombinieren mit anderen Rabatten (z. B. Golf Fee Card etc.) oder gegenseitiges Einladen mit zwei oder mehreren Free-Golf-Voucher ist nicht möglich. Bei unterschiedlichen Green Fee-Gebühren (z. B. bei Ermäßigung von Jugendlichen) ist immer der günstigere Tarif kostenfrei.
- Alle Inserenten haben sich dem Herausgeber gegenüber verpflichtet, die Free-Golf-Voucher zu den jeweils angegebenen Teilnahmebedingungen einzulösen. Der Herausgeber übernimmt jedoch keine Haftung dafür, wenn ein Free-Golf-Voucher vom Inserenten nicht eingelöst wird oder nicht eingelöst werden kann. Dies gilt insbesondere bei Insolvenz oder Besitzerwechsel.
- Es haftet ausschließlich der Inserent (= Golfanlage bzw. Betreiber der Golfanlage) für evtl. Meinungsunterschiede und Schadensersatzansprüche.
- Der Herausgeber gibt sich große Mühe bei der Umsetzung der Inserate. Er haftet aber nicht für Satz-, Druck- oder Produktionsfehler. Die Daten für den LeisureBREAKS Guide for Free Golf wurden nach bestem Wissen erarbeitet. Der Herausgeber übernimmt keine Gewähr für deren Vollständigkeit und Richtigkeit. Alle Rechte, insbesondere das Recht der Vervielfältigung und Verbreitung sowie der Übersetzung vorbehalten. Kein Teil des Werkes darf in irgendeiner Form (durch Fotokopie, Mikrofilm oder ein anderes Verfahren) ohne schriftliche Genehmigung des Herausgebers reproduziert oder unter Verwendung elektronischer Systeme gespeichert, verarbeitet, vervielfältigt oder verbreitet werden.
- Die Bearbeitung der Anmeldung erfolgt mittels EDV. Mit Ihrer Unterschrift geben Sie Ihre Einwilligung, dass wir Sie kontaktieren und auch über weitere Aktionen informieren. Die Einwilligung kann jederzeit widerrufen werden.

Gültig bis 30.06.2021

Teilnahmebedingungen

- Free-Golf-Voucher können nur von mindestens zwei Personen genutzt werden. Es gibt keine Ermäßigung für Einzelspieler, außer dies ist explizit durch das Logo 30/1 im Eintrag des Clubs vermerkt. Die Voucher gelten nur für 18 Loch. Pro Golfanlage dürfen Sie maximal 2 Voucher einlösen.
- Free-Golf-Voucher können ausschließlich von Personen mit Green Fee-Berechtigung eingelöst werden. I. d. R. ist dazu ein Mindesthandicap (variiert nach Platz bzw. Anlage) sowie eine Mitgliedschaft bei einem Golfclub erforderlich.
- Bitte weisen Sie bei Ihrer Anmeldung darauf hin, dass Sie mit dem Guide for Free Golf spielen möchten und bringen Sie das Buch beim Einchecken am Golfplatz mit. Nur dann kann Ihnen das zweite, kostenfreie Green Fee oder der 30% Nachlass für Einzelspieler gewährt werden.
- Die beteiligten Golfanlagen gewähren Ihnen pro Voucher den Erlass des 2. Green Fees. Es können also pro Voucher jeweils 2 Personen für 1 Green Fee spielen (4 Personen benötigen 2 Voucher) oder eine Person mit 30% Nachlass. Bezahlt wird der normale Green Fee-Preis eines Erwachsenen am entsprechenden Spieltag.
- Bereits herausgetrennte bzw. lose Voucher sind nicht veräußerbar bzw. übertragbar; sie berechtigen insbesondere nicht zum Erlass des zweiten Green Fees. Zuwiderhandlungen werden zivilrechtlich verfolgt.
- Haben Sie bitte Verständnis, dass die Voucher bei Sonderveranstaltungen (Turniertagen, Tagen der offenen Tür oder sonstigen Promotion-Aktionen) nicht eingelöst werden können. Bitte erkundigen Sie sich vorab bei Ihrer Anmeldung bei den jeweiligen Golfanlagen. Die Barauszahlung des zweiten Green Fees ist nicht möglich.
- Es gelten die Teilnahme- und Spielbedingungen, die Hausordnung der angeschlossenen Golfclubs sowie die vor Ort ausgewiesenen aktuellen Green Fee-Preise.
- Das Kombinieren mit anderen Rabatten (z. B. Golf Fee Card etc.) oder gegenseitiges Einladen mit zwei oder mehreren Free-Golf-Voucher ist nicht möglich. Bei unterschiedlichen Green Fee-Gebühren (z. B. bei Ermäßigung von Jugendlichen) ist immer der günstigere Tarif kostenfrei.
- Alle Inserenten haben sich dem Herausgeber gegenüber verpflichtet, die Free-Golf-Voucher zu den jeweils angegebenen Teilnahmebedingungen einzulösen. Der Herausgeber übernimmt jedoch keine Haftung dafür, wenn ein Free-Golf-Voucher vom Inserenten nicht eingelöst wird oder nicht eingelöst werden kann. Dies gilt insbesondere bei Insolvenz oder Besitzerwechsel.
- Es haftet ausschließlich der Inserent (= Golfanlage bzw. Betreiber der Golfanlage) für evtl. Meinungsunterschiede und Schadensersatzansprüche.
- Der Herausgeber gibt sich große Mühe bei der Umsetzung der Inserate. Er haftet aber nicht für Satz-, Druck- oder Produktionsfehler. Die Daten für den LeisureBREAKS Guide for Free Golf wurden nach bestem Wissen erarbeitet. Der Herausgeber übernimmt keine Gewähr für deren Vollständigkeit und Richtigkeit. Alle Rechte, insbesondere das Recht der Vervielfältigung und Verbreitung sowie der Übersetzung vorbehalten. Kein Teil des Werkes darf in irgendeiner Form (durch Fotokopie, Mikrofilm oder ein anderes Verfahren) ohne schriftliche Genehmigung des Herausgebers reproduziert oder unter Verwendung elektronischer Systeme gespeichert, verarbeitet, vervielfältigt oder verbreitet werden.
- Die Bearbeitung der Anmeldung erfolgt mittels EDV. Mit Ihrer Unterschrift geben Sie Ihre Einwilligung, dass wir Sie kontaktieren und auch über weitere Aktionen informieren. Die Einwilligung kann jederzeit widerrufen werden.

Gültig bis 30.06.2021

69

17. Guide for Free Golf

LeisureBREAKS GmbH

Name, Vorname

Straße, Hausnummer

PLZ, Ort

Heimatclub

Handicap

E-Mail

Guide-Nummer

Mit der Anmeldung erkenne ich die umseitigen Teilnahmebedingungen an.

Datum

Unterschrift

70

17. Guide for Free Golf

LeisureBREAKS GmbH

Name, Vorname

Straße, Hausnummer

PLZ, Ort

Heimatclub

Handicap

E-Mail

Guide-Nummer

Mit der Anmeldung erkenne ich die umseitigen Teilnahmebedingungen an.

Datum

Unterschrift

71

17. Guide for Free Golf

LeisureBREAKS GmbH

Name, Vorname

Straße, Hausnummer

PLZ, Ort

Heimatclub

Handicap

E-Mail

Guide-Nummer

Mit der Anmeldung erkenne ich die umseitigen Teilnahmebedingungen an.

Datum

Unterschrift

72

17. Guide for Free Golf

LeisureBREAKS GmbH

Name, Vorname

Straße, Hausnummer

PLZ, Ort

Heimatclub

Handicap

E-Mail

Guide-Nummer

Mit der Anmeldung erkenne ich die umseitigen Teilnahmebedingungen an.

Datum

Unterschrift

Teilnahmebedingungen

- Free-Golf-Voucher können nur von mindestens zwei Personen genutzt werden. Es gibt keine Ermäßigung für Einzelspieler, außer dies ist explizit durch das Logo 30/1 im Eintrag des Clubs vermerkt. Die Voucher gelten nur für 18 Loch. Pro Golfanlage dürfen Sie maximal 2 Voucher einlösen.
- Free-Golf-Voucher können ausschließlich von Personen mit Green Fee-Berechtigung eingelöst werden. I. d. R. ist dazu ein Mindesthandicap (variiert nach Platz bzw. Anlage) sowie eine Mitgliedschaft bei einem Golfclub erforderlich.
- Bitte weisen Sie bei Ihrer Anmeldung darauf hin, dass Sie mit dem Guide for Free Golf spielen möchten und bringen Sie das Buch beim Einchecken am Golfplatz mit. Nur dann kann Ihnen das zweite, kostenfreie Green Fee oder der 30% Nachlass für Einzelspieler gewährt werden.
- Die beteiligten Golfanlagen gewähren Ihnen pro Voucher den Erlass des 2. Green Fees. Es können also pro Voucher jeweils 2 Personen für 1 Green Fee spielen (4 Personen benötigen 2 Voucher) oder eine Person mit 30% Nachlass. Bezahlt wird der normale Green Fee-Preis eines Erwachsenen am entsprechenden Spieltag.
- Bereits herausgetrennte bzw. lose Voucher sind nicht veräußerbar bzw. übertragbar; sie berechtigen insbesondere nicht zum Erlass des zweiten Green Fees. Zuwiderhandlungen werden zivilrechtlich verfolgt.
- Haben Sie bitte Verständnis, dass die Voucher bei Sonderveranstaltungen (Turniertagen, Tagen der offenen Tür oder sonstigen Promotion-Aktionen) nicht eingelöst werden können. Bitte erkundigen Sie sich vorab bei Ihrer Anmeldung bei den jeweiligen Golfanlagen. Die Barauszahlung des zweiten Green Fees ist nicht möglich.
- Es gelten die Teilnahme- und Spielbedingungen, die Hausordnung der angeschlossenen Golfclubs sowie die vor Ort ausgewiesenen aktuellen Green Fee-Preise.
- Das Kombinieren mit anderen Rabatten (z. B. Golf Fee Card etc.) oder gegenseitiges Einladen mit zwei oder mehreren Free-Golf-Voucher ist nicht möglich. Bei unterschiedlichen Green Fee-Gebühren (z. B. bei Ermäßigung von Jugendlichen) ist immer der günstigere Tarif kostenfrei.
- Alle Inserenten haben sich dem Herausgeber gegenüber verpflichtet, die Free-Golf-Voucher zu den jeweils angegebenen Teilnahmebedingungen einzulösen. Der Herausgeber übernimmt jedoch keine Haftung dafür, wenn ein Free-Golf-Voucher vom Inserenten nicht eingelöst wird oder nicht eingelöst werden kann. Dies gilt insbesondere bei Insolvenz oder Besitzerwechsel.
- Es haftet ausschließlich der Inserent (= Golfanlage bzw. Betreiber der Golfanlage) für evtl. Meinungsunterschiede und Schadensersatzansprüche.
- Der Herausgeber gibt sich große Mühe bei der Umsetzung der Inserate. Er haftet aber nicht für Satz-, Druck- oder Produktionsfehler. Die Daten für den LeisureBREAKS Guide for Free Golf wurden nach bestem Wissen erarbeitet. Der Herausgeber übernimmt keine Gewähr für deren Vollständigkeit und Richtigkeit. Alle Rechte, insbesondere das Recht der Vervielfältigung und Verbreitung sowie der Übersetzung vorbehalten. Kein Teil des Werkes darf in irgendeiner Form (durch Fotokopie, Mikrofilm oder ein anderes Verfahren) ohne schriftliche Genehmigung des Herausgebers reproduziert oder unter Verwendung elektronischer Systeme gespeichert, verarbeitet, vervielfältigt oder verbreitet werden.
- Die Bearbeitung der Anmeldung erfolgt mittels EDV. Mit Ihrer Unterschrift geben Sie Ihre Einwilligung, dass wir Sie kontaktieren und auch über weitere Aktionen informieren. Die Einwilligung kann jederzeit widerrufen werden.

Gültig bis 30.06.2021

Teilnahmebedingungen

- Free-Golf-Voucher können nur von mindestens zwei Personen genutzt werden. Es gibt keine Ermäßigung für Einzelspieler, außer dies ist explizit durch das Logo 30/1 im Eintrag des Clubs vermerkt. Die Voucher gelten nur für 18 Loch. Pro Golfanlage dürfen Sie maximal 2 Voucher einlösen.
- Free-Golf-Voucher können ausschließlich von Personen mit Green Fee-Berechtigung eingelöst werden. I. d. R. ist dazu ein Mindesthandicap (variiert nach Platz bzw. Anlage) sowie eine Mitgliedschaft bei einem Golfclub erforderlich.
- Bitte weisen Sie bei Ihrer Anmeldung darauf hin, dass Sie mit dem Guide for Free Golf spielen möchten und bringen Sie das Buch beim Einchecken am Golfplatz mit. Nur dann kann Ihnen das zweite, kostenfreie Green Fee oder der 30% Nachlass für Einzelspieler gewährt werden.
- Die beteiligten Golfanlagen gewähren Ihnen pro Voucher den Erlass des 2. Green Fees. Es können also pro Voucher jeweils 2 Personen für 1 Green Fee spielen (4 Personen benötigen 2 Voucher) oder eine Person mit 30% Nachlass. Bezahlt wird der normale Green Fee-Preis eines Erwachsenen am entsprechenden Spieltag.
- Bereits herausgetrennte bzw. lose Voucher sind nicht veräußerbar bzw. übertragbar; sie berechtigen insbesondere nicht zum Erlass des zweiten Green Fees. Zuwiderhandlungen werden zivilrechtlich verfolgt.
- Haben Sie bitte Verständnis, dass die Voucher bei Sonderveranstaltungen (Turniertagen, Tagen der offenen Tür oder sonstigen Promotion-Aktionen) nicht eingelöst werden können. Bitte erkundigen Sie sich vorab bei Ihrer Anmeldung bei den jeweiligen Golfanlagen. Die Barauszahlung des zweiten Green Fees ist nicht möglich.
- Es gelten die Teilnahme- und Spielbedingungen, die Hausordnung der angeschlossenen Golfclubs sowie die vor Ort ausgewiesenen aktuellen Green Fee-Preise.
- Das Kombinieren mit anderen Rabatten (z. B. Golf Fee Card etc.) oder gegenseitiges Einladen mit zwei oder mehreren Free-Golf-Voucher ist nicht möglich. Bei unterschiedlichen Green Fee-Gebühren (z. B. bei Ermäßigung von Jugendlichen) ist immer der günstigere Tarif kostenfrei.
- Alle Inserenten haben sich dem Herausgeber gegenüber verpflichtet, die Free-Golf-Voucher zu den jeweils angegebenen Teilnahmebedingungen einzulösen. Der Herausgeber übernimmt jedoch keine Haftung dafür, wenn ein Free-Golf-Voucher vom Inserenten nicht eingelöst wird oder nicht eingelöst werden kann. Dies gilt insbesondere bei Insolvenz oder Besitzerwechsel.
- Es haftet ausschließlich der Inserent (= Golfanlage bzw. Betreiber der Golfanlage) für evtl. Meinungsunterschiede und Schadensersatzansprüche.
- Der Herausgeber gibt sich große Mühe bei der Umsetzung der Inserate. Er haftet aber nicht für Satz-, Druck- oder Produktionsfehler. Die Daten für den LeisureBREAKS Guide for Free Golf wurden nach bestem Wissen erarbeitet. Der Herausgeber übernimmt keine Gewähr für deren Vollständigkeit und Richtigkeit. Alle Rechte, insbesondere das Recht der Vervielfältigung und Verbreitung sowie der Übersetzung vorbehalten. Kein Teil des Werkes darf in irgendeiner Form (durch Fotokopie, Mikrofilm oder ein anderes Verfahren) ohne schriftliche Genehmigung des Herausgebers reproduziert oder unter Verwendung elektronischer Systeme gespeichert, verarbeitet, vervielfältigt oder verbreitet werden.
- Die Bearbeitung der Anmeldung erfolgt mittels EDV. Mit Ihrer Unterschrift geben Sie Ihre Einwilligung, dass wir Sie kontaktieren und auch über weitere Aktionen informieren. Die Einwilligung kann jederzeit widerrufen werden.

Gültig bis 30.06.2021

Teilnahmebedingungen

- Free-Golf-Voucher können nur von mindestens zwei Personen genutzt werden. Es gibt keine Ermäßigung für Einzelspieler, außer dies ist explizit durch das Logo 30/1 im Eintrag des Clubs vermerkt. Die Voucher gelten nur für 18 Loch. Pro Golfanlage dürfen Sie maximal 2 Voucher einlösen.
- Free-Golf-Voucher können ausschließlich von Personen mit Green Fee-Berechtigung eingelöst werden. I. d. R. ist dazu ein Mindesthandicap (variiert nach Platz bzw. Anlage) sowie eine Mitgliedschaft bei einem Golfclub erforderlich.
- Bitte weisen Sie bei Ihrer Anmeldung darauf hin, dass Sie mit dem Guide for Free Golf spielen möchten und bringen Sie das Buch beim Einchecken am Golfplatz mit. Nur dann kann Ihnen das zweite, kostenfreie Green Fee oder der 30% Nachlass für Einzelspieler gewährt werden.
- Die beteiligten Golfanlagen gewähren Ihnen pro Voucher den Erlass des 2. Green Fees. Es können also pro Voucher jeweils 2 Personen für 1 Green Fee spielen (4 Personen benötigen 2 Voucher) oder eine Person mit 30% Nachlass. Bezahlt wird der normale Green Fee-Preis eines Erwachsenen am entsprechenden Spieltag.
- Bereits herausgetrennte bzw. lose Voucher sind nicht veräußerbar bzw. übertragbar; sie berechtigen insbesondere nicht zum Erlass des zweiten Green Fees. Zuwiderhandlungen werden zivilrechtlich verfolgt.
- Haben Sie bitte Verständnis, dass die Voucher bei Sonderveranstaltungen (Turniertagen, Tagen der offenen Tür oder sonstigen Promotion-Aktionen) nicht eingelöst werden können. Bitte erkundigen Sie sich vorab bei Ihrer Anmeldung bei den jeweiligen Golfanlagen. Die Barauszahlung des zweiten Green Fees ist nicht möglich.
- Es gelten die Teilnahme- und Spielbedingungen, die Hausordnung der angeschlossenen Golfclubs sowie die vor Ort ausgewiesenen aktuellen Green Fee-Preise.
- Das Kombinieren mit anderen Rabatten (z. B. Golf Fee Card etc.) oder gegenseitiges Einladen mit zwei oder mehreren Free-Golf-Voucher ist nicht möglich. Bei unterschiedlichen Green Fee-Gebühren (z. B. bei Ermäßigung von Jugendlichen) ist immer der günstigere Tarif kostenfrei.
- Alle Inserenten haben sich dem Herausgeber gegenüber verpflichtet, die Free-Golf-Voucher zu den jeweils angegebenen Teilnahmebedingungen einzulösen. Der Herausgeber übernimmt jedoch keine Haftung dafür, wenn ein Free-Golf-Voucher vom Inserenten nicht eingelöst wird oder nicht eingelöst werden kann. Dies gilt insbesondere bei Insolvenz oder Besitzerwechsel.
- Es haftet ausschließlich der Inserent (= Golfanlage bzw. Betreiber der Golfanlage) für evtl. Meinungsunterschiede und Schadensersatzansprüche.
- Der Herausgeber gibt sich große Mühe bei der Umsetzung der Inserate. Er haftet aber nicht für Satz-, Druck- oder Produktionsfehler. Die Daten für den LeisureBREAKS Guide for Free Golf wurden nach bestem Wissen erarbeitet. Der Herausgeber übernimmt keine Gewähr für deren Vollständigkeit und Richtigkeit. Alle Rechte, insbesondere das Recht der Vervielfältigung und Verbreitung sowie der Übersetzung vorbehalten. Kein Teil des Werkes darf in irgendeiner Form (durch Fotokopie, Mikrofilm oder ein anderes Verfahren) ohne schriftliche Genehmigung des Herausgebers reproduziert oder unter Verwendung elektronischer Systeme gespeichert, verarbeitet, vervielfältigt oder verbreitet werden.
- Die Bearbeitung der Anmeldung erfolgt mittels EDV. Mit Ihrer Unterschrift geben Sie Ihre Einwilligung, dass wir Sie kontaktieren und auch über weitere Aktionen informieren. Die Einwilligung kann jederzeit widerrufen werden.

Gültig bis 30.06.2021

Teilnahmebedingungen

- Free-Golf-Voucher können nur von mindestens zwei Personen genutzt werden. Es gibt keine Ermäßigung für Einzelspieler, außer dies ist explizit durch das Logo 30/1 im Eintrag des Clubs vermerkt. Die Voucher gelten nur für 18 Loch. Pro Golfanlage dürfen Sie maximal 2 Voucher einlösen.
- Free-Golf-Voucher können ausschließlich von Personen mit Green Fee-Berechtigung eingelöst werden. I. d. R. ist dazu ein Mindesthandicap (variiert nach Platz bzw. Anlage) sowie eine Mitgliedschaft bei einem Golfclub erforderlich.
- Bitte weisen Sie bei Ihrer Anmeldung darauf hin, dass Sie mit dem Guide for Free Golf spielen möchten und bringen Sie das Buch beim Einchecken am Golfplatz mit. Nur dann kann Ihnen das zweite, kostenfreie Green Fee oder der 30% Nachlass für Einzelspieler gewährt werden.
- Die beteiligten Golfanlagen gewähren Ihnen pro Voucher den Erlass des 2. Green Fees. Es können also pro Voucher jeweils 2 Personen für 1 Green Fee spielen (4 Personen benötigen 2 Voucher) oder eine Person mit 30% Nachlass. Bezahlt wird der normale Green Fee-Preis eines Erwachsenen am entsprechenden Spieltag.
- Bereits herausgetrennte bzw. lose Voucher sind nicht veräußerbar bzw. übertragbar; sie berechtigen insbesondere nicht zum Erlass des zweiten Green Fees. Zuwiderhandlungen werden zivilrechtlich verfolgt.
- Haben Sie bitte Verständnis, dass die Voucher bei Sonderveranstaltungen (Turniertagen, Tagen der offenen Tür oder sonstigen Promotion-Aktionen) nicht eingelöst werden können. Bitte erkundigen Sie sich vorab bei Ihrer Anmeldung bei den jeweiligen Golfanlagen. Die Barauszahlung des zweiten Green Fees ist nicht möglich.
- Es gelten die Teilnahme- und Spielbedingungen, die Hausordnung der angeschlossenen Golfclubs sowie die vor Ort ausgewiesenen aktuellen Green Fee-Preise.
- Das Kombinieren mit anderen Rabatten (z. B. Golf Fee Card etc.) oder gegenseitiges Einladen mit zwei oder mehreren Free-Golf-Voucher ist nicht möglich. Bei unterschiedlichen Green Fee-Gebühren (z. B. bei Ermäßigung von Jugendlichen) ist immer der günstigere Tarif kostenfrei.
- Alle Inserenten haben sich dem Herausgeber gegenüber verpflichtet, die Free-Golf-Voucher zu den jeweils angegebenen Teilnahmebedingungen einzulösen. Der Herausgeber übernimmt jedoch keine Haftung dafür, wenn ein Free-Golf-Voucher vom Inserenten nicht eingelöst wird oder nicht eingelöst werden kann. Dies gilt insbesondere bei Insolvenz oder Besitzerwechsel.
- Es haftet ausschließlich der Inserent (= Golfanlage bzw. Betreiber der Golfanlage) für evtl. Meinungsunterschiede und Schadensersatzansprüche.
- Der Herausgeber gibt sich große Mühe bei der Umsetzung der Inserate. Er haftet aber nicht für Satz-, Druck- oder Produktionsfehler. Die Daten für den LeisureBREAKS Guide for Free Golf wurden nach bestem Wissen erarbeitet. Der Herausgeber übernimmt keine Gewähr für deren Vollständigkeit und Richtigkeit. Alle Rechte, insbesondere das Recht der Vervielfältigung und Verbreitung sowie der Übersetzung vorbehalten. Kein Teil des Werkes darf in irgendeiner Form (durch Fotokopie, Mikrofilm oder ein anderes Verfahren) ohne schriftliche Genehmigung des Herausgebers reproduziert oder unter Verwendung elektronischer Systeme gespeichert, verarbeitet, vervielfältigt oder verbreitet werden.
- Die Bearbeitung der Anmeldung erfolgt mittels EDV. Mit Ihrer Unterschrift geben Sie Ihre Einwilligung, dass wir Sie kontaktieren und auch über weitere Aktionen informieren. Die Einwilligung kann jederzeit widerrufen werden.

Gültig bis 30.06.2021

73

17. Guide for Free Golf

LeisureBREAKS GmbH

Name, Vorname

Straße, Hausnummer

PLZ, Ort

Heimatclub

Handicap

E-Mail

Guide-Nummer

Mit der Anmeldung erkenne ich die umseitigen Teilnahmebedingungen an.

Datum

Unterschrift

74

17. Guide for Free Golf

LeisureBREAKS GmbH

Name, Vorname

Straße, Hausnummer

PLZ, Ort

Heimatclub

Handicap

E-Mail

Guide-Nummer

Mit der Anmeldung erkenne ich die umseitigen Teilnahmebedingungen an.

Datum

Unterschrift

75

17. Guide for Free Golf

LeisureBREAKS GmbH

Name, Vorname

Straße, Hausnummer

PLZ, Ort

Heimatclub

Handicap

E-Mail

Guide-Nummer

Mit der Anmeldung erkenne ich die umseitigen Teilnahmebedingungen an.

Datum

Unterschrift

76

17. Guide for Free Golf

LeisureBREAKS GmbH

Name, Vorname

Straße, Hausnummer

PLZ, Ort

Heimatclub

Handicap

E-Mail

Guide-Nummer

Mit der Anmeldung erkenne ich die umseitigen Teilnahmebedingungen an.

Datum

Unterschrift

Teilnahmebedingungen

- Free-Golf-Voucher können nur von mindestens zwei Personen genutzt werden. Es gibt keine Ermäßigung für Einzelspieler, außer dies ist explizit durch das Logo 30/1 im Eintrag des Clubs vermerkt. Die Voucher gelten nur für 18 Loch. Pro Golfanlage dürfen Sie maximal 2 Voucher einlösen.
- Free-Golf-Voucher können ausschließlich von Personen mit Green Fee-Berechtigung eingelöst werden. I. d. R. ist dazu ein Mindesthandicap (variiert nach Platz bzw. Anlage) sowie eine Mitgliedschaft bei einem Golfclub erforderlich.
- Bitte weisen Sie bei Ihrer Anmeldung darauf hin, dass Sie mit dem Guide for Free Golf spielen möchten und bringen Sie das Buch beim Einchecken am Golfplatz mit. Nur dann kann Ihnen das zweite, kostenfreie Green Fee oder der 30% Nachlass für Einzelspieler gewährt werden.
- Die beteiligten Golfanlagen gewähren Ihnen pro Voucher den Erlass des 2. Green Fees. Es können also pro Voucher jeweils 2 Personen für 1 Green Fee spielen (4 Personen benötigen 2 Voucher) oder eine Person mit 30% Nachlass. Bezahlt wird der normale Green Fee-Preis eines Erwachsenen am entsprechenden Spieltag.
- Bereits herausgetrennte bzw. lose Voucher sind nicht veräußerbar bzw. übertragbar; sie berechtigen insbesondere nicht zum Erlass des zweiten Green Fees. Zuwiderhandlungen werden zivilrechtlich verfolgt.
- Haben Sie bitte Verständnis, dass die Voucher bei Sonderveranstaltungen (Turniertagen, Tagen der offenen Tür oder sonstigen Promotion-Aktionen) nicht eingelöst werden können. Bitte erkundigen Sie sich vorab bei Ihrer Anmeldung bei den jeweiligen Golfanlagen. Die Barauszahlung des zweiten Green Fees ist nicht möglich.
- Es gelten die Teilnahme- und Spielbedingungen, die Hausordnung der angeschlossenen Golfclubs sowie die vor Ort ausgewiesenen aktuellen Green Fee-Preise.
- Das Kombinieren mit anderen Rabatten (z. B. Golf Fee Card etc.) oder gegenseitiges Einladen mit zwei oder mehreren Free-Golf-Voucher ist nicht möglich. Bei unterschiedlichen Green Fee-Gebühren (z. B. bei Ermäßigung von Jugendlichen) ist immer der günstigere Tarif kostenfrei.
- Alle Inserenten haben sich dem Herausgeber gegenüber verpflichtet, die Free-Golf-Voucher zu den jeweils angegebenen Teilnahmebedingungen einzulösen. Der Herausgeber übernimmt jedoch keine Haftung dafür, wenn ein Free-Golf-Voucher vom Inserenten nicht eingelöst wird oder nicht eingelöst werden kann. Dies gilt insbesondere bei Insolvenz oder Besitzerwechsel.
- Es haftet ausschließlich der Inserent (= Golfanlage bzw. Betreiber der Golfanlage) für evtl. Meinungsunterschiede und Schadensersatzansprüche.
- Der Herausgeber gibt sich große Mühe bei der Umsetzung der Inserate. Er haftet aber nicht für Satz-, Druck- oder Produktionsfehler. Die Daten für den LeisureBREAKS Guide for Free Golf wurden nach bestem Wissen erarbeitet. Der Herausgeber übernimmt keine Gewähr für deren Vollständigkeit und Richtigkeit. Alle Rechte, insbesondere das Recht der Vervielfältigung und Verbreitung sowie der Übersetzung vorbehalten. Kein Teil des Werkes darf in irgendeiner Form (durch Fotokopie, Mikrofilm oder ein anderes Verfahren) ohne schriftliche Genehmigung des Herausgebers reproduziert oder unter Verwendung elektronischer Systeme gespeichert, verarbeitet, vervielfältigt oder verbreitet werden.
- Die Bearbeitung der Anmeldung erfolgt mittels EDV. Mit Ihrer Unterschrift geben Sie Ihre Einwilligung, dass wir Sie kontaktieren und auch über weitere Aktionen informieren. Die Einwilligung kann jederzeit widerrufen werden.

Gültig bis 30.06.2021

Teilnahmebedingungen

- Free-Golf-Voucher können nur von mindestens zwei Personen genutzt werden. Es gibt keine Ermäßigung für Einzelspieler, außer dies ist explizit durch das Logo 30/1 im Eintrag des Clubs vermerkt. Die Voucher gelten nur für 18 Loch. Pro Golfanlage dürfen Sie maximal 2 Voucher einlösen.
- Free-Golf-Voucher können ausschließlich von Personen mit Green Fee-Berechtigung eingelöst werden. I. d. R. ist dazu ein Mindesthandicap (variiert nach Platz bzw. Anlage) sowie eine Mitgliedschaft bei einem Golfclub erforderlich.
- Bitte weisen Sie bei Ihrer Anmeldung darauf hin, dass Sie mit dem Guide for Free Golf spielen möchten und bringen Sie das Buch beim Einchecken am Golfplatz mit. Nur dann kann Ihnen das zweite, kostenfreie Green Fee oder der 30% Nachlass für Einzelspieler gewährt werden.
- Die beteiligten Golfanlagen gewähren Ihnen pro Voucher den Erlass des 2. Green Fees. Es können also pro Voucher jeweils 2 Personen für 1 Green Fee spielen (4 Personen benötigen 2 Voucher) oder eine Person mit 30% Nachlass. Bezahlt wird der normale Green Fee-Preis eines Erwachsenen am entsprechenden Spieltag.
- Bereits herausgetrennte bzw. lose Voucher sind nicht veräußerbar bzw. übertragbar; sie berechtigen insbesondere nicht zum Erlass des zweiten Green Fees. Zuwiderhandlungen werden zivilrechtlich verfolgt.
- Haben Sie bitte Verständnis, dass die Voucher bei Sonderveranstaltungen (Turniertagen, Tagen der offenen Tür oder sonstigen Promotion-Aktionen) nicht eingelöst werden können. Bitte erkundigen Sie sich vorab bei Ihrer Anmeldung bei den jeweiligen Golfanlagen. Die Barauszahlung des zweiten Green Fees ist nicht möglich.
- Es gelten die Teilnahme- und Spielbedingungen, die Hausordnung der angeschlossenen Golfclubs sowie die vor Ort ausgewiesenen aktuellen Green Fee-Preise.
- Das Kombinieren mit anderen Rabatten (z. B. Golf Fee Card etc.) oder gegenseitiges Einladen mit zwei oder mehreren Free-Golf-Voucher ist nicht möglich. Bei unterschiedlichen Green Fee-Gebühren (z. B. bei Ermäßigung von Jugendlichen) ist immer der günstigere Tarif kostenfrei.
- Alle Inserenten haben sich dem Herausgeber gegenüber verpflichtet, die Free-Golf-Voucher zu den jeweils angegebenen Teilnahmebedingungen einzulösen. Der Herausgeber übernimmt jedoch keine Haftung dafür, wenn ein Free-Golf-Voucher vom Inserenten nicht eingelöst wird oder nicht eingelöst werden kann. Dies gilt insbesondere bei Insolvenz oder Besitzerwechsel.
- Es haftet ausschließlich der Inserent (= Golfanlage bzw. Betreiber der Golfanlage) für evtl. Meinungsunterschiede und Schadensersatzansprüche.
- Der Herausgeber gibt sich große Mühe bei der Umsetzung der Inserate. Er haftet aber nicht für Satz-, Druck- oder Produktionsfehler. Die Daten für den LeisureBREAKS Guide for Free Golf wurden nach bestem Wissen erarbeitet. Der Herausgeber übernimmt keine Gewähr für deren Vollständigkeit und Richtigkeit. Alle Rechte, insbesondere das Recht der Vervielfältigung und Verbreitung sowie der Übersetzung vorbehalten. Kein Teil des Werkes darf in irgendeiner Form (durch Fotokopie, Mikrofilm oder ein anderes Verfahren) ohne schriftliche Genehmigung des Herausgebers reproduziert oder unter Verwendung elektronischer Systeme gespeichert, verarbeitet, vervielfältigt oder verbreitet werden.
- Die Bearbeitung der Anmeldung erfolgt mittels EDV. Mit Ihrer Unterschrift geben Sie Ihre Einwilligung, dass wir Sie kontaktieren und auch über weitere Aktionen informieren. Die Einwilligung kann jederzeit widerrufen werden.

Gültig bis 30.06.2021

Teilnahmebedingungen

- Free-Golf-Voucher können nur von mindestens zwei Personen genutzt werden. Es gibt keine Ermäßigung für Einzelspieler, außer dies ist explizit durch das Logo 30/1 im Eintrag des Clubs vermerkt. Die Voucher gelten nur für 18 Loch. Pro Golfanlage dürfen Sie maximal 2 Voucher einlösen.
- Free-Golf-Voucher können ausschließlich von Personen mit Green Fee-Berechtigung eingelöst werden. I. d. R. ist dazu ein Mindesthandicap (variiert nach Platz bzw. Anlage) sowie eine Mitgliedschaft bei einem Golfclub erforderlich.
- Bitte weisen Sie bei Ihrer Anmeldung darauf hin, dass Sie mit dem Guide for Free Golf spielen möchten und bringen Sie das Buch beim Einchecken am Golfplatz mit. Nur dann kann Ihnen das zweite, kostenfreie Green Fee oder der 30% Nachlass für Einzelspieler gewährt werden.
- Die beteiligten Golfanlagen gewähren Ihnen pro Voucher den Erlass des 2. Green Fees. Es können also pro Voucher jeweils 2 Personen für 1 Green Fee spielen (4 Personen benötigen 2 Voucher) oder eine Person mit 30% Nachlass. Bezahlt wird der normale Green Fee-Preis eines Erwachsenen am entsprechenden Spieltag.
- Bereits herausgetrennte bzw. lose Voucher sind nicht veräußerbar bzw. übertragbar; sie berechtigen insbesondere nicht zum Erlass des zweiten Green Fees. Zuwiderhandlungen werden zivilrechtlich verfolgt.
- Haben Sie bitte Verständnis, dass die Voucher bei Sonderveranstaltungen (Turniertagen, Tagen der offenen Tür oder sonstigen Promotion-Aktionen) nicht eingelöst werden können. Bitte erkundigen Sie sich vorab bei Ihrer Anmeldung bei den jeweiligen Golfanlagen. Die Barauszahlung des zweiten Green Fees ist nicht möglich.
- Es gelten die Teilnahme- und Spielbedingungen, die Hausordnung der angeschlossenen Golfclubs sowie die vor Ort ausgewiesenen aktuellen Green Fee-Preise.
- Das Kombinieren mit anderen Rabatten (z. B. Golf Fee Card etc.) oder gegenseitiges Einladen mit zwei oder mehreren Free-Golf-Voucher ist nicht möglich. Bei unterschiedlichen Green Fee-Gebühren (z. B. bei Ermäßigung von Jugendlichen) ist immer der günstigere Tarif kostenfrei.
- Alle Inserenten haben sich dem Herausgeber gegenüber verpflichtet, die Free-Golf-Voucher zu den jeweils angegebenen Teilnahmebedingungen einzulösen. Der Herausgeber übernimmt jedoch keine Haftung dafür, wenn ein Free-Golf-Voucher vom Inserenten nicht eingelöst wird oder nicht eingelöst werden kann. Dies gilt insbesondere bei Insolvenz oder Besitzerwechsel.
- Es haftet ausschließlich der Inserent (= Golfanlage bzw. Betreiber der Golfanlage) für evtl. Meinungsunterschiede und Schadensersatzansprüche.
- Der Herausgeber gibt sich große Mühe bei der Umsetzung der Inserate. Er haftet aber nicht für Satz-, Druck- oder Produktionsfehler. Die Daten für den LeisureBREAKS Guide for Free Golf wurden nach bestem Wissen erarbeitet. Der Herausgeber übernimmt keine Gewähr für deren Vollständigkeit und Richtigkeit. Alle Rechte, insbesondere das Recht der Vervielfältigung und Verbreitung sowie der Übersetzung vorbehalten. Kein Teil des Werkes darf in irgendeiner Form (durch Fotokopie, Mikrofilm oder ein anderes Verfahren) ohne schriftliche Genehmigung des Herausgebers reproduziert oder unter Verwendung elektronischer Systeme gespeichert, verarbeitet, vervielfältigt oder verbreitet werden.
- Die Bearbeitung der Anmeldung erfolgt mittels EDV. Mit Ihrer Unterschrift geben Sie Ihre Einwilligung, dass wir Sie kontaktieren und auch über weitere Aktionen informieren. Die Einwilligung kann jederzeit widerrufen werden.

Gültig bis 30.06.2021

Teilnahmebedingungen

- Free-Golf-Voucher können nur von mindestens zwei Personen genutzt werden. Es gibt keine Ermäßigung für Einzelspieler, außer dies ist explizit durch das Logo 30/1 im Eintrag des Clubs vermerkt. Die Voucher gelten nur für 18 Loch. Pro Golfanlage dürfen Sie maximal 2 Voucher einlösen.
- Free-Golf-Voucher können ausschließlich von Personen mit Green Fee-Berechtigung eingelöst werden. I. d. R. ist dazu ein Mindesthandicap (variiert nach Platz bzw. Anlage) sowie eine Mitgliedschaft bei einem Golfclub erforderlich.
- Bitte weisen Sie bei Ihrer Anmeldung darauf hin, dass Sie mit dem Guide for Free Golf spielen möchten und bringen Sie das Buch beim Einchecken am Golfplatz mit. Nur dann kann Ihnen das zweite, kostenfreie Green Fee oder der 30% Nachlass für Einzelspieler gewährt werden.
- Die beteiligten Golfanlagen gewähren Ihnen pro Voucher den Erlass des 2. Green Fees. Es können also pro Voucher jeweils 2 Personen für 1 Green Fee spielen (4 Personen benötigen 2 Voucher) oder eine Person mit 30% Nachlass. Bezahlt wird der normale Green Fee-Preis eines Erwachsenen am entsprechenden Spieltag.
- Bereits herausgetrennte bzw. lose Voucher sind nicht veräußerbar bzw. übertragbar; sie berechtigen insbesondere nicht zum Erlass des zweiten Green Fees. Zuwiderhandlungen werden zivilrechtlich verfolgt.
- Haben Sie bitte Verständnis, dass die Voucher bei Sonderveranstaltungen (Turniertagen, Tagen der offenen Tür oder sonstigen Promotion-Aktionen) nicht eingelöst werden können. Bitte erkundigen Sie sich vorab bei Ihrer Anmeldung bei den jeweiligen Golfanlagen. Die Barauszahlung des zweiten Green Fees ist nicht möglich.
- Es gelten die Teilnahme- und Spielbedingungen, die Hausordnung der angeschlossenen Golfclubs sowie die vor Ort ausgewiesenen aktuellen Green Fee-Preise.
- Das Kombinieren mit anderen Rabatten (z. B. Golf Fee Card etc.) oder gegenseitiges Einladen mit zwei oder mehreren Free-Golf-Voucher ist nicht möglich. Bei unterschiedlichen Green Fee-Gebühren (z. B. bei Ermäßigung von Jugendlichen) ist immer der günstigere Tarif kostenfrei.
- Alle Inserenten haben sich dem Herausgeber gegenüber verpflichtet, die Free-Golf-Voucher zu den jeweils angegebenen Teilnahmebedingungen einzulösen. Der Herausgeber übernimmt jedoch keine Haftung dafür, wenn ein Free-Golf-Voucher vom Inserenten nicht eingelöst wird oder nicht eingelöst werden kann. Dies gilt insbesondere bei Insolvenz oder Besitzerwechsel.
- Es haftet ausschließlich der Inserent (= Golfanlage bzw. Betreiber der Golfanlage) für evtl. Meinungsunterschiede und Schadensersatzansprüche.
- Der Herausgeber gibt sich große Mühe bei der Umsetzung der Inserate. Er haftet aber nicht für Satz-, Druck- oder Produktionsfehler. Die Daten für den LeisureBREAKS Guide for Free Golf wurden nach bestem Wissen erarbeitet. Der Herausgeber übernimmt keine Gewähr für deren Vollständigkeit und Richtigkeit. Alle Rechte, insbesondere das Recht der Vervielfältigung und Verbreitung sowie der Übersetzung vorbehalten. Kein Teil des Werkes darf in irgendeiner Form (durch Fotokopie, Mikrofilm oder ein anderes Verfahren) ohne schriftliche Genehmigung des Herausgebers reproduziert oder unter Verwendung elektronischer Systeme gespeichert, verarbeitet, vervielfältigt oder verbreitet werden.
- Die Bearbeitung der Anmeldung erfolgt mittels EDV. Mit Ihrer Unterschrift geben Sie Ihre Einwilligung, dass wir Sie kontaktieren und auch über weitere Aktionen informieren. Die Einwilligung kann jederzeit widerrufen werden.

Gültig bis 30.06.2021

77

17. Guide for Free Golf

LeisureBREAKS GmbH

Name, Vorname

Straße, Hausnummer

PLZ, Ort

Heimatclub

Handicap

E-Mail

Guide-Nummer

Mit der Anmeldung erkenne ich die umseitigen Teilnahmebedingungen an.

Datum

Unterschrift

78

17. Guide for Free Golf

LeisureBREAKS GmbH

Name, Vorname

Straße, Hausnummer

PLZ, Ort

Heimatclub

Handicap

E-Mail

Guide-Nummer

Mit der Anmeldung erkenne ich die umseitigen Teilnahmebedingungen an.

Datum

Unterschrift

79

17. Guide for Free Golf

LeisureBREAKS GmbH

Name, Vorname

Straße, Hausnummer

PLZ, Ort

Heimatclub

Handicap

E-Mail

Guide-Nummer

Mit der Anmeldung erkenne ich die umseitigen Teilnahmebedingungen an.

Datum

Unterschrift

80

17. Guide for Free Golf

LeisureBREAKS GmbH

Name, Vorname

Straße, Hausnummer

PLZ, Ort

Heimatclub

Handicap

E-Mail

Guide-Nummer

Mit der Anmeldung erkenne ich die umseitigen Teilnahmebedingungen an.

Datum

Unterschrift

Teilnahmebedingungen

- Free-Golf-Voucher können nur von mindestens zwei Personen genutzt werden. Es gibt keine Ermäßigung für Einzelspieler, außer dies ist explizit durch das Logo 30/1 im Eintrag des Clubs vermerkt. Die Voucher gelten nur für 18 Loch. Pro Golfanlage dürfen Sie maximal 2 Voucher einlösen.
- Free-Golf-Voucher können ausschließlich von Personen mit Green Fee-Berechtigung eingelöst werden. I. d. R. ist dazu ein Mindesthandicap (variiert nach Platz bzw. Anlage) sowie eine Mitgliedschaft bei einem Golfclub erforderlich.
- Bitte weisen Sie bei Ihrer Anmeldung darauf hin, dass Sie mit dem Guide for Free Golf spielen möchten und bringen Sie das Buch beim Einchecken am Golfplatz mit. Nur dann kann Ihnen das zweite, kostenfreie Green Fee oder der 30% Nachlass für Einzelspieler gewährt werden.
- Die beteiligten Golfanlagen gewähren Ihnen pro Voucher den Erlass des 2. Green Fees. Es können also pro Voucher jeweils 2 Personen für 1 Green Fee spielen (4 Personen benötigen 2 Voucher) oder eine Person mit 30% Nachlass. Bezahlt wird der normale Green Fee-Preis eines Erwachsenen am entsprechenden Spieltag.
- Bereits herausgetrennte bzw. lose Voucher sind nicht veräußerbar bzw. übertragbar; sie berechtigen insbesondere nicht zum Erlass des zweiten Green Fees. Zuwiderhandlungen werden zivilrechtlich verfolgt.
- Haben Sie bitte Verständnis, dass die Voucher bei Sonderveranstaltungen (Turniertagen, Tagen der offenen Tür oder sonstigen Promotion-Aktionen) nicht eingelöst werden können. Bitte erkundigen Sie sich vorab bei Ihrer Anmeldung bei den jeweiligen Golfanlagen. Die Barauszahlung des zweiten Green Fees ist nicht möglich.
- Es gelten die Teilnahme- und Spielbedingungen, die Hausordnung der angeschlossenen Golfclubs sowie die vor Ort ausgewiesenen aktuellen Green Fee-Preise.
- Das Kombinieren mit anderen Rabatten (z. B. Golf Fee Card etc.) oder gegenseitiges Einladen mit zwei oder mehreren Free-Golf-Voucher ist nicht möglich. Bei unterschiedlichen Green Fee-Gebühren (z. B. bei Ermäßigung von Jugendlichen) ist immer der günstigere Tarif kostenfrei.
- Alle Inserenten haben sich dem Herausgeber gegenüber verpflichtet, die Free-Golf-Voucher zu den jeweils angegebenen Teilnahmebedingungen einzulösen. Der Herausgeber übernimmt jedoch keine Haftung dafür, wenn ein Free-Golf-Voucher vom Inserenten nicht eingelöst wird oder nicht eingelöst werden kann. Dies gilt insbesondere bei Insolvenz oder Besitzerwechsel.
- Es haftet ausschließlich der Inserent (= Golfanlage bzw. Betreiber der Golfanlage) für evtl. Meinungsunterschiede und Schadensersatzansprüche.
- Der Herausgeber gibt sich große Mühe bei der Umsetzung der Inserate. Er haftet aber nicht für Satz-, Druck- oder Produktionsfehler. Die Daten für den LeisureBREAKS Guide for Free Golf wurden nach bestem Wissen erarbeitet. Der Herausgeber übernimmt keine Gewähr für deren Vollständigkeit und Richtigkeit. Alle Rechte, insbesondere das Recht der Vervielfältigung und Verbreitung sowie der Übersetzung vorbehalten. Kein Teil des Werkes darf in irgendeiner Form (durch Fotokopie, Mikrofilm oder ein anderes Verfahren) ohne schriftliche Genehmigung des Herausgebers reproduziert oder unter Verwendung elektronischer Systeme gespeichert, verarbeitet, vervielfältigt oder verbreitet werden.
- Die Bearbeitung der Anmeldung erfolgt mittels EDV. Mit Ihrer Unterschrift geben Sie Ihre Einwilligung, dass wir Sie kontaktieren und auch über weitere Aktionen informieren. Die Einwilligung kann jederzeit widerrufen werden.

Gültig bis 30.06.2021

Teilnahmebedingungen

- Free-Golf-Voucher können nur von mindestens zwei Personen genutzt werden. Es gibt keine Ermäßigung für Einzelspieler, außer dies ist explizit durch das Logo 30/1 im Eintrag des Clubs vermerkt. Die Voucher gelten nur für 18 Loch. Pro Golfanlage dürfen Sie maximal 2 Voucher einlösen.
- Free-Golf-Voucher können ausschließlich von Personen mit Green Fee-Berechtigung eingelöst werden. I. d. R. ist dazu ein Mindesthandicap (variiert nach Platz bzw. Anlage) sowie eine Mitgliedschaft bei einem Golfclub erforderlich.
- Bitte weisen Sie bei Ihrer Anmeldung darauf hin, dass Sie mit dem Guide for Free Golf spielen möchten und bringen Sie das Buch beim Einchecken am Golfplatz mit. Nur dann kann Ihnen das zweite, kostenfreie Green Fee oder der 30% Nachlass für Einzelspieler gewährt werden.
- Die beteiligten Golfanlagen gewähren Ihnen pro Voucher den Erlass des 2. Green Fees. Es können also pro Voucher jeweils 2 Personen für 1 Green Fee spielen (4 Personen benötigen 2 Voucher) oder eine Person mit 30% Nachlass. Bezahlt wird der normale Green Fee-Preis eines Erwachsenen am entsprechenden Spieltag.
- Bereits herausgetrennte bzw. lose Voucher sind nicht veräußerbar bzw. übertragbar; sie berechtigen insbesondere nicht zum Erlass des zweiten Green Fees. Zuwiderhandlungen werden zivilrechtlich verfolgt.
- Haben Sie bitte Verständnis, dass die Voucher bei Sonderveranstaltungen (Turniertagen, Tagen der offenen Tür oder sonstigen Promotion-Aktionen) nicht eingelöst werden können. Bitte erkundigen Sie sich vorab bei Ihrer Anmeldung bei den jeweiligen Golfanlagen. Die Barauszahlung des zweiten Green Fees ist nicht möglich.
- Es gelten die Teilnahme- und Spielbedingungen, die Hausordnung der angeschlossenen Golfclubs sowie die vor Ort ausgewiesenen aktuellen Green Fee-Preise.
- Das Kombinieren mit anderen Rabatten (z. B. Golf Fee Card etc.) oder gegenseitiges Einladen mit zwei oder mehreren Free-Golf-Voucher ist nicht möglich. Bei unterschiedlichen Green Fee-Gebühren (z. B. bei Ermäßigung von Jugendlichen) ist immer der günstigere Tarif kostenfrei.
- Alle Inserenten haben sich dem Herausgeber gegenüber verpflichtet, die Free-Golf-Voucher zu den jeweils angegebenen Teilnahmebedingungen einzulösen. Der Herausgeber übernimmt jedoch keine Haftung dafür, wenn ein Free-Golf-Voucher vom Inserenten nicht eingelöst wird oder nicht eingelöst werden kann. Dies gilt insbesondere bei Insolvenz oder Besitzerwechsel.
- Es haftet ausschließlich der Inserent (= Golfanlage bzw. Betreiber der Golfanlage) für evtl. Meinungsunterschiede und Schadensersatzansprüche.
- Der Herausgeber gibt sich große Mühe bei der Umsetzung der Inserate. Er haftet aber nicht für Satz-, Druck- oder Produktionsfehler. Die Daten für den LeisureBREAKS Guide for Free Golf wurden nach bestem Wissen erarbeitet. Der Herausgeber übernimmt keine Gewähr für deren Vollständigkeit und Richtigkeit. Alle Rechte, insbesondere das Recht der Vervielfältigung und Verbreitung sowie der Übersetzung vorbehalten. Kein Teil des Werkes darf in irgendeiner Form (durch Fotokopie, Mikrofilm oder ein anderes Verfahren) ohne schriftliche Genehmigung des Herausgebers reproduziert oder unter Verwendung elektronischer Systeme gespeichert, verarbeitet, vervielfältigt oder verbreitet werden.
- Die Bearbeitung der Anmeldung erfolgt mittels EDV. Mit Ihrer Unterschrift geben Sie Ihre Einwilligung, dass wir Sie kontaktieren und auch über weitere Aktionen informieren. Die Einwilligung kann jederzeit widerrufen werden.

Gültig bis 30.06.2021

Teilnahmebedingungen

- Free-Golf-Voucher können nur von mindestens zwei Personen genutzt werden. Es gibt keine Ermäßigung für Einzelspieler, außer dies ist explizit durch das Logo 30/1 im Eintrag des Clubs vermerkt. Die Voucher gelten nur für 18 Loch. Pro Golfanlage dürfen Sie maximal 2 Voucher einlösen.
- Free-Golf-Voucher können ausschließlich von Personen mit Green Fee-Berechtigung eingelöst werden. I. d. R. ist dazu ein Mindesthandicap (variiert nach Platz bzw. Anlage) sowie eine Mitgliedschaft bei einem Golfclub erforderlich.
- Bitte weisen Sie bei Ihrer Anmeldung darauf hin, dass Sie mit dem Guide for Free Golf spielen möchten und bringen Sie das Buch beim Einchecken am Golfplatz mit. Nur dann kann Ihnen das zweite, kostenfreie Green Fee oder der 30% Nachlass für Einzelspieler gewährt werden.
- Die beteiligten Golfanlagen gewähren Ihnen pro Voucher den Erlass des 2. Green Fees. Es können also pro Voucher jeweils 2 Personen für 1 Green Fee spielen (4 Personen benötigen 2 Voucher) oder eine Person mit 30% Nachlass. Bezahlt wird der normale Green Fee-Preis eines Erwachsenen am entsprechenden Spieltag.
- Bereits herausgetrennte bzw. lose Voucher sind nicht veräußerbar bzw. übertragbar; sie berechtigen insbesondere nicht zum Erlass des zweiten Green Fees. Zuwiderhandlungen werden zivilrechtlich verfolgt.
- Haben Sie bitte Verständnis, dass die Voucher bei Sonderveranstaltungen (Turniertagen, Tagen der offenen Tür oder sonstigen Promotion-Aktionen) nicht eingelöst werden können. Bitte erkundigen Sie sich vorab bei Ihrer Anmeldung bei den jeweiligen Golfanlagen. Die Barauszahlung des zweiten Green Fees ist nicht möglich.
- Es gelten die Teilnahme- und Spielbedingungen, die Hausordnung der angeschlossenen Golfclubs sowie die vor Ort ausgewiesenen aktuellen Green Fee-Preise.
- Das Kombinieren mit anderen Rabatten (z. B. Golf Fee Card etc.) oder gegenseitiges Einladen mit zwei oder mehreren Free-Golf-Voucher ist nicht möglich. Bei unterschiedlichen Green Fee-Gebühren (z. B. bei Ermäßigung von Jugendlichen) ist immer der günstigere Tarif kostenfrei.
- Alle Inserenten haben sich dem Herausgeber gegenüber verpflichtet, die Free-Golf-Voucher zu den jeweils angegebenen Teilnahmebedingungen einzulösen. Der Herausgeber übernimmt jedoch keine Haftung dafür, wenn ein Free-Golf-Voucher vom Inserenten nicht eingelöst wird oder nicht eingelöst werden kann. Dies gilt insbesondere bei Insolvenz oder Besitzerwechsel.
- Es haftet ausschließlich der Inserent (= Golfanlage bzw. Betreiber der Golfanlage) für evtl. Meinungsunterschiede und Schadensersatzansprüche.
- Der Herausgeber gibt sich große Mühe bei der Umsetzung der Inserate. Er haftet aber nicht für Satz-, Druck- oder Produktionsfehler. Die Daten für den LeisureBREAKS Guide for Free Golf wurden nach bestem Wissen erarbeitet. Der Herausgeber übernimmt keine Gewähr für deren Vollständigkeit und Richtigkeit. Alle Rechte, insbesondere das Recht der Vervielfältigung und Verbreitung sowie der Übersetzung vorbehalten. Kein Teil des Werkes darf in irgendeiner Form (durch Fotokopie, Mikrofilm oder ein anderes Verfahren) ohne schriftliche Genehmigung des Herausgebers reproduziert oder unter Verwendung elektronischer Systeme gespeichert, verarbeitet, vervielfältigt oder verbreitet werden.
- Die Bearbeitung der Anmeldung erfolgt mittels EDV. Mit Ihrer Unterschrift geben Sie Ihre Einwilligung, dass wir Sie kontaktieren und auch über weitere Aktionen informieren. Die Einwilligung kann jederzeit widerrufen werden.

Gültig bis 30.06.2021

Teilnahmebedingungen

- Free-Golf-Voucher können nur von mindestens zwei Personen genutzt werden. Es gibt keine Ermäßigung für Einzelspieler, außer dies ist explizit durch das Logo 30/1 im Eintrag des Clubs vermerkt. Die Voucher gelten nur für 18 Loch. Pro Golfanlage dürfen Sie maximal 2 Voucher einlösen.
- Free-Golf-Voucher können ausschließlich von Personen mit Green Fee-Berechtigung eingelöst werden. I. d. R. ist dazu ein Mindesthandicap (variiert nach Platz bzw. Anlage) sowie eine Mitgliedschaft bei einem Golfclub erforderlich.
- Bitte weisen Sie bei Ihrer Anmeldung darauf hin, dass Sie mit dem Guide for Free Golf spielen möchten und bringen Sie das Buch beim Einchecken am Golfplatz mit. Nur dann kann Ihnen das zweite, kostenfreie Green Fee oder der 30% Nachlass für Einzelspieler gewährt werden.
- Die beteiligten Golfanlagen gewähren Ihnen pro Voucher den Erlass des 2. Green Fees. Es können also pro Voucher jeweils 2 Personen für 1 Green Fee spielen (4 Personen benötigen 2 Voucher) oder eine Person mit 30% Nachlass. Bezahlt wird der normale Green Fee-Preis eines Erwachsenen am entsprechenden Spieltag.
- Bereits herausgetrennte bzw. lose Voucher sind nicht veräußerbar bzw. übertragbar; sie berechtigen insbesondere nicht zum Erlass des zweiten Green Fees. Zuwiderhandlungen werden zivilrechtlich verfolgt.
- Haben Sie bitte Verständnis, dass die Voucher bei Sonderveranstaltungen (Turniertagen, Tagen der offenen Tür oder sonstigen Promotion-Aktionen) nicht eingelöst werden können. Bitte erkundigen Sie sich vorab bei Ihrer Anmeldung bei den jeweiligen Golfanlagen. Die Barauszahlung des zweiten Green Fees ist nicht möglich.
- Es gelten die Teilnahme- und Spielbedingungen, die Hausordnung der angeschlossenen Golfclubs sowie die vor Ort ausgewiesenen aktuellen Green Fee-Preise.
- Das Kombinieren mit anderen Rabatten (z. B. Golf Fee Card etc.) oder gegenseitiges Einladen mit zwei oder mehreren Free-Golf-Voucher ist nicht möglich. Bei unterschiedlichen Green Fee-Gebühren (z. B. bei Ermäßigung von Jugendlichen) ist immer der günstigere Tarif kostenfrei.
- Alle Inserenten haben sich dem Herausgeber gegenüber verpflichtet, die Free-Golf-Voucher zu den jeweils angegebenen Teilnahmebedingungen einzulösen. Der Herausgeber übernimmt jedoch keine Haftung dafür, wenn ein Free-Golf-Voucher vom Inserenten nicht eingelöst wird oder nicht eingelöst werden kann. Dies gilt insbesondere bei Insolvenz oder Besitzerwechsel.
- Es haftet ausschließlich der Inserent (= Golfanlage bzw. Betreiber der Golfanlage) für evtl. Meinungsunterschiede und Schadensersatzansprüche.
- Der Herausgeber gibt sich große Mühe bei der Umsetzung der Inserate. Er haftet aber nicht für Satz-, Druck- oder Produktionsfehler. Die Daten für den LeisureBREAKS Guide for Free Golf wurden nach bestem Wissen erarbeitet. Der Herausgeber übernimmt keine Gewähr für deren Vollständigkeit und Richtigkeit. Alle Rechte, insbesondere das Recht der Vervielfältigung und Verbreitung sowie der Übersetzung vorbehalten. Kein Teil des Werkes darf in irgendeiner Form (durch Fotokopie, Mikrofilm oder ein anderes Verfahren) ohne schriftliche Genehmigung des Herausgebers reproduziert oder unter Verwendung elektronischer Systeme gespeichert, verarbeitet, vervielfältigt oder verbreitet werden.
- Die Bearbeitung der Anmeldung erfolgt mittels EDV. Mit Ihrer Unterschrift geben Sie Ihre Einwilligung, dass wir Sie kontaktieren und auch über weitere Aktionen informieren. Die Einwilligung kann jederzeit widerrufen werden.

Gültig bis 30.06.2021

Register

A

B

I

J

K

L

P

R

S

T